民 生 政 策 研 究

王杰秀 总主编

农村养老服务体系建设与政策支持研究

王杰秀 付长良 主编

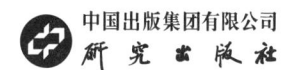

中国出版集团有限公司
研究出版社

图书在版编目（CIP）数据

农村养老服务体系建设与政策支持研究 / 王杰秀，付长良主编 . -- 北京：研究出版社，2023.12
ISBN 978-7-5199-1610-7

Ⅰ.①农… Ⅱ.①王… ②付… Ⅲ.①农村 – 养老 – 社会服务 – 体系建设 – 研究 – 中国 Ⅳ.① D669.6

中国国家版本馆 CIP 数据核字 (2024) 第 005856 号

出 品 人：赵卜慧
出版统筹：丁　波
丛书策划：王杰秀　张立明
责任编辑：张立明

农村养老服务体系建设与政策支持研究

NONGCUN YANGLAO FUWU TIXI JIANSHE YU ZHENGCE ZHICHI YANJIU

王杰秀　付长良　主编

研究出版社 出版发行

（100006　北京市东城区灯市口大街100号华腾商务楼）
北京新华印刷有限公司印刷　新华书店经销
2024年1月第1版　2024年1月第1次印刷
开本：710mm×1000mm　1/16　印张：19.5
字数：321千字
ISBN 978-7-5199-1610-7　定价：78.00元
电话（010）64217619　64217652（发行部）

版权所有·侵权必究
凡购买本社图书，如有印制质量问题，我社负责调换。

民生政策研究书系编委会

（按姓氏笔画排序）

王杰秀　邓国胜　王道勇　左　停　付长良
吕学静　关信平　乔晓春　陈　功　郑功成
杨立雄　胡宏伟　谈志林

《农村养老服务体系建设与政策支持研究》
编　委　会

主　编：王杰秀　付长良

副主编：张　静　于长永

成　员：（按姓氏拼音排序）

安　超　顾　严　金巧森　李树丛
李志宏　刘辞涛　刘二鹏　刘振杰
龙玉其　任振兴　王恩见　杨华磊
杨政怡　肖晓琳　向运华　王晓慧

前　言

21世纪是人口老龄化的世纪，中国的人口老龄化更加突出更加严重。农村老年人口数量更多，人口老龄化程度更加严重。农村养老是整个养老服务体系建设的重要组成部分，也是养老服务均等化发展的短板。随着人们生育观念的快速转变、总和生育率的持续走低以及人口流动的常态化，农村人口老龄化还伴随着"空巢化"等问题，加快农村养老服务体系建设更加迫切、更加重要。在这种背景下，深入分析农村人口老龄化的现状与趋势，科学预测农村失能失智老年人的发展趋势，准确评价农村养老服务需求以及农村养老服务体系建设存在的问题，以此为基础完善政策支持体系，促进农村养老服务体系不断完善，不仅是应对农村养老问题的重要举措，也是促进我国养老服务均等化的关键任务。

建立健全农村养老服务体系的关键在于立足"需求侧"的"供给侧"改革。已有的养老服务体系建设实践，更多是从"供给侧"角度推进"供给侧"改革，对"需求侧"关注不够。从"供给侧"角度推进农村养老服务体系建设的实践，主要体现在两个方面：一是出台了一系列政策文件，如《国务院关于加快发展养老服务业的若干意见》《关于加快推进养老服务业人才培养的意见》《"十三五"国家老龄事业发展和养老体系建设规划》《国务院办公厅关于推进养老服务发展的意见》《"十四五"民政事业发展规划》等；二是给予有力的财政支持，如民政部联合财政部从中央专项彩票公益金中拿出30多亿元支持农村幸福院建设，"十三五"期间每年投入10亿元用于推进居家社区养老服务试点，安排中央投资58亿多元重点支持老年养护院、医养结合的养老设施建设，每年安排福利彩票公益金支持城镇社区福利机构、社区养老服务设施、农村五保供养设施、光荣院等设施设备更新改造。

忽视"需求侧"的农村养老服务"供给侧"改革，难以达到"事半功倍"的效果。为了提高农村养老服务体系建设的针对性，本课题站在"需求侧"

的角度，探讨农村养老服务体系建设的"供给侧"改革思路与政策支持。按照这一目标和逻辑，本课题包括如下几个部分：一是对农村人口老龄化发展现状与未来趋势以及农村老年人口失能失智问题发展现状与未来趋势的研究，本部分内容重点突出农村养老服务体系建设的紧迫性和重要性；二是立足狭义的养老内容，从照护需求、经济支持需求两个主要方面，分析农村养老服务"需求侧"的现状与问题；三是结合农村养老服务的"需求侧"基础，从机构养老、互助养老两个方面聚焦农村养老服务"供给侧"的实践及其存在的问题；四是从养老服务城乡差异、养老服务精准化提供和养老服务统筹发展三个方面，聚焦农村养老服务体系发展的结构性问题并提出针对性的政策支持建议；五是对农村县域养老服务统筹发展与政策支持，以及县域统筹下农村多层次养老服务体系建构进行了研究。

本课题数据来源主要是民政部政策研究中心 2020 年"托底性民生保障政策支持系统建设"项目农村照护依赖老年人调查数据、北京大学健康老龄与发展研究中心/国家发展研究院组织的覆盖全国 23 个省市自治区的老年人追踪调查数据、北京大学 2018 年的 CHARLS 数据、中国人民大学 2017 年 CGSS 数据、国家统计局"中国农民工监测调查数据"、国家卫生健康委"中国流动人口动态监测调查数据"等。通过数据分析、量化研究，对农村老年人在养老方面的经济支撑与政策支持进行了相对客观描述和系统研究。

本课题的不足有两点：一是数据来源既有全国跟踪调查数据，又有聚焦于某一个地方的局部数据，还有来自统计公报或年报的数据，数据来源的统一性和一致性有待进一步规范；二是养老服务是一个多维度的问题，经济支撑、照护服务和精神慰藉等三大类服务是农村养老服务的重要方面，本课题对农村养老服务的经济支撑和照护服务问题及其实现路径进行了较多的阐述，但对农村老年人的精神慰藉服务需求及其满足问题重视程度还不够。全面建成小康社会目标实现后，人民基本生活保障问题得以有效解决，随着家庭日益空巢化、小型化、流动化，农村老年人精神慰藉和心理关怀等更高层次的养老服务需求逐渐提上日程，这是有待进一步深化研究的问题。

总之，通过本书的出版，希望能够对中国农村养老服务现状、取得的成就、存在的问题短板及未来发展趋向等，有一个更加全面而深刻的认识。书中难免存在不妥之处，也恳请广大同仁和读者批评指正。

目 录

第一章 农村人口老龄化的现状与趋势研究 ………………………… 1
  第一节 农村人口老龄化的历史进程 ………………………………… 2
    一、农村老年人口规模的历史演进 ………………………………… 2
    二、农村人口老龄化程度的历史演进 ……………………………… 5
    三、农村人口高龄化程度的历史演进 ……………………………… 8
  第二节 农村人口老龄化的结构差异 ………………………………… 10
    一、农村老年人口规模的结构差异 ………………………………… 10
    二、农村人口老龄化程度的结构差异 ……………………………… 13
    三、农村人口高龄化程度的结构差异 ……………………………… 16
  第三节 农村人口老龄化的未来趋势 ………………………………… 22
    一、农村人口老龄化的未来趋势：高方案 ………………………… 22
    二、农村人口老龄化的未来趋势：中方案 ………………………… 32
    三、农村人口老龄化的未来趋势：低方案 ………………………… 37
  第四节 农村人口老龄化的推动力量 ………………………………… 43
    一、农村人口老龄化的影响因素 …………………………………… 43
    二、农村人口老龄化的底部推力 …………………………………… 45
    三、农村人口老龄化的顶部推力 …………………………………… 47
    四、农村人口老龄化的迁移因素 …………………………………… 49

第二章 农村失能失智老人数量与变动趋势预测 ………………… 52
  第一节 农村失能失智老年人数量的测算依据 …………………… 53
    一、测算的思路 ……………………………………………………… 53
    二、数据的来源 ……………………………………………………… 53
    三、失能的测量 ……………………………………………………… 54

四、失智的测量 …………………………………………………… 55
　　五、其他处理说明 ………………………………………………… 57
第二节　当前农村老年人的失能失智率 ………………………………… 57
　　一、当前农村老年人的失能率 …………………………………… 57
　　二、当前农村老年人的失智率 …………………………………… 64
第三节　当前农村失能失智老年人口状况 ……………………………… 69
　　一、农村失能老年人口总量与结构分布 ………………………… 69
　　二、农村失智老年人口总量与结构分布 ………………………… 77
第四节　未来农村失能失智人口状况 …………………………………… 83
　　一、农村未来失能老年人口状况 ………………………………… 83
　　二、农村未来失智老年人口状况 ………………………………… 91
第五节　城乡失能失智老年人口状况比较分析 ……………………… 100
　　一、城乡失能老年人口比较分析 ………………………………… 100
　　二、城乡失智老年人口比较分析 ………………………………… 101

第三章　农村失能老人子女照护需求、照护冲突与调适 ………… 103

第一节　研究背景、文献回顾与研究思路 …………………………… 103
　　一、研究背景 …………………………………………………… 103
　　二、文献回顾 …………………………………………………… 104
　　三、研究思路 …………………………………………………… 106
第二节　农村失能老人的群体特征及家庭照护需求 ………………… 107
　　一、农村失能老人的群体特征 ………………………………… 107
　　二、农村失能老人的家庭照护需求 …………………………… 113
第三节　生计中的孝道：农村失能老人子女照护现状 ……………… 114
　　一、农村失能老人子女照护者特征 …………………………… 114
　　二、农村失能老人子女照护状况 ……………………………… 115
第四节　农村失能老人子女照护的多维冲突 ………………………… 116
　　一、照护支出增加与收入减少之间的经济冲突 ……………… 117
　　二、照护老人与就业谋生之间的时间冲突 …………………… 117
　　三、失能照护复杂性与照护技能缺乏之间的技能冲突 ……… 118
　　四、精神慰藉与生计压力之间的情绪冲突 …………………… 118

五、失能照护需要与社会支持不足之间的支援冲突 …………… 119
　第五节　农村失能老人子女照护冲突的调适策略 ………………… 120
　　一、总体思路 ………………………………………………………… 120
　　二、具体对策 ………………………………………………………… 121

第四章　农村养老服务经济支撑现状、问题与实现路径 ………… 125
　第一节　研究背景、文献回顾与数据来源 ………………………… 126
　　一、研究背景 ………………………………………………………… 126
　　二、文献回顾 ………………………………………………………… 127
　　三、数据来源 ………………………………………………………… 132
　第二节　农村老年人养老服务使用、主观意愿与经济支撑 ……… 136
　　一、农村老年人的养老服务使用现状 ……………………………… 136
　　二、农村老年人养老责任主体的主观意愿 ………………………… 139
　　三、农村老年人养老服务的经济支撑现状 ………………………… 145
　第三节　农村养老服务经济支撑存在的主要问题 ………………… 156
　　一、传统养老观念制约农村老年人养老方式选择 ………………… 156
　　二、农村养老服务供给水平低且结构性失衡 ……………………… 157
　　三、养老服务经济支撑存在明显的城乡差异 ……………………… 159
　第四节　农村养老服务经济支撑的实现路径 ……………………… 161
　　一、农村家庭养老责任的强化与支持 ……………………………… 161
　　二、农村老年人可支配收入的提高与优化 ………………………… 161
　　三、社会化养老服务体系的完善与加强 …………………………… 162
　　四、多元主体协同合作供给体系的构建与保障 …………………… 162

第五章　乡镇敬老院运行状况与政策支持研究 ……………………… 164
　第一节　乡镇敬老院的主要发展历程与政策支持 ………………… 165
　　一、乡镇敬老院的探索成立与初步发展 …………………………… 165
　　二、社会力量注入乡镇敬老院 ……………………………………… 165
　　三、乡镇敬老院标准确立与资金保障 ……………………………… 166
　　四、乡镇敬老院服务对象社会化与功能转型 ……………………… 166
　　五、乡镇敬老院的政策支持体系 …………………………………… 168

第二节 乡镇敬老院的基本运行现状分析……173
一、乡镇敬老院的基本情况……173
二、乡镇敬老院的服务对象情况……178

第三节 乡镇敬老院发展中存在的问题及原因……179
一、乡镇敬老院发展中存在的问题……179
二、乡镇敬老院发展的制约因素……183

第四节 乡镇敬老院健康发展的政策支持……184
一、服务对象：供养对象准入门槛……184
二、服务人员：提升业务能力、专业化水平……185
三、经费来源：增加资金来源……187
四、服务内容：丰富化——物质转向精神……188

第六章 农村互助养老发展现状与政策支持研究……190

第一节 农村互助养老的现实需求……191
一、农村老年人空巢特征明显……191
二、农村养老服务供给水平低……192
三、农村社区养老模式存在不足……193

第二节 农村互助养老制度发展现状……194
一、农村互助养老制度的运行模式……195
二、农村互助养老制度的典型案例……197

第三节 农村互助养老的发展优势与面临的问题……200
一、农村互助养老的发展优势……200
二、农村互助养老制度面临的主要问题……202

第四节 农村互助养老的未来发展方向……205
一、明确农村互助养老发展原则……205
二、厘清农村互助养老主体责任……206
三、制定农村互助养老的发展目标……207

第五节 促进农村互助养老发展的政策建议……210
一、创新农村互助养老服务形式……210
二、激发农村老年人"互助"的动能……212
三、拓宽农村互助养老融资渠道……212

第七章　农村养老服务的城乡差异与政策支持研究……214

第一节　我国农村养老服务的政策沿革……214
一、新中国成立至改革开放前……214
二、改革开放至党的十八大前……216
三、新时代以来……219

第二节　城乡养老的基础差异性分析……220
一、城镇已跨过高收入门槛，农村仍处于中等收入阶段……220
二、城镇处于轻度老龄化阶段的中期，农村已经进入中度老龄化阶段……223
三、城镇处于"边富边老"的协调状态，农村处于"未富先老"的不协调状态……225

第三节　促进农村养老服务发展的对策思路……232
一、正确认识城乡养老服务的需求差异……232
二、准确把握城乡养老服务的供给差异……233
三、注重实施城乡养老服务的差异化政策……235
四、促进农村养老服务发展的几点建议……236

第八章　农村养老服务的精准化供给与政策支持研究……241

第一节　农村养老服务精准化发展：精准扶贫的启示……241
一、我国扶贫策略的演变轨迹……242
二、精准扶贫策略的基本内涵……243
三、精准扶贫策略对发展农村养老服务的启示……245

第二节　精准视角下我国农村养老服务存在的突出问题……247
一、服务对象精准识别存在的问题……248
二、服务精准供给存在的问题……250
三、精准监管存在的问题……252
四、政策精准扶持存在的问题……254
五、资金精准投入存在的问题……256

第三节　推进我国农村养老服务精准化发展的政策建议……257
一、完善评估制度，实现精准识别……257
二、创新服务方式，实现精准递送……258

三、创制精细政策，实现精准扶持……………………………259
　　四、推行智慧平台，实现精准监测……………………………259
　　五、明晰责任清单，实现精准落实……………………………260
　　六、优化资金使用，实现精准投入……………………………260
　　七、发掘乡土资源，实现精准互助……………………………261
　　八、健全方法机制，实现精准考核……………………………261

第九章　县域农村养老服务统筹发展与政策支持研究……………263
第一节　县域农村养老服务供给现状及问题……………………263
　　一、县域农村养老服务政策缺乏分层分类……………………263
　　二、县域农村养老服务功能尚不完备…………………………264
　　三、县域农村养老服务主体衔接不畅…………………………266
　　四、县域农村养老服务网络尚未形成…………………………267
第二节　县域农村养老服务统筹的内容与方式…………………268
　　一、统筹内容：服务供给模式的统筹…………………………268
　　二、统筹内容：服务供给主体的统筹…………………………270
　　三、统筹内容：服务供给资源的统筹…………………………271
　　四、统筹内容：养老服务监管的统筹…………………………273
　　五、统筹方式：县域养老服务的纵向统筹……………………274
　　六、统筹方式：县域养老服务的横向统筹……………………275
第三节　县域统筹下农村多层次养老服务体系建构……………277
　　一、县域多层次养老服务体系的概念内涵……………………277
　　二、县域多层次养老服务体系的层级定位……………………278
　　三、不同层级服务体系的衔接机制……………………………280
　　四、县域养老服务体系发展的政策支持………………………282

参考文献……………………………………………………………288

第一章 农村人口老龄化的现状与趋势研究

人口老龄化是 21 世纪世界多国共同面临的人口结构问题。中国的人口老龄化呈现出加速发展态势、老年人口规模巨大、老龄化速度快、未富先老、未备先老以及城乡倒置等特点明显,由此带来的养老问题尤其是农村老年人的养老问题日益凸显,建立健全养老服务体系是积极应对人口老龄化问题的迫切任务。2019 年 11 月,中共中央、国务院出台的《国家积极应对人口老龄化中长期规划》明确要求,"健全以居家为基础、社区为依托、机构充分发展、医养有机结合的多层次养老服务体系"[1]。中国养老服务体系建设的短板和痛点的一个重要方面就在农村,而农村养老服务保障的重点和难点又集中在特困老年人群,在保障农村特困人员养老服务需求的前提下,积极为低收入、高龄、独居、残疾、失能失智农村老年人提供养老服务,是落实乡村振兴战略、实现共建共治共享背景下中国农村养老服务体系建设的理性策略。

总体而言,农村老年人口是一个特殊的脆弱人群,收入水平较低,健康状况较差,长期的体力劳动导致身体机能衰退更为明显,养老服务和照料需求更为迫切。但是,农村老年人并不是一个"同质群体",而是一个明显的"异质群体",不同地区、不同年龄、不同性别的农村老年人的健康状况、失能程度、养老资源禀赋、养老环境等都存在较大差异,对养老服务需求的迫切性、需求内容和需求的优先顺序等差异较大,在养老服务资源非常有限的前提下,优先解决最为脆弱人群最为迫切的养老服务需求,不仅是理想的农村养老服务体系发展思路,也是帕累托改进型的农村养老服务资源配置策略。经验研究表明,慢性病与人口老龄化程度密切相关,慢性病发病率随人口老龄化程度的逐步深

---

[1] 中共中央 国务院:《国家积极应对人口老龄化中长期规划》,中央人民政府官网,http://www.gov.cn/zhengce/2019-11/21/content_5454347.htm

化而显著增加（代宝珍等，2013[1]）。因此，客观分析中国农村人口老龄化的发展现状与特点，科学研判中国农村人口老龄化的趋势与结构差异，是准确把握农村养老服务需求特点的基础和前提，是科学规划农村养老服务体系的内在要求。

第一节　农村人口老龄化的历史进程

人口老龄化是老年人口占总人口比重的静态和动态反映。根据1956年联合国《人口老龄化及其社会经济后果》中确定的人口老龄化标准和1982年维也纳老龄问题世界大会对人口老龄化的重新界定，静态视角下的人口老龄化是指60岁及以上老年人口占总人口中的10%，或者65岁及以上人口占总人口中的7%；动态视角下的人口老龄化是指，60岁或65岁及以上的老年人口占总人口中的比重逐渐增加的过程。由于动态视角下的人口老龄化只是一个过程和趋势，很难量化。因此，在分析与预测人口老龄化问题的严重程度时，往往用静态的人口老龄化概念加以反映，但静态的人口老龄化也反映了人口老龄化动态。

一、农村老年人口规模的历史演进

农村老年人口规模，是反映农村人口老龄化问题严重程度的一个重要指标。农村老年人口规模越大，高龄老年人口数量越多，农村养老服务需求的总量就越多，应对农村养老问题的任务就越重、难度就越大。统计数据表明，1999年中国60岁及以上老年人口占总人口的比重为10%，2000年65岁及以上老年人口占总人口中的比重达到7%。这也就是说，中国是世纪之交进入人口老龄化社会的。因此，从2001年开始分析中国农村老年人口规模的历史演进，是较为合理的统计始点。

（一）中国农村60岁及以上老年人口规模

中国从世纪之交进入人口老龄化社会以来，农村老年人口数量总体上呈现出不断增长的态势。统计数据显示（图1-1），2001年中国农村60岁及以上

---

[1]　代宝珍，周绿林，余悦. 基于农村医疗保障制度的老年居民慢性病管理理论框架构建 [J]. 西北人口. 2013，(4)：83-89.

老年人口为8985万人，到2018年中国农村60岁及以上老年人口数量已经达到1.154亿人。2018年国民经济和社会发展统计公报显示，中国60岁及以上老年人口总数为2.495亿人[1]。这就意味着2018年，中国农村60岁及以上老年人口占全国老年人口总数的比例为46.25%，而城市老年人口数量占中国老年人口数量的53.75%。这与第四次中国城乡老年人生活状况抽样调查结果，即2015年全国老年人口中，城镇老年人口占52.0%、农村老年人口占48.0%[2]。

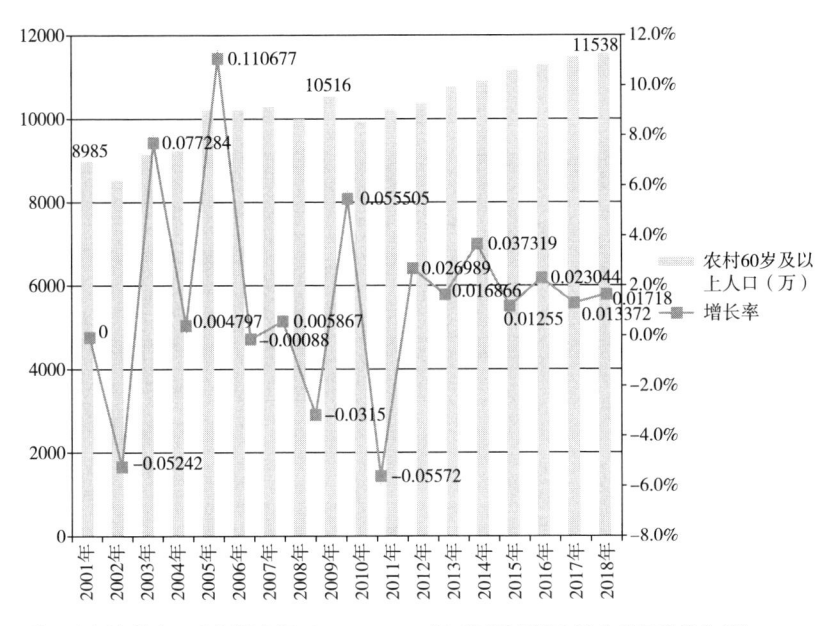

图1-1 中国60岁及以上老年人口数量变动趋势

注：全国农村人口总规模来源于2001-2018年《国民经济和社会发展统计公报》

从年均增长速度看（图1-1），中国农村60岁及以上老年人口从2001年的8985万人，增长到2018年的1.154亿人，18年时间中国农村60岁及以上老年人口数量增长了28.4%，年均增长率为1.5%。从较上年增长率来看，在18年时间里，中国农村60岁及以上老年人口大部分时间均表现出正增长，特别是从2011年以后的8年时间里更是如此，只有个别年份老年人口出现了减少。

---

[1] 国家统计局：《2018年国民经济和社会发展统计公报》，http://www.stats.gov.cn/tjsj/zxfb/201902/t20190228_1651265.html

[2] 李雪峰：《第四次中国城乡老年人生活状况抽样调查——全国老年人口中城镇老年人口占52%》，人民网：http://world.people.com.cn/n1/2016/1010/c57506-28765327.html

（二）中国农村 65 岁及以上老年人口规模

总体上来看（图 1-2），中国农村 65 岁及以上老年人口也呈现出不断增长趋势。中国 65 岁及以上老年人口的数量，从 2001 年的 5634 万人，增长到 2018 年的 7805 万人。18 年时间，中国 65 岁及以上老年人口增长了 38.5%，年均增长率为 1.9%。2018 年国民经济和社会发展统计公报显示，中国 65 岁及以上老年人口总数为 16658 万人[1]。这表明，中国农村 65 岁及以上老年人口占中国老年人口总数的比例为 46.9%，而城市 65 岁及以上老年人口占中国老年人口总数的 53.1%。可能的原因是：随着中国城市化的快速推进，农村老年人口城市定居的数量在增加。

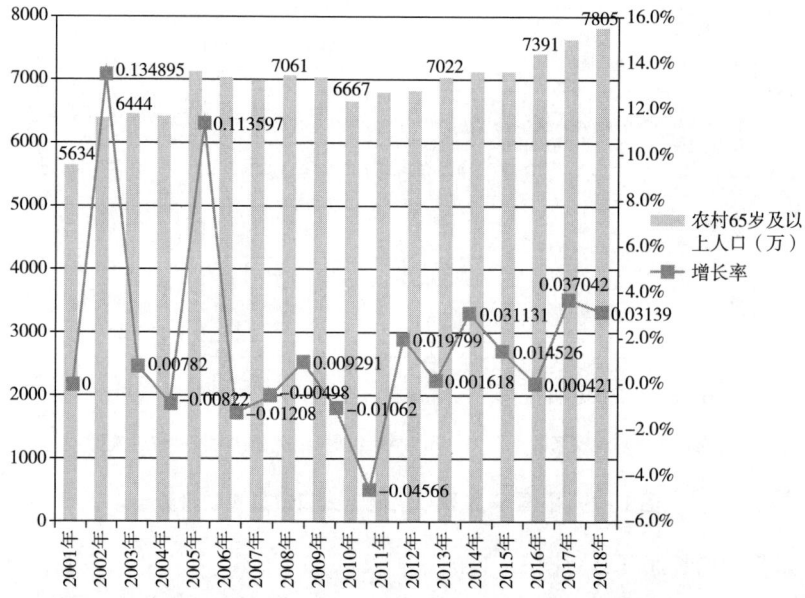

注：全国农村人口总规模来源于 2001-2018 年《国民经济和社会发展统计公报》

图 1-2 中国 65 岁及以上老年人口数量变动趋势

（三）中国农村 80 岁及以上老年人口规模

80 岁以上的老年人口属于高龄人口，高龄人口慢性病的发病率、失能、失

---

[1] 国家统计局：《2018 年国民经济和社会发展统计公报》，http://www.stats.gov.cn/tjsj/zxfb/201902/t20190228_1651265.html

智率更高,照料服务需求更多更为迫切。因此,农村 80 岁及以上老年人口的规模及其变动趋势,更能反映中国农村养老服务体系建设的重要性和迫切性。统计数据显示(图 1-3),中国 80 岁及以上老年人口呈现出明显的不断增长趋势,2001 年中国农村 80 岁及以上高龄老年人口还不到 860 万人,而到 2018 年,中国农村 80 岁及以上的高龄老年人口数量已经达到 1300 多万人,18 年时间,中国 80 岁及以上高龄老年人口数量增长了 55.4%。这也就是说,在 18 年时间里,中国农村 80 岁及以上高龄老年人口的增长幅度在中国农村 60 岁及以上老年人口增幅中是最多的,农村 80 岁及以上高龄老年人口数量增长幅度是农村 60 岁及以上老年人口增幅的 1.95 倍,是农村 65 岁及以上老年人口增长幅度的 1.44 倍。

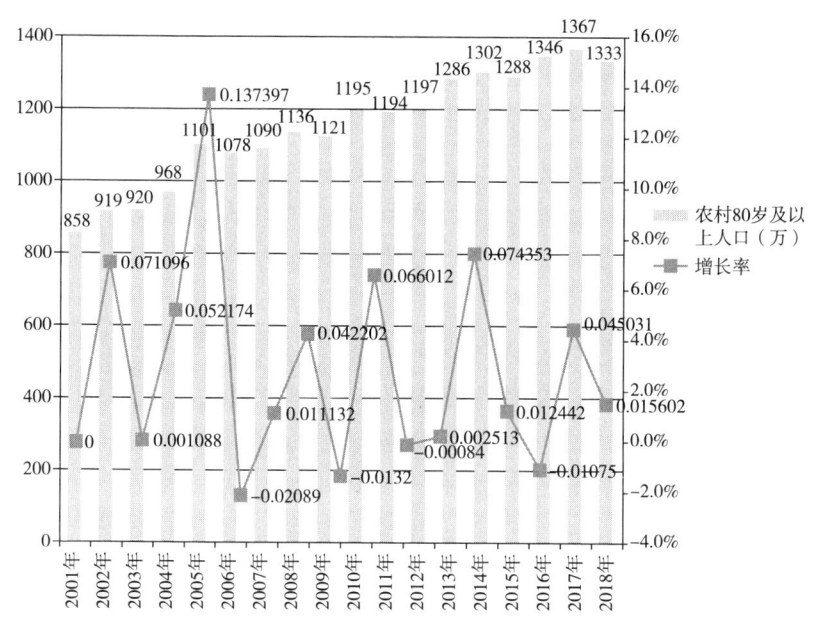

注:全国农村人口总规模来源于 2001—2018 年《国民经济和社会发展统计公报》

图 1-3 中国农村 80 岁及以上高龄人口数量变动趋势

二、农村人口老龄化程度的历史演进

农村人口老龄化程度,包括三个评价指标:一是农村 60 岁及以上老年人口占总人口中的比重;二是农村 65 岁及以上老年人口占总人口中的比重;三是农村 80 岁及以上老年人口占总人口中的比重。其中,前两个指标反映的是农村人口老龄化程度,后一个指标反映的是农村人口高龄化程度,三个指标以及农村老年人口的总规模,共同反映了农村人口老龄化的深度和农村人口老龄化问题的严重程度。

(一)农村人口老龄化程度:以 60 岁为标准

图 1-4 的统计结果表明,以 60 岁及以上老年人口占总人口中的 10% 为衡量标准,农村人口老龄化程度呈现出快速的增长趋势。2001 年农村人口老龄化程度为 11.29%,而到 2018 年农村人口老龄化程度已经达到 20.46%,18 年时间,农村人口老龄化程度增长了 81.2%,年均增长率为 3.56%。按照轻度、中度和重度人口老龄化的标准,即当一个国家或地区"60 岁以上人口占总人口比重超过 10% 时,进入轻度老龄化社会,超过 20% 为中度老龄化,超过 30% 为重度老龄化,超过 35% 为深度老龄化。"[1]中国农村人口老龄化已经进入中度人口老龄化初期,正快速向重度人口老龄化迈进。

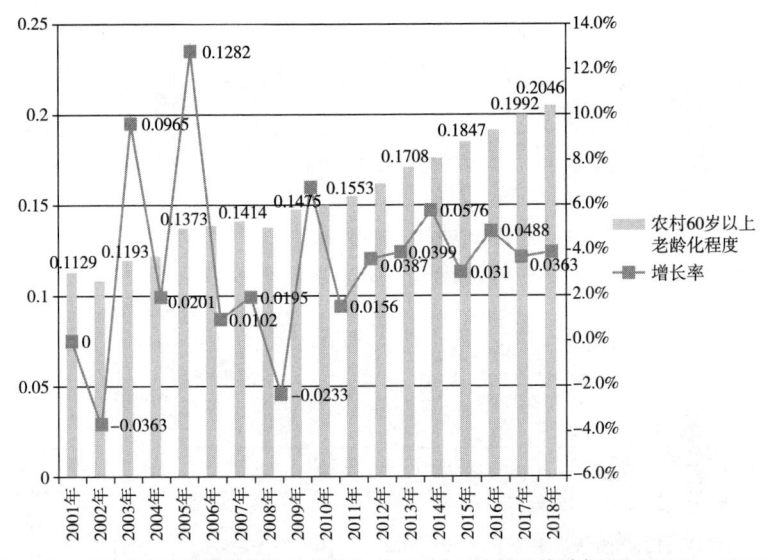

注:人口老龄化程度根据中国统计出版社《中国人口和就业统计年鉴》(2002-2019)的数据计算而成

图 1-4 中国农村人口老龄化程度的变动趋势:以 60 岁为标准

从人口老龄化的增长率来看,在 18 年时间里,只有 2002 年和 2008 年农村人口老龄化程度有所降低之外,其它年份的农村人口老龄化程度都在逐年加

---

[1] 郑功成. 实施积极应对人口老龄化的国家战略 [J]. 人民论坛·学术前沿,2020 (12):19-28.

深。这在一定程度上反映出农村养老问题的严重性，人口问题的惯性规律表明，建立农村养老服务体系，对应对日益凸显的农村人口老龄化问题意义重大。

（二）农村人口老龄化程度：以 65 岁为标准

以 65 岁老年人口占总人口中的比重，来衡量人口老龄化程度，是 1956 年联合国《人口老龄化及其社会经济后果》确定的标准。按照这一标准来看（图 1-5），2001 年中国农村的人口老龄化程度为 7.1%，刚刚达到联合国规定的 7% 的人口老龄化标准，农村地区进入人口老龄化社会。至此以后，农村人口老龄化程度呈现出快速增长趋势，到 2018 年农村人口老龄化程度已经达到 13.8%。按照国际上通行的轻度、深度和超级老龄化划分标准，即"当一个国家或地区 65 岁及以上人口占比超过 7% 时，意味着进入老龄化；达到 14%，为深度老龄化；超过 20%，则进入超老龄化社会。"[1]中国农村地区 2018 年即将进入深度人口老龄化阶段，正在向超级人口老龄化过度。

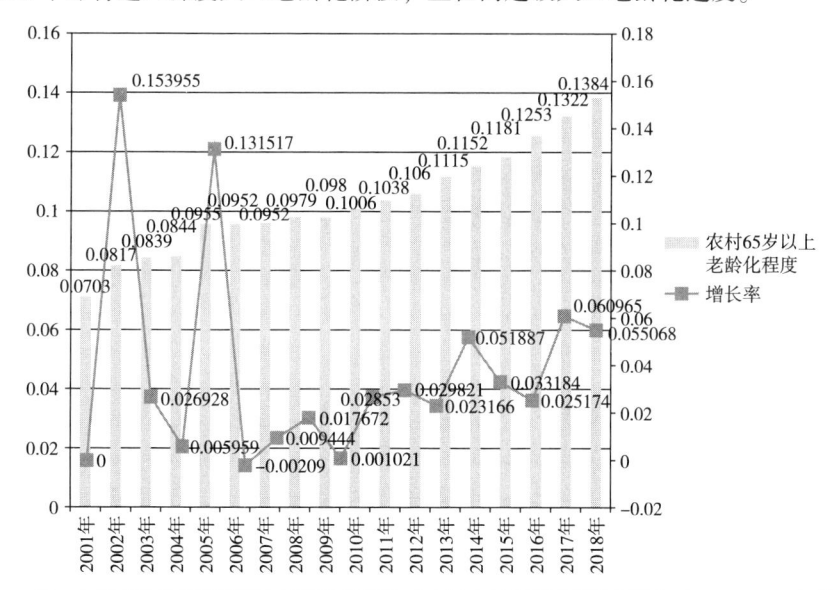

注：人口老龄化程度根据中国统计出版社《中国人口和就业统计年鉴》（2002 - 2019）的数据计算而成

图 1-5 中国农村人口老龄化程度的变化趋势：以 65 岁为标准

---

[1] 王辉，杨卿栩. 新中国 70 年人口变迁与老龄化挑战：文献与政策研究综述 [J]. 宏观质量研究，2019（6）：30 - 54.

三、农村人口高龄化程度的历史演进

人口高龄化是人口老龄化的一种"质变",是由高龄老年人口数量的增加而形成的绝对人口老龄化与质量人口老龄化现象[1]。如何测量人口高龄化是一个共识与分歧并存的问题,共识在于学者们在界定人口高龄化问题时,往往是从"动态"的角度来界定的,而没有向衡量人口老龄化那样的量化标准;分歧在于,人口高龄化的测量口径有差异。有学者认为人口高龄化是指 80 岁及以上老年人口占 65 岁及以上老年人口中的比重[2]。也有学者认为,人口高龄化是指 80 岁及以上老年人口占 60 岁以上老年人口中的比重[3]。由于 60 岁和 65 岁都是界定人口老龄化的起始年龄,因此,上述两种观点都具有合理性。为了更加全面的理解中国农村人口高龄化程度,本文采用上述两种标准,来综合反映中国农村的人口高龄化程度。

(一)农村人口高龄化程度:以 60 岁为标准

图 1-6 的统计结果表明,农村 80 岁及以上老年人口占 60 岁及以上老年人口中的比重,呈现出缓慢的增长趋势。农村 80 岁及以上老年人口占总 60 岁及以上老年人口中的比重,从 2001 年的 9.6% 逐步增加到 2018 年的 11.6%。在 18 年时间里,农村人口高龄化程度提高了 2.0%。从增长率来看,农村人口高龄化的发展趋势,呈现出明显的波动性特点,也从一定程度上说明,中国农村老年人口的高龄化发展进程较慢,为农村养老服务体系建设提供了重要的机会窗口。

---

[1] 曾通刚,赵媛,许昕. 中国人口高龄化空间格局演化及影响因素研究 [J]. 地理与地理信息科学,2017 (6): 72-79.

[2] 罗淳. 高龄化:老龄化的延续与演变 [J]. 中国人口科学,2002 (3): 33-40.

[3] 王琳. 中国老年人口高龄化趋势及原因的国际比较分析 [J]. 人口与经济,2004 (1): 6-11.

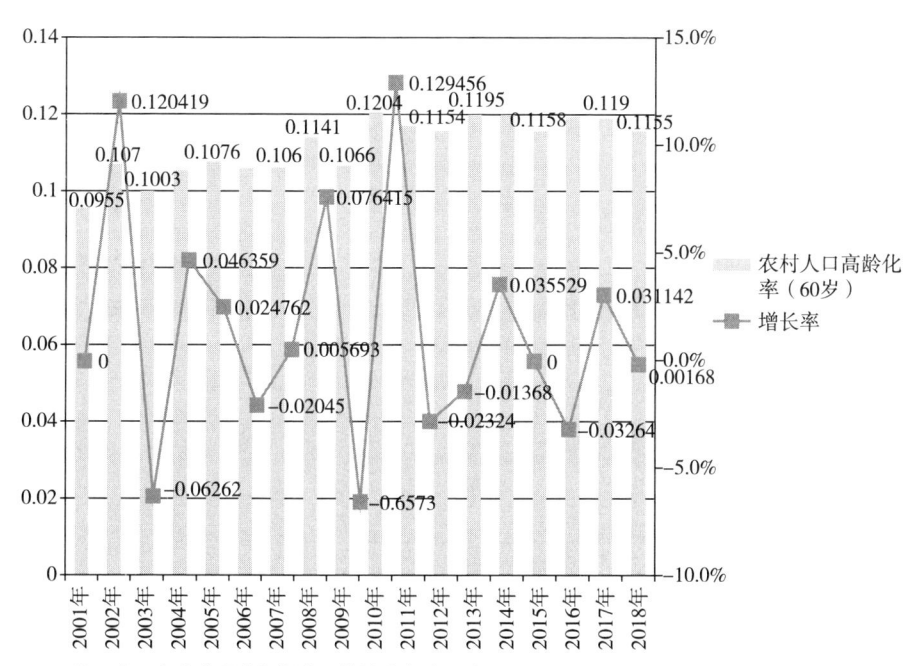

注：人口老龄化程度根据中国统计出版社《中国人口和就业统计年鉴》（2002—2019）的数据计算而成

图1-6 中国农村人口高龄化发展趋势：以60岁为标准

(二) 农村人口高龄化程度：以65岁为标准

图1-7的统计结果表明，农村80岁及以上老年人口占65岁及以上老年人口中的比重，以2010年为分界呈现出明显的两阶段特征。从2001年到2009年，农村人口高龄化程度呈现出缓慢的增长趋势，9年时间人口高龄化率增长了0.9%；从2010年到2018年，农村人口高龄化程度呈现出稳中有降的特点，同样是9年时间，农村人口高龄化率下降了0.8%。从农村人口高龄化的程度来看，2001年农村人口高龄化率为15.2%，而2018年农村人口高龄化率为17.1%。起始年龄提高了5岁，并没有带来农村人口高龄化率的大幅增长，这表明农村老年人口以60~65岁的低龄老年人口为主，这些老年人往往身体健康状况较好，生活自理能力较强，对照料型的农村养老服务需求并不迫切，这也在一定程度上为中国农村养老服务体系建设提供了重要的机会窗口。

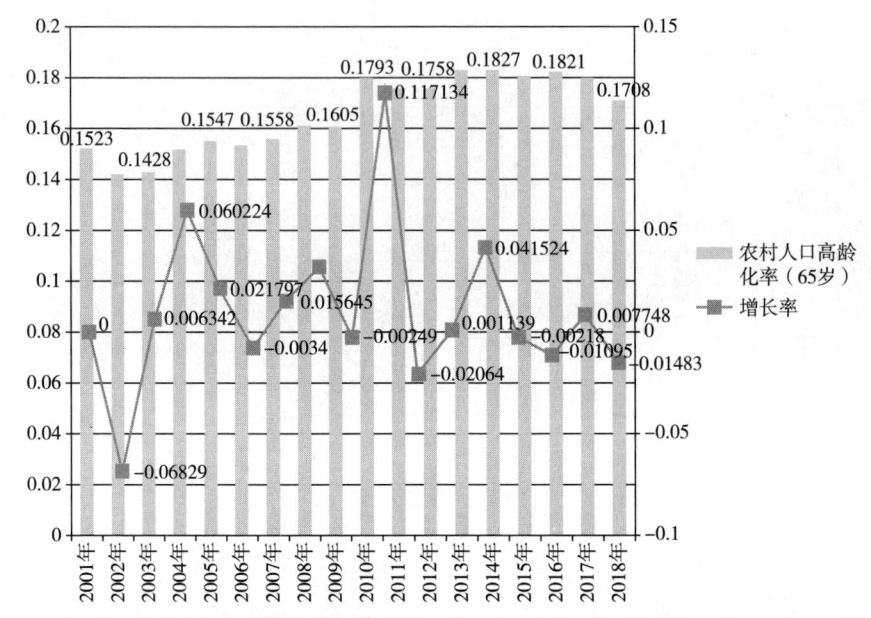

注：人口老龄化程度根据中国统计出版社《中国人口和就业统计年鉴》（2002－2019）的数据计算而成

图1-7　中国农村人口高龄化发展趋势：以65岁为标准

第二节　农村人口老龄化的结构差异

农村老年人口并不是一个"同质群体"，而是表现出明显的差异性，而这些差异性必然导致农村老年人口养老服务需求的差异性。因此，深入分析中国农村人口老龄化的结构差异，不仅是全面认识中国农村人口老龄化问题的内在要求，也是基于农村老年人口"需求侧"解决农村老年人口养老服务需求"供给侧"问题的必要条件，更是合理配置有限养老服务资源的重要基础。农村人口老龄化的结构性差异，包括性别差异、年龄分组差异和地区差异等多个方面，由于农村人口老龄化问题的相关数据限制，本文主要从上述方面分析以下三个问题：一是农村老年人口规模的结构差异；二是农村人口老龄化程度的结构差异；三是农村人口高龄化程度的结构差异。

一、农村老年人口规模的结构差异

新中国成立以来，中国已经进行了七次人口普查，前六次人口普查数据已经公布，第七次人口普查刚刚结束，数据尚未公布。中国进入人口老龄化的元年是1999年（60岁标准）和2000年（65岁标准），这也就是说，进入21世纪之后，中国只有两次人口普查数据是公开的。因此，本文用2000年和2010年农村65岁及以上老年人口数量，来反映农村老年人口规模的结构差异及其变动趋势。

首先，从农村老年人口数量的结构差异来看，图1-8的统计结果显示，农村老年人口数量地区差异明显。2000年中国东部地区农村65岁及以上老年人口为2245万人，中部地区农村65岁及以上老年人口为1960万人，西部地区农村65岁及以上老年人口为1663万人。东、中、西部地区农村老年人口数量呈现出明显的地区差异，东部地区老年人口数量更多，中部地区农村老年人口数量次之，西部地区农村老年人口数量最少。不同地区，农村老年人口数量各自相差300万人左右。到2010年，中国东部地区农村65岁及以上老年人口已经增长到2381.7万人，中部地区农村65岁及以上老年人口数量增长到2213.9万人，西部地区农村65岁及以上老年人口数量增长到2017.7万人。东、中、西部地区农村65岁及以上老年人口数量之比为1.15∶1.01∶1，东、中、西部三个地区农村65岁及以上老年人口分布及其变动幅度基本上是均衡的，不同地区农村老年人口总数相差不到100万人。

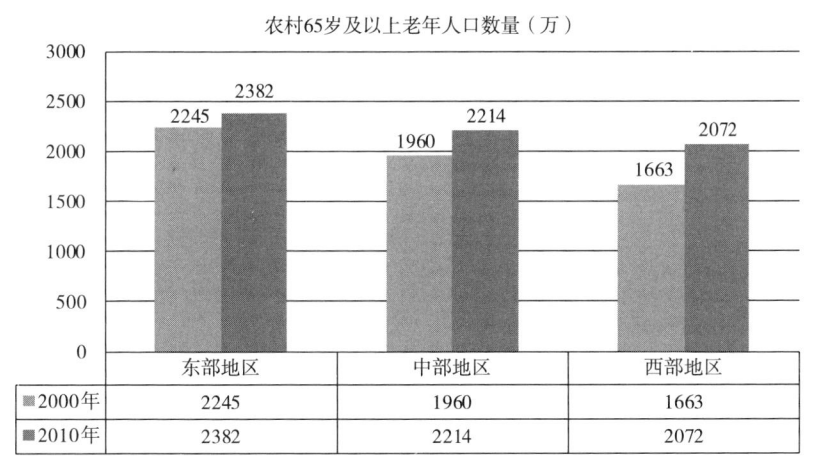

农村65岁及以上老年人口数量（万）

	东部地区	中部地区	西部地区
■2000年	2245	1960	1663
■2010年	2382	2214	2072

注：根据2000年和2010年中国人口普查数据整理

图1-8 中国农村65岁及以上老年人口的地区差异

其次，从农村老年人口数量的变动趋势看，2010年的农村65岁及以上老年人口数量，在东中西部三个地区中均呈现出一定的增长趋势，不同地区增长幅度差异较大。相对于2000年而言，2010年中国东部地区农村老年人口数量增加了137万人，中部地区农村老年人口数量增加了254万人，西部地区农村老年人口数量增加了409万人。东中西部地区农村老年人口数量增长数量的差异，背后反映了不同地区农村人口老龄化速度的差异问题。相对而言，中西部地区的农村人口老龄化速度要快于东部地区的农村人口老龄化速度，例如新疆农村地区的人口老龄化速度，明显快于全国平均水平。

第三，全国抽样调查农村老年人口数量的地区差异。为了动态了解中国人口增长趋势和结构性变化趋势，国家几乎每年都进行千分之一左右的人口抽样调查。图1-9是国家千分之一人口抽样调查的老年人口数量，可见东、中、西部地区农村65岁及以上老年人口数量仍然表现出明显的地区差异，即东部地区农村老年人口数量最多，中部地区农村老年人口数量次之，西部地区农村老年人口数量最少。在18年里东中西部地区老年人口数量差异的这一基本趋势没有发生明显的改变。

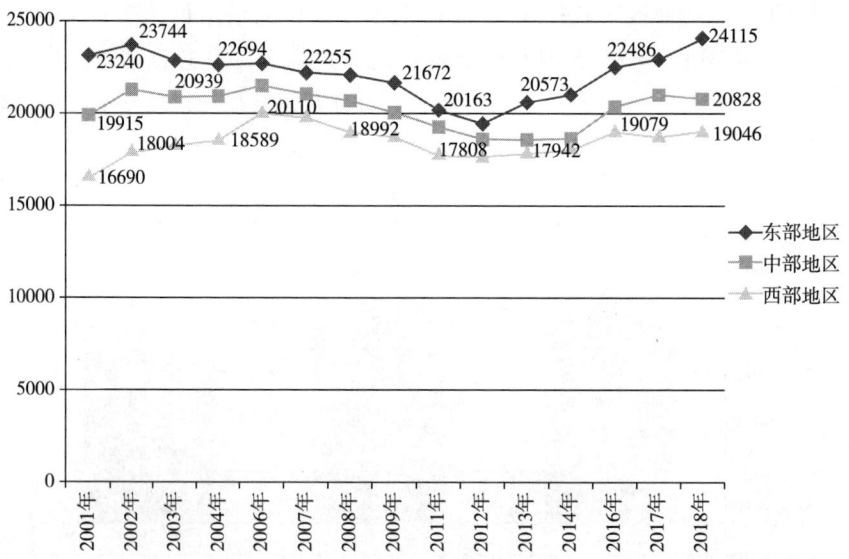

注：2018年抽样人数116万人，全国抽样比为0.820‰；2017年抽样人数115万人，全国抽样比为0.824‰；2016年抽样人数116万人，全国抽样比为0.837‰；2014年抽样人数112万人，全国抽样比为0.822‰；2013年抽样人数112万人，全国抽样比为0.822‰；2012年抽样人数112万人，全国抽样比为0.831‰；2011年抽样人数115万人，全国抽样比为0.850‰；2009年抽样人数116万，全国抽样比为0.873‰；2008年抽样人数118万，全国抽样比为0.887‰；2007年抽样人数119万人，全国抽样比为0.900‰；2006年抽样人数120万人，全国抽样比为0.913‰；2004年抽样人数125万人，全国抽样比为0.966‰；2003年抽样人数125万人，全国抽样比为0.967‰；2002年抽样人数125万人，全国抽样比为0.973‰；2001年抽样人数122万人，全国抽样比为0.956‰

图1-9 中国农村老年人口数量的地区差异：抽样调查

从三个地区农村老年人口数量的变动趋势看，三个地区农村老年人口数量变动的趋势基本相同。以2011年为分界点，从2001年到2010年，中国农村65岁及以上老年人口呈现出一定的减少趋势；从2011年到2018年，中国农村65岁及以上农村老年人口呈现出逐渐增长趋势。

二、农村人口老龄化程度的结构差异

中国是一个社会经济发展极不平衡的国家，不同地区农村人口老龄化进程和农村人口老龄化程度差异极大。从人口老龄化进程来看，中国最早进入人口老龄化社会的地区是上海市，早在1986年前后就已经进入人口老龄化社会，而新疆、青海、西藏、宁夏等西部地区城市，到2010年以后才逐步进入人口老龄化社会。人口老龄化程度与人口老龄化进程相关，较早进入人口老龄化社会的地区，人口老龄化程度往往也较高。中国农村人口老龄化的结构差异，不仅仅体现在地区差异之间，还存在着性别差异和年龄分组差异等，全面了解中国农村人口老龄化的结构差异，对农村养老服务体系建设具有重要的参考价值。

（一）农村人口老龄化程度的性别差异

人口老龄化的女性化，是中国人口老龄化的显著特点。农村人口老龄化的女性化，是中国人口老龄化结构差异的典型表现。图1-10的统计结果表明，农村女性人口老龄化程度明显高于男性人口老龄化程度，2001年农村女性人口老龄化程度为7.8%，农村男性人口老龄化程度为6.5%，二者相差1.3%。按照1956年联合国《人口老龄化及其社会经济后果》确定的标准，2001年农村女性老年人已经进入老龄化社会，而男性老年人尚未进入人口老龄化社会。从不同性别农村人口老龄化程度的变动趋势看，农村女性和男性人口老龄化程度均呈现出快速增长趋势，农村女性人口老龄化程度从2001年的7.8%上升到2018年的14.8%，18年时间农村女性人口老龄化程度几乎翻了一倍；农村男性人口老龄化程度从2001年的6.5%增加到2018年的13.0%，18年时间农村男性人口老龄化程度增长了一倍整。从农村人口老龄化程度性别差异的变动趋势看，二者之间的差异几乎保持稳定，呈现出"平行增长"趋势，2001年，农村人口老龄化程度女性比男性高1.3%，2018年农村人口老龄化程度女性比男性高1.8%，前后相差很小。

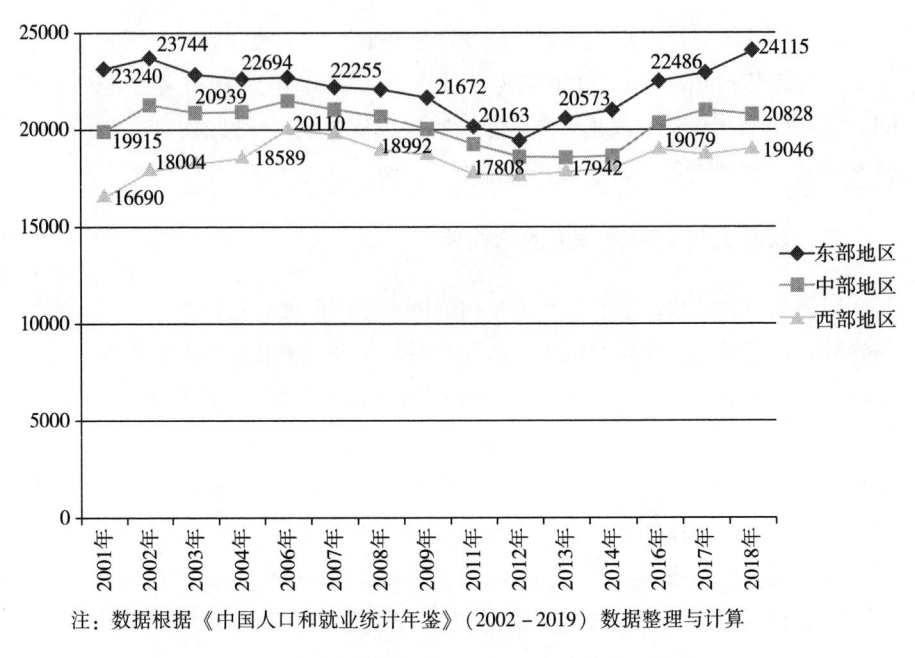

注：数据根据《中国人口和就业统计年鉴》（2002—2019）数据整理与计算

图 1-10　中国农村人口老龄化程度的性别差异

（二）农村人口老龄化程度的地区差异

图 1-11 的统计结果显示，农村人口老龄化程度地区差异明显，东部地区的农村人口老龄化程度明显高于中西部地区的农村人口老龄化程度。2001 年，东部地区农村人口老龄化程度为 9.1%，中部地区为 7.7%，西部地区为 6.9%，地区之间农村人口老龄化程度相差 1.4% 和 0.8%；2018 年东部地区农村人口老龄化程度为 15.5%，中部地区为 13.1%，西部地区为 12.9%，地区之间农村人口老龄化程度相差 2.4% 和 0.2%。这也就是说，东部地区与中西部地区农村人口老龄化程度差异在扩大，中西部地区农村人口老龄化程度差异在缩小。从不同地区农村人口老龄化程度的变化趋势看，在 18 年时间里，不同地区农村人口老龄化程度呈现出"平行增长"的发展趋势。从发展的速度看，2011 年之后，东部地区农村人口老龄化呈现出加速发展态势，而中西部地区农村人口老龄化始终保持一种快速的增长趋势。

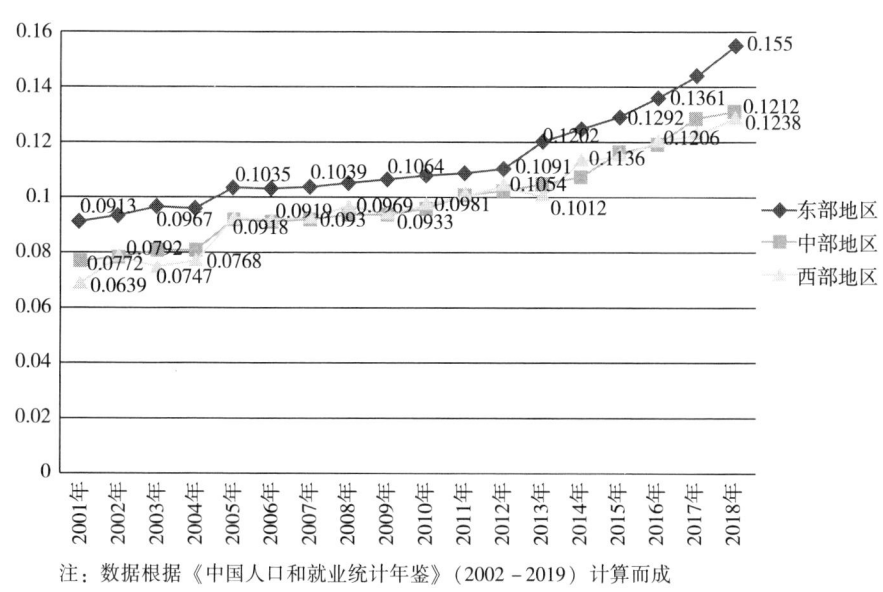

农村人口老龄化程度的地区差异（65岁）

[图表数据：
东部地区：2001年0.0913，2003年0.0967，2005年0.1035，2006年0.1039，2007年0.1064，2011年0.1091，2012年0.1202，2013年0.1292，2015年0.1361，2018年0.155
中部地区：0.0772，0.0918，0.093，0.0969，0.0933，0.0981，0.1054，0.1136，0.1206，0.1212
西部地区：0.0639，0.0747，0.0768，...，0.1012，0.1238]

注：数据根据《中国人口和就业统计年鉴》（2002-2019）计算而成

图1-11 中国农村人口老龄化程度的地区差异

（三）农村人口老龄化程度的年龄分组差异

一般认为，60-69岁老年人口划为低龄老年人口，将70-79岁老年人口划为中龄老年人口，将80岁以上老年人口归为高龄老年人口[1]。中低龄老年人口往往健康状况较好，失能失智概率较低，社会养老服务需求并不迫切。因此，农村中低龄老年人口数量越多，则意味着中国农村养老服务需求水平越低。从表1-1的统计数据来看，中国农村老年人口中，低龄老年人口占绝大多数，并且在18年时间里，农村低龄老年人口占老年人口中的比重不仅没有表现出下降趋势，反而还呈现出一定的增长趋势，农村低龄老年人口占老年人口中的比重平均为57.9%。如果把中龄老年人口也考虑进来，那么，农村中低龄老年人口占老年总人口的比重平均高达88.8%。

---

[1] 崔红威. 低龄老年人口特征及其人力资源开发潜力研究 [J]. 河北大学学报》（哲学社会科学版），2011（2）：76-81.

表1-1　中国农村高–中–低龄老年人口数量变动趋势

年份	农村低龄老年人口（万）	农村中龄老年人口（万）	农村高龄老年人口（万）	低龄老年人口占老年人口比重	中低龄老年人口占老年人口比重
2001年	5179	2948	858	57.6%	90.5%
2002年	5169	2425	919	60.7%	89.2%
2003年	5144	3107	920	56.1%	90.0%
2004年	5138	3111	968	55.7%	89.5%
2005年	5684	3451	1101	55.5%	89.2%
2006年	5741	3407	1078	56.1%	89.5%
2007年	5799	3398	1090	56.4%	89.4%
2008年	5873	2954	1136	58.9%	88.6%
2009年	6038	3357	1121	57.4%	89.3%
2010年	5583	3152	1195	56.2%	88.0%
2011年	5785	3219	1194	56.7%	88.3%
2012年	6034	3139	1197	58.2%	88.5%
2013年	6317	3154	1286	58.7%	88.0%
2014年	6421	3169	1302	59.0%	88.0%
2015年	6682	3173	1288	60.0%	88.4%
2016年	6750	3197	1346	59.8%	88.1%
2017年	6871	3248	1367	59.8%	88.1%
2018年	6869	3336	1333	59.5%	88.4%

三、农村人口高龄化程度的结构差异

农村人口高龄化的结构差异，主要包括农村人口高龄化的性别差异和地区差异两个方面。由于农村人口高龄化有两种界定标准，因此，农村人口高龄化的结构差异，就体现在60岁标准的农村人口高龄化的性别差异和地区差异以及65岁标准的农村人口老龄化的性别差异和地区差异。

(一) 农村人口高龄化的地区差异：以 60 岁为标准

图 1-12 下图是农村人口高龄化的地区差异，上图是省域（包括城市与农村）人口高龄化的地区差异（便于对照）。从图 1-12 下图显示的结果看，海南农村人口高龄化程度最高为 16.8%，甘肃农村人口高龄化程度最低为 6.64%。青海、宁夏、新疆三个省份进入人口老龄化社会的时间最晚，农村人口高龄化程度也几乎最低。从农村人口高龄化程度地区差异的规律来看，农村人口高龄化程度最低的 10 个省份中，有 7 个省份属于社会经济发展相对落后的西部地区；农村人口高龄化程度最高的 10 个省份中，有 6 个省份属于社会经济相对发达的东部地区，有 3 个省份属于社会经济较为发达的中部地区，只有广西属于西部地区。这可以推断，人口高龄化与社会经济发展水平高度相关。随着社会经济发展水平的逐步提高，人口高龄化程度也必将呈现出上升趋势。

省份	比例
甘肃	0.068483
	0.070532
宁夏	0.077613
	0.084069
内蒙古	0.0851
	0.0878
黑龙江	0.08992
	0.094946
吉林	0.09783
	0.099434
山西	0.100154
	0.101163
河北	0.105514
	0.112826
重庆	0.114139
	0.114636
四川	0.115416
	0.116283
湖南	0.118115
	0.118628
安徽	0.120316
	0.121164
北京	0.122803
	0.128911
江苏	0.133397
	0.135184
浙江	0.14196
	0.143031
广东	0.149098
	0.155731
上海	0.169413

■ 省域人口高龄化：以60岁为标准

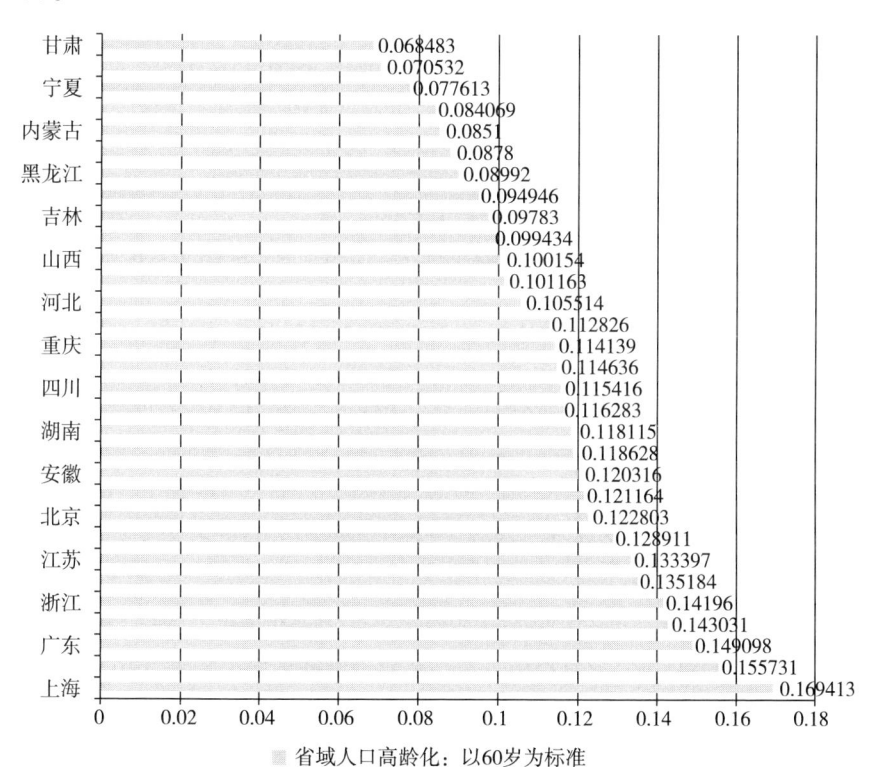

图1-12（上图）

```
甘肃       0.066417
           0.071442
宁夏       0.076932
           0.084866
新疆       0.085748
           0.086637
黑龙江     0.086932
           0.093339
吉林       0.096738
           0.103516
山西       0.10395
           0.104377
重庆       0.10911
           0.110097
云南       0.114116
           0.11456
天津       0.114644
           0.116641
辽宁       0.118176
           0.118399
河南       0.12128
           0.122974
安徽       0.123255
           0.135667
江苏       0.137963
           0.141226
浙江       0.149165
           0.152618
上海       0.158748
           0.1675
海南       0.173208
```

■ 农村人口高龄化：以60岁为标准

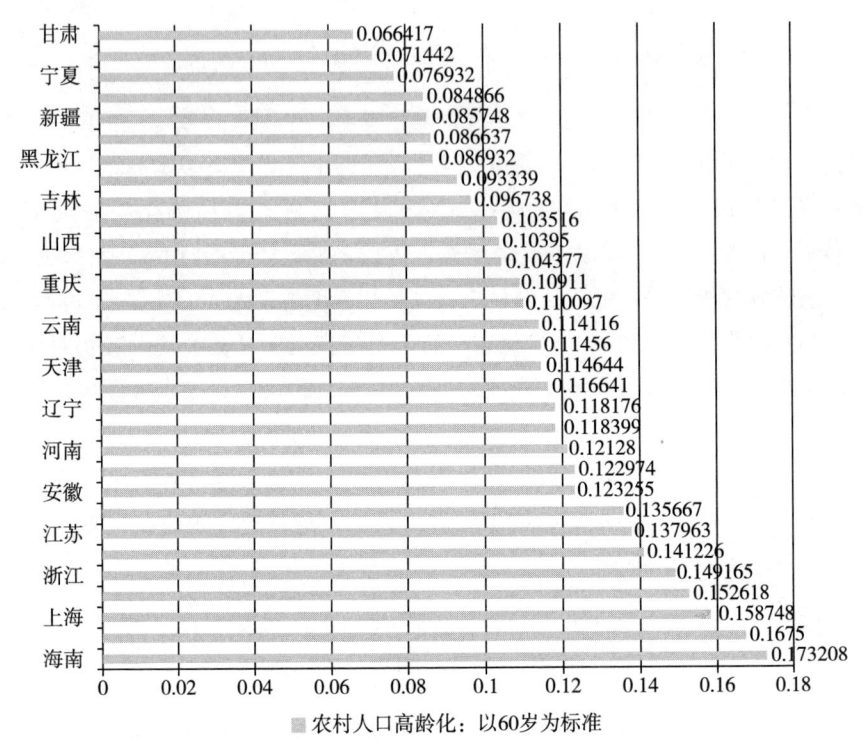

图1-12（下图）

注：数据根据《中国2010年人口普查资料》计算得来

图1-12　全国与农村人口高龄化程度的地区差异：以60岁为标准

（二）农村人口高龄化的地区差异：以65岁为标准

图1-13上图为省域人口高龄化程度的地区差异，下图是农村人口高龄化的地区差异。上图的统计结果显示，海南省农村人口高龄化程度最高为23.85%，甘肃省农村人口高龄化程度最低为10.13%。不难看出，65岁标准的农村人口高龄化的地区差异，与60岁标准的农村人口高龄化差异地区的排序基本相同。相反，不同标准下的省域人口高龄化程度地区排序差异很大，例如，按照60岁标准，北京市的人口高龄化程度是排在最高的10个省份之一。相反，按照65岁标准，北京市的人口高龄化程度则是排在最低的10个省份之一。再如，宁夏人口高龄化程度与北京市人口高龄化程度也表现出极为相似的特点，按照60岁标准，宁夏人口高龄化程度是最低的10个省份之一。相反，按照65岁标准，宁夏却成为人口高龄化程度最高的10个省份之一。

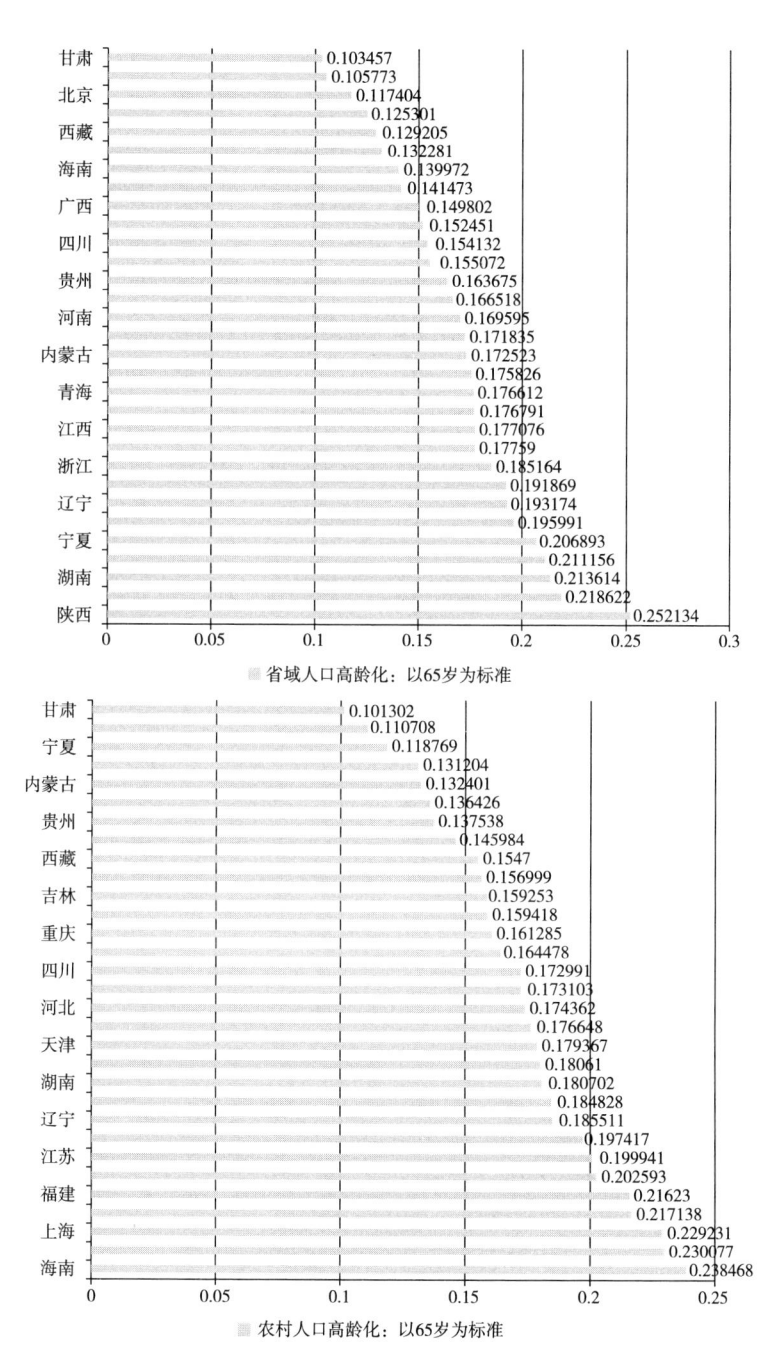

注：数据根据《中国2010年人口普查资料》计算得来

图1-13 中国农村人口高龄化程度的地区差异：以65岁为标准

(三) 农村人口高龄化的性别差异：以 60 岁为标准

以 80 岁及以上老年人口占 60 岁及以上老年人口的比重，来测量农村老年人口高龄化。图 1-14 的统计结果显示，农村男性人口的高龄化程度明显低于女性人口的高龄化程度。2001 年，农村女性人口高龄化程度为 11.02%，而农村男性人口高龄化程度为 7.8%，二者人口高龄化程度相差 3.2%。到 2018 年，农村女性人口高龄化程度上升到 13.43%，农村男性人口高龄化程度上升到 9.59%，二者相差 4.83%。从农村人口高龄化程度性别差异的变动趋势看，除 2002 年农村女性人口高龄化程度出现大幅增长之外，其它年份农村男性人口高龄化程度与女性人口高龄化程度，呈现出"平行增长"的发展趋势。

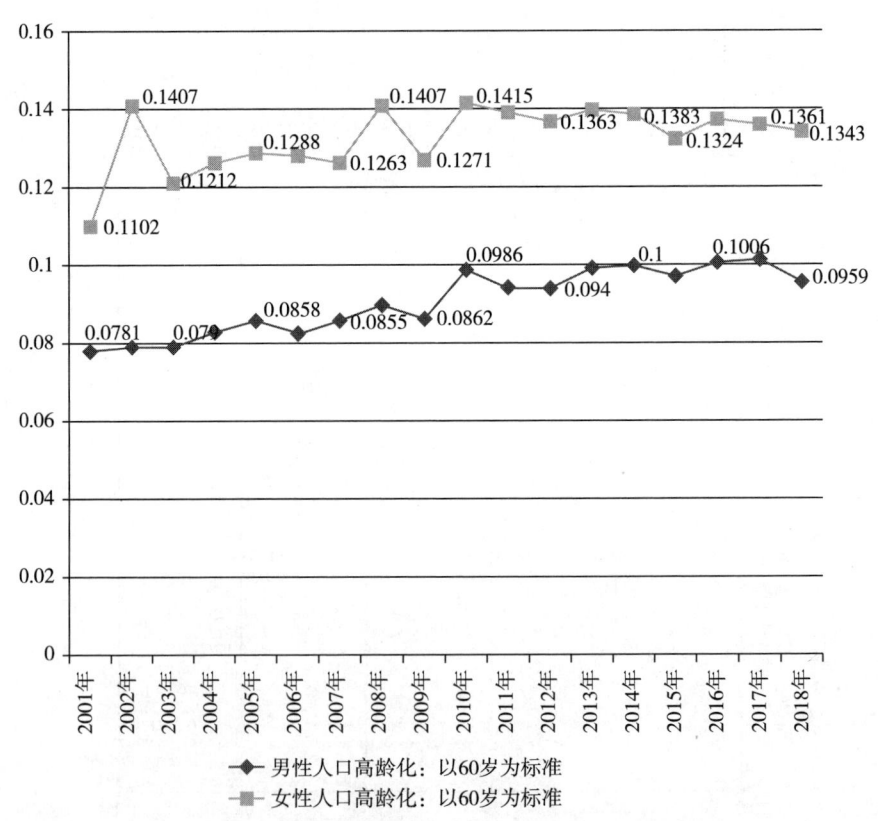

注：数据根据《中国人口和就业统计年鉴》(2002-2019) 提供的资料计算而得

图 1-14　中国农村人口高龄化的性别差异：以 60 岁为标准

（四）农村人口高龄化的性别差异：以 65 岁为标准

以 80 岁及以上老年人口占 65 岁及以上老年人口的比重，来测量农村人口高龄化程度。图 1-15 的统计结果表明，农村女性人口高龄化程度也明显高于农村男性人口高龄化程度，2001 年，农村女性人口高龄化程度为 17.96%，农村男性人口高龄化程度为 12.14%，二者相差为 5.82%。到 2018 年，农村女性人口高龄化程度增长到 19.51%，而农村女性人口高龄化程度则上升到 14.45%，二者之间的差距 5.06%。从农村男性和女性农村人口高龄化程度的发展趋势看，二者均呈现出"横 S 型"的发展趋势。并且，以 2010 年为分界线，从 2001 年到 2009 年，农村男性和女性人口高龄化程度呈现出不断增长的发展趋势，而从 2010 年到 2018 年，农村男性和女性人口高龄化程度，呈现出稳中有降的发展态势。从农村人口高龄化程度性别差异的变动趋势看，二者之间的差异并没有表现出明显的扩大或缩小，而是表现出"平行变动"的特点。

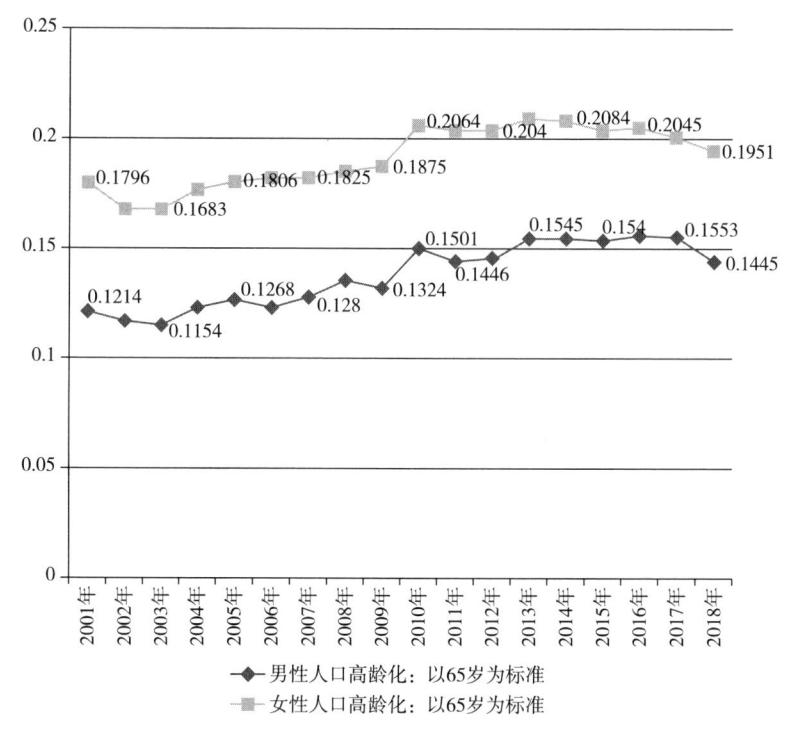

注：数据根据《中国人口和就业统计年鉴》（2002—2019）提供的资料计算而得

图 1-15　中国农村人口高龄化的性别差异：以 65 岁为标准

第三节　农村人口老龄化的未来趋势

从人口老龄化的进程来看，截止到2019年年底，无论是按照60岁标准的轻度、中度和重度分类的人口老龄化进程，还是按照65岁标准的轻度、深度和超级分类的人口老龄化进程，中国当前的人口老龄化程度均处于中间进程的初级阶段，即深度老龄化的边沿和中度老龄化的初期。但是，这并不是中国人口老龄化的全部和最终结果，由于中国人口预期寿命的快速增长和人口总和生育率的快速下降，中国农村未来的人口老龄化程度及其结构差异，对准确把握中国农村养老问题的严重程度，更具有重要的实践指导价值。

关于中国人口老龄化的未来趋势，学界和官方都有较多的预测结果。本文选择曾经长期担任中国老龄协会会长李本公会长的预测结果为依据，来分析中国农村人口老龄化的未来趋势及其结构差异。中国老龄协会是中国老龄化问题研究最早成立的官方社会组织，拥有全国最顶尖的老龄问题研究专家和人口发展趋势预测专家，使用李本公会长预测的数据，来分析中国农村人口老龄化的未来趋势，科学性和准确性都相对较好，能够较为客观和准确的反映中国农村人口老龄化问题的严重程度以及农村养老服务体系建设的迫切性。

需要特别指出的是，由于任何人口预测都是基于人口出生率、总和生育率、死亡率、人口预期寿命以及人口迁移率等多种前置假设条件下的预测，前置条件的任何细微变化都会带来人口预测结果的巨大差异。因此，任何人口预测只能是一种趋势性预测，不是精确性预测，人口预测数据也只能作为一种参考，不能作为科学决策的直接依据。

一、农村人口老龄化的未来趋势：高方案

农村人口老龄化的未来趋势，包括农村老年人口规模的变动趋势、农村人口老龄化程度的未来趋势和农村人口老龄化结构差异的未来趋势三个方面。农村人口老龄化未来趋势的高中低方案，预测的关键假设是城乡总和生育率的变化趋势。高方案的前置建设条件是"城乡妇女的生育率均先增后降，农村总和生育率从2000年的2.062提高到2015年的2.430，并维持到2030年，从2030年到2050年农村总和生育率持续下降到2.330，并一直保

持到 2100 年。"[1]

(一) 中国农村老年人口规模的未来趋势

1. 农村 60 岁及以上老年人口规模

图 1-16 的预测结果表明，农村 60 岁及以上老年人口的规模，呈现出先上升后下降的发展趋势。从 2020 年到 2030 年前后，即未来 10 年是中国农村 60 岁及以上老年人口快速增长的阶段，农村 60 岁及以上老年人口将从当前的 1.13 亿人增长到 2030 年的 1.19 亿人，农村老年人口数量达到高峰。从 2030 年到 2100 年，经过 70 年的时间，中国农村 60 岁及以上老年人口呈现出明显的下降趋势，农村 60 岁及以上老年人口数量将从 2030 年的 1.19 亿人下降到 2100 年的不到 7000 万人，下降幅度达 42%。

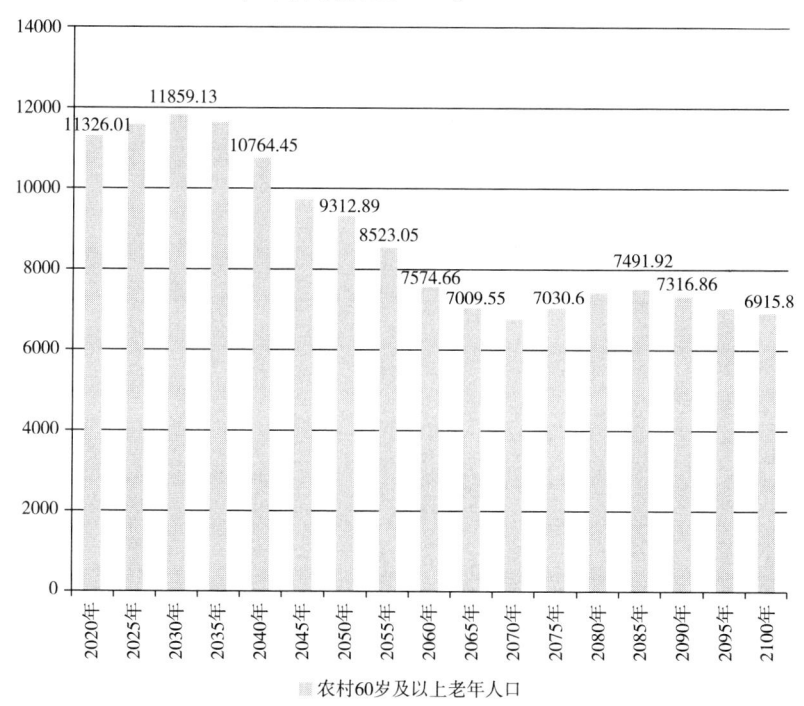

注：数据来自李本公主编《中国人口老龄化发展趋势百年预测》，华龄出版社，2007 年版

图 1-16 中国农村 60 岁及以上老年人口未来趋势预测

---

[1] 李本公主编. 中国人口老龄化发展趋势百年预测 [M], 北京：华龄出版社，2007 年版。

2. 农村 65 岁及以上老年人口规模

图 1-17 的预测结果表明，中国农村 65 岁及以上老年人口，也呈现出明显的两阶段特征。从 2020 年到 2040 年，农村 65 岁及以上老年人口呈现出明显的增长趋势，中国农村 65 岁及以上老年人口将从 8268.04 万人增长到 8932.93 万人，65 岁及以上老年人口数量达到历史的峰值，此后开始下降。从 2040 到 2100 年，中国农村 65 岁及以上老年人口呈现出明显的下降趋势，农村 65 岁及以上老年人口数量，将从 2040 年的 8933 万人下降到 2100 年的 5277 万人，下降幅度达到 41%。

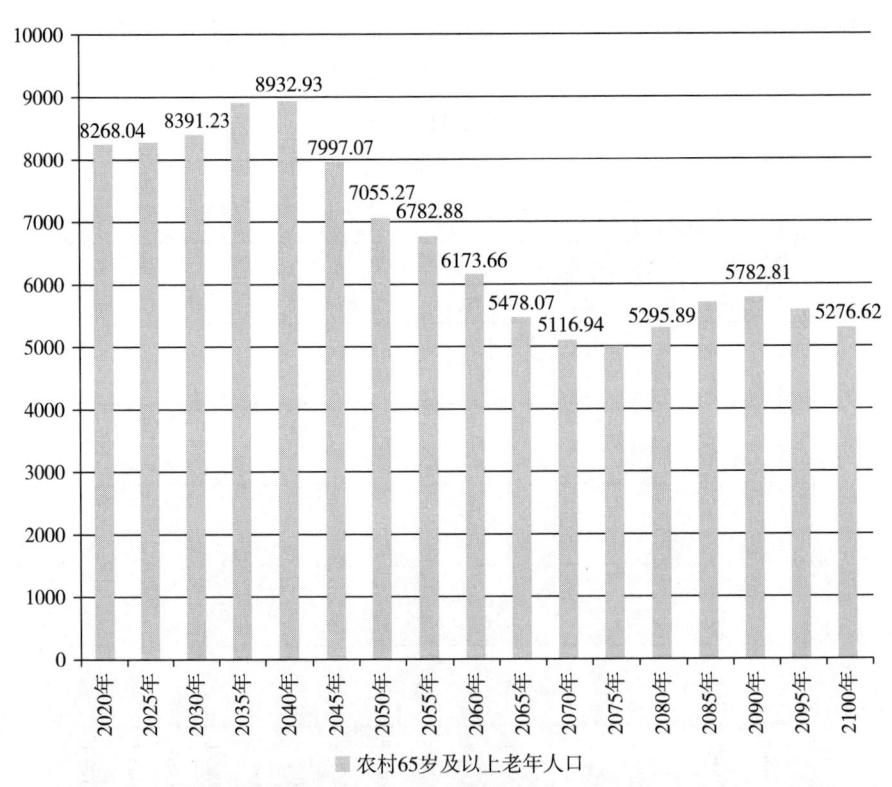

注：数据来自李本公主编《中国人口老龄化发展趋势百年预测》，华龄出版社，2007 年版

图 1-17　中国农村 65 岁及以上老年人口未来趋势预测

3. 农村 80 岁及以上老年人口规模

图 1-18 的预测结果表明，农村 80 岁及以上高龄老年人口呈现出明显的三个阶段特征。从 2020 年到 2050 年，农村高龄老年人口数量呈现出明显的增长趋势，80 岁及以上高龄人口将从 1493.4 万人增长到 2429.9 万人，农村高龄

老年人口达到峰值；从 2050 年到 2085 年，农村高龄老年人口数量呈现出明显的减少趋势，农村 80 岁及以上高龄老年人口将从 2429.9 万人下降到 1216.1 万人，农村高龄老年人口达到最低值；从 2085 年到 2100 年，农村高龄老年人口数量再次出现明显的增长趋势，农村 80 岁及以上老年人口将从 1216.3 万人增长到 1650.4 万人。

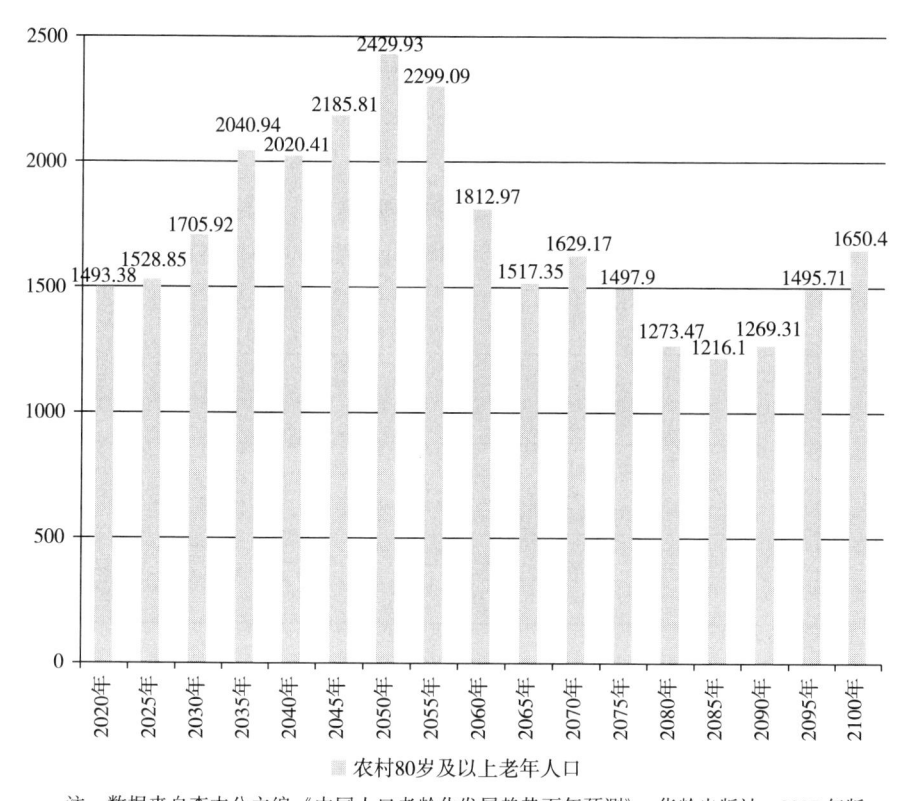

注：数据来自李本公主编《中国人口老龄化发展趋势百年预测》，华龄出版社，2007 年版

图 1-18　中国农村 80 岁及以上老年人口未来趋势预测

根据不同标准下的农村老年人口变动趋势预测结果来看，60 岁标准的农村老年人口数量将在 2030 年达到峰值，65 岁标准的农村老年人口数量将在 2040 年达到峰值，80 岁标准的农村高龄老年人口数量将在 2050 年达到峰值。目前中国人口预期寿命为 77.9 岁左右，到 2030 年人口预期寿命将达到 80 岁以上。这也就是说，60 岁及以上的农村老年人口将有 20 年左右的余命，80 岁及以上的老年人口将有 5 年左右的余命，那么，从 2030 年到 2055 年，这 25 年间，将会是中国农村人口老龄化问题最为突出的时间，考虑到人口惯性作用，

从 2020 年到 2030 年是中国应对人口老龄化的窗口期，加快农村养老服务体系建设是积极应对人口老龄化问题的迫切任务。

（二）农村人口老龄化程度的未来趋势

1. 农村人口老龄化程度的未来趋势：以 60 岁为标准

按照 60 岁及以上老年人口占总人口中的百分比，来衡量农村人口老龄化程度。图 1-19 的预测结果表明，农村人口老龄化程度，也呈现出三个阶段特征。从 2020 年到 2035 年，农村人口老龄化程度呈现出加速发展态势，农村人口老龄化程度将从当前的 19.88% 上升到 2035 年的 30.39%；从 2035 年到 2070 年，农村人口老龄化程度呈现出不断下降趋势，农村人口老龄化程度将从 30.4% 下降到 20.0%；从 2070 年到 2100 年，农村人口老龄化程度呈现出波动性增长趋势，但增幅比较有限。

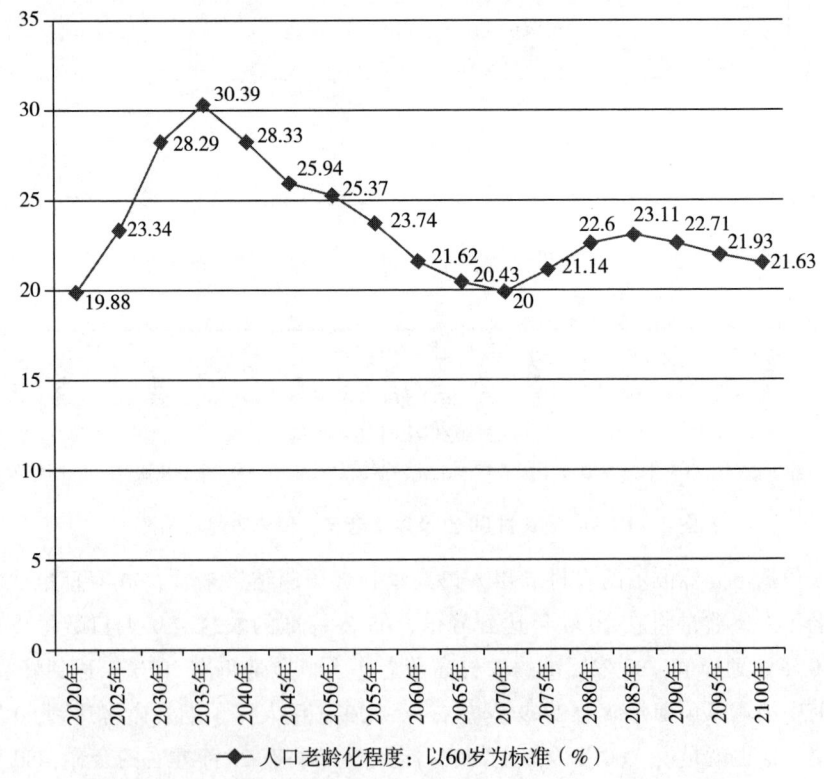

注：数据来自李本公主编《中国人口老龄化发展趋势百年预测》，华龄出版社，2007 年版

图 1-19 中国农村人口老龄化程度的未来趋势：以 60 岁为标准

2. 农村人口老龄化程度的未来趋势：以 65 岁为标准

按照 65 岁及以上老年人口占总人口中的百分比，来衡量农村人口老龄化程度。图 1-20 的预测结果表明，农村人口老龄化程度与 60 岁标准下的农村人口老龄化程度，呈现出较为类似的发展趋势。从 2020—2035—2040 年，在此期间达到高峰，人口老龄化程度约为 24% 左右；从 2040 年到 2070 年，呈现出不断下降的趋势，将从 2040 年的 24% 左右，下降到 2070 年的 15% 左右；从 2070 年到 2100 年的 30 年左右，呈现出波动性增长趋势，但增长幅度有限。

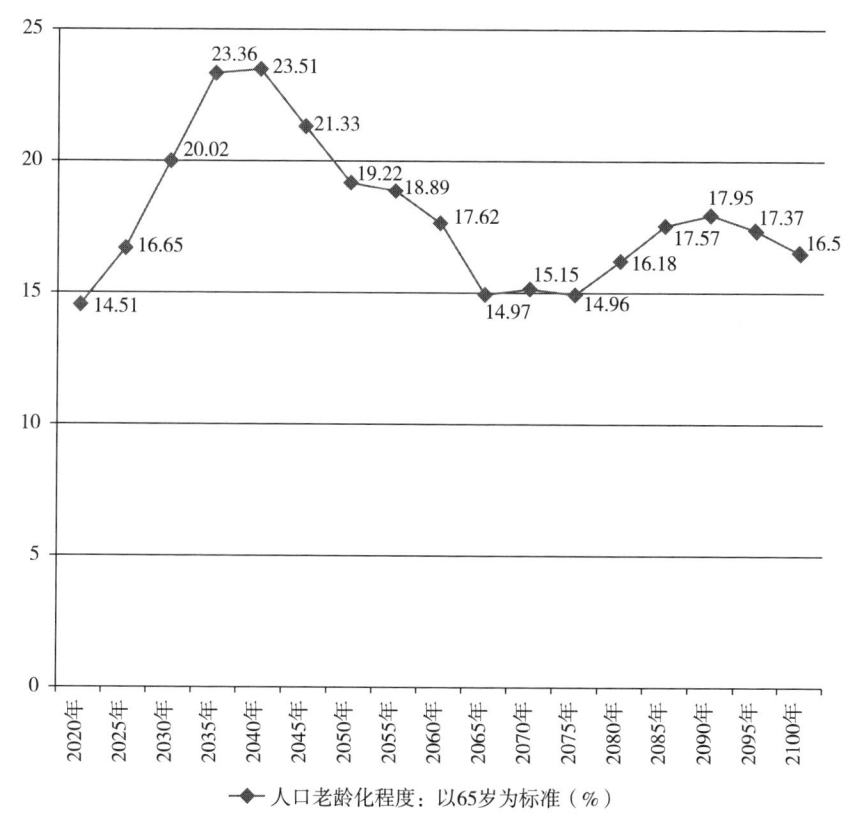

注：数据来自李本公主编《中国人口老龄化发展趋势百年预测》，华龄出版社，2007 年版

图 1-20 中国农村人口老龄化程度的未来趋势：以 65 岁为标准

3. 农村人口高龄化程度的未来趋势：以 80 岁为标准

图 1-21 的预测结果表明，农村人口高龄化程度表现出明显的三个阶段特征。从 2020 年到 2050 年前后，呈现出明显的快速增长趋势，65 岁标准下从 18.1% 上升到 35% 左右，高龄化程度增长了 93.4%，60 岁标准下从 13.2% 上

升到 27%，高龄化程度增加了 1.1 倍。从 2050 年前后到 2085 年，呈现出显著的下降趋势，60 岁标准的农村人口高龄化程度将从 27% 左右下降到 16% 左右，下降幅度位 41%；65 岁标准的农村人口高龄化程度，将从 35% 左右下降到 21% 左右。从 2085 年至 2100 年，这 15 年间，再一次呈现出快速增长趋势，60 岁标准下的农村人口高龄化程度将从 16% 左右增长到 2100 年的 24%，而 65 岁标准下将从 21.4% 上升到 31.3%。

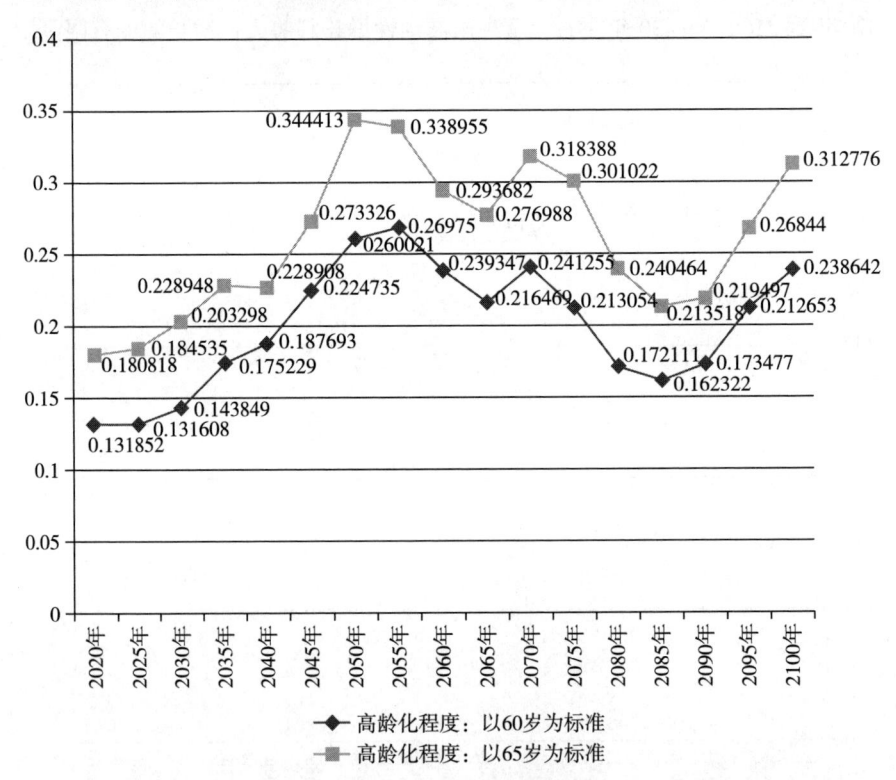

注：数据来自李本公主编《中国人口老龄化发展趋势百年预测》，华龄出版社，2007 年版

图 1-21　中国农村人口高龄化程度的未来趋势：以 80 岁为标准

（三）农村人口老龄化结构差异的未来趋势

1. 农村老年人口数量性别差异的未来趋势

图 1-22 的预测结果显示，农村老年人口规模表现出明显的性别差异。农村女性老年人口数量始终多于男性老年人口数量，差异最大的年份是 2045 年，农村女性比男性老年人口数量多 961.2 万人，差异最小的年份是 2080 年，农

村女性老年人口比男性老年人口数量多443.8万人。从变动趋势看，呈现出明显的"横S型"发展趋势，从2020年到2040年的20年时间里，农村老年人口数量的性别差异呈现出不断扩大趋势，从2040年到2070年的30年时间里，呈现出不断缩小态势；从2070年到2100年的30年时间里，性别差异基本上保持稳定。

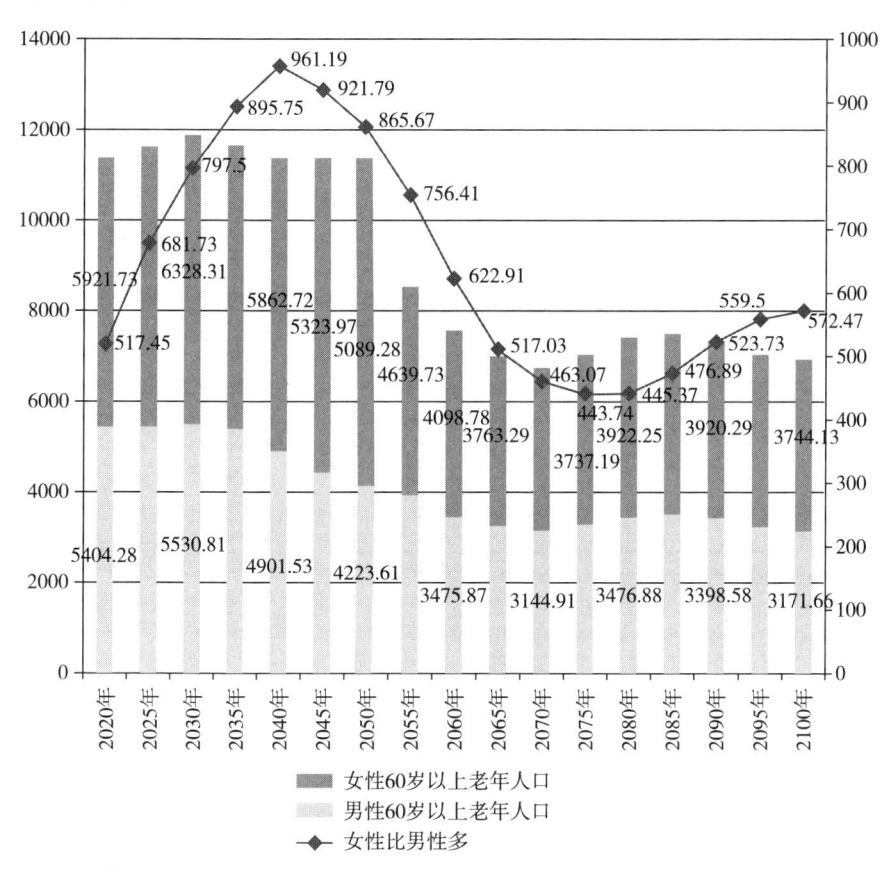

注：数据来自李本公主编《中国人口老龄化发展趋势百年预测》，华龄出版社，2007年版

图1-22　中国农村老年人口数量性别差异的未来趋势

2. 农村人口老龄化程度性别差异的未来趋势

图1-23的预测结果显示，无论是农村男性的人口老龄化程度，还是农村女性的人口老龄化程度，均表现出明显的三个阶段特征。自2020年农村女性和男性的人口老龄化程度，都表现出了明显的增长趋势，农村女性的人口老龄化程度将从21.13%上升到32.6%，农村男性的人口老龄化程度从18.7%上升

到28.2%。从农村男性和女性人口老龄化程度的差异来看，在未来的80年里，农村人口老龄化程度仍然保持明显的性别差异。农村女性的人口老龄化程度始终高于农村男性的人口老龄化程度。从农村男性和女性人口老龄化程度差异的变动幅度看，二者呈现出"平行增长"变动趋势，这也就是说农村男性和女性人口老龄化程度的差异，保持一种较为稳定的差异趋势。

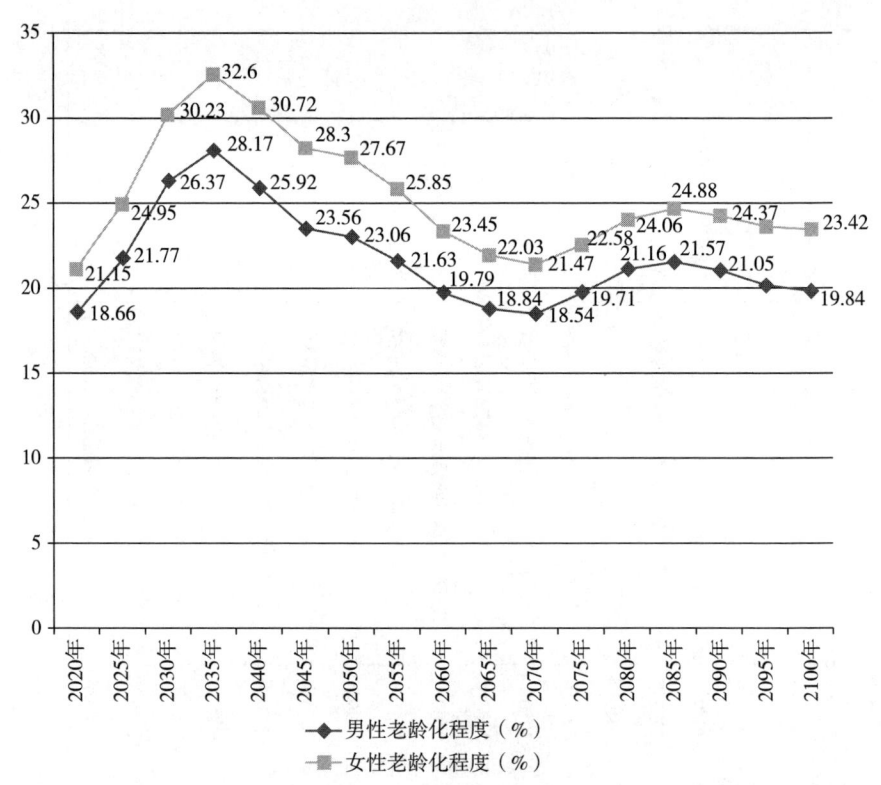

注：数据来自李本公主编《中国人口老龄化发展趋势百年预测》，华龄出版社，2007年版

图1－23　中国农村人口老龄化程度性别差异的未来趋势

3. 农村人口高龄化程度性别差异未来趋势

图1－24的预测结果表明，60岁标准下的农村男性和女性的人口高龄化程度，呈现出三个阶段特征。从2020年到2055年前后，农村男性和女性人口高龄化程度均呈现出快速增长趋势，农村女性人口高龄化程度从15.2%快速上升到30.7%，农村男性人口高龄化程度从11%快速上升到23%。从2055年前后到2085年，农村男性和女性人口高龄化程度，呈现出明显的下降趋势，农村男性高龄化程度将从23%下降到14%左右，农村女性高龄化

程度将从31%下降到19%。从农村男性和女性人口高龄化程度的性别差异变动趋势看，只有在2050年到2075年的25年期间，二者的性别差异程度呈现出扩大趋势，其它时间二者近乎表现出"平行变动"的趋势。

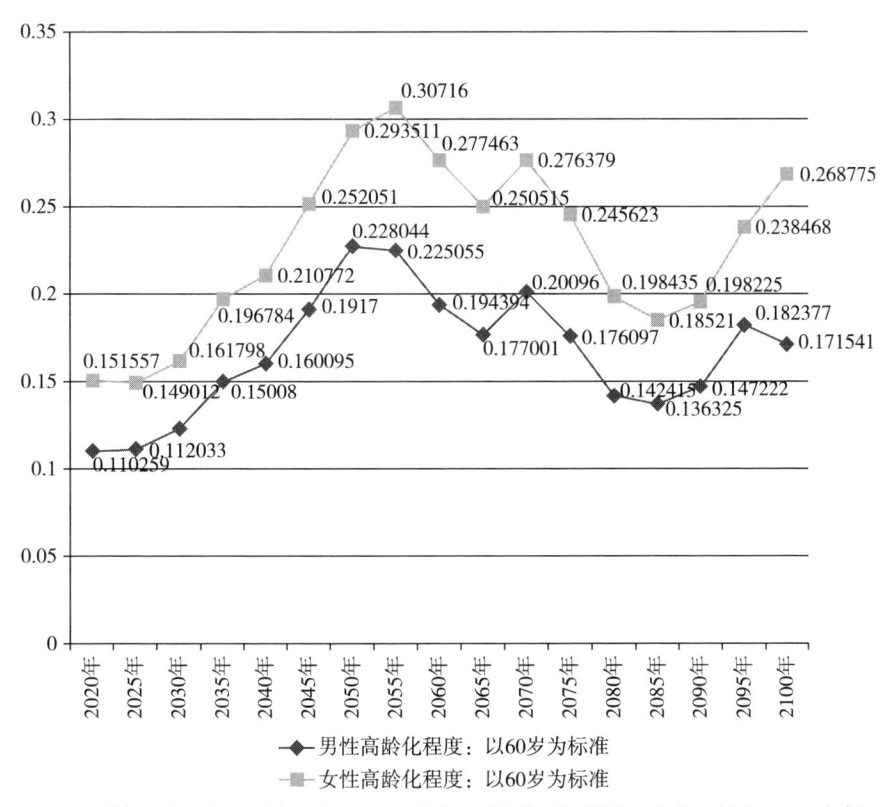

注：数据来自李本公主编《中国人口老龄化发展趋势百年预测》，华龄出版社，2007年版

图1-24 中国农村人口高龄化程度性别差异的未来趋势

图1-25的预测结果表明，65岁标准下的农村男性和女性人口高龄化程度，也呈现出三阶段特征。从2020年到2055年前后，农村男性和女性人口高龄化程度，均表现出显著的增长趋势，农村男性人口高龄化程度将从15.4%快速上升到31%，农村女性人口高龄化程度，将从20.4%快速上升到38%。从2055年前后到2085年，农村男性和女性人口高龄化程度，均表现出明显的下降趋势，农村男性人口高龄化程度将从31%下降到18%，农村女性人口高龄化程度，将从38%下降到24%。从农村男性和女性人口高龄化程度性别差异的变动趋势看，二者基本上表现出"平行波动"的变动趋势。

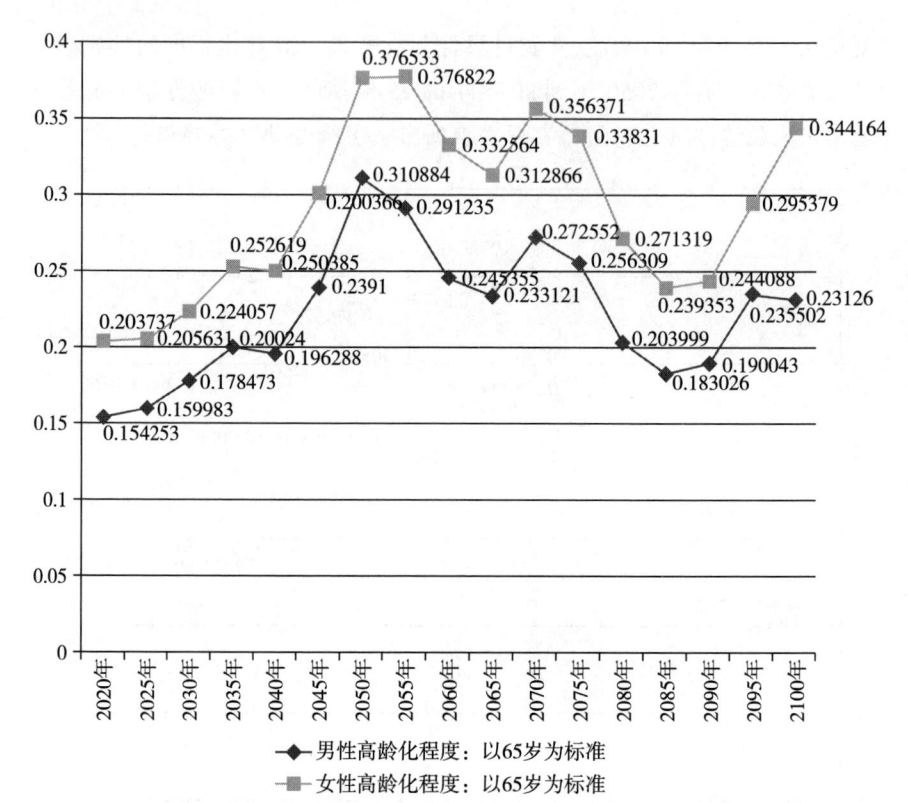

注：数据来自李本公主编《中国人口老龄化发展趋势百年预测》，华龄出版社，2007年版

图1-25 中国农村人口高龄化程度性别差异的未来趋势

二、农村人口老龄化的未来趋势：中方案

中方案的前置假设条件是，"在预测周期内，农村妇女总和生育率水平在2000年2.062的基础上略微上升，2010-2015年达到更替水平2.080，并一直保持到2100年。"[1]

（一）农村老年人口规模的未来趋势

1. 农村60岁及以上老年人口规模

图1-26的统计结果表明，农村60岁及以上老年人口呈现出先上升后下降的特点。从2020年到2030年，农村60岁及以上老年人口数量呈现出增长

---

[1] 李本公主编. 中国人口老龄化发展趋势百年预测 [M]. 北京：华龄出版社，2007年版。

趋势，10年时间农村60岁及以上老年人口增长约750万人；从2030年到2070年，农村60岁及以上老年人口呈现出明显的下降趋势，在这40年期间，农村60岁及以上老年人口下降约50%；从2070年到2100年，农村60岁及以上老年人口基本上表现出稳定趋势。

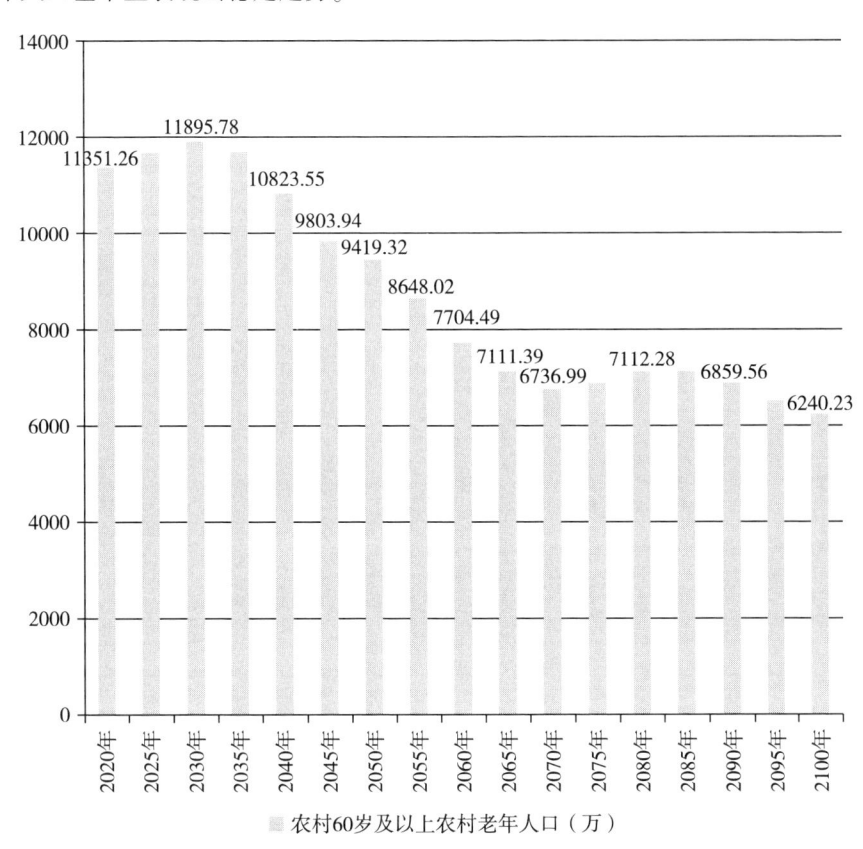

注：数据来自李本公主编《中国人口老龄化发展趋势百年预测》，华龄出版社，2007年版

图1-26 中国农村60岁及以上老年人口数量的未来趋势

2. 农村65岁及以上老年人口规模

图1-27的预测结果显示，农村65岁及以上老年人口数量的变动趋势，与农村60岁及以上农村老年人口数量的变动趋势基本相同，差异在于每一阶段持续的时间有所不同。从2020年到2040年的20年时间，是农村65岁及以上老年人口数量稳定增长阶段，农村65岁及以上老年人口数量将从现在的8285万人，增加到2040年的8979万人；从2040年到2075年的35年

时间，是农村 65 岁及以上老年人口数量快速下降阶段，农村 65 岁及以上老年人口数量将从 8979 万人下降到 2075 年的 4941 万人；从 2075 年到 2100 年的 25 年时间，农村 65 岁及以上老年人口数量稳定在 5000 万左右，前后变动幅度较小。

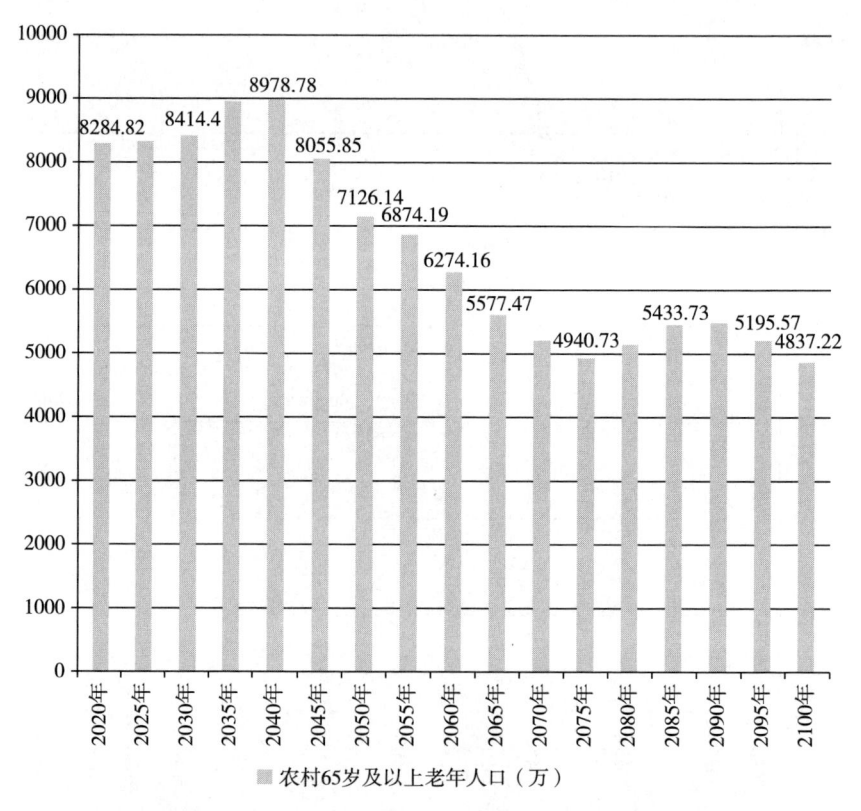

年份	农村65岁及以上老年人口（万）
2020年	8284.82
2025年	8414.4
2030年	8978.78
2035年	8978.78
2040年	8055.85
2045年	7126.14
2050年	6874.19
2055年	6274.16
2060年	5577.47
2065年	4940.73
2070年	5433.73
2075年	5195.57
2080年	4837.22

注：数据来自李本公主编《中国人口老龄化发展趋势百年预测》，华龄出版社，2007 年版

图 1-27　中国农村 65 岁及以上老年人口数量的未来趋势

3. 农村 80 岁及以上老年人口规模

图 1-28 的预测结果表明，农村高龄老年人口数量表现出明显的三个阶段特征。从 2020 年到 2050 年的 30 年时间，农村 80 岁及以上的高龄老年人口呈现出快速的增长趋势，高龄老年人口数量从 1496 万人，增长到 2050 年的 2449 万人。从 2050 年到 2085 年的 35 年时间，农村高龄老年人口数量呈现出快速的减少趋势，农村高龄老年人口数量从 2449 万人减少到 1226 万人，下降幅度接近 50%；从 2085 年到 2100 年的 15 年时间，农

村高龄老年人口数量呈现出一定的上升趋势，高龄老年人口数量增幅较为明显。

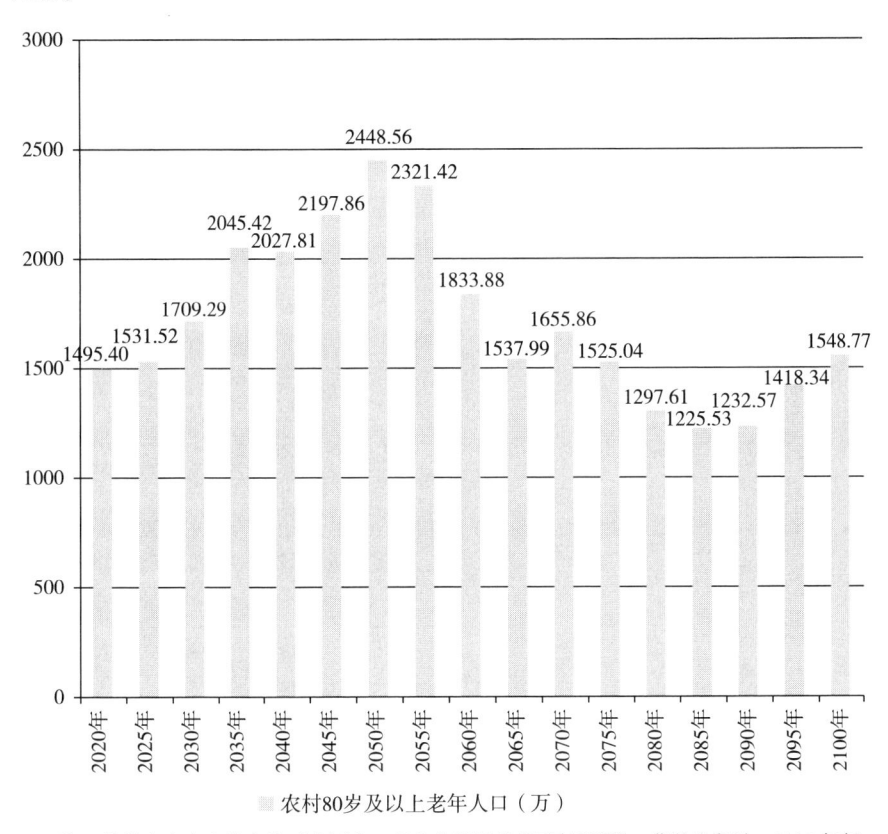

图1-28 中国农村80岁及以上高龄人口数量的未来趋势

注：数据来自李本公主编《中国人口老龄化发展趋势百年预测》，华龄出版社，2007年版

（二）农村人口老龄化程度的未来趋势

1. 农村60岁和65岁标准的人口老龄化程度

图1-29的预测结果显示，农村60岁和65岁标准的人口老龄化程度，均表现出相似的发展趋势。从2020年到2035年前后，农村60岁和65岁标准的人口老龄化程度，均呈现出加速增长趋势，60岁标准下的农村人口老龄化程度从20.1%上升到31.5%，65岁标准的人口老龄化程度从14.8%上升到24.6%。从2040年前后到2070年的30年时间，农村60岁和65岁标准下的人口老龄化程度均呈现出快速的下降趋势，60岁标准下的农村人口老龄化程度

将从 31.5% 下降到 23% 和 17% 左右；从 2070 年前后到 2100 年的 30 年，农村 60 岁和 65 岁标准下的人口老龄化程度呈现出一定的波动性增长，但是增长幅度有限。

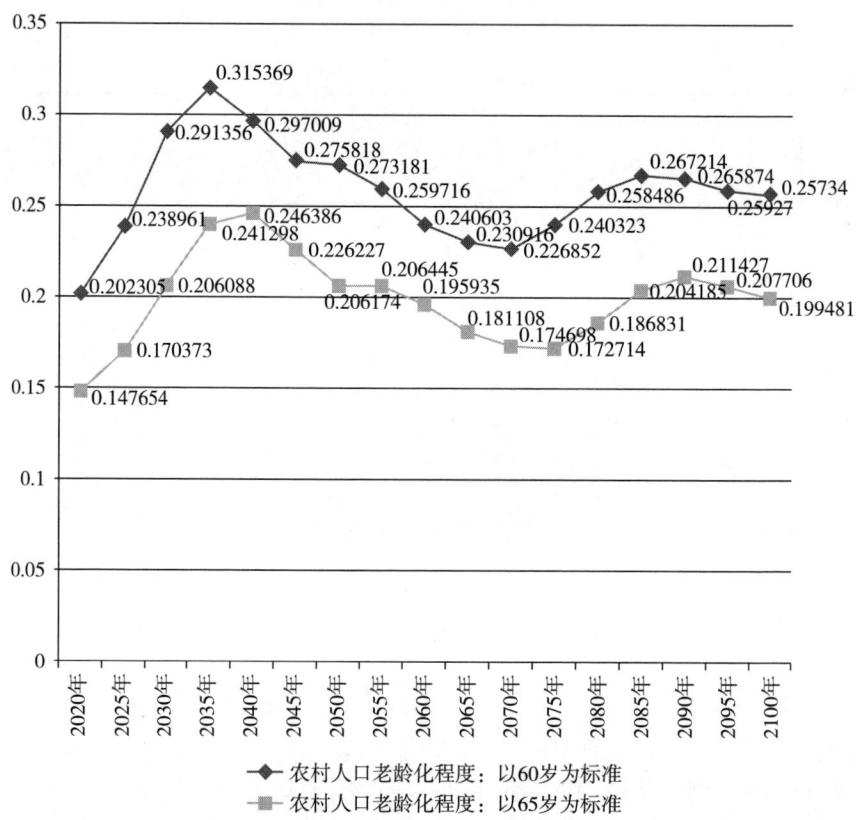

图 1-29　中国农村人口老龄化程度的未来趋势

注：数据来自李本公主编《中国人口老龄化发展趋势百年预测》，华龄出版社，2007 年版

2. 农村人口高龄化程度的未来趋势

图 1-30 的预测结果表明，农村人口高龄化程度呈现出明显的三个阶段特征。从 2020 年到 2050 年，农村人口高龄化程度呈现出快速上升趋势，60 岁标准下的农村人口高龄化程度从 13.2% 上升到 2050 年的 27%，65 岁标准下的农村人口高龄化程度从 18.1% 上升到 34% 左右；从 2050 年前后到 2085 年，农村人口高龄化程度呈现出波动性下降趋势，60 岁标准下的人口高龄化程度从 2050 年 27.3% 下降到 17.2%，65 岁标准下的农村人口高龄化程度从 34.4% 下

降到23%左右;从2085年到2100年,农村人口高龄化程度再次呈现出明显的上升趋势,15年左右的时间,60岁标准下的农村人口高龄化程度从17%上升到25%,65岁标准下的农村人口高龄化从22.6%上升到32%,增长幅度明显。

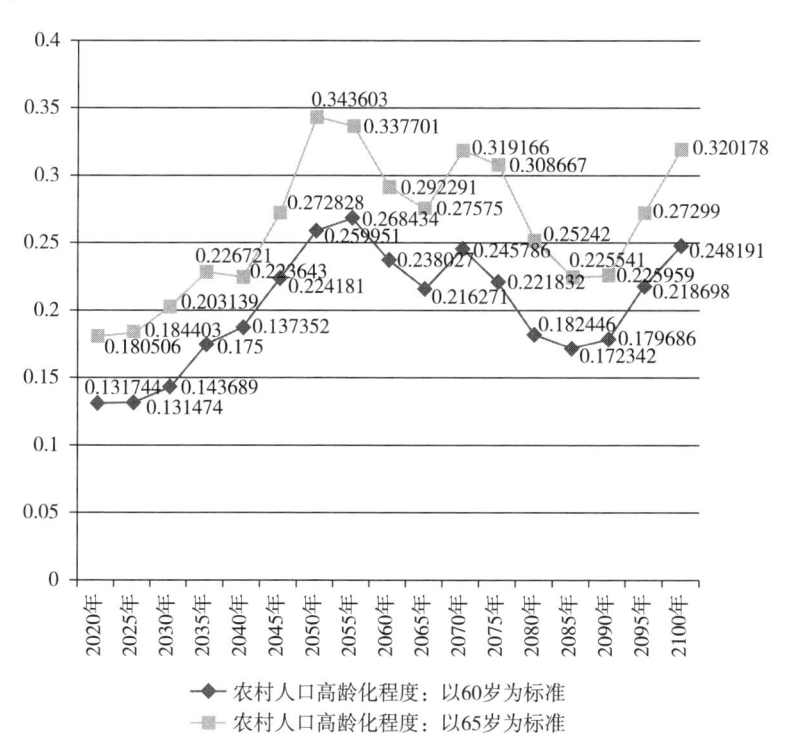

注:数据来自李本公主编《中国人口老龄化发展趋势百年预测》,华龄出版社,2007年版

图1-30 中国农村人口高龄化程度的未来趋势

三、农村人口老龄化的未来趋势:低方案

低方案的前置假设条件是,"农村人口继续执行现行生育政策,农村总和生育率由2000年的2.062降低至2020年的1.621,以后保持不变到预测期末。"[1]

---

[1] 李本公主编.中国人口老龄化发展趋势百年预测[M].北京:华龄出版社,2007年版。

(一) 农村老年人口数量的未来趋势

1. 农村 60 岁及以上老年人口数量的未来趋势

图 1-31 的预测结果显示，农村 60 岁及以上老年人口呈现出明显的两个阶段特征。从 2020 年到 2030 年的 10 年时间，农村 60 岁及以上老年人口数量呈现出缓慢的上升趋势，10 年时间农村老年人口数量增长了 550 万人左右；从 2030 年到 2100 年的 70 年时间，农村老年人口数量基本上保持持续的减少趋势，农村老年人口数量从 1.19 亿人减少到 4550 万人，减少幅度超过 60%。

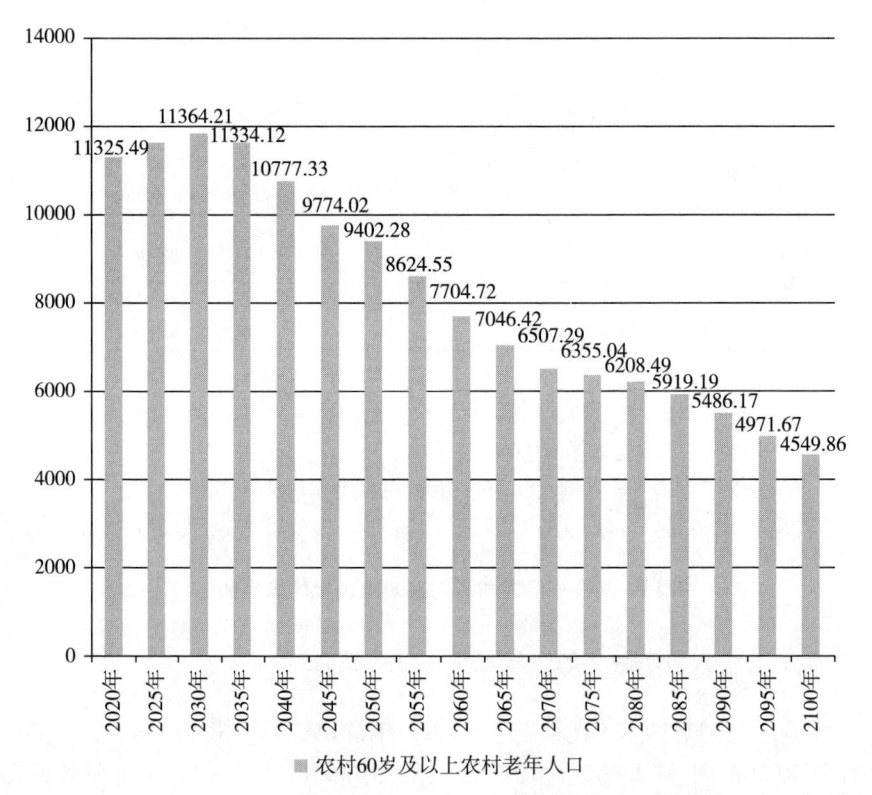

注：数据来自李本公主编《中国人口老龄化发展趋势百年预测》，华龄出版社，2007 年版

图 1-31 中国农村 60 岁及以上老年人口数量的未来趋势

2. 农村 65 岁及以上老年人口数量的未来趋势

图 1-32 的预测结果显示，农村 65 岁及以上老年人口呈现出明显的两个阶段特征，从 2020 年到 2040 年，农村 65 岁及以上老年人口呈现出持续

上升趋势，但是老年人口数量增长的速度较慢，这期间的 20 年时间，农村老年人口数量增加了不到 700 万人。从 2040 年到 2100 年的 60 年时间里，农村老年人口数量基本上保持持续的减少趋势，60 年时间农村老年人口数量减少了 60%。

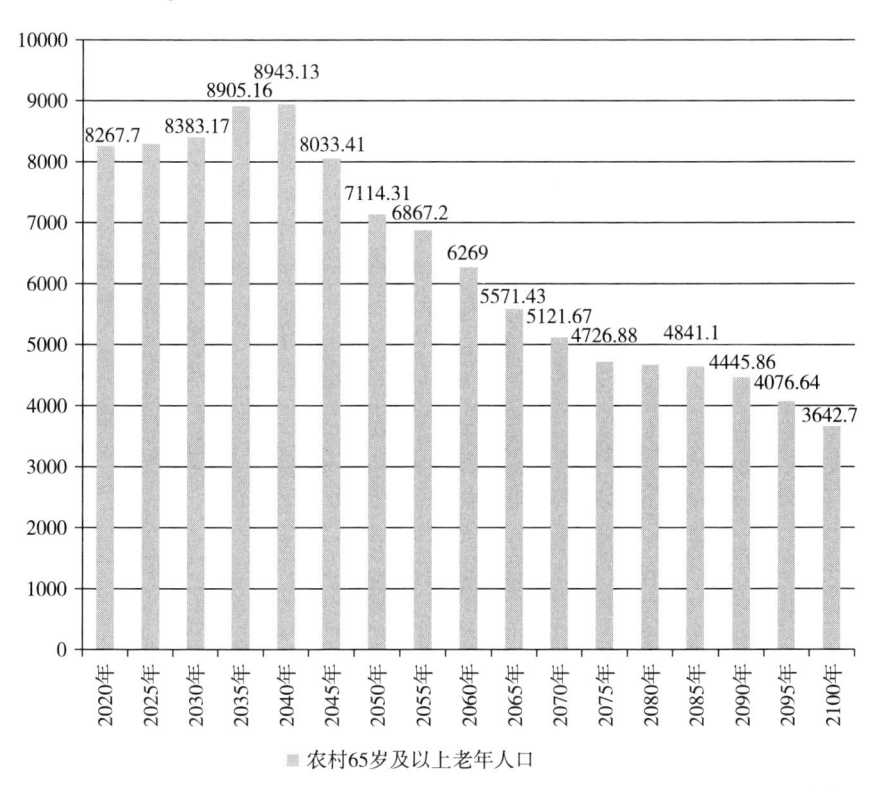

注：数据来自李本公主编《中国人口老龄化发展趋势百年预测》，华龄出版社，2007 年版

图 1-32 中国农村 65 岁及以上老年人口数量的未来趋势

3. 农村 80 岁及以上高龄人口数量的未来趋势

图 1-33 的预测结果表明，农村 80 岁及以上高龄老年人口数量表现出明显的两阶段特征。从 2020 年到 2050 年，农村 80 岁及以上的高龄老年人口数量从 1493 万人持续增长到 2446 万人，30 年时间农村高龄老年人口数量增长了 64%；从 2050 年到 2100 年的 50 年时间里，农村高龄老年人口数量总体上保持减少趋势，50 年时间农村高龄老年人口数量减少了近 50%。

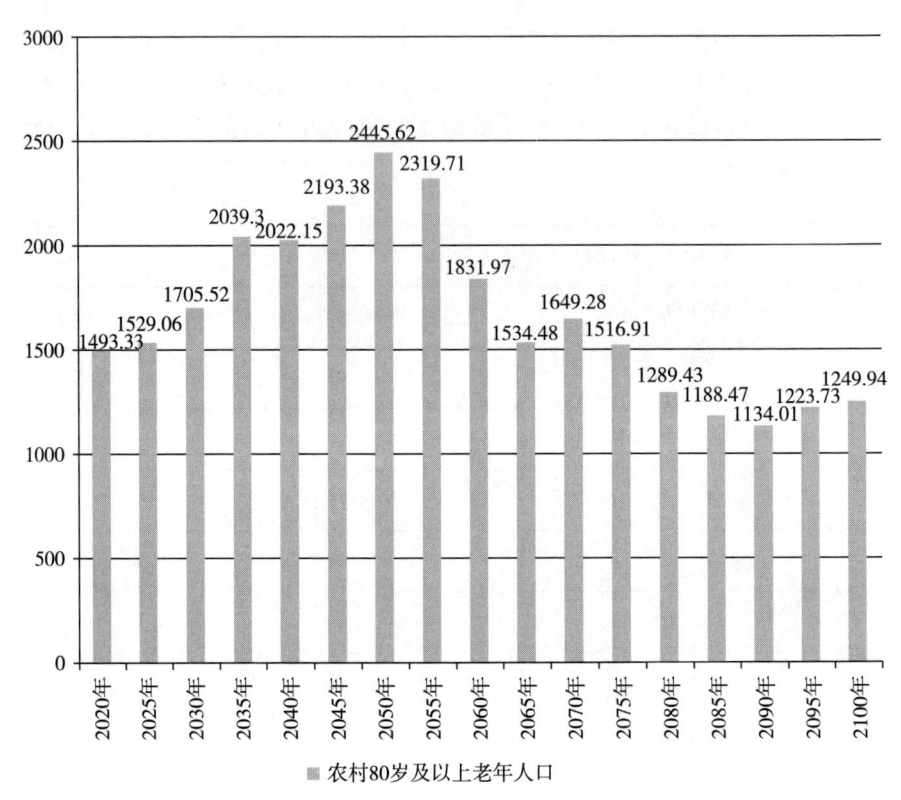

注：数据来自李本公主编《中国人口老龄化发展趋势百年预测》，华龄出版社，2007年版

图 1-33　中国农村高龄老年人口数量的未来趋势

（二）农村人口老龄化程度的未来趋势

图 1-34 的预测结果显示，农村 60 岁和 65 岁标准下的人口老龄化程度，均表现出波动性增长趋势。从 2020 年到 2035 年前后，60 岁标准下的农村人口老龄化程度从 21% 增长到 2035 年的 34.2%，65 岁标准下的人口老龄化程度从 15.4% 增长到 27.3%。从 2035 年前后到 2070 年前后，农村人口老龄化程度表现出缓慢的下降趋势，但是下降幅度较为有限。从 2070 年前后，农村人口老龄化程度又表现出明显的上升趋势，但是增长幅度也较为有限。这也就是说，从 2035 年前后到 2100 年之间的 75 年左右的时间里，中国农村人口高龄化一直保持高位运行的态势。

[图表：中国农村人口老龄化程度的未来趋势折线图，包含两条曲线]

以60岁为标准的数据点：
- 2020年：0.21
- 2025年：0.25
- 2030年：0.31141
- 2035年：0.342319
- 2040年：0.329572
- 2045年：0.313832
- 2050年：0.320687
- 2055年：0.313962
- 2060年：0.301721
- 2065年：0.298923
- 2070年：0.298589
- 2075年：0.317675
- 2080年：0.339297
- 2085年：0.351923
- 2090年：0.353973
- 2095年：0.348502
- 2100年：0.346461

以65岁为标准的数据点：
- 2020年：0.15351
- 2025年：0.179588
- 2030年：0.220171
- 2035年：0.262023
- 2040年：0.273482
- 2045年：0.257943
- 2050年：0.242851
- 2055年：0.249989
- 2060年：0.235931
- 2065年：0.245498
- 2070年：0.235009
- 2075年：0.236287
- 2080年：0.255405
- 2085年：0.275935
- 2090年：0.28683
- 2095年：0.285763
- 2100年：0.277383

-◆- 农村人口老龄化程度：以60岁为标准
-■- 农村人口老龄化程度：以65岁为标准

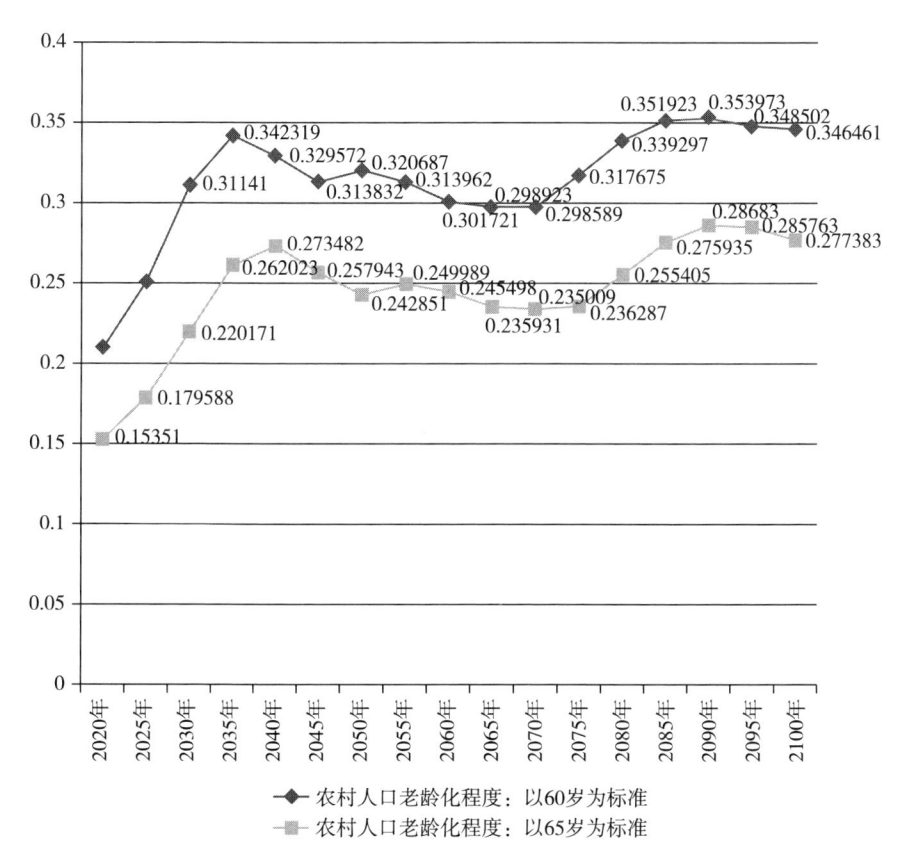

注：数据来自李本公主编《中国人口老龄化发展趋势百年预测》，华龄出版社，2007年版。

图 1-34　中国农村人口老龄化程度的未来趋势

2. 农村人口高龄化程度的未来趋势

图 1-35 的预测结果显示，农村人口高龄化程度呈现出明显的三个阶段特征。从 2020 年到 2055 年前后，60 岁和 65 岁标准下的农村人口高龄化程度，分别从 13.2% 和 18.1% 上升到 26.9% 和 34% 左右。从 2055 年到 2085 年前后，农村人口高龄化呈现出波动性下降趋势，30 年时间 60 岁和 65 岁标准下的农村人口高龄化程度，分别下降了约 7% 和 10%；从 2085 年到 2100 年，农村人口高龄化程度呈现出快速增长趋势，在此期间的 15 年，60 岁和 65 岁标准下的农村人口高龄化程度分别增长了 7.4% 和 8.7%。

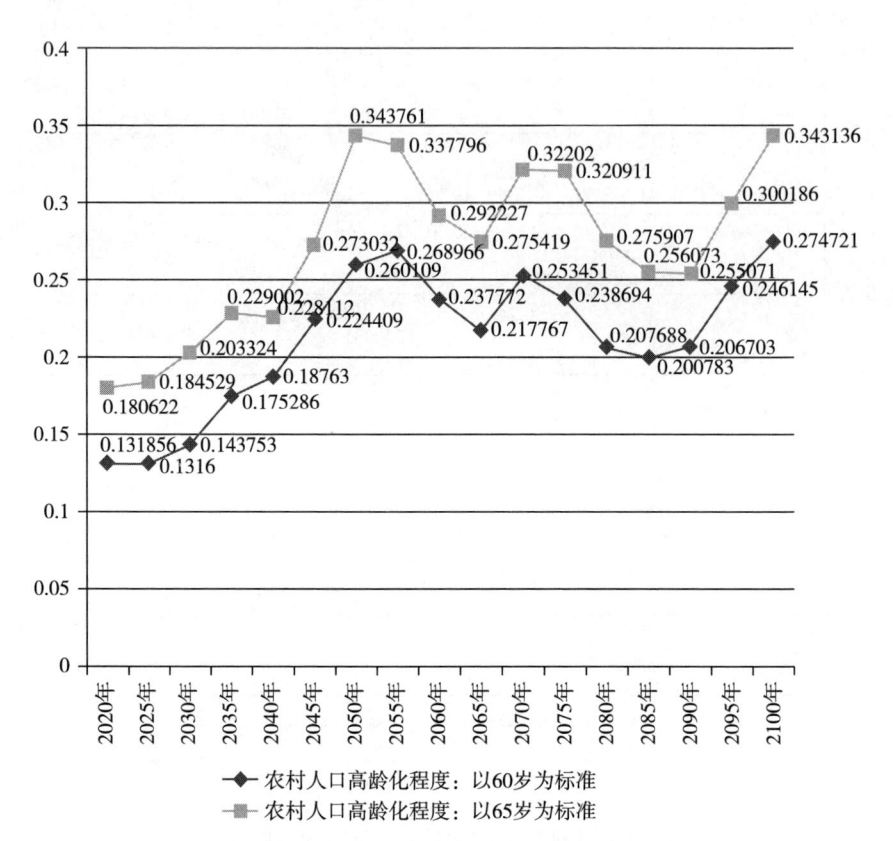

注：数据来自李本公主编《中国人口老龄化发展趋势百年预测》，华龄出版社，2007年版

图1-35 中国农村人口高龄化程度的未来趋势

值得注意的是，从农村人口老龄化未来趋势的高中低三种预测方案的前置条件来看，李本公会长的预测结果，应该是明显低估了中国农村的人口老龄化程度。因为高中低三种预测方案的前置假设，即农村妇女总和生育率都以2.062的总和生育率为起点，但现实情况是，中国早在20世纪90年代中后期开始，总和生育率早已经低于世代更替水平的2.1，即便是农村地区，育龄妇女的总和生育率也远远达不到2.1。并且，从2010年至2020年的10年时间，中国的计划生育政策从"双独二孩"到"单独二孩"再到"全面二孩""放开三孩"政策，生育政策调整持续推进，对农村地区的总和生育率会产生积极影响。但是预测时是假定这些条件不便的，因此，预测中的高中低方案很可能低估农村人口老龄化问题的严重性，这是值得特别重视的问题。尽管如此，李本公会长的预测结果仍然具有趋势上的借鉴和参考价值。

第四节　农村人口老龄化的推动力量

中国农村人口老龄化的未来趋势如何发展，农村人口老龄化问题的严重程度以及农村养老问题的严重程度到底如何，不仅与中国农村当前的人口老龄化现状与特点有关，还与农村人口老龄化程度的影响因素和推动力量有关。人口老龄化的影响因素及其转变决定了人口老龄化问题的复杂性和多元性，而农村人口老龄化的推动力量及其变化趋势，在一定程度上决定了农村养老问题的发展趋势和严重程度。人口老龄化的推动力量与人口老龄化的影响因素密切相关。从世界范围看，人口老龄化最早起源于法国，法国早在1865年就已经进入了人口老龄化社会。但人口老龄化最严重的国家并不是法国，这从一个侧面反映出人口老龄化影响因素的复杂性。关于人口老龄化影响因素的研究，最早也起源于欧洲[1]。本部分首先分析农村人口老龄化的影响因素，并从中找出影响农村人口老龄化的共性因素，并根据国内外人口老龄化主要影响因素的变化趋势，来审视中国农村未来养老问题的严重性以及建立健全农村养老服务体系的迫切性和重要性。

一、农村人口老龄化的影响因素

人口老龄化的影响因素众多，早期的研究更多是从人口学角度展开的，如联合国UN（1956）对生育率、死亡率、人口迁移与人口老龄化关系的研究结果表明，生育率对人口老龄化的影响效应，远远大于死亡率对人口老龄化的影响作用，并且生育率下降会持续推动人口老龄化，但死亡率下降初期会使人口老龄化程度减轻[2]。再如，Anderson（2000）以工业化国家老龄化数据为基础的研究结果表明，预期寿命延长、出生率下降和人口迁移是影响老龄化的三大主要因素[3]。后续的研究把人口老龄化的影响因素，扩展到经济学、社会学和管理学领域，如Shrestha（2000）对发展中国家人口老龄化影响因素的研

---

[1] 杜鹏. 中国人口老龄化主要影响因素的量化分析 [J]. 中国人口科学，1992（6）：18-24.
[2] United Nation, The Aging of Population and Its Economic and Social Implications, Sales No. 1956. XIII. 6.
[3] Anderson G F, Hussey P S. Population Aging: A Comprison among Industrialized Countries, Health Affairs, 2000, 19（3）：191-203.

究结果表明，发展中国家老龄化人口的增长速度明显快于工业化国家，并且各个洲的老龄化程度差异较大[1]。从各个角度分析人口老龄化的影响因素，这显然已经把不同国家的社会经济甚至文化因素纳入了人口老龄化影响因素的分析范围。

国内早期关于人口老龄化影响因素的研究，也是从人口学的角度展开的，如杜鹏（1992）分析了生育率、死亡率对人口老龄化的影响，研究结果表明：生育率变动对人口年龄结构有显著的影响，死亡率对人口老龄化的影响从1985年以后的35年时间里与发达国家水平相似，当生育率和死亡率降到较低水平以后，生育高峰期出生的人口队列对人口老龄化产生重要影响。近期关于人口老龄化影响因素的研究，已经从人口学的角度延伸到经济学、社会学和管理学等多个领域。如陈明华、郝国彩（2014）分析了人口老龄化的地区差异和影响因素，研究结果表明：中国人口老龄化的空间非均衡状态非常明显，人均GDP、出生率是影响中国人口老龄化的两大主要因素，死亡率对中国人口老龄化的影响效应显著，城市化率对中西部地区人口老龄化的积极影响更大[2]。

综合已有的经验研究成果，影响人口老龄化问题的人口学因素，可以概括三个主要方面：即人口出生率、死亡率和迁移率。人口出生率的高低是人口老龄化的底部推力，可以用总和生育率来反映；死亡率的高低是人口老龄化的顶部推力，可以由人均预期寿命来反映；迁移率的高低是人口老龄化变动趋势的结构性影响因素，可以用农民工的数据加以反映。总和生育率、预期寿命和农民工人数三个因素的变化趋势，可以在一定程度上反映中国农村人口老龄化的发展趋势以及农村养老问题的严重程度。

影响人口老龄化程度的因素除了人口学因素之外，还包括社会经济因素，正如全国政协委员、清华大学公共管理学院王名教授所言"经济发展是最好的避孕药"[3]，说明经济发展是促使总和生育率降低的重要诱因。社会保障体系的完善降低了老年人对子女的依赖，进而影响人们的生育动机和生育积极性。"多一个孩子，多一双筷子"，这是计划经济时期人们生育成本的真实写

---

[1] Shrestha L B. Population Aging in Developing Countries, Health Affairs, 2000, 19 (3): 204-212.

[2] 陈明华，郝国彩. 中国人口老龄化地区差异分解及影响因素研究 [J]. 中国人口·资源与环境, 2014 (4): 136-141.

[3] 王名. 完全放开生育限制或只是时间问题 [J]. 凤凰周刊, 2016 (36): 23-26.

照，然而随着市场经济的发展，人们生育子女的成本大大增加，婚姻彩礼文化的变迁又增加了人们养育孩子的成本，这些因素也降低了理性人的生育积极性，增加了人口老龄化的底部推力。医疗科技的进步，为治疗各种疑难疾病提供了可能，在一定程度上延长了人们的预期寿命。生活营养的改善，人们健康意识的提高，也推动了预期寿命的延长。这些因素，增加了人口老龄化的顶部推力。

不难看出，经济因素、社会因素、环境因素、文化因素甚至政治因素等，都是影响人口老龄化程度的间接因素，这些因素需要通过影响人们的生育率、死亡率和迁移率，进而影响人口老龄化程度。因此可以说，生育率、死亡率和迁移率，是人口老龄化的直接因素，而其它因素是影响人口老龄化程度的间接因素。为了便于理解，本章主要从人口老龄化的直接影响因素及其变动趋势，来分析与预测人口老龄化的发展趋势。

二、农村人口老龄化的底部推力

农村人口老龄化的底部推力，主要体现在总和生育率的持续降低对人口老龄化问题的推动作用。总和生育率越低，出生的人口数就越少，人口老龄化的程度将越严重。图1-36的统计结果表明，从2001年到2018年的近20年时间，全国层面的总和生育率和农村的总体上都呈现出缓慢的上升趋势。全国和农村的总和生育率，都是从2001年的1.6上升到2018年的1.7，18年时间总和生育率增加了0.1，总和生育率增长幅度非常有限。而且总和生育率的增加，还以2014年实施"单独二孩"政策和2016年实施"全面二孩"政策的背景下实现的，如果没有"单独二孩"和"全面二孩"后的生育动能释放，那么，全国和农村的总和生育率将会更低。

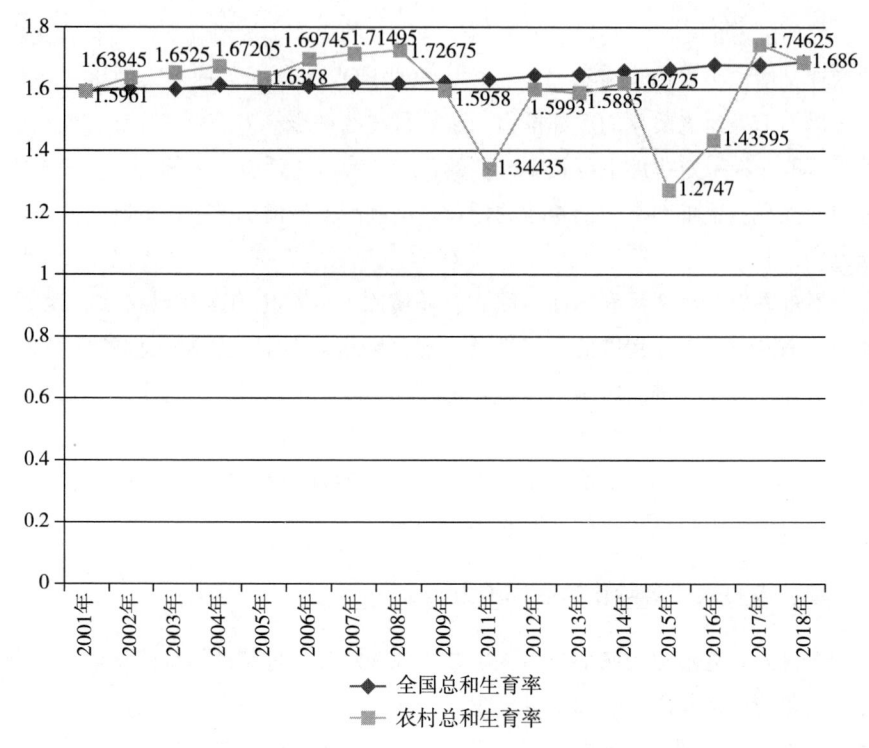

注：全国总和生育率来源于世界人口网：https://www.renkou.org.cn/；农村总和生育率根据中国统计出版社《中国人口和就业统计年鉴》（2002－2019）计算而成

图 1-36　中国 2001-2018 年人口综合生育率的变动趋势

但是，从总和生育率的世界趋势看，总和生育率随着社会经济发展而逐渐降低是一个世界趋势。图 1-37 的统计结果表明，包括美国、日本、法国、澳大利亚、丹麦等在内的世界 25 个国家的总和生育率，在总体上均呈现出下降的趋势。即便是总和生育率较高的美国，在 2016 年总和生育率也已经远远低于世代更替水平 2.1。根据世界各国总和生育率的变动趋势，可以判断：随着中国人口生育观念的转变，生育成本的快速上升，以及社会保障体系的逐步健全，人们生育子女动力不可能再有很大的激发，人们生育子女的数量也很难再有大幅增加的趋势。因此，中国农村的人口老龄化底部推动的作用将日趋明显。

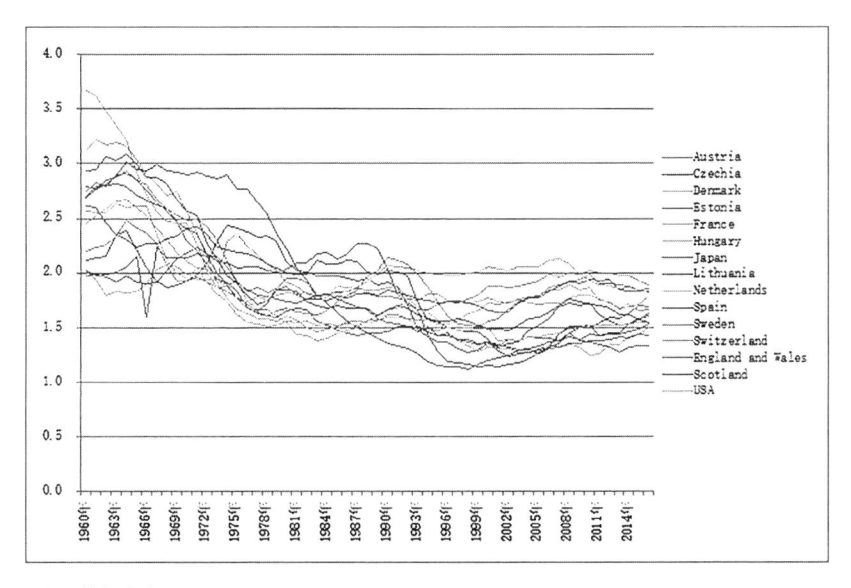

注：数据来自：http://www.humanfertility.org/cgi-bin/main.php.

图 1-37　世界各国总和生育率的变动趋势

三、农村人口老龄化的顶部推力

人口老龄化的顶部推力，主要体现在预期寿命的延长对人口老龄化的显著影响。经验研究表明，人口预期寿命越长，人口老龄化程度越高，反之，则越低。图 1-38 的统计结果表明，新中国成立 70 年来，中国人口预期寿命呈现出明显的不断上升趋势。新中国成立之初，中国人口预期寿命只有 35 岁左右，到 1981 年人口预期寿命已经上升到 68 岁左右。从 1981 年到 2018 年的近 40 年时间里，中国人口预期寿命呈现出缓慢上升趋势，到 2018 年人口预期寿命已经上升到 77 岁[1]。

---

[1] 根据国家统计局公布的数据整理而得。

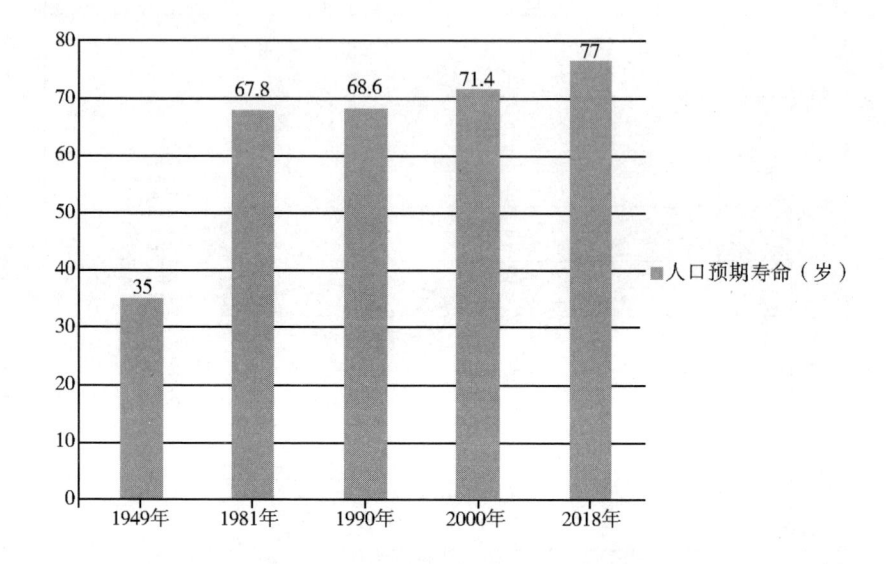

图 1-38　中国人口预期寿命变动趋势

从发达国家人口预期寿命的现状来看（见图 1-39），2018 年世界人口预期寿命最长的国家是日本，人口预期寿命为 83.7 岁，其次是瑞士为 83.4 岁。除此之外，澳大利亚、加拿大、芬兰、法国、德国、意大利、韩国、英国等发达国家，人口预期寿命也已经超过 80 岁。美国虽然是世界上经济最发达的国家，但人口预期寿命却不是最长的国家，这说明人口预期寿命不仅与经济发展水平相关，还受到其它因素的影响。根据国外人口预期寿命的发展现状和基本态势，随着中国社会经济的快速发展，尤其是营养状况的改善和医疗技术的进步，中国人口预期寿命仍将呈现出不断上升的发展趋势，这将进一步推动中国农村人口老龄化向纵深发展。

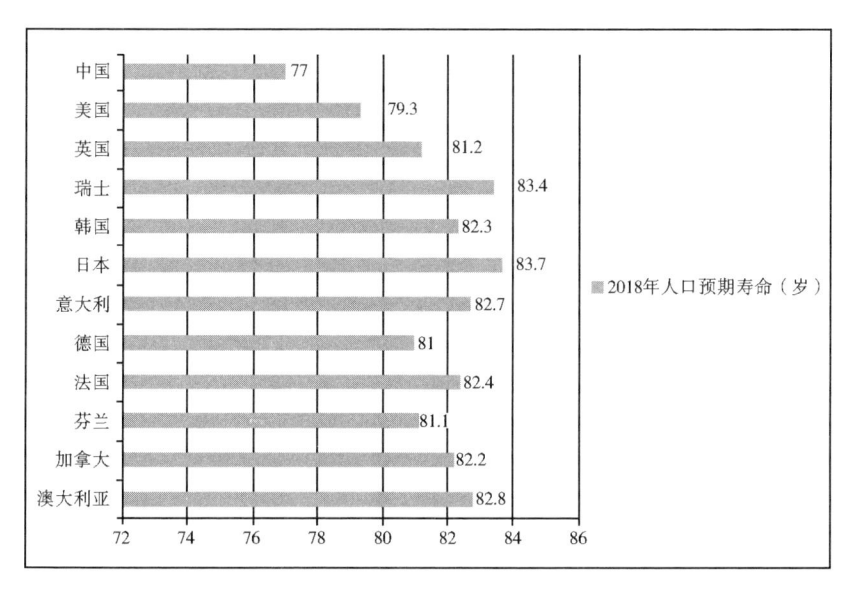

国家	2018年人口预期寿命（岁）
中国	77
美国	79.3
英国	81.2
瑞士	83.4
韩国	82.3
日本	83.7
意大利	82.7
德国	81
法国	82.4
芬兰	81.1
加拿大	82.2
澳大利亚	82.8

注：资料来自 Social Security，《Social Security Programs Throughout the World》，https://www.ssa.gov/policy/docs/progdesc/ssptw/index.html

图 1-39　2018 年世界上 12 个国家的人口预期寿命

四、农村人口老龄化的迁移因素

人口迁移是影响人口老龄化的重要因素之一。中国是一个典型的城乡二元化国家，城市社会经济发展水平较高、就业机会较多、劳动收入水平较高，而农村社会经济发展水平较低、就业机会较少、劳动收入水平远远不及城市，因此，在经济利益驱使下，农村青壮年劳动力向城市流动，甚至举家外迁，是农村地区长期以来的基本发展趋势。农民工尤其是外出农民工的变动趋势，很好地说明了这一点。图 1-40 的统计结果表明，从 2008 年到 2019 年的 12 年时间，中国农民工数量每年均超过了 2 亿人，而且呈现出住家增长趋势，到 2019 年中国农民工总量已经超过 2.9 亿人。外出农民工数量占农民工总数的比例，虽然呈现出一定的下降趋势，但是外出农民工的总量不仅没有呈现出明显的减少趋势，而且呈现出明显的增长趋势。从 2008 年到 2019 年，外出农民工的总量从 1.4 亿人增长到 1.74 亿人。

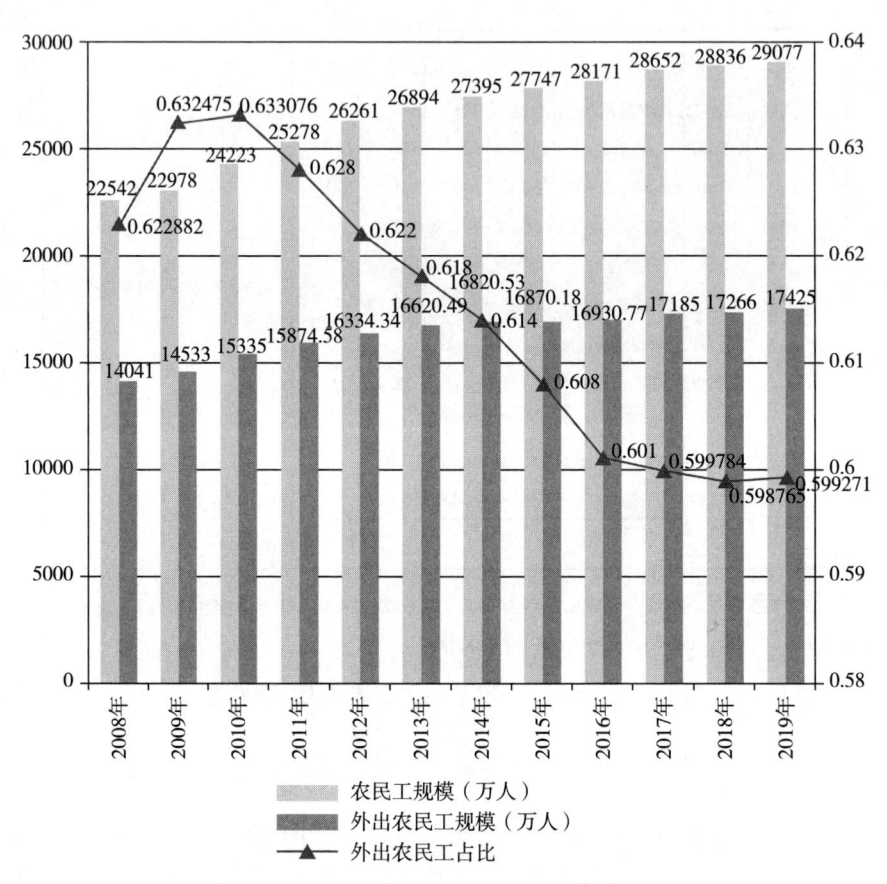

注：数据来自国家统计局《2008—2019年全国农民工监测调查报告》

图1-40 中国农民工数量变动趋势

从农民工的内部结构看（见图1-41），50岁及以上农民工占中国农民工总数的比重呈现出一定的上升趋势，而50岁及以下农民工占中国农民工总数的比重呈现出一定的下降趋势。由于人口老龄化是按照60岁及以上老年人口占总人口中的百分比计算的，因此，60岁及以上农民工的外出务工，将会在一定程度上降低农村地区人口老龄化程度，但是60岁及以上农民工外出务工的比例并不高。而且，由于农村地区总和生育率的快速下降，50岁及以上农民工外出务工比例的曾加，主要并不是由于50岁及以上农民工数量的增加所致，而是由于50岁及以下农民工的数量减少，尤其是30岁及以下农民工数量的明显减少所导致的。图1-41的统计结果表明，从2008年到2019年的12年时间里，30岁及以下农民工占农民工总量的比例呈现出持续的下降趋势，其中，16~20 岁的农民工所占比例从 10.7% 持续下降到 2.0%，21~30 岁的农民工所占比例从 35.3% 持续下降到 23.1%。

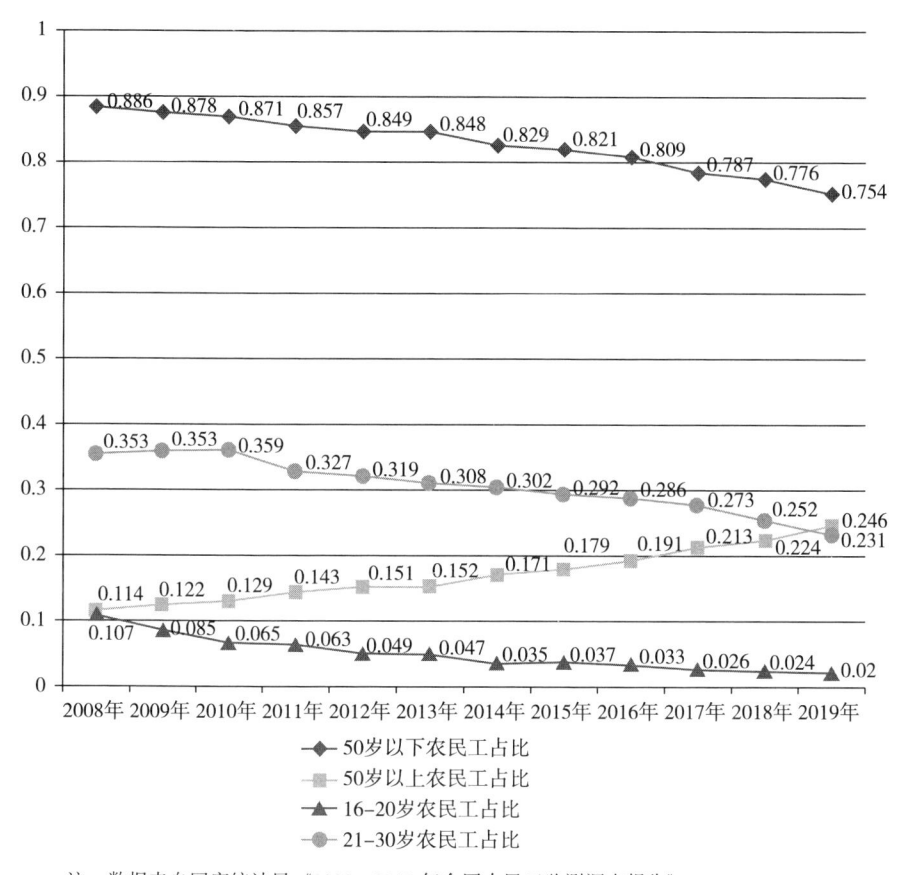

图 1-41　中国农民工内部结构的变动趋势

注：数据来自国家统计局《2008-2019 年全国农民工监测调查报告》。

值得注意的是，随着中国乡村振兴战略的实施和支持农民工回乡就业创业政策的出台，农民工回乡的引力作用和外出务工的拉力作用将会进一步加大，外出农民工的数量难以持续呈现出大幅度增长趋势。但是，由于中国城乡社会经济二元结构的长期存在，外出农民工数量仍将维持在数以亿计的数量级别，对农村人口老龄化的影响作用不可忽视。而且，青壮年农民工的外出务工，不仅推高了农村地区的人口老龄化程度，还加剧了农村地区照料型养老服务资源的稀缺程度。因此，建立健全农村养老服务体系，有效解决农村地区的养老服务需求，有必要站在城乡统筹的角度加以考虑。

第二章 农村失能失智老人数量与变动趋势预测

农村老年人口数量多、增长速度快,并不必然带来严重的人口老龄化问题和养老服务需求问题,这还与农村老年人的健康状况以及失能失智问题的严重程度有关。健康是一个多维度的概念,传统的健康观认为"无病即是健康",而现代意义上的健康观涉及生理、心理和道德三大因素,是一种整体性健康观。世界卫生组织提出一个人是否健康的判断标准,包括十个方面:(1)处事乐观,态度积极,乐于承担任务,不挑剔;(2)善于休息,睡眠良好;(3)应变能力强,能适应各种环境变化;(4)对一般感冒和传染病有一定的抵抗力;(5)体重适当,体态均匀,身体各部位比例协调;(6)眼睛明亮,反应敏锐,眼睑不发炎;(7)牙齿洁白,无缺损,无疼痛感,牙龈正常,无蛀牙;(8)头发光洁,无头屑;(9)肌肤有光泽,有弹性,走路轻松,有活力;(10)足趾活动性好,足弓弹性好,肌肉平衡能力好,脚没有疼痛、没有畸形[1]。

透过上述分析不难发现,世界卫生组织对一个人是否健康的判断标准,一方面丰富了健康概念界定的理论维度,另一方面也充分表明一个问题,即健康是一个有广义和狭义之分的概念。由于广义的健康概念分析边界的模糊性和相关政策建议的笼统性,因此,本文关注的健康概念是一个狭义的概念。同时,由于养老服务体系建设是政府理应承担的公共职责之一,而且政府在建设农村养老服务体系中的责任,并不是、也不可能包揽一切,政府介入的边界应当是基本养老服务,2023年5月,国务院发布《基本养老服务清单》,从中可以看出,农村失能、失智、失助等"三失"老年人的养老服务需求,应该是政府关注的重点人群和问题。因此,本文从失能、失智等最为严重的健康问题出

---

[1] 杨萍、赵曼. 现代健康观对我国医改的启示 [J]. 湖北经济学院学报,2013 (4):76-79.

发,来预测农村老年人的健康状况与养老服务需求。

第一节 农村失能失智老年人数量的测算依据

一、测算的思路

关于全国和各省份农村65岁以上失能率和失智率的计算。基于2018年中国老年健康影响因素跟踪调查（简称"中国老年健康调查"，英文缩写为CLHLS）数据库的农村65岁以上的样本，分别采用Katz和IQCODE量表测量失能率和失智率，具体见表2-1和表2-2。基于问卷上的问题，我们计算出总的和分省份的分性别、分年龄、分区域、分教育程度以及分婚姻状况等失能和失智的概率。

关于农村65岁以上人口的预测。基于2010年全国和各地区人口普查数据、2010-2018年以后历年的出生人数、出生性别比以及2015年人口抽样调查的分年龄分性别等的死亡率，采用队列要素法，推断出2018年全国和各省初始的分年龄分性别分城乡的初始人口分布，并根据2018年初始的人口分布和分年龄分性别分城乡的幸存率以及当前的出生性别比，在生育水平为1.5和城镇化率每年乡村迁出1%的情景下，我们预测2018-2050年间全国和各省未来分性别分城乡以及分年龄的人口分布，最终得出2018-2050年间全国和各省农村分年龄分性别的人口数据。关于全国以及各省份农村65岁以上失能和失智人数的计算，如果把全国和各省份农村65岁以上分年龄的人口数乘以相应的失能失智概率，即可获得。

二、数据的来源

CLHLS数据库是由北京大学健康老龄与发展研究中心/国家发展研究院组织的老年人追踪调查，调查范围覆盖全国23个省市自治区，调查对象为65岁及以上老年人和35-64岁成年子女，调查问卷分为存活被访者问卷和死亡老人家属问卷两种。最近的一次跟踪调查（2017-2018年）共访问15874名65+岁老年人，收集了2014-2018年期间死亡的2226位老年人的信息。"中国老龄健康影响因素跟踪调查"（1998-2018）是国内全国范围最早、坚持时间最长的关于老年人健康的社会科学调查。人口预测的基准数据来源2010年第六次全国和各省份的人口普查数据，2015 年全国和各省份 1% 的人口抽样调查，2010 – 2019 年历年的出生人数和出生性别比，未来总和生育率，参考陈卫和段媛媛（2019），设定为 1.5。

三、失能的测量

在躯体功能的研究中，我们通常从日常活动能力（Activities of daily living，ADL）和工具性日常活动能力（Instrumental activities of daily living，IADL）两方面进行考察。ADL 的概念最初是在上世纪 50 年代由 Sidney Katz 和他的团队提出的，各种研究人员对其进行了后续的补充和完善，形成了 Katz 指数、Barthel 指数、PULSES、Kenny 自理评定等多种测量工具，通常包括洗澡、穿衣、上厕所、转移、控制大小便和吃饭 6 项，具体见表 2 – 1，涵盖了受访者日常生活必需的基本活动。而 IADL 则是指能够使个体独立生活、尽管不那么必需但可以显著改善生活质量的日常活动，它通常包括打电话、购物、做饭、做家务、洗衣服、使用交通工具、吃药和管钱共 8 项内容，对应的也形成了 Lawton – Brody、Rivermead、Hamrin、Frenchay 和 Nottingham 等多版本的测量工具。

由于 IADL 在各测量工具间的评定内容有着细微的差异，和各大数据库的问卷内容难以一一对应，尤其与 2018 年的 CLHLS，因此我们仅从日常活动能力即 ADL 基本 6 项层面进行预测，同时我们选择了对受访者健康状况的下降非常敏感、也是使用最为广泛的 Katz 指数进行评定。

在 CLHLS 问卷关于基本 6 项问题中，提问方式均为 "您在 ×× 时是否需要他人/器具帮助"，选项分为 "完全独立"、"部分需要帮助"、"完全依赖" 3 个，我们将 "完全独立" 记为 1 分，将 "部分需要帮助" 和 "完全依赖" 记为 0 分，6 个问题累计得分为满分的视为无躯体障碍，不为满分的视为有躯体障碍。

表 2-1　katz 日常生活功能指数评价量表

编号	内容	选项
1	洗澡	1 = 完全独立 2 = 部分需要帮助 3 = 完全依赖
2	穿衣	
3	上厕所	
4	转移	
5	控制大小便	
6	吃饭	

四、失智的测量

失智症是指由于人体老化导致的记忆力退化或思维能力下降，并严重到损害一个人的日常功能如沟通交流、回忆、简单算术等，其中七到八成表现为阿尔兹海默症（AD）。而对于失智老人的评估大多集中在反应能力、计算能力、回忆能力、语言能力等维度的测量上，如常见的 MMSE、IQCODE、CSI-D 量表，或是 CASI、CDR、TICS、MoCA 等多种版本的测试量表。

而在 CLHLS 数据的问卷中一共包含了 MMSE、IQCODE、TICS、CIS-D 等多种类型的测量工具，但由于 MMSE 量表问卷较长受访者难以完全作答，总得分会因部分分值缺失从而过高地估计失智概率，因此我们选择了老年人认知功能减退量表（The Informant Questionnaire on Cognitive Decline in the Elderly，IQCODE）作为我们的测量工具，具体见表 2-2。

IQCODE 是由受访者的知情者全权作答，包括且不限于受访者的配偶、子女、邻居、看护或其他亲属监护人等，在应答率和完整性上优于受访者本人作答。提问方式均为"跟 10 年前/与受访者认识前相比，×××的能力是变好还是变差了？"，内容和选项详见表 2-2。根据 26 题 IQCODE 量表评估标准，我们将每个问题的得分相加并除以问题总数 26，最终结果介于 1 到 5 之间，同时取 3.4 分作为是否有认知障碍的临界值以平衡敏感性和特异性。除此之外，我们将"不适用""不知道"和"拒绝回答"处理为缺失值。

表 2-2　IQCODE 量表问卷内容与选项

编号	内容	选项
1	认出家人/熟人面孔	
2	记得家人/朋友名字	
3	记得家人/朋友职业、生日、住址	
4	记得最近发生的事情	
5	记得前几天谈话内容	
6	说话到一半就忘了	
7	记得住址、电话	
8	记得周几、月份	
9	记得东西常放在哪	
10	东西没放原位仍能找到	
11	能适应日常生活的改变	1 = 好多了
12	使用常用工具（电视机、铁锤）能力	2 = 好一点
13	使用新的常用工具	3 = 没变化
14	学习新东西的能力	4 = 差一点
15	记得年轻、童年的事情	5 = 差很多 6 = 不适用
16	记得年轻时所学的东西	8 = 不知道 9 = 拒绝回答
17	懂一些不常用的字	
18	懂报刊杂志上的文章	
19	懂电视、书上的故事	
20	写信表达能力	
21	知道一些重要历史事件	
22	日常事务能作决定	
23	会用钱买东西	
24	处理财务能力（存钱、取退休金）	
25	日常生活数字（买多少吃的、几天前）	
26	了解发生的事并有解决办法	

五、其他处理说明

分婚姻状态的表格中,由于我们考察的是配偶的陪伴是否影响失能失智的发生概率,因此在处理时我们将分居视为"离婚",将同居视为"已婚",如此归类的依据在于"事实婚姻",具有一定的合理性;在分受教育程度的表格中,我们根据受访者的受教育年限进行划分,0－5 分记为文盲,6－8 分记为小学,9－11 分记为初中,12－13 分记为高中,14 分的记为大专,15－17 分记为本科,大于等于 18 记为硕士。

为了测量的准确性和严密性,我们也比较了常见的测量量表,包括简易精神状态量表(Mini‐Mental State Examination,MMSE)、老年人认知功能减退量表(The Informant Questionnaire on Cognitive Decline in the Elderly,IQCODE)、简明社区痴呆筛查量表(The Community Screening Instrument for Dementia,CSI‐D)。

第二节　当前农村老年人的失能失智率

一、当前农村老年人的失能率

(一)农村老年人的分年龄失能率

总体来看,农村 65 岁及以上的老年人中,平均失能率 21.91%,男性平均失能率 19.88%,女性平均失能率 23.35%;80 岁以上的平均失能率、男性平均失能率以及女性平均失能率分别为 31.63%、28.52%、33.74%;整体上,随着年龄的增长,失能率逐步提高,100 岁及以上时,平均失能率、男性平均失能率以及女性平均失能率分别达 61.20%、53.57% 以及 63.24%。另外,相比男性,整体女性失能率偏高,平均高出 3.47%,尤其在 75 岁之后女性老年人的失能率明显高于男性老年人,最高失能率差异是女性失能率高出男性约 10%,具体见表 2－3 和图 2－1。

表 2-3　农村 65 岁以上分年龄调查失能人口及失能率

年龄	全样本			男性样本			女性样本		
	样本量	失能人口	失能率	样本量	失能人口	失能率	样本量	失能人口	失能率
65	212	13	6.13%	113	8	7.08%	99	5	5.05%
66	249	19	7.63%	126	11	8.73%	123	8	6.50%
67	201	10	4.98%	104	6	5.77%	97	4	4.12%
68	232	14	6.03%	107	5	4.67%	125	9	7.20%
69	192	14	7.29%	102	6	5.88%	90	8	8.89%
70	255	14	5.49%	136	6	4.41%	119	8	6.72%
71	266	13	4.89%	140	8	5.71%	126	5	3.97%
72	254	25	9.84%	148	13	8.78%	106	12	11.32%
73	248	28	11.29%	120	15	12.50%	128	13	10.16%
74	237	20	8.44%	123	12	9.76%	114	8	7.02%
75	282	28	9.93%	149	14	9.40%	133	14	10.53%
76	332	34	10.24%	153	11	7.19%	179	23	12.85%
77	284	30	10.56%	147	17	11.56%	137	13	9.49%
78	294	36	12.24%	147	10	6.80%	147	26	17.69%
79	281	27	9.61%	119	10	8.40%	162	17	10.49%
80	323	45	13.93%	158	17	10.76%	165	28	16.97%
81	323	51	15.79%	161	21	13.04%	162	30	18.52%
82	319	31	9.72%	172	19	11.05%	147	12	8.16%
83	290	47	16.21%	120	19	15.83%	170	28	16.47%
84	315	58	18.41%	147	22	14.97%	168	36	21.43%
85	289	56	19.38%	142	27	19.01%	147	29	19.73%
86	287	60	20.91%	120	21	17.50%	167	39	23.35%
87	224	54	24.11%	92	20	21.74%	132	34	25.76%
88	206	56	27.18%	97	26	26.80%	109	30	27.52%
89	264	61	23.11%	123	26	21.14%	141	35	24.82%
90	402	104	25.87%	188	37	19.68%	214	67	31.31%
91	356	113	31.74%	160	43	26.88%	196	70	35.71%
92	280	88	31.43%	114	35	30.70%	166	53	31.93%
93	263	92	34.98%	121	44	36.36%	142	48	33.80%

续表

年龄	全样本			男性样本			女性样本		
	样本量	失能人口	失能率	样本量	失能人口	失能率	样本量	失能人口	失能率
94	244	87	35.66%	102	25	24.51%	142	62	43.66%
95	282	128	45.39%	121	53	43.80%	161	75	46.58%
96	236	104	44.07%	90	40	44.44%	146	64	43.84%
97	171	88	51.46%	56	26	46.43%	115	62	53.91%
98	112	59	52.68%	50	23	46.00%	62	36	58.06%
99	169	103	60.95%	53	29	54.72%	116	74	63.79%
100+	2129	1303	61.20%	448	240	53.57%	1681	1063	63.24%

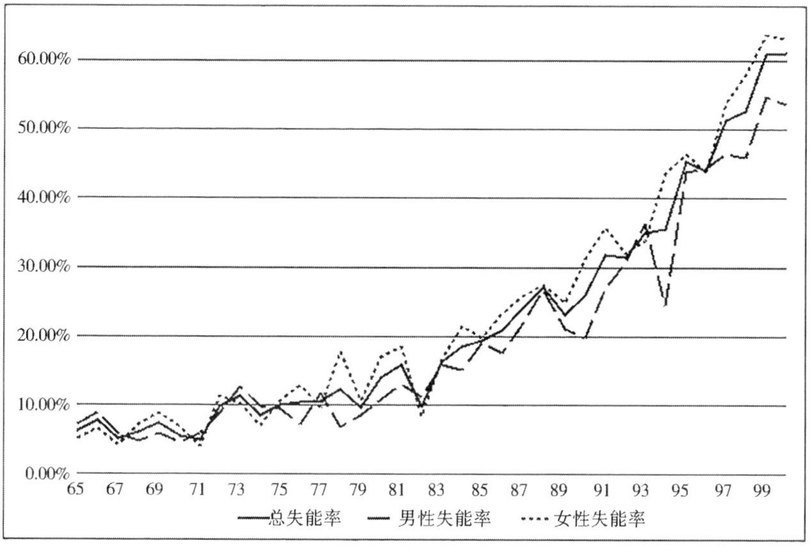

数据来源：2018年中国老年人健康长寿影响因素调查（CLHLS）追踪数据

图 2-1 农村 65 岁以上调查失能率

图 2-2 是根据 CLHLS 数据所统计的调查人口中分年龄段的重度失能率分布，总体来看，在农村 65 岁及以上的老年人中，重度失能率平均 7.30%，80 岁以上的重度失能率 11.33%，同样随着年龄的增长，重度失能率逐步提高，在 90 岁之后，重度失能率普遍高于 10%。

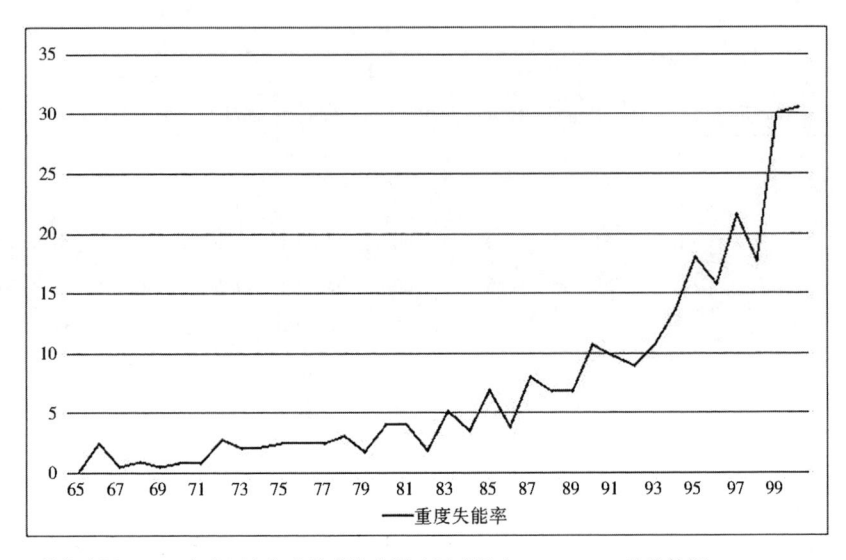

数据来源：2018 年中国老年人健康长寿影响因素调查（CLHLS）追踪数据

图 2-2　农村 65 岁以上分年龄调查重度失能率

(二) 农村老年人的分地区失能率

总体来看，各地区农村 65 岁及以上老年人的失能率均高于 10%，北方地区的失能率略高于南方地区，失能率最低的为海南省约 10.8%，失能率最高的为辽宁约 54.6%。在男女对比中，各地区女性老年人的失能率普遍高于男性，其中海南地区男女失能率差距最小为 2.2%，黑龙江地区男女失能率差距最大为 39.4%。具体见表 2-4 和图 2-3。

表 2-4　农村 65 岁以上分地区调查失能人口及失能率

省份	全样本			男性样本			女性样本		
	样本量	失能人口	失能率	样本量	失能人口	失能率	样本量	失能人口	失能率
北京	94	42	44.68%	39	14	35.90%	55	28	50.91%
天津	20	5	25.00%	9	2	22.22%	11	3	27.27%
河北	56	25	44.64%	22	9	40.91%	34	16	47.06%
山西	67	29	43.28%	41	14	34.15%	26	15	57.69%
辽宁	152	83	54.61%	51	26	50.98%	101	57	56.44%
吉林	87	32	36.78%	37	10	27.03%	50	22	44.00%
黑龙江	39	21	53.85%	14	4	28.57%	25	17	68.00%

续表

省份	全样本			男性样本			女性样本		
	样本量	失能人口	失能率	样本量	失能人口	失能率	样本量	失能人口	失能率
上海	21	4	19.05%	9	1	11.11%	12	3	25.00%
江苏	1,493	434	29.07%	630	138	21.90%	863	296	34.30%
浙江	476	141	29.62%	191	51	26.70%	285	90	31.58%
安徽	532	153	28.76%	203	37	18.23%	329	116	35.26%
福建	170	48	28.24%	71	15	21.13%	99	33	33.33%
江西	304	68	22.37%	106	16	15.09%	198	52	26.26%
山东	1,744	615	35.26%	765	185	24.18%	979	430	43.92%
河南	1,042	359	34.45%	458	108	23.58%	584	251	42.98%
湖北	479	87	18.16%	194	27	13.92%	285	60	21.05%
湖南	723	130	17.98%	300	33	11.00%	423	97	22.93%
广东	469	113	24.09%	175	28	16.00%	294	85	28.91%
广西	1,635	284	17.37%	712	88	12.36%	923	196	21.24%
海南	314	34	10.83%	145	14	9.66%	169	20	11.83%
重庆	246	70	28.46%	117	32	27.35%	129	38	29.46%
四川	1,046	299	28.59%	432	103	23.84%	614	196	31.92%
陕西	94	37	39.36%	48	10	20.83%	46	27	58.70%

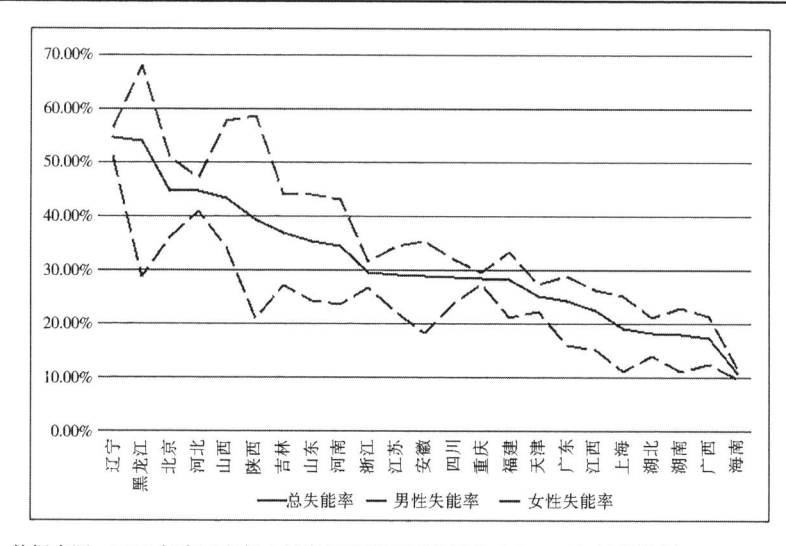

数据来源：2018年中国老年人健康长寿影响因素调查（CLHLS）追踪数据

图 2-3 农村 65 岁以上分地区调查失能率

(三) 农村老年人的分教育程度失能率

总体来看，农村 65 岁及以上老年人的受教育程度与失能率之间呈现一种"U"型趋势，最低失能率出现在初中教育程度的老年人群体中，约为 11.8%，最高失能率出现在文盲老年人群体中，约为 31.7%。在男女对比中，受教育程度为文盲、小学、初中、高中和研究生的老年人，男女失能率差异不明显，在受教育程度为大学的老年人群体中，女性失能率远高于男性。具体见表 2-5 和图 2-4。

表 2-5 农村 65 岁及以上分教育程度调查失能人口及失能率

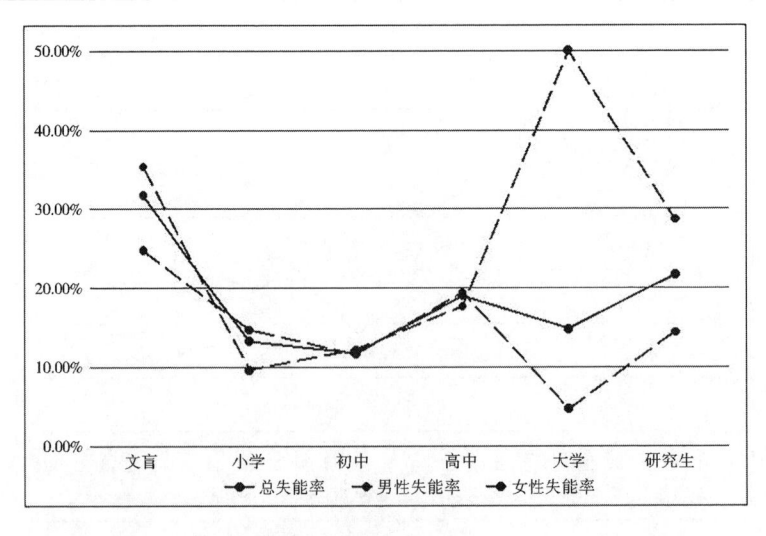

教育程度	全样本			男性样本			女性样本		
	样本量	失能人口	失能率	样本量	失能人口	失能率	样本量	失能人口	失能率
文盲	7,895	2,506	31.74%	2,712	673	24.82%	5,183	1,833	35.37%
小学	1,061	141	13.29%	760	112	14.74%	301	29	9.63%
初中	399	47	11.78%	309	36	11.65%	90	11	12.22%
高中	84	16	19.05%	67	13	19.40%	17	3	17.65%
大学	27	4	14.81%	21	1	4.76%	6	3	50.00%
研究生	1,837	399	21.72%	900	130	14.44%	937	269	28.71%

数据来源：2018 年中国老年人健康长寿影响因素调查（CLHLS）追踪数据

图 2-4 农村 65 岁及以上分教育程度调查失能率

(四) 农村老年人的分婚姻状况失能率

表2-6及图2-5相关数据表明,农村65岁及以上老年人中,有配偶的老年人的失能率13.55%,明显低于未婚的20%、离婚的15.15%和丧偶群体37.30%。进一步说,结婚的失能率低于未婚的,结婚不离婚的失能率低于离婚的,结婚没丧偶的失能率低于结婚丧偶的。在男女对比中,不同的婚姻状态下,女性的失能率总高于男性的失能率,其中离婚状态下男女失能率差距达到最大,达15.8%。

表2-6 农村65岁及以上分婚姻状况调查失能人口及失能率

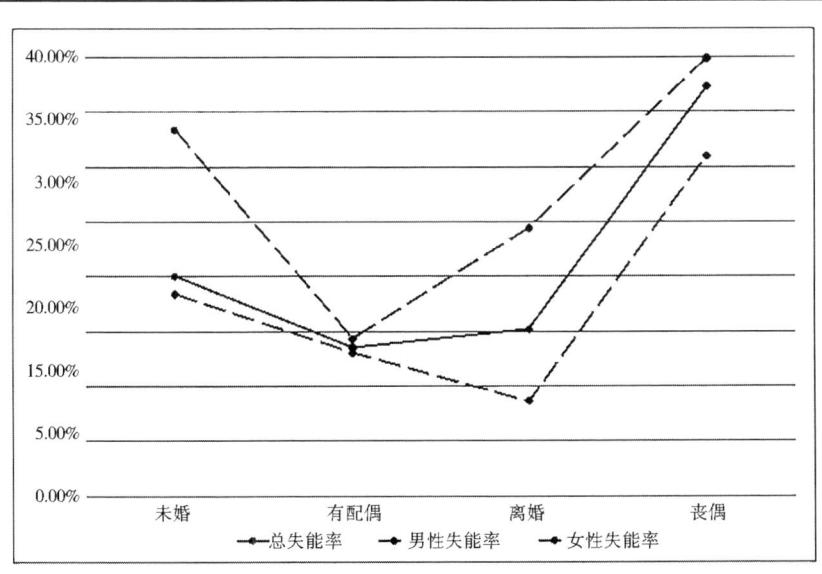

婚姻状况	全样本			男性样本			女性样本		
	样本量	失能人口	失能率	样本量	失能人口	失能率	样本量	失能人口	失能率
未婚	110	22	20.00%	98	18	18.37%	12	4	33.33%
有配偶	4,338	588	13.55%	2,620	342	13.05%	1,718	246	14.32%
离婚	198	30	15.15%	116	10	8.62%	82	20	24.39%
丧偶	6,537	2,438	37.30%	1,880	582	30.96%	4,657	1,856	39.85%

数据来源:2018年中国老年人健康长寿影响因素调查(CLHLS)追踪数据

图2-5 农村65岁及以上分婚姻状况调查失能率

二、当前农村老年人的失智率

(一)农村老年人的分年龄失智率

总体来看,在农村65岁及以上的老年人中,平均失智率、男性平均失智率以及女性平均失智率分别为13.34%、11.14%以及14.88%,80岁以上的老年人平均失智率、男性平均失智率以及女性平均失智率分别为19.91%、16.38%和22.35%。随着年龄的增长,失智率逐步提高,100岁及以上的失智率、男性失智率以及女性失智率分别高达41.44%、33.06%以及43.91%。相对于男性,整体女性失智率高,平均高出3.74%,尤其在85岁之后,老年女性失智率明显高于男性。具体见表2-7和图2-6。

表2-7 农村65岁及以上分年龄调查失智人口及失智率

年龄	全样本			男性样本			女性样本		
	样本量	失智人口	失智率	样本量	失智人口	失智率	样本量	失智人口	失智率
65	212	4	1.89%	113	2	1.77%	99	2	2.02%
66	247	7	2.83%	126	2	1.59%	121	5	4.13%
67	201	3	1.49%	104	0	0.00%	97	3	3.09%
68	232	9	3.88%	107	3	2.80%	125	6	4.80%
69	192	7	3.65%	102	3	2.94%	90	4	4.44%
70	255	7	2.75%	136	2	1.47%	119	5	4.20%
71	265	11	4.15%	140	6	4.29%	125	5	4.00%
72	252	13	5.16%	147	8	5.44%	105	5	4.76%
73	248	9	3.63%	120	3	2.50%	128	6	4.69%
74	237	10	4.22%	123	8	6.50%	114	2	1.75%
75	281	14	4.98%	149	7	4.70%	132	7	5.30%
76	330	15	4.55%	152	5	3.29%	178	10	5.62%
77	279	15	5.38%	146	8	5.48%	133	7	5.26%
78	286	17	5.94%	144	11	7.64%	142	6	4.23%
79	279	21	7.53%	120	8	6.67%	159	13	8.18%
80	312	23	7.37%	151	6	3.97%	161	17	10.56%
81	318	26	8.18%	160	10	6.25%	158	16	10.13%
82	318	18	5.66%	172	11	6.40%	146	7	4.79%
83	284	23	8.10%	118	8	6.78%	166	15	9.04%

续表

年龄	全样本			男性样本			女性样本		
	样本量	失智人口	失智率	样本量	失智人口	失智率	样本量	失智人口	失智率
84	307	32	10.42%	143	14	9.79%	164	18	10.98%
85	281	40	14.23%	138	21	15.22%	143	19	13.29%
86	279	32	11.47%	118	12	10.17%	161	20	12.42%
87	215	26	12.09%	90	8	8.89%	125	18	14.40%
88	196	30	15.31%	93	12	12.90%	103	18	17.48%
89	248	52	20.97%	117	23	19.66%	131	29	22.14%
90	372	75	20.16%	175	28	16.00%	197	47	23.86%
91	326	69	21.17%	148	29	19.59%	178	40	22.47%
92	253	66	26.09%	104	18	17.31%	149	48	32.21%
93	236	47	19.92%	110	16	14.55%	126	31	24.60%
94	205	41	20.00%	92	12	13.04%	113	29	25.66%
95	241	68	28.22%	100	23	23.00%	141	45	31.91%
96	194	61	31.44%	76	23	30.26%	118	38	32.20%
97	149	42	28.19%	49	8	16.33%	100	34	34.00%
98	96	29	30.21%	43	10	23.26%	53	19	35.85%
99	131	49	37.40%	40	15	37.50%	91	34	37.36%
100+	1583	656	41.44%	360	119	33.06%	1223	537	43.91%

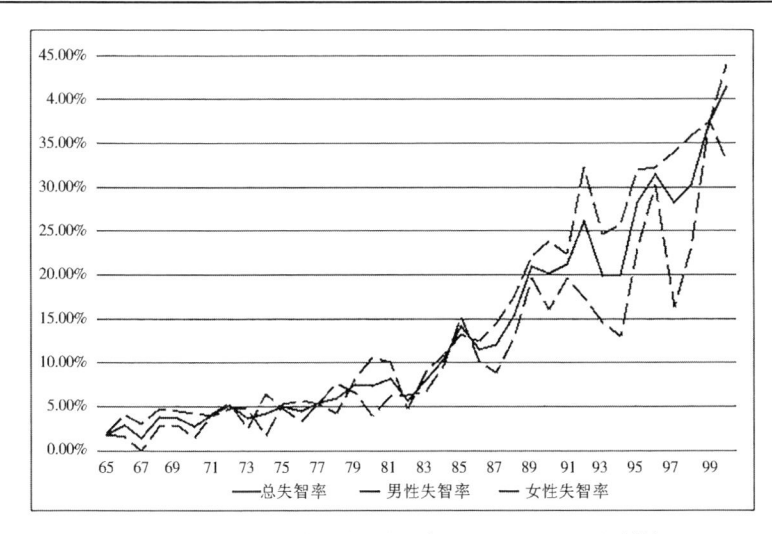

数据来源：2018年中国老年人健康长寿影响因素调查（CLHLS）追踪数据

图 2-6　农村 65 岁及以上分年龄调查失智率

(二) 农村老年人的分地区失智率

总体来看,各地区农村 65 岁及以上老年人的失智率大多数高于 10%,失智率最低的地区为上海约 9.5%,失智率最高的为湖北约 29.7%。各地区女性老年人的失智率普遍高于男性,其中江西地区男女失智率差距最小为 1.8%,黑龙江地区男女失智率差距最大为 26.1%。具体见表 2-8 和图 2-7。

表 2-8 农村 65 岁及以上分地区调查失智人口及失智率

地区	全样本			男性样本			女性样本		
	样本量	失智人口	失智率	样本量	失智人口	失智率	样本量	失智人口	失智率
湖北	434	129	29.72%	177	42	23.73%	257	87	33.85%
海南	284	83	29.23%	140	33	23.57%	144	50	34.72%
安徽	487	139	28.54%	190	38	20.00%	297	101	34.01%
河南	894	228	25.50%	420	82	19.52%	474	146	30.80%
天津	20	5	25.00%	9	2	22.22%	11	3	27.27%
辽宁	140	27	19.29%	49	6	12.24%	91	21	23.08%
重庆	230	44	19.13%	114	14	12.28%	116	30	25.86%
河北	55	10	18.18%	22	3	13.64%	33	7	21.21%
黑龙江	35	6	17.14%	12	0	0.00%	23	6	26.09%
山西	61	10	16.39%	41	5	12.20%	20	5	25.00%
四川	967	143	14.79%	419	50	11.93%	548	93	16.97%
山东	1,614	229	14.19%	729	81	11.11%	885	148	16.72%
江苏	1,372	192	13.99%	600	51	8.50%	772	141	18.26%
广东	399	53	13.28%	168	12	7.14%	231	41	17.75%
吉林	61	8	13.11%	29	2	6.90%	32	6	18.75%
北京	84	10	11.90%	37	3	8.11%	47	7	14.89%
湖南	678	77	11.36%	287	13	4.53%	391	64	16.37%
福建	159	18	11.32%	69	2	2.90%	90	16	17.78%
广西	1,535	168	10.94%	677	38	5.61%	858	130	15.15%
浙江	449	49	10.91%	183	13	7.10%	266	36	13.53%
江西	273	28	10.26%	99	9	9.09%	174	19	10.92%
陕西	88	9	10.23%	46	2	4.35%	42	7	16.67%
上海	21	2	9.52%	9	1	11.11%	12	1	8.33%

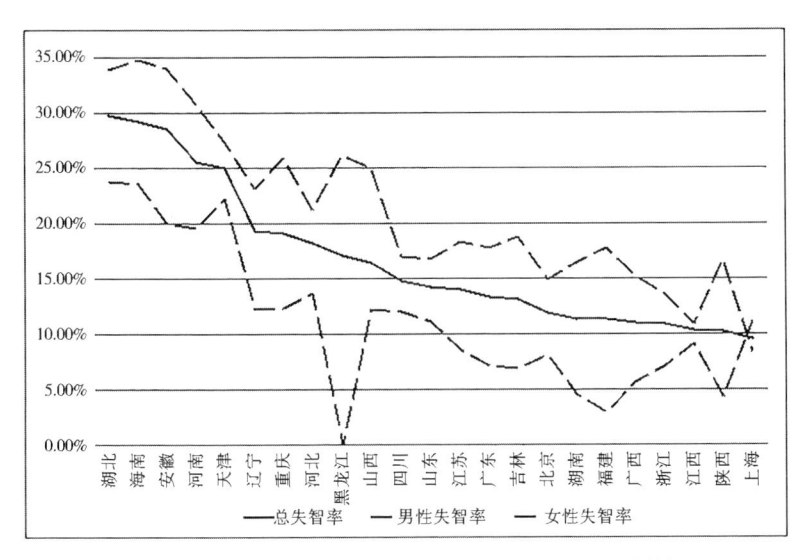

数据来源：2018年中国老年人健康长寿影响因素调查（CLHLS）追踪数据

图 2-7　农村 65 岁及以上分地区调查失智率

（三）农村老年人的分教育失智率

总体来看，农村 65 岁及以上老年人的受教育程度与失智率之间呈现一种"U"型趋势，最低失智率出现在小学教育程度的老年人群体中，约为 3.6%，最高失智率出现在研究生教育程度的老年人群体中，约为 20.9%。在男女对比中，受教育程度为文盲、小学、初中、高中和研究生的老年人，男女失智率差异不明显，在受教育程度为大学的老年人群体中，女性失智率远高于男性。具体见表 2-9 和图 2-8。

表 2-9　农村 65 岁及以上分教育程度调查失智人口及失智率

教育程度	全样本			男性样本			女性样本		
	样本量	失智人口	失智率	样本量	失智人口	失智率	样本量	失智人口	失智率
文盲	7,126	1,252	17.57%	2,536	318	12.54%	4,590	934	20.35%
小学	1,043	37	3.55%	747	26	3.48%	296	11	3.72%
初中	390	21	5.38%	302	15	4.97%	88	6	6.82%
高中	83	6	7.23%	66	5	7.58%	17	1	5.88%
大学	26	2	7.69%	20	0	0.00%	6	2	33.33%
研究生	1,672	349	20.87%	855	138	16.14%	817	211	25.83%

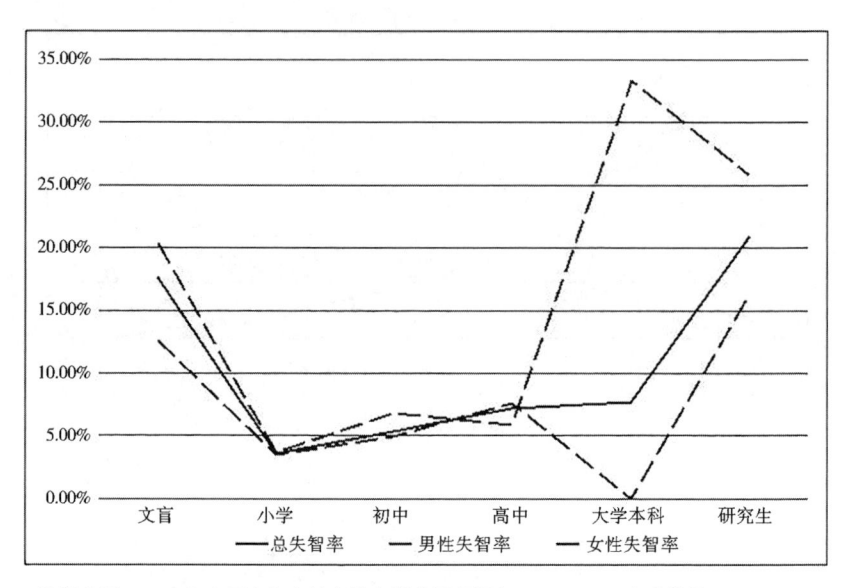

数据来源：2018年中国老年人健康长寿影响因素调查（CLHLS）追踪数据

图2-8　农村65岁及以上分教育程度调查失智率

（四）农村老年人的分婚姻状况失智率

总体来看，农村65岁及以上老年人中，有配偶的老年人的失智率7.19%，明显低于未婚的14.14%、离婚的11.58%和丧偶群体的23.12%，整体上丧偶失智率最高，已婚有配偶的最低，相比结婚其有配偶，不结婚，结婚后离婚，结婚后丧偶都会增加失智率。相比男性，无论哪种婚姻状态下，女性的失智率总高于男性的失智率，其中离婚状态下男女失智率差距达到最大，约8.9%，即离婚更易提高女性的失智率。具体见表2-10和图2-9。

表2-10　农村65岁及以上分婚姻状况调查失智率

教育程度	全样本			男性样本			女性样本		
	样本量	失智人口	失智率	样本量	失智人口	失智率	样本量	失智人口	失智率
未婚	99	14	14.14%	90	12	13.33%	9	2	22.22%
有配偶	4,257	306	7.19%	2,571	171	6.65%	1,686	135	8.01%
离婚	190	22	11.58%	113	9	7.96%	77	13	16.88%
丧偶	5,687	1,315	23.12%	1,701	306	17.99%	3,986	1,009	25.31%

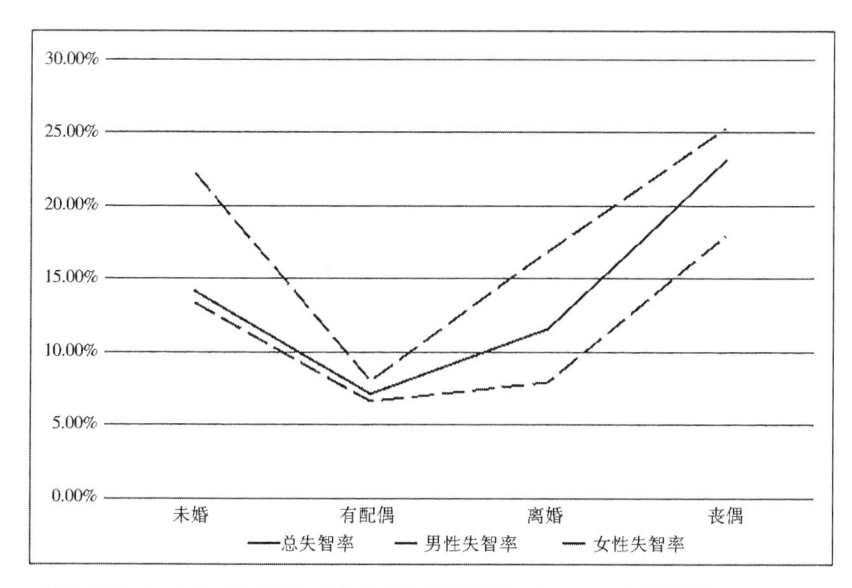

数据来源：2018年中国老年人健康长寿影响因素调查（CLHLS）追踪数据

图 2-9　农村 65 岁及以上分婚姻状况调查失智率

第三节　当前农村失能失智老年人口状况

一、农村失能老年人口总量与结构分布

（一）农村失能老年人口总量

总体来看，农村 65 岁及以上老年人失能的总人口数约为 920.6 万人，其中，男性失能的总人口数约为 395.6 万人，约占农村失能总人口数的 43.0%，女性失能的总人口数约为 525.0 万人，约占农村失能总人口数的 57.0%。具体见图 2-10。

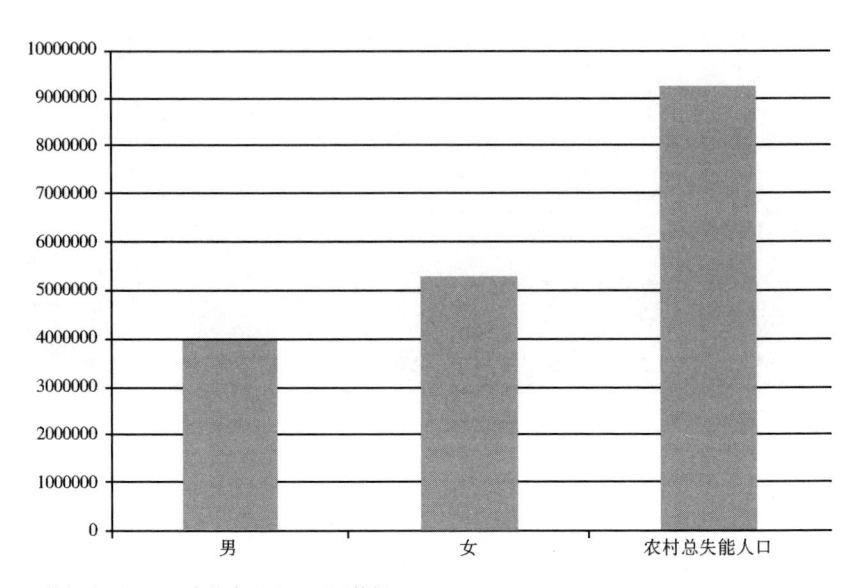

数据来源：基于失能率和人口预测数据

图 2-10　2019 年农村的 65 岁及以上以上农村总失能人口（单位：人）

（二）农村分年龄失能老年人口数量

总体来看，在农村 65 岁及以上的老年人中，失能人口随年龄增长呈下降趋势，从 65 岁的 51.8 万人左右下降到 100 岁的 1.1 万人左右，总失能人口最大值出现在 66 岁，约为 59.7 万人，最小值出现在 100 岁，约为 1.2 万人。在男女对比中，可以看出整体女性失能人口及失能率偏高，男性失能人口由 66 岁的 33.8 万人左右下降到 100 岁的 0.3 万人左右；女性失能人口由 78 岁的 27.6 万人左右下降到 100 岁的 0.9 万人左右。在 82 岁之后，女性老年人的失能率明显高于男性，在 78 岁时男女失能率差异达到最大，约 48.4%。具体见表 2-11 和图 2-11。

表 2-11　2019 年 65 岁及以上农村分年龄分性别的失能人口（单位：人）

年龄	男	女	失能总人口	年龄	男	女	失能总人口
65	299910.08	217529.12	517439.20	83	122656.17	167162.17	289818.34
66	337718.36	258885.28	596603.65	84	96885.88	193813.20	290699.08
67	225109.95	165208.59	390318.55	85	103196.07	156133.63	259329.70

续表

年龄	男	女	失能总人口	年龄	男	女	失能总人口
68	150886.18	242817.96	393704.14	86	84647.47	170139.90	254787.37
69	187547.62	290399.94	477947.56	87	78417.42	150647.46	229064.88
70	137207.35	206566.40	343773.75	88	75291.09	130892.68	206183.77
71	149714.32	106295.46	256009.78	89	52559.07	110674.30	163233.37
72	214699.99	284705.96	499405.95	90	31653.85	97366.45	129020.30
73	270500.39	234457.33	504957.72	91	36760.53	99861.28	136621.80
74	188894.26	145652.40	334546.66	92	28667.30	65245.33	93912.63
75	171874.70	201492.85	373367.55	93	22922.16	50255.65	73177.81
76	114720.72	221511.39	336232.11	94	11815.06	52969.93	64785.00
77	171094.35	152031.34	323125.69	95	14652.21	41174.02	55826.23
78	95954.49	275749.13	371703.62	96	10033.81	27256.79	37290.60
79	106388.41	149070.10	255458.51	97	7330.65	23720.61	31051.26
80	108098.43	197874.82	305973.25	98	5700.28	19675.47	25375.75
81	136530.03	227728.35	364258.38	99	4991.91	16225.70	21217.61
82	98037.49	89482.68	187520.17	100	2756.07	9232.56	11988.63

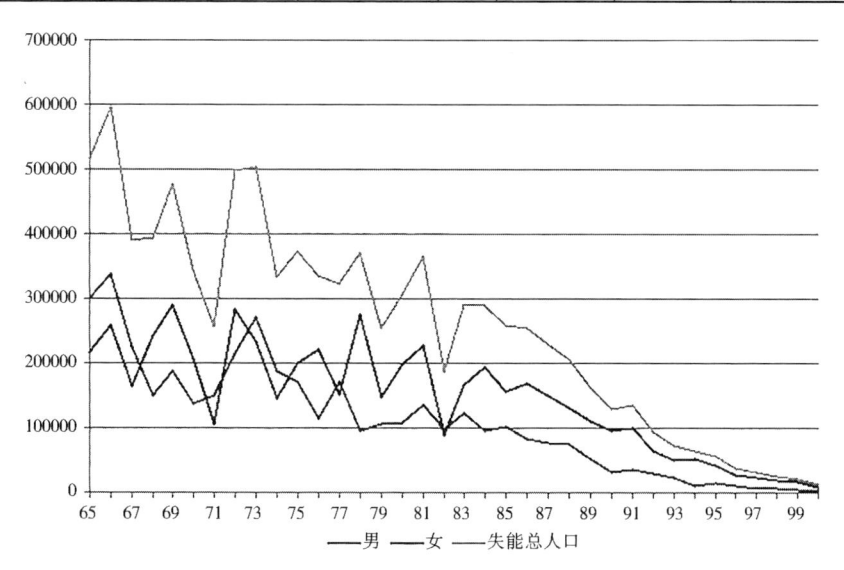

数据来源：基于失能率和人口预测数据

图 2-11　2019 年 65 岁及以上农村分年龄分性别的失能人口（单位：人）

(三) 农村分地区失能老年人口数量

总体来看，农村65岁及以上失能老年人总人口约为920.6万人，其中男性约为395.6万人，女性约为525.0万人。各地区农村65岁及以上老年人的失能率均高于10%，最多的省份依次是四川省、河南省、山东省，最大值为四川省，约为81.6万人；失能人口最少的地区依次为西藏自治区、青海省、宁夏回族自治区，最小值为西藏自治区，约为1.8万人。在男女对比中，随着年龄增长，男女性老年人的失能人口都呈现下降趋势。各地区女性失能人口普遍高于男性，其中男性老年人失能人口最大值出现在四川省、河南省、山东省，最大值为四川省，约为36.1万人；最小值出现在西藏自治区、青海省、宁夏回族自治区，最小值为西藏自治区，约为0.7万人；女性老年人失能人口最大值出现在河南省、四川省、山东省，最大值为河南省，约为45.8万人；最小值出现在西藏自治区、青海省、宁夏回族自治区，最小值为西藏自治区约为1.1万人；宁夏地区男女失能人口差距最小，河南地区男女失能人口差距最大。具体见表2–12和图2–12。

表2–12　2019年65岁及以上农村分地区分性别的失能人口（单位：人）

年龄	男	女	失能总人口	年龄	男	女	失能总人口
四川	360792.79	454815.8517	815608.64	辽宁	112810.73	133491.0712	246301.80
河南	313134.61	457980.5194	771115.13	山西	93222.56	120677.4727	213900.04
山东	318725.18	449663.2059	768388.38	福建	90696.62	119056.2403	209752.86
江苏	240592.94	335031.7146	575624.66	黑龙江	92184.56	110735.8706	202920.43
湖南	250923.79	321592.9415	572516.73	甘肃	82079.64	103358.2247	185437.86
安徽	228033.11	301196.3156	529229.42	吉林	73702.37	87199.37196	160901.75
河北	209203.38	275221.0769	484424.45	内蒙古	60638.66	68858.46672	129497.13
广东	172620.21	252533.7483	425153.96	新疆	48516.51	50596.76074	99113.27
湖北	181617.19	234402.5425	416019.73	海南	24335.55	36302.9188	60638.47
广西	158354.83	238966.4523	397321.28	上海	18120.04	25897.49368	44017.53
浙江	162336.56	204181.6298	366518.19	北京	16330.47	19946.40435	36276.88
云南	125008.59	172951.4846	297960.08	天津	15953.72	18803.25878	34756.98
贵州	125445.76	165737.8415	291183.60	宁夏	12214.12	14609.45947	26823.58

续表

年龄	男	女	失能总人口	年龄	男	女	失能总人口
江西	116444.80	161595.6807	278040.48	青海	9984.08	13338.74131	23322.82
重庆	122781.16	146265.1328	269046.30	西藏	6792.19	10881.46439	17673.66
陕西	112227.39	144016.8917	256244.29	全国	3955824.12	5249906.25	9205730.37

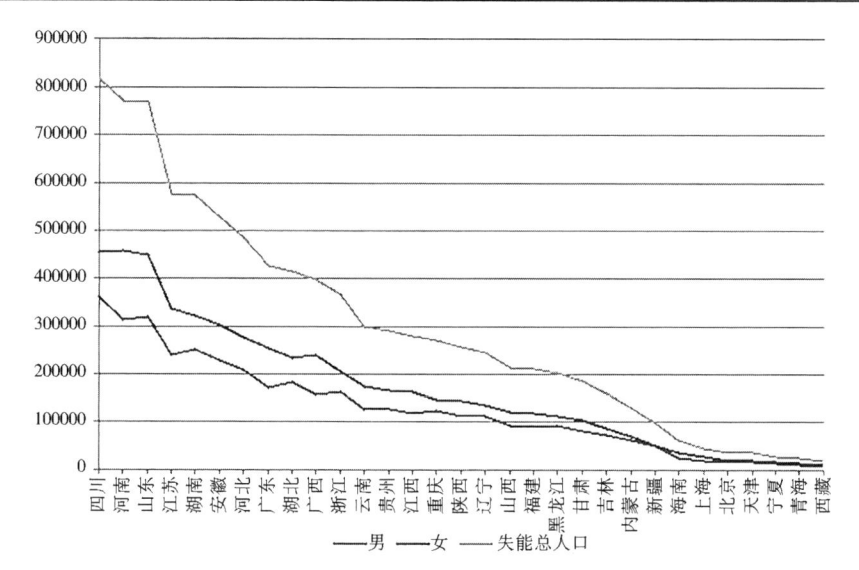

数据来源：基于失能率和人口预测数据

图 2-12　2019 年 65 岁及以上农村分地区分性别的失能人口（单位：人）

（四）农村分等级失能老年人口数量

总体来看，农村 65 岁及以上老年人重度失能人口、中度失能人口以及轻度失能人口分别为 345 万人、197 万人和 378 万人，男性 3 类失能人数分别为 124 万人、89 万人以及 181 万人，女性 3 类失能人口分别为 221 万人、107 万人以及 197 万人。分性别失能等级人口中，男性老年人的失能人口普遍低于女性老年人的失能人口，男性老年人失能人口中轻度失能人口最多，约为 181 万人；女性老年人失能人口中重度失能人口最多，约为 221 万人，中度失能人口最少，约为 107 万人。具体见图 2-13。

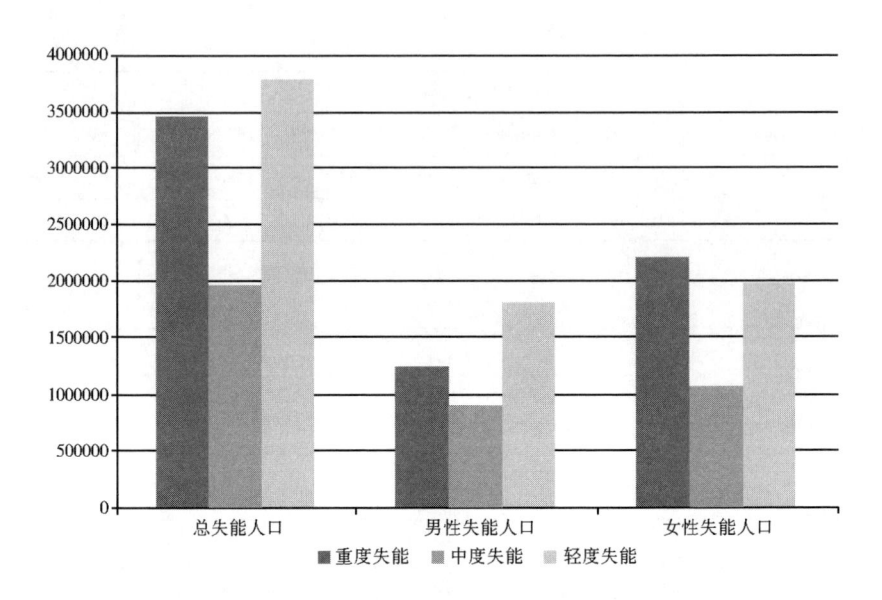

数据来源：基于失能率和人口预测数据

图 2–13　2019 年农村分性别的失能等级人口（单位：人）

分地区失能等级人口数中，重度失能人口最多的地区是四川省，约为 31 万人，最少的地区是西藏自治区，约为 0.67 万人；中度失能人口最多的地区是四川省，约为 17 万人，最少的是西藏自治区，约为 0.38 万人；轻度失能人口最多的地区是四川省，约为 34 万人，最少的地区是西藏自治区，约为 0.72 万人。具体见表 2–13。

表2-13 2019年65岁以上农村分地区分性别的失能等级人口（单位：人）

地区	总失能人口			男			女		
	重度失能	中度失能	轻度失能	重度失能	中度失能	轻度失能	重度失能	中度失能	轻度失能
北京	13548.71	7768.68	14959.49	5151.67	3703.82	7474.98	8397.03	4064.86	7484.51
天津	12948.61	7450.27	14358.09	5032.82	3618.37	7302.53	7915.79	3831.90	7055.57
河北	181858.59	103535.29	199030.57	65996.12	47448.19	95759.07	115862.48	56087.10	103271.49
山西	80211.12	45736.04	87952.88	29408.35	21143.26	42670.95	50802.76	24592.78	45281.94
内蒙古	48117.32	27785.72	53594.09	19129.31	13753.10	27756.25	28988.01	14032.62	25837.84
辽宁	91784.74	52789.99	101727.07	35587.72	25585.94	51637.08	56197.03	27204.05	50090.00
吉林	59959.60	34486.30	66455.84	23250.44	16716.00	33735.93	36709.16	17770.30	32719.91
黑龙江	75698.45	43474.62	83747.36	29080.90	20907.84	42195.82	46617.55	22566.78	41551.54
上海	16618.54	9387.33	18011.66	5716.22	4109.70	8294.12	10902.32	5277.63	9717.54
江苏	216939.93	122843.34	235841.38	75898.39	54567.47	110127.08	141041.54	68275.87	125714.30
浙江	137167.64	78428.63	150921.92	51211.33	36818.60	74306.63	85956.31	41610.03	76615.29
安徽	198733.74	113099.43	217396.25	71936.22	51718.85	104378.04	126797.52	61380.58	113018.21
福建	78731.77	44832.75	86188.34	28611.51	20570.37	41514.74	50120.26	24262.39	44673.60
江西	104762.63	59341.63	113936.23	36734.13	26410.16	53300.51	68028.50	32931.47	60635.72
山东	289845.36	163924.72	314618.30	100546.29	72288.18	145890.70	189299.07	91636.54	168727.60
河南	291583.16	164351.74	315180.23	98782.67	71020.22	143331.72	192800.49	93331.52	171848.51

续表

地区	总失能人口			男			女		
	重度失能	中度失能	轻度失能	重度失能	中度失能	轻度失能	重度失能	中度失能	轻度失能
湖北	155972.37	88960.25	171087.10	57293.67	41191.53	83131.99	98678.70	47768.73	87955.11
湖南	214541.49	122447.74	235527.49	79157.40	56910.55	114855.84	135384.09	65537.19	120671.66
广东	160767.02	90614.65	173772.29	54455.45	39150.98	79013.79	106311.57	51463.67	94758.50
广西	150555.25	84614.33	162151.70	49955.24	35915.53	72484.07	100600.02	48698.80	89667.63
海南	22959.78	12917.55	24761.14	7676.99	5519.40	11139.16	15282.79	7398.15	13621.98
重庆	100307.67	57654.54	111084.08	38733.03	27847.27	56200.86	61574.65	29807.27	54883.22
四川	305285.33	174515.89	335807.42	113817.11	81829.29	165146.39	191468.23	92686.59	170661.03
贵州	109345.87	62227.21	119610.52	39573.61	28451.62	57420.53	69772.26	33775.60	62189.98
云南	112244.76	63598.12	122117.20	39435.70	28352.46	57220.43	72809.06	35245.66	64896.77
西藏	6723.57	3758.02	7192.07	2142.69	1540.50	3109.00	4580.88	2217.53	4083.06
陕西	96031.88	54802.73	105409.67	35403.69	25453.64	51370.06	60628.18	29349.10	54039.61
甘肃	69404.88	39679.30	76353.69	25893.16	18616.00	37570.47	43511.71	21063.30	38783.22
青海	8764.96	4982.72	9575.14	3149.62	2264.43	4570.03	5615.34	2718.29	5005.11
宁夏	10003.40	5747.46	11072.71	3853.11	2770.21	5590.79	6150.29	2977.25	5481.92
新疆	36605.41	21314.82	41193.03	15305.21	11003.74	22207.56	21300.21	10311.08	18985.48
全国	3458023.56	1967071.83	3780634.98	1247919.77	897197.22	1810707.12	2210103.79	1069874.61	1969927.85

二、农村失智老年人口总量与结构分布

(一) 农村失智老年人口总量

总体来看,农村65岁及以上老年人失智的人口总数约为480.2万人,其中,男性失智的人口总数约为184.0万人,约占失智的人口总数的38.3%,女性失智的人口总数约为296.3万人,约占农村失智人口总数的61.7%。具体见图2-14。

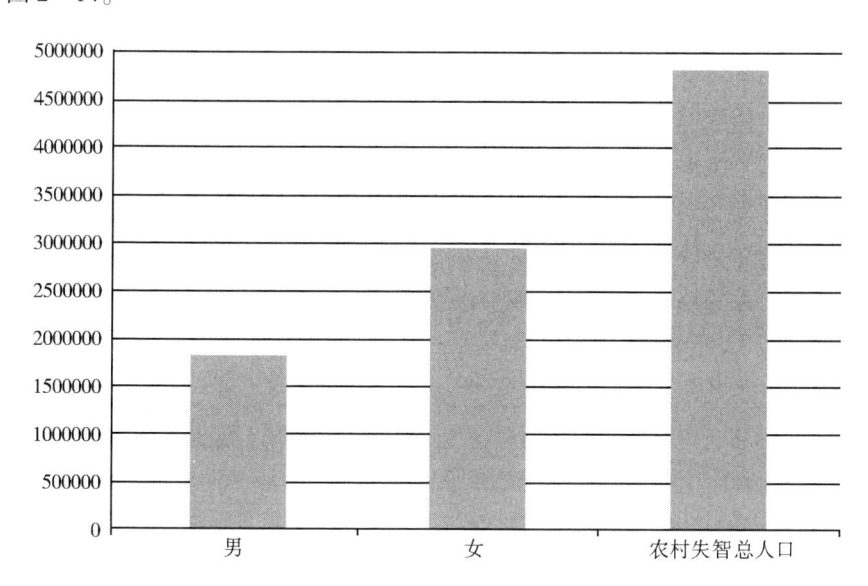

数据来源:基于失智率和人口预测数据

图2-14 2019年农村65岁以上老年人失智总人口(单位:人)

(二) 农村分年龄失智老年人口数量

总体来看,在农村65岁及以上的老年人中,72岁左右之后失智率呈下降趋势,即随着年龄的增加,失智人口在逐渐减少。65岁时失智总人口为16.2万人;最大值是出现在72岁,约为25.3万人;最小值是在100岁时出现,约为0.8万人。男性失智人口最大值出现在72岁,而女性失智人口最大值出现在66岁,从整体上来看,两者的失智人口分别在最大值之后逐渐减少。具体见表2-14。

结合图2-15所示的失智人口折线图来看,失智人口在性别上有所不

同，可以看出女性失智人口整体偏高，尤其在 75 岁左右之后，女性的失智人口明显高于男性。在农村 65 岁及以上老年人中，女性失智人口在 66 岁达到最大值，约为 16.5 万人；男性失智人口最大值出现在 72 岁，约为 13.3 万人。

表 2－14　2019 年 65 岁以上农村分年龄分性别的失智人口数（单位：人）

年龄	男	女	失智总人口	年龄	男	女	失智总人口
65	74977.52	87011.65	161989.17	83	52520.04	91709.02	144229.06
66	61403.34	164477.74	225881.08	84	63379.26	99270.18	162649.43
67	0.00	123906.45	123906.45	85	82590.09	105155.83	187745.92
68	90531.71	161878.64	252410.35	86	49189.81	90502.83	139692.64
69	93773.81	145199.97	238973.78	87	32064.01	84220.79	116284.80
70	45735.78	129104.00	174839.78	88	36244.34	83110.50	119354.84
71	112285.74	107145.82	219431.56	89	48878.89	98701.69	147580.58
72	133021.87	119757.27	252779.14	90	25733.73	74195.90	99929.63
73	54100.08	108211.08	162311.15	91	26802.14	62834.06	89636.21
74	125929.50	36413.10	162342.60	92	16160.80	65831.93	81992.73
75	85937.35	101509.66	187447.01	93	9168.86	36578.27	45747.13
76	52488.85	96850.36	149339.21	94	6287.67	31134.77	37422.44
77	81066.46	84325.08	165391.54	95	7693.79	28208.58	35902.38
78	107748.90	65875.06	173623.96	96	6832.23	20023.93	26856.16
79	84401.47	116145.63	200547.10	97	2577.81	14959.29	17537.10
80	39921.04	123123.08	163044.12	98	2881.84	12147.64	15029.48
81	65420.64	124529.93	189950.57	99	3421.18	9503.14	12924.32
82	56758.55	52555.75	109314.30	100	1700.60	6410.69	8111.29

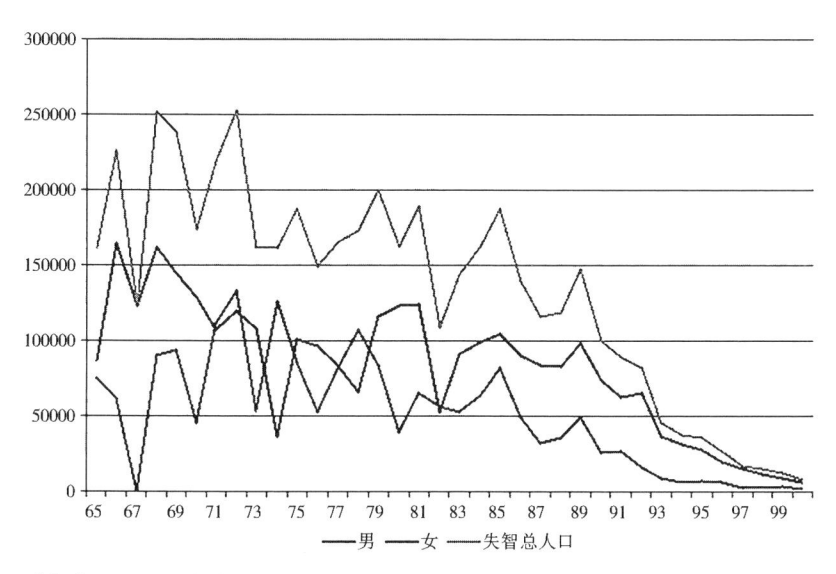

数据来源：基于失智率和人口预测数据

图 2-15 2019 年 65 岁以上农村分年龄分性别的失智人口（单位：人）

（三）农村分地区失智老年人口数量

总体来看，失智人口最多的地区是四川省，约为 42.4 万人，其次是河南省和山东省，失智人口分别为 40.6 万人和 40.2 万人。失智人口最少的地区是西藏自治区，约为 1 万人，青海省和宁夏回族自治区分别是 1.2 万人和 1.3 万人，分居于后二、三位，具体见表 2-15。

结合图 2-16 所示的失智人口折线图来看，失智总人口在各地区的增减趋势与分性别的失智人口变化趋势是一致的。其中，各个地区女性的失智率都普遍高于男性。在各地区中，男性失智人口在四川省最大，河南省的女性失智人口最多。

表 2-15 2019 年 65 岁以上农村分地区分性别的失智人口数（单位：人）

地区	男	女	失智总人口	地区	男	女	失智总人口
四川	168410.52	255077.72	423488.25	辽宁	50974.10	74660.13	125634.23
河南	144764.61	261549.74	406314.35	山西	42817.23	67508.88	110326.11
山东	146348.77	255721.65	402070.42	福建	42383.19	67850.75	110233.94
湖南	119133.32	183029.75	302163.07	黑龙江	41712.07	62529.43	104241.50

续表

地区	男	女	失智总人口	地区	男	女	失智总人口
江苏	112889.34	189027.19	301916.53	甘肃	37940.27	56539.76	94480.03
安徽	108378.09	170313.28	278691.36	吉林	33521.67	49240.20	82761.87
河北	92435.94	154177.77	246613.71	内蒙古	27228.62	38297.43	65526.05
广东	82108.84	145795.07	227903.91	新疆	23305.82	28398.74	51704.56
湖北	84616.80	130495.47	215112.28	海南	11922.81	21389.34	33312.14
广西	76339.91	137245.29	213585.20	上海	8447.33	14690.58	23137.91
浙江	76935.91	115527.11	192463.02	北京	7295.54	11057.94	18353.49
云南	58436.61	96371.54	154808.15	天津	7077.69	10464.01	17541.71
贵州	58333.85	91821.50	150155.34	宁夏	5414.29	7949.64	13363.93
江西	53676.18	91211.47	144887.65	青海	4512.42	7343.84	11856.27
重庆	58112.90	81604.05	139716.95	西藏	3271.41	6202.01	9473.42
陕西	50883.64	79428.02	130311.66	全国	1839629.70	2962519.31	4802149.01

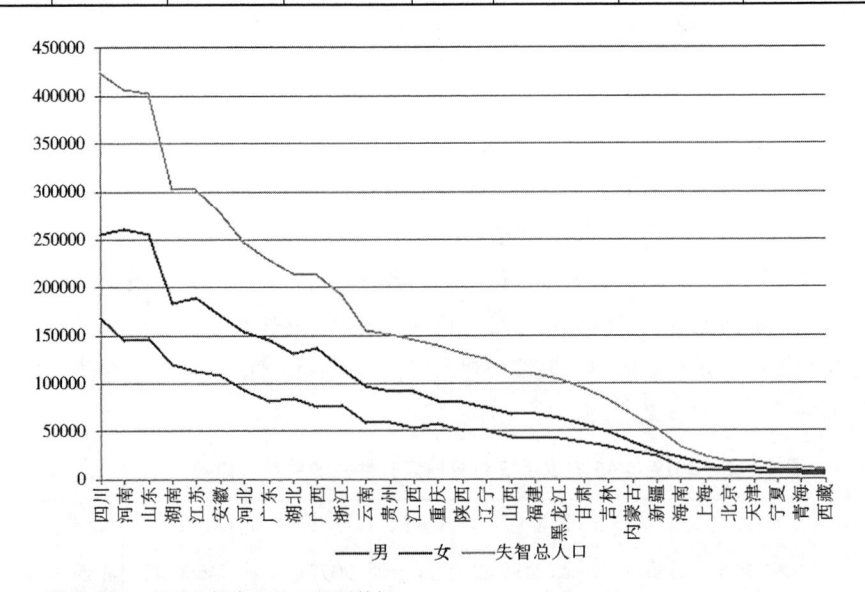

数据来源：基于失智率和人口预测数据

图 2-16　2019 年 65 岁以上农村分地区分性别的失智人口（单位：人）

（四）农村分等级失智老年人口数量

总体来看，在农村 65 岁及以上老年人中，高度失智人口略高于低度失智人口，分别为 249.4 万人、230.8 万人；女性失智人口偏高于男性，分别为 296.3 万人、184 万人，分别占比 61.5%、38.3%。其中，男性的高度失智人口低于低度失智人口，而女性的高度失智人口要高于低度失智人口。具体见图 2-17。

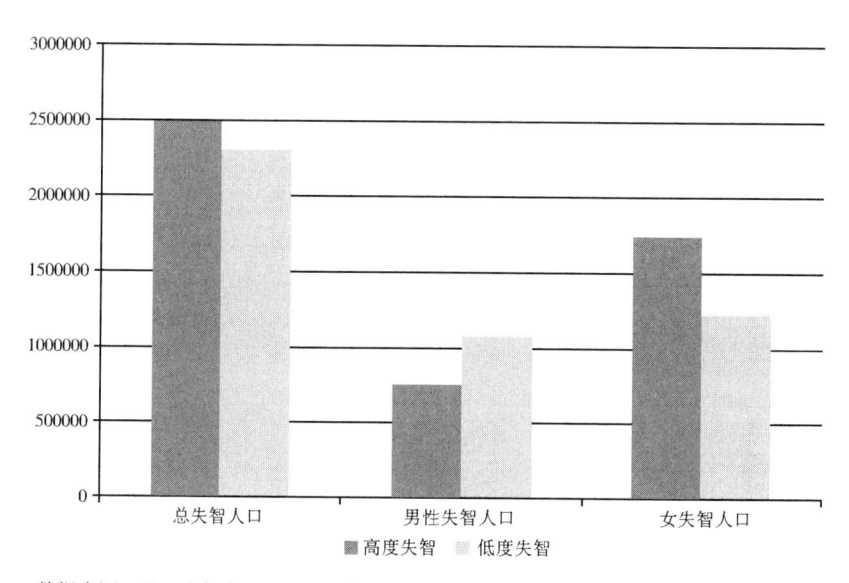

数据来源：基于失智率和人口预测数据

图 2-17　2019 年农村分性别的失智等级人口（单位：人）

总体来看，男性的高度失智人口低于低度失智人口，而女性的高度失智人口要高于低度失智人口，南方各地区的失智人口略高于北方地区。其中，在各地区的农村 65 岁及以上老年人中，四川省高度失智人口最多，达 21.9 万人，其次是河南省和山东省，分别是 21.3 万人、21.0 万人；高度失智人口最小值出现在西藏自治区，约为 0.5 万人，与青海省和宁夏回族自治区位于后三位，分别是 0.6 万人、0.7 万人。具体见表 2-16。

表 2-16 2019 年 65 岁以上农村分地区分性别的失智等级人口

地区	总失智人口		男		女	
	高度失智	低度失智	高度失智	低度失智	高度失智	低度失智
北京	9485.01	8868.48	2996.46	4299.08	6488.54	4569.40
天津	9047.03	8494.68	2906.99	4170.71	6140.04	4323.97
河北	128433.73	118179.98	37965.78	54470.15	90467.95	63709.82
山西	57198.77	53127.34	17586.12	25231.11	39612.65	27896.23
内蒙古	33655.53	31870.52	11183.48	16045.14	22472.04	15825.38
辽宁	64745.19	60889.04	20936.36	30037.74	43808.84	30851.29
吉林	42661.21	40100.66	13768.20	19753.47	28893.01	20347.19
黑龙江	53823.03	50418.47	17132.21	24579.87	36690.82	25838.61
上海	12089.62	11048.28	3469.53	4977.80	8620.09	6070.49
江苏	157283.30	144633.23	46366.51	66522.83	110916.78	78110.41
浙江	99388.16	93074.86	31599.53	45336.38	67788.64	47738.48
安徽	144449.52	134241.84	44513.63	63864.46	99935.89	70377.39
福建	57221.10	53012.84	17407.85	24975.34	39813.25	28037.50
江西	75566.95	69320.70	22046.17	31630.01	53520.78	37690.69
山东	210160.70	191909.72	60109.15	86239.62	150051.55	105670.11
河南	212929.83	193384.52	59458.50	85306.11	153471.34	108078.41
湖北	111325.99	103786.29	34754.27	49862.54	76571.72	53923.75
湖南	156328.70	145834.37	48931.07	70202.24	107397.62	75632.13
广东	119273.35	108630.55	33724.18	48384.66	85549.17	60245.90
广西	111887.10	101698.10	31354.74	44985.17	80532.36	56712.93
海南	17447.77	15864.38	4897.00	7025.81	12550.77	8838.57
重庆	71751.81	67965.14	23868.44	34244.46	47883.37	33720.68
四川	218844.18	204644.07	69170.47	99240.05	149673.71	105404.02
贵州	77837.92	72317.42	23959.19	34374.66	53878.73	37942.77
云南	80549.99	74258.16	24001.40	34435.21	56548.59	39822.95
西藏	4982.85	4490.57	1343.65	1927.76	3639.20	2562.81

续表

地区	总失智人口		男		女	
	高度失智	低度失智	高度失智	低度失智	高度失智	低度失智
陕西	67505.72	62805.93	20899.20	29984.44	46606.52	32821.50
甘肃	48759.25	45720.78	15583.03	22357.24	33176.22	23363.54
青海	6162.56	5693.70	1853.37	2659.06	4309.20	3034.65
宁夏	6888.45	6475.48	2223.79	3190.51	4664.66	3284.98
新疆	26236.02	25468.55	9572.29	13733.53	16663.72	11735.02
全国	2493920.34	2308228.67	755582.56	1084047.14	1738337.77	1224181.53

第四节 未来农村失能失智人口状况

一、农村未来失能老年人口状况

（一）农村未来失能人口总量

从总体上来看，农村失能总人口呈不断增加的趋势，到 2022 年，农村老年人失能人口预计将达到 1000 万以上。总失能人口将在 2043 年达到最大值 1485.3 万后开始有所下降。具体见表 2-17 和图 2-18。

表 2-17 2019-2050 年农村的 65 岁以上以上总失能人口（单位：人）

年份	农村失能总人口	年份	农村失能总人口	年份	农村失能总人口
2019	9205730.37	2030	12229750.42	2041	14851682.19
2020	9517325.57	2031	12537751.43	2042	14780367.35
2021	9841302.03	2032	12799822.19	2043	14852637.69
2022	10130078.23	2033	13019273.46	2044	14694057.61
2023	10358163.67	2034	13339958.17	2045	14506414.58
2024	10492466.52	2035	13845051.85	2046	14476160.85
2025	10628366.35	2036	14094525.62	2047	14353731.74
2026	10735611.43	2037	14300409.39	2048	14252520.57

续表

年份	农村失能总人口	年份	农村失能总人口	年份	农村失能总人口
2027	11036008.32	2038	14567872.79	2049	14071743.1
2028	11518425.85	2039	14620500.42	2050	13915729.44
2029	11902318.34	2040	14791315.92		

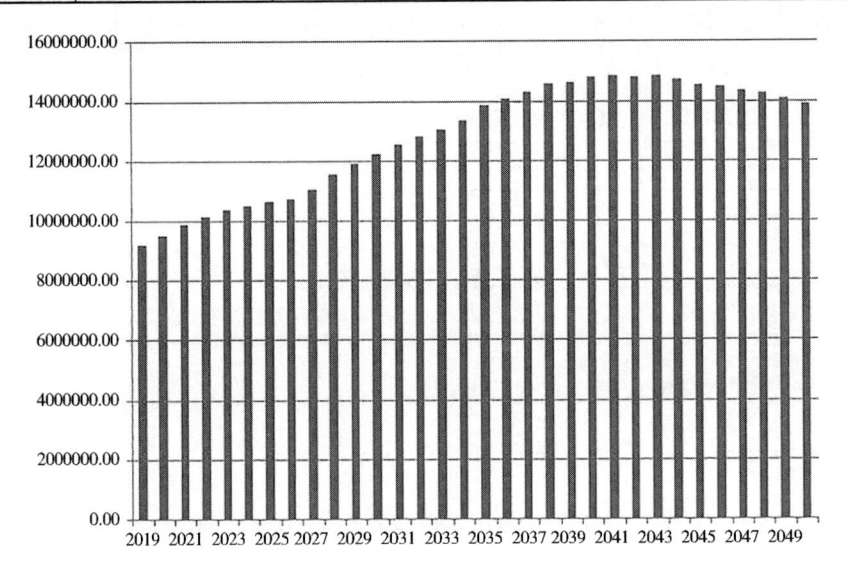

数据来源：基于失能率和人口预测数据

图2-18　2019-2050年农村65岁以上以上失能总人口（单位：人）

（二）农村未来分年龄失能老年人口数量

表2-18是根据中国老年健康影响因素跟踪调查（CLHLS）数据所预测的2019年至2050年分年龄段、分性别的农村老年人失能人口。从总体上来看，未来我国农村地区的失能总人口将逐渐增加，尤其是高龄失能人口在增加，女性多于男性。从男女对比中可以发现，女性失能人口整体上多于男性，75岁以上年龄段的男女失能人口差距尤为明显。从各年龄段来看，在65岁至73岁这一年龄段，2019年至2035年失能人口逐渐增加，2035年至2050年间逐年减少；在74岁以上年龄段，失能人口则一直在增加。

表 2-18　2019-2050 年 65+农村分年龄段分性别的失能人口（单位：人）

年龄	男				女			
	2019	2021	2035	2050	2019	2021	2035	2050
65	299910.08	272253.00	350640.04	170859.08	217529.12	200121.28	271040.20	149666.72
66	337718.36	356121.54	392503.88	204717.21	258885.28	269118.38	319114.74	184065.85
67	225109.95	233642.82	284049.66	128265.16	165208.59	172447.48	223812.74	108485.79
68	150886.18	172028.81	183895.59	123475.68	242817.96	277374.51	317349.88	218673.43
69	187547.62	217281.58	259372.48	132217.67	290399.94	343444.27	435378.23	231300.28
70	137207.35	133817.38	184821.01	94681.09	206566.40	217473.04	316770.95	169913.91
71	149714.32	169363.69	219199.32	127324.52	106295.46	123430.20	176732.98	101684.83
72	214699.99	252362.58	378960.10	187905.10	284705.96	329474.10	559108.50	285668.28
73	270500.39	300284.86	395349.81	242783.73	234457.33	256184.23	379649.12	231937.50
74	188894.26	216411.36	152176.49	220190.12	145652.40	164998.55	136852.84	189590.97
75	171874.70	182703.53	180557.41	212304.17	201492.85	225696.60	241001.12	289909.73
76	114720.72	123531.41	123840.09	173833.50	221511.39	245752.36	258571.65	386944.27
77	171094.35	186871.47	254900.18	282360.65	152031.34	166637.48	247796.32	291465.81
78	95954.49	94639.92	161698.40	155940.86	275749.13	276959.08	506122.01	551210.70
79	106388.41	106088.30	169800.25	197187.22	149070.10	150555.73	268369.83	322864.87
80	108098.43	127575.58	215911.83	257798.85	197874.82	234303.18	432137.19	556407.18
81	136530.03	135113.81	239130.47	260458.18	227728.35	228067.34	448674.51	521804.02
82	98037.49	88665.34	168624.56	221205.02	89482.68	80972.78	170836.92	238644.65
83	122656.17	130452.52	220776.31	228993.22	167162.17	170258.52	322077.84	362539.01
84	96885.88	102292.05	153999.85	219308.40	193813.20	194136.92	323659.16	485754.93
85	103196.07	110691.70	171808.26	236367.07	156133.63	162360.35	263632.69	394284.19
86	84647.47	82854.91	136468.12	176608.31	170139.90	168090.95	267090.00	402272.26
87	78417.42	84308.86	124488.43	217235.93	150647.46	159674.43	232188.39	447651.02
88	75291.09	90416.38	123441.36	169936.62	130892.68	153390.22	206992.57	324511.03
89	52559.07	51214.94	73127.71	55021.47	110674.30	107402.73	150919.86	132377.49
90	31653.85	35317.99	50584.89	53557.58	97366.45	106620.71	149466.09	171537.97
91	36760.53	40461.77	53880.81	53624.75	99861.28	110127.91	134521.90	147600.09
92	28667.30	28543.96	43346.69	65392.34	65245.33	65707.24	91406.74	147957.44
93	22922.16	27875.29	37800.82	67419.87	50255.65	60135.09	74627.57	143675.93

续表

年龄	男				女			
	2019	2021	2035	2050	2019	2021	2035	2050
94	11815.06	12362.13	19461.00	31234.60	52969.93	55010.11	77888.36	138018.82
95	14652.21	14840.99	25866.03	46195.17	41174.02	41994.87	63676.97	123351.26
96	10033.81	11501.73	16393.54	35932.40	27256.79	31604.53	39363.10	92683.41
97	7330.65	8209.63	14954.10	26235.91	23720.61	27843.69	42954.77	83200.88
98	5700.28	5680.39	10736.14	20895.28	19675.47	20982.93	34435.55	70723.22
99	4991.91	4907.40	9620.32	16027.46	16225.70	16457.93	30172.14	52457.44
100	2756.07	3579.57	6370.86	12025.61	9232.56	12223.09	22101.59	39374.45

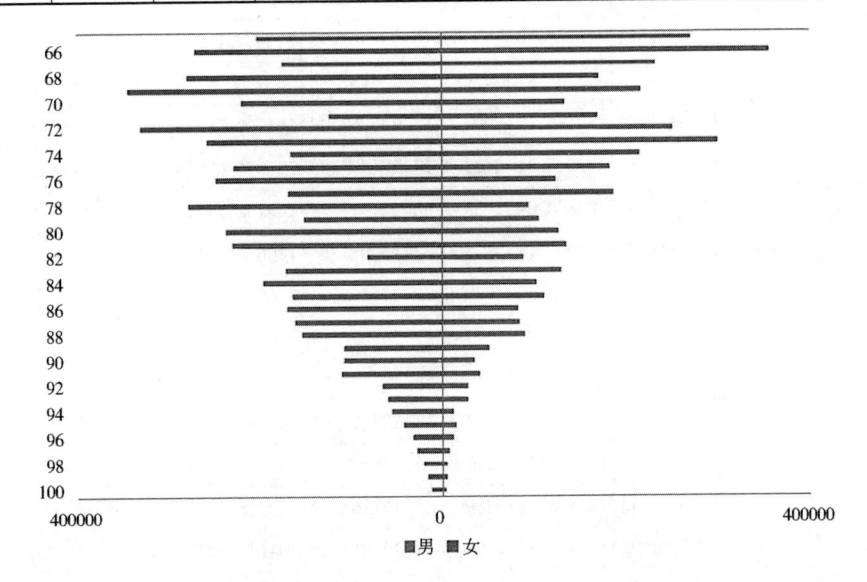

图 2-19　2019 年农村分年龄分性别失能人口

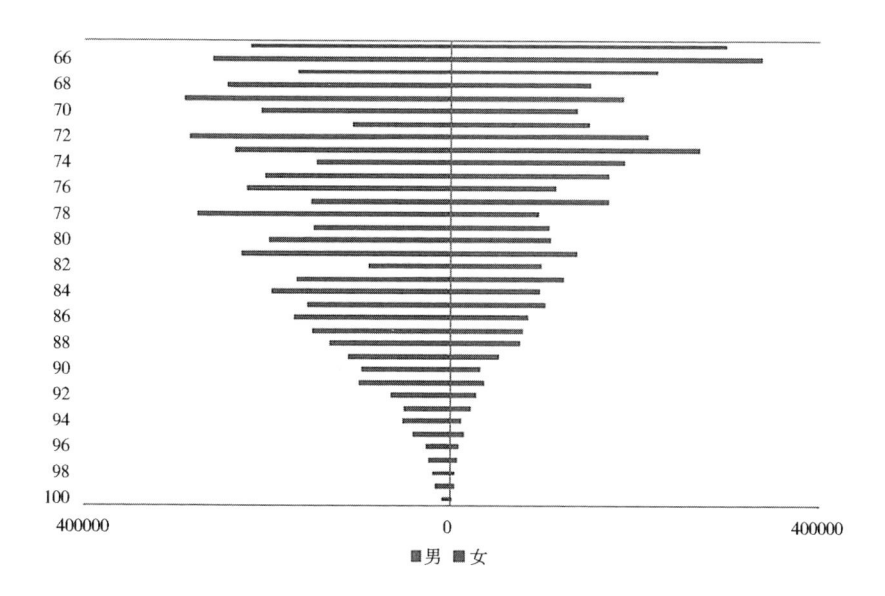

图 2-20　2021 年农村分年龄分性别失能人口

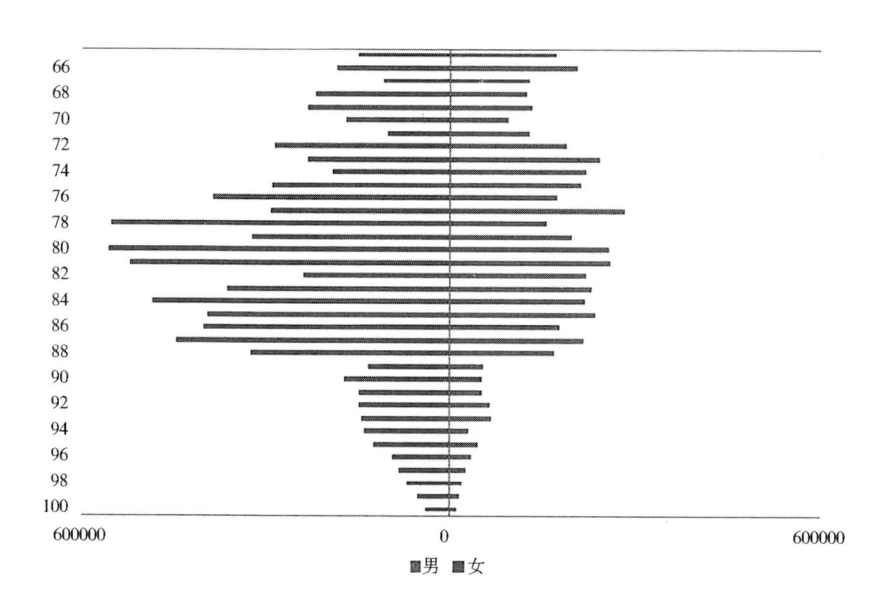

图 2-21　2035 年农村分年龄分性别失能人口

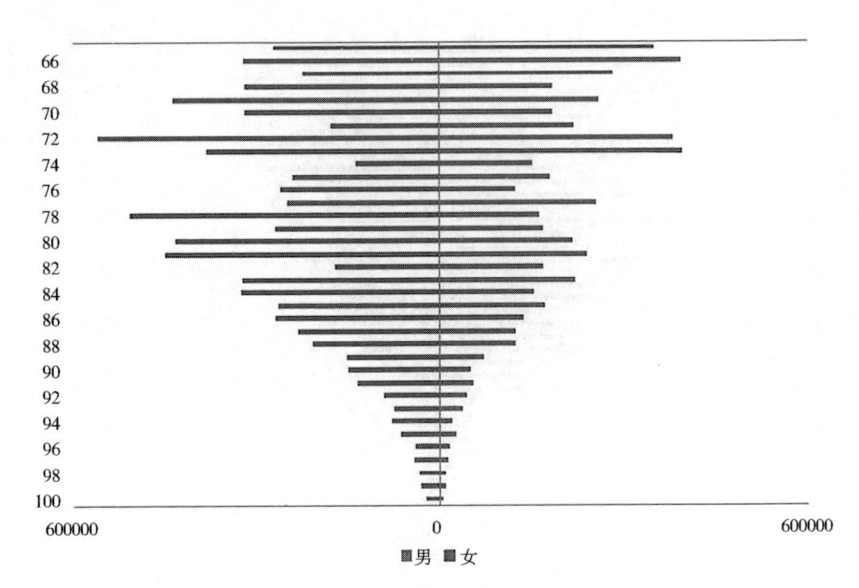

数据来源：基于失能率和人口预测数据

图 2 – 22　2050 年农村分年龄分性别失能人口

（三）农村未来分地区失能人口数量

表 2 – 19 是根据 CLHLS 数据所预测的 2019 年至 2050 年分地区、分性别的农村老年人失能人口。从总体上来看，各地区的失能人口呈增长趋势，但各个地区间的失能人口存在差距，2035 年失能人口最多的地区为山东省，2019 年、2021 年和 2050 年为四川省，西藏自治区则一直为失能人口最少的地区。其中，2035 年，山东省农村老年人失能人口为 45.2 万，西藏自治区为 1.1 万，达到了地区差异最大值 44.1 万。在男女对比中，各地区农村老年女性失能人口普遍多于男性失能人口。

表 2 – 19　2019 – 2050 年 65 岁以上农村分地区分性别的失能人口（单位：人）

地区	男				女			
	2019	2021	2035	2050	2019	2021	2035	2050
北京	16330.47	17625.58	27709.12	26353.87	19946.40	21667.68	35357.59	34548.45
天津	15953.72	17376.76	25566.39	23323.78	18803.26	20677.46	33261.02	31617.82
河北	209203.38	225293.51	300904.81	253205.69	275221.08	298421.83	453983.38	441303.96

续表

地区	男				女			
	2019	2021	2035	2050	2019	2021	2035	2050
山西	93222.56	98748.19	133040.67	123407.00	120677.47	129688.70	203323.82	214705.15
内蒙古	60638.66	67012.24	104945.61	101638.01	68858.47	76310.77	133858.97	141635.57
辽宁	112810.73	123589.21	173609.26	142060.88	133491.07	146517.57	235440.91	212602.55
吉林	73702.37	81982.37	135047.91	135133.30	87199.37	96927.84	174658.69	197886.35
黑龙江	92184.56	102468.99	168484.20	180759.05	110735.87	124939.85	233317.47	289652.29
上海	18120.04	19513.50	29350.84	32506.01	25897.49	27294.41	39710.81	44394.43
江苏	240592.94	257153.87	314998.26	235130.86	335031.71	356497.59	496351.78	472681.26
浙江	162336.56	173022.18	229599.82	202552.91	204181.63	217147.25	322249.44	324915.51
安徽	228033.11	237758.97	293576.75	258654.07	301196.32	319949.87	440478.52	486314.10
福建	90696.62	96587.54	136758.47	140172.53	119056.24	126814.27	198544.56	234699.16
江西	116444.80	124276.83	171819.04	182802.73	161595.68	173126.91	266686.97	326439.32
山东	318725.18	341038.73	452169.22	361873.31	449663.21	481270.51	709392.33	683465.46
河南	313134.61	332946.01	428572.19	368207.54	457980.52	495178.89	736541.10	797073.17
湖北	181617.19	194880.55	271681.96	231388.45	234402.54	252767.65	384003.62	382959.68
湖南	250923.79	266389.55	347785.07	328199.62	321592.94	342233.28	483932.64	522893.05
广东	172620.21	181715.00	245179.66	239885.08	252533.75	263939.41	379782.32	462756.64
广西	158354.83	166067.64	217617.44	227614.54	238966.26	253470.89	342771.16	397155.91
海南	24335.55	26074.72	40395.11	48511.47	36302.92	38353.40	55293.93	73079.02
重庆	122781.16	128354.32	131049.29	89651.83	146265.13	155795.00	187571.19	160279.88
四川	360792.79	379830.11	439869.07	371505.10	454815.85	484671.11	621101.13	616241.79
贵州	125445.76	131630.96	161194.01	152850.81	165737.84	176921.44	232260.27	247623.30
云南	125008.59	132767.09	196999.03	237446.55	172951.48	183278.41	269939.66	347144.81
西藏	6792.19	7106.89	11492.05	16082.86	10881.46	11558.99	17144.24	23985.71
陕西	112227.39	120591.77	173546.11	153278.26	144016.89	155845.91	237449.68	236086.05
甘肃	82079.64	86932.89	124395.66	110480.80	103358.40	110776.96	168492.47	185182.18
青海	9984.08	10564.36	16766.88	20065.65	13338.74	14215.15	21558.36	28988.23
宁夏	12214.12	13101.30	19758.65	21553.30	14609.46	15782.55	25224.76	30999.58
新疆	48516.51	51867.56	84674.27	109223.96	50596.76	54991.28	96812.23	140899.27

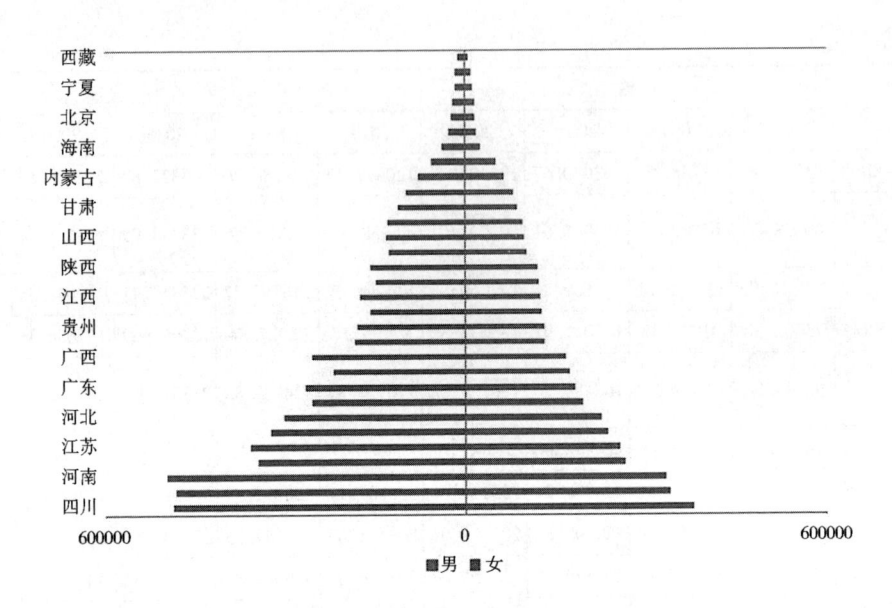

图 2-23　2019 年农村分地区分性别失能人口

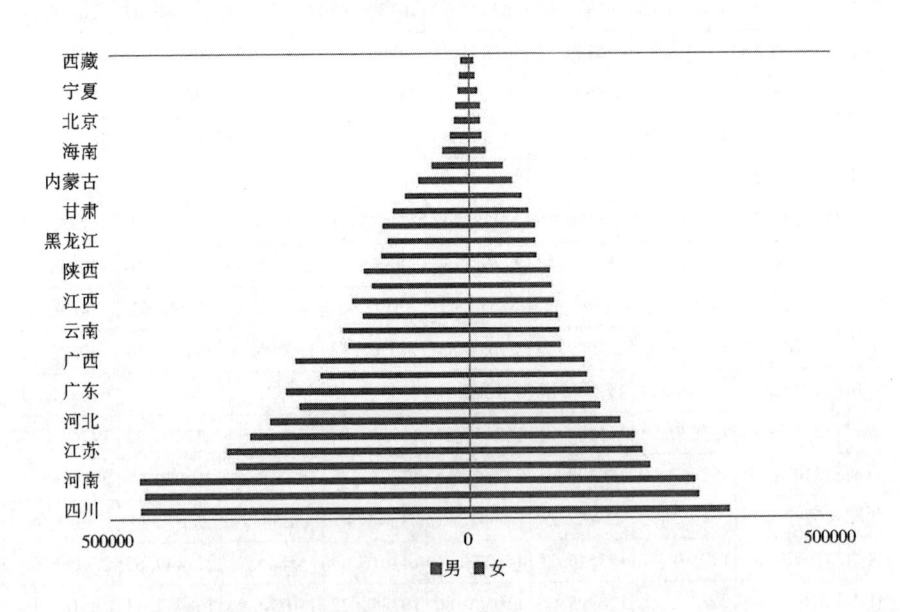

图 2-24　2021 年农村分地区分性别失能人口

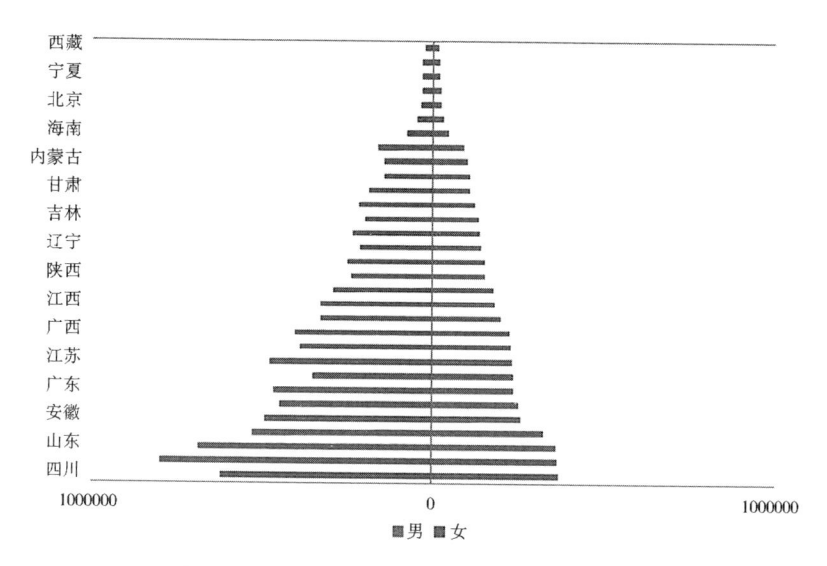

图 2-25　2035 年农村分地区分性别失能人口

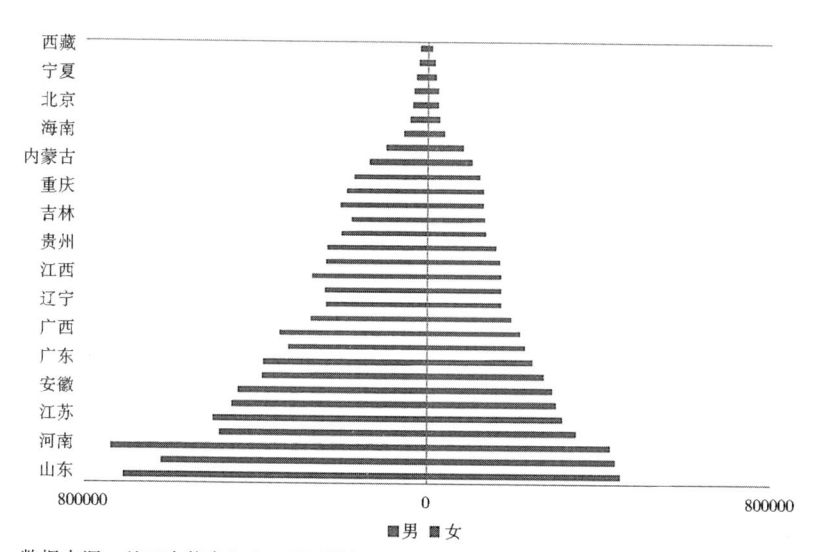

图 2-26　2050 年农村分地区分性别失能人口

数据来源：基于失能率和人口预测数据

二、农村未来失智老年人口状况

(一) 农村未来失智老年人人口总量

农村失智总人口也呈不断增加的趋势，总的失智人口将在 2043 年达到最大值 806.7 万后开始有所下降。具体见表 2-20 和图 2-27。

表 2-20 2019-2050 年农村的 65 岁以上总失智人口（单位：人）

年份	失智总人口	年份	失智总人口	年份	失智总人口
2019	4802149.01	2030	6336555.61	2041	7997836.43
2020	4982426.16	2031	6572491.66	2042	8057165.61
2021	5149303.8	2032	6733715.15	2043	8067451.51
2022	5303078.45	2033	6923088.11	2044	8000761.79
2023	5451680.83	2034	7174611.48	2045	7923617
2024	5537075.67	2035	7331226.06	2046	7868952.39
2025	5639617.87	2036	7477039.3	2047	7892942.14
2026	5728336.48	2037	7633853.5	2048	7826391.31
2027	5819919.46	2038	7741905.16	2049	7738321.77
2028	6028128.58	2039	7820176.69	2050	7664900.9
2029	6182358.47	2040	7902182.18		

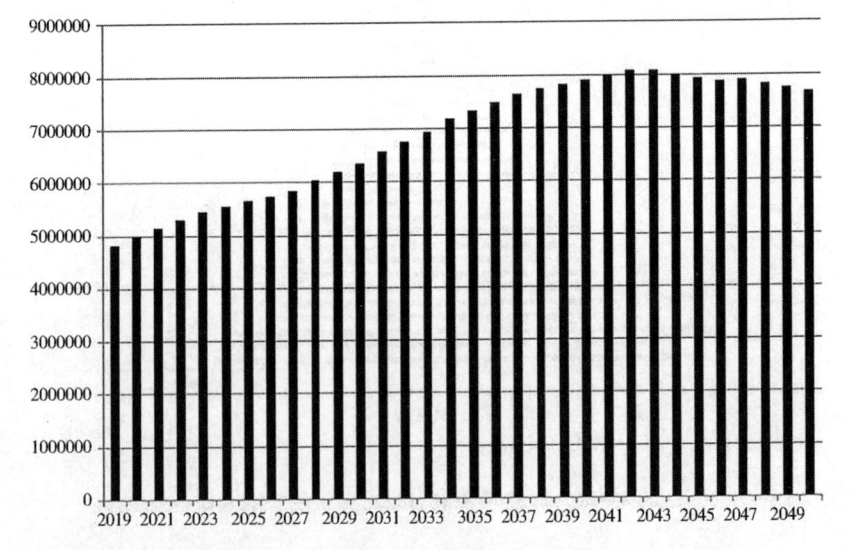

数据来源：基于失智率和人口预测数据

图 2-27 2019-2050 年农村 65 岁以上失智总人口（单位：人）

(二) 农村未来分年龄失智老年人口数量

总体来看，随着时间推移，农村总失智人口有所增加。但在具体年龄区间存在差异，在65—74岁老年人群体中失智人口先增加后下降，而在74-100岁老年人群体中失智人口逐步增加。同时，图2-28至图2-31的结果表明：一方面，随着时间推移女性老年人失智人口明显高于男性老年人失智人口；另一方面，失智人口的年龄分布趋势由"倒金字塔"形状逐渐向"椭圆形"转变，呈现中间高两头低的趋势。具体见表2-21。

表2-21 2019—2050年65以上农村分年龄段分性别的失智人口（单位：人）

年龄	男				女			
	2019	2021	2035	2050	2019	2021	2035	2050
65	40885.71	37435.97	47632.30	25362.43	87011.65	80048.51	108416.08	59866.69
66	77286.07	79961.14	89074.73	49542.58	164477.74	170979.13	202743.35	116942.66
67	58222.12	60485.88	73748.63	34469.88	123906.45	129335.61	167859.55	81364.34
68	76064.79	86479.10	92951.19	61760.44	161878.64	184916.34	211566.59	145782.28
69	68227.69	80308.61	95641.11	48995.00	145199.97	171722.14	217689.12	115650.14
70	45735.78	44605.79	61607.00	31560.36	129104.00	135920.65	197981.84	106196.19
71	112285.74	127022.77	164399.49	95493.39	107145.82	124417.64	178146.85	102498.31
72	133021.87	156356.51	234792.65	116420.53	119757.27	138588.31	235180.56	120162.05
73	54100.08	60056.97	79069.96	48556.75	108211.08	118238.88	175222.67	107048.08
74	125929.50	144274.24	101450.99	146793.41	36413.10	41249.64	34213.21	47397.74
75	85937.35	91351.77	90278.71	106152.08	101509.66	113703.21	121413.44	146053.01
76	52488.85	56520.05	56661.28	79535.06	96850.36	107449.13	113054.04	169181.79
77	81066.46	88541.84	120774.62	133785.71	84325.08	92426.46	137441.68	161663.22
78	107748.90	106272.74	181573.83	175108.59	65875.08	66164.11	120909.97	131681.43
79	84401.47	84163.39	134708.20	156435.19	116145.63	117303.13	209096.14	251555.10
80	39921.04	47114.01	79736.82	95205.81	123123.08	145789.80	268887.49	346211.65
81	65420.64	64742.03	114583.35	124802.88	124529.93	124715.30	245351.12	285340.93
82	56758.55	51332.57	97624.74	128066.06	52555.75	47557.64	100337.44	140162.87
83	52520.04	55858.35	94534.01	98052.41	91709.02	93407.75	176699.33	198897.26
84	63379.26	66915.78	100741.16	143463.66	99270.18	99435.98	165776.64	248801.30

续表

年龄	男				女			
	2019	2021	2035	2050	2019	2021	2035	2050
85	82590.09	88589.01	137501.94	189169.78	105155.83	109349.52	177556.33	265549.97
86	49189.81	48148.13	79303.51	102629.53	90502.83	89412.93	142073.67	213981.42
87	32064.01	34472.96	50901.94	88825.36	84220.79	89267.40	129806.97	250263.25
88	36244.34	43525.50	59423.38	81805.72	83110.50	97395.35	131430.23	206048.75
89	48878.89	47628.88	68007.33	51168.88	98701.69	95784.02	134593.52	118057.05
90	25733.73	28712.57	41124.15	43540.86	74195.90	81247.91	113897.26	130716.64
91	26802.14	29500.72	39284.56	39097.87	62834.06	69293.97	84642.99	92871.96
92	16160.80	16091.27	24436.10	36864.04	65831.93	66298.00	92228.56	149287.68
93	9168.86	11150.11	15120.33	26967.95	36578.27	43768.96	54317.22	104573.65
94	6287.67	6578.80	10356.64	16622.24	31134.77	32333.94	45781.37	81124.96
95	7693.79	7792.92	13582.10	24256.82	28208.58	28770.95	43625.50	84508.74
96	6832.23	7831.77	11162.70	24467.13	20023.93	23217.95	28917.70	68088.93
97	2577.81	2886.90	5258.58	9225.82	14959.29	17559.49	27089.22	52470.23
98	2881.84	2871.78	5427.78	10563.84	12147.64	12954.87	21260.53	43664.54
99	3421.18	3363.26	6593.24	10984.34	9503.14	9639.16	17671.36	30723.51
100	1700.60	2208.73	3931.06	7420.25	6410.69	8487.18	15346.38	27339.89

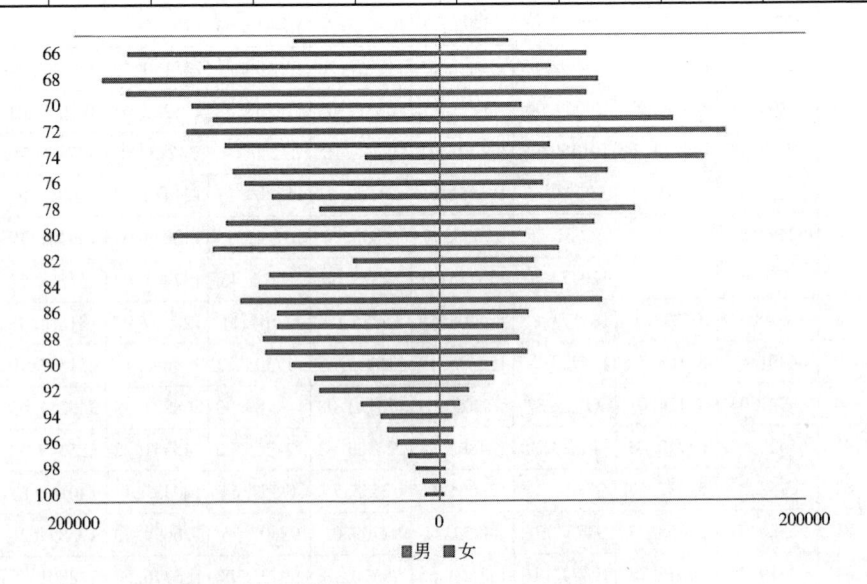

图 2-28 2019 年农村分年龄分性别失智人口

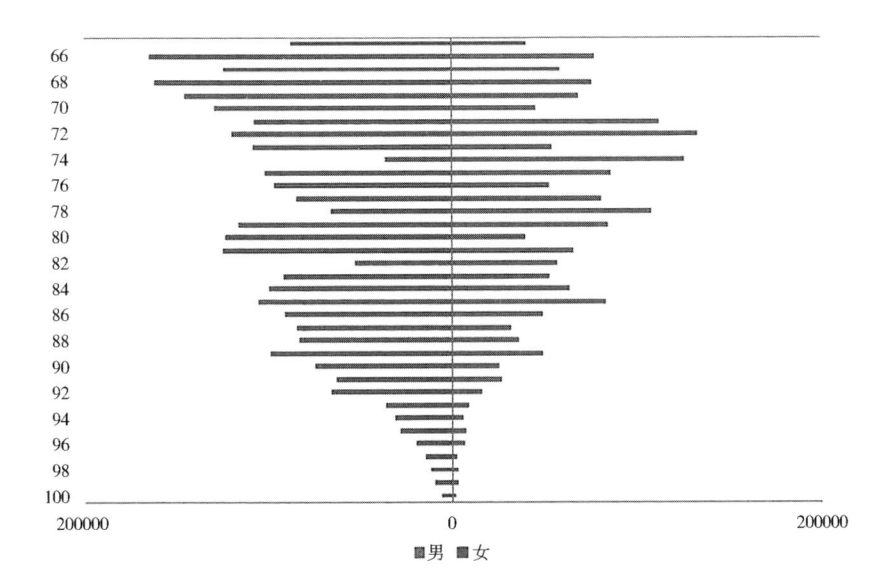

图 2-29　2021 年农村分年龄分性别失智人口

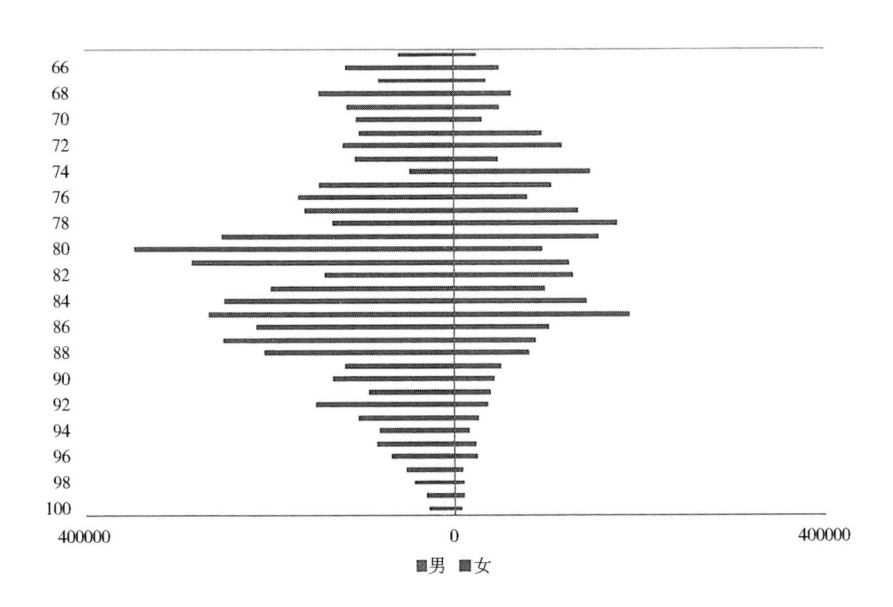

图 2-30　2035 年农村分年龄分性别失智人口

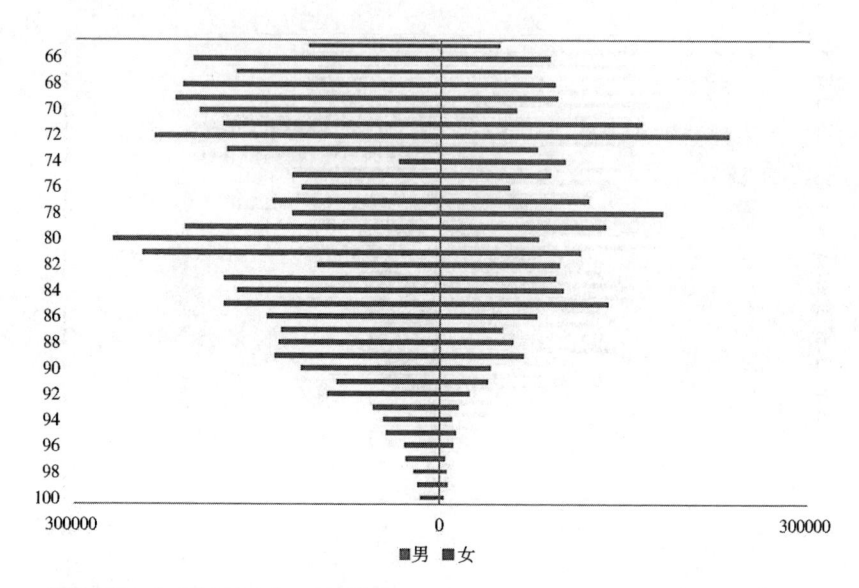

数据来源：基于失智率和人口预测数据

图 2-31　2050 年农村分年龄分性别失智人口

(三) 农村未来分地区失智老年人人口数量

总体来看，随着时间推移，地区失智人口分布保持稳定，失智人口靠前的四川、山东和河南等地仍保持在前列，失智人口较少的西藏、青海和宁夏等地仍保持在靠后的位置；同时，各地区中女性失智人口明显高于男性。具体来看，2035 年，山东省农村老年人失智人口为 21.8 万，西藏自治区为 5296.6 人，达到了地区差异最大值 21.3 万；2050 年，河南省女性失智老年人人口达到最大逾 46 万，四川省男性失智老年人人口达到最大逾 20 万；男性失智老年人总数排名前三的地区由 2019 年的四川、山东和河南变为 2050 年的四川、河南和山东；女性失智老年人总数排名前三的河南、山东和四川保持不变。具体见表 2-22 和图 32—35。

表 2-22　2019-2050 年 65 岁以上农村分地区分性别的失智人口（单位：人）

地区	男				女			
	2019	2021	2035	2050	2019	2021	2035	2050
北京	7295.54	7964.16	13151.28	13233.91	11057.94	12035.66	19329.53	19597.83
天津	7077.69	7865.04	12228.50	12074.46	10464.01	11436.39	18285.83	17753.36
河北	92435.94	100282.64	142019.44	125099.45	154177.77	166601.54	251327.04	250900.54
山西	42817.23	45727.45	62759.17	62516.70	67508.88	72934.08	112333.40	121039.57
内蒙古	27228.62	30034.46	49717.20	52292.55	38297.43	42674.29	72994.64	80197.57
辽宁	50974.10	56044.81	85115.95	76345.82	74660.13	81841.14	130181.82	121496.36
吉林	33521.67	37376.35	64697.94	72030.89	49240.20	54720.11	97573.83	114908.25
黑龙江	41712.07	46549.38	80511.98	95433.52	62529.43	70479.55	130772.77	168461.59
上海	8447.33	9111.13	14367.89	16730.64	14690.58	15573.44	22436.04	25560.40
江苏	112889.34	120048.26	153328.76	119986.29	189027.19	201403.03	280116.21	271107.36
浙江	76935.91	81347.62	112243.91	107384.84	115527.11	122280.43	179626.20	184197.74
安徽	108378.09	113254.80	136939.81	137737.40	170313.28	180550.92	253085.96	273021.83
福建	42383.19	45238.72	65229.93	72187.60	67850.75	72375.20	110078.10	132468.75
江西	53676.18	57321.21	80689.62	93167.32	91211.47	97508.50	148889.11	182553.30
山东	146348.77	157571.58	218406.50	188470.65	255721.65	273317.57	397766.56	394383.82
河南	144764.61	153690.17	205105.23	191824.77	261549.74	283156.80	420017.86	461679.94
湖北	84616.80	90281.83	129429.00	120693.20	130495.47	141161.92	213448.44	219256.11
湖南	119133.32	127461.39	166871.03	170951.09	183029.75	194415.24	275675.22	298300.50
广东	82108.84	85881.61	117280.40	121948.82	145795.07	153020.99	213178.97	266214.21
广西	76339.91	80722.29	105533.91	116804.39	137245.29	146340.89	198910.93	230475.07
海南	11922.81	12806.97	19548.59	25185.26	21389.34	22637.79	31881.29	43061.88
重庆	58112.90	62485.53	66330.51	49431.09	81604.05	87214.02	108622.77	89916.55
四川	168410.52	182336.35	216576.00	200621.77	255077.72	271892.71	357951.93	342356.39
贵州	58333.85	62733.51	76271.79	80536.42	91821.50	98507.19	132909.91	137662.26
云南	58436.61	62032.53	89561.54	120178.41	96371.54	102715.71	151941.54	192015.51
西藏	3271.41	3417.29	5296.57	7828.41	6202.01	6581.08	9875.18	13813.67
陕西	50883.64	55393.88	82103.34	78797.59	79428.02	86584.76	131948.56	134121.61

续表

地区	男				女			
	2019	2021	2035	2050	2019	2021	2035	2050
甘肃	37940.27	40587.57	56259.52	57734.74	56539.76	60836.06	95388.37	102692.01
青海	4512.42	4824.21	7270.64	10039.99	7343.84	7852.60	12216.09	15846.89
宁夏	5414.29	5917.79	8826.16	10747.09	7949.64	8604.59	13968.02	16793.03
新疆	23305.82	24842.29	39328.03	55157.16	28398.74	30896.78	55493.77	79874.32

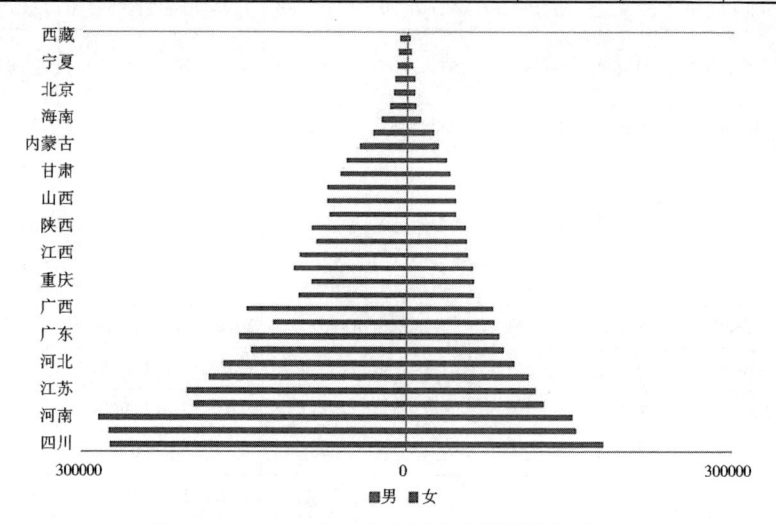

图 2-32　2019 年农村分地区分性别失智人口

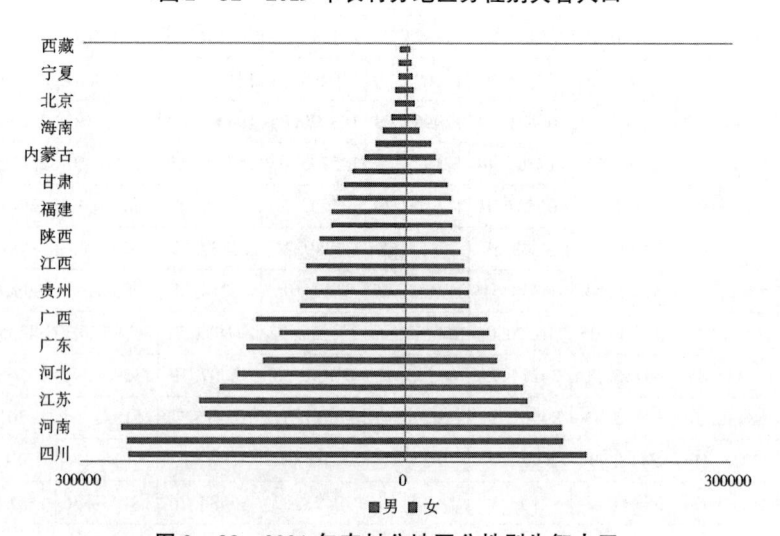

图 2-33　2021 年农村分地区分性别失智人口

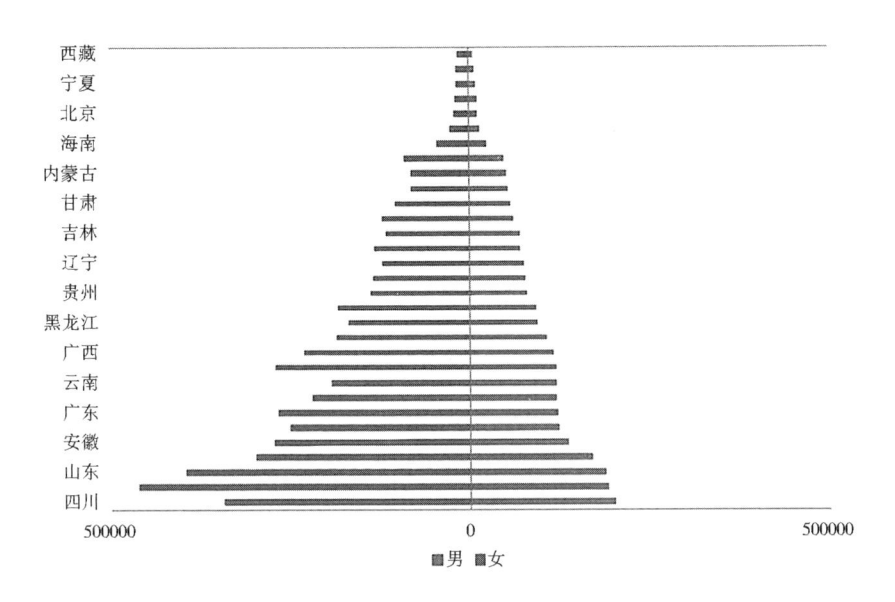

图 2-34　2035 年农村分地区分性别失智人口

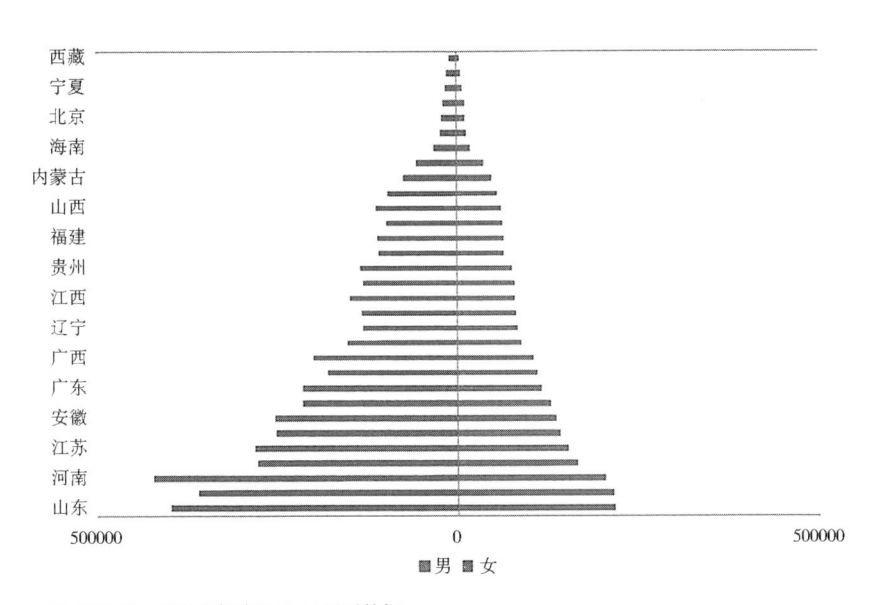

数据来源：基于失智率和人口预测数据

图 2-35　2050 年农村分地区分性别失智人口

第五节　城乡失能失智老年人人口状况比较分析

一、城乡失能老年人口比较分析

总体来看，随着时间推移，城镇失能总人口始终高于农村失能总人口。在增长趋势上，城镇失能总人口逐步增加，由2019年的1150万左右增加至2050年的3500万，农村失能总人口由2019年的920万左右先增加至2043的峰值1480万左右，后出现下降趋势，于2050年达到1390万左右，城镇失能总人口增长速度明显高于农村失能总人口。2050年达到最大时，城镇失能总人口约是农村失能总人口的2.5倍。具体见表2-23和图2-36。

表2-23　2019-2050年城乡的65岁以上失能总人口（单位：人）

年份	农村失能总人口	城镇失能总人口	年份	农村失能总人口	城镇失能总人口
2019	9205730.37	11509241.17	2035	13845051.85	24004573.72
2020	9517325.57	12183904.24	2036	14094525.62	24797071.95
2021	9841302.03	12831138.02	2037	14300409.39	25757208.64
2022	10130078.23	13507557.65	2038	14567872.79	26634561.26
2023	10358163.67	14180998.16	2039	14620500.42	27638176.70
2024	10492466.52	14675439.89	2040	14791315.92	28636651.75
2025	10628366.35	15051640.93	2041	14851682.19	29046296.86
2026	10735611.43	15498775.11	2042	14780367.35	29711007.99
2027	11036008.32	16151128.00	2043	14852637.69	30266116.32
2028	11518425.85	17221557.52	2044	14694057.61	31020264.76
2029	11902318.34	18272268.52	2045	14506414.58	31792053.56
2030	12229750.42	18954283.27	2046	14476160.85	32371933.69
2031	12537751.43	19680972.68	2047	14353731.74	33084404.76
2032	12799822.19	20769752.96	2048	14252520.57	33978540.36
2033	13019273.46	21824090.92	2049	14071743.10	34542625.68
2034	13339958.17	23029450.52	2050	13915729.44	35134053.29

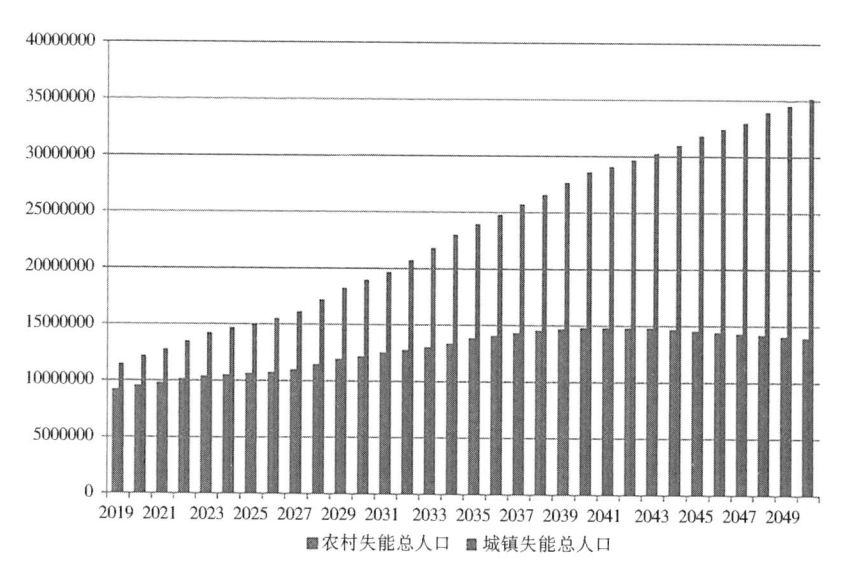

数据来源：基于城乡失能率和人口预测数据得

图 2-36　2019-2050 年城乡 65 岁以上失能总人口趋势（单位：人）

二、城乡失智老年人口比较分析

总体来看，随着时间推移，农村和城镇失智总人口都有所增长，农村失智总人口始终高于城镇失智总人口，城镇失智总人口增长速度明显高于农村失智总人口增长速度（为何会出现这两种情况？要做进一步深层次分析，比如社会的、经济的、生理的等原因）。具体来看，农村失智总人口整体呈现增加趋势，从 2019 年 480 万人增加至 2043 年的峰值 800 万左右，后于 2044 年出现下降；城镇失智总人口呈现稳步增加趋势，由 2019 年 180 万人增加至 2050 年的 651 万人。具体见表 2-24 和图 2-37。

表 2-24　2019-2050 年城乡的 65 岁以上失智总人口（单位：人）

年份	农村失智总人口	城镇失智总人口	年份	农村失智总人口	城镇失智总人口
2019	4802149.01	1797047.75	2035	7331226.06	3845856.60
2020	4982426.16	1897732.62	2036	7477039.30	3967590.48
2021	5149303.80	2024276.50	2037	7633853.50	4312050.50
2022	5303078.45	2136621.51	2038	7741905.16	4492864.05
2023	5451680.83	2260714.05	2039	7820176.69	4635692.43

续表

年份	农村失智总人口	城镇失智总人口	年份	农村失智总人口	城镇失智总人口
2024	5537075.67	2397463.92	2040	7902182.18	4780426.46
2025	5639617.87	2494210.78	2041	7997836.43	4918142.77
2026	5728336.48	2604135.89	2042	8057165.61	5207176.06
2027	5819919.46	2741308.35	2043	8067451.51	5461460.83
2028	6028128.58	2814174.84	2044	8000761.79	5605539.16
2029	6182358.47	2971387.53	2045	7923617.00	5799060.94
2030	6336555.61	3080655.68	2046	7868952.39	5827004.19
2031	6572491.66	3247946.24	2047	7892942.14	5996523.27
2032	6733715.15	3517756.14	2048	7826391.31	6193048.04
2033	6923088.11	3661701.78	2049	7738321.77	6347277.97
2034	7174611.48	3747440.51	2050	7664900.90	6512292.85

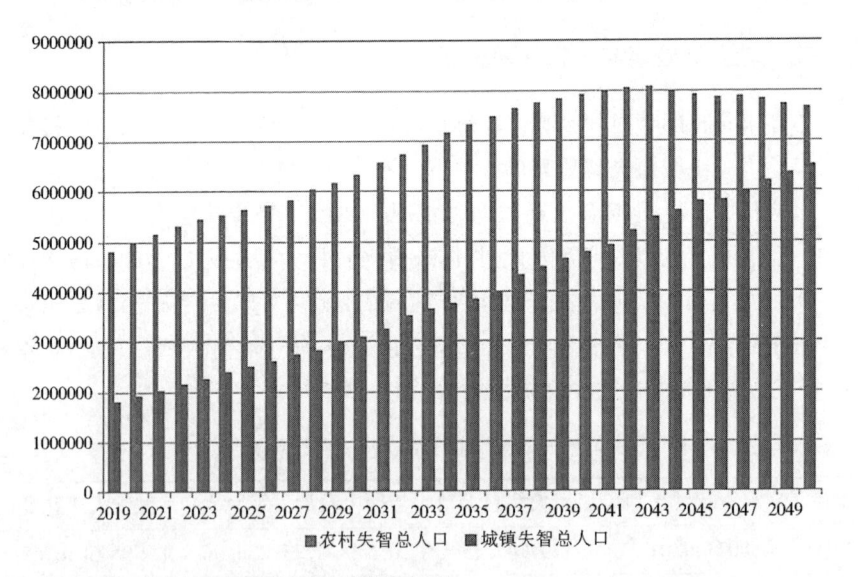

数据来源：基于城乡失智率和人口预测数据得

图 2-37　2019—2050 年城乡 65 岁以上失智总人口趋势（单位：人）

第三章 农村失能老人子女照护需求、照护冲突与调适

从农村养老服务体系建设的角度看，农村特殊困难老年人，不仅包括失能的老年人，还包括失智的老年人以及身体残疾和经济困顿的老年人。随着人口老龄化的加速发展，以及人口老龄化城乡倒置的特点在相当长的时间内难以实现顺利转变，因此，农村失能老年人是一个特别值得关注的群体。长期以来，农村老年人的养老服务模式，是在传统孝道文化支持下通过家庭养老的方式，实现老年人的可持续生计。本章将在前文定量估计农村失能、失智老年人数量与结构分布的基础上，基于"孝道与生计"的分析框架，利用民政部"托底性民生保障政策支持系统建设"项目农村照护依赖老年人调查数据、国家统计局"中国农民工监测调查数据"、国家卫生健康委员会"中国流动人口动态监测调查数据"等其他相关数据，探讨农村老年人的传统照护需求、照护冲突以及调适策略。

第一节 研究背景、文献回顾与研究思路

一、研究背景

人口老龄化是当前和未来一段时期我国的重要国情之一，我国的人口老龄化具有老年人口总量大、老龄化速度快、高龄化、城乡倒置、地区不平衡、未富先老与未备先老等特征。截至2019年年底，我国60岁以上人口总量达到2.54亿人，占总人口的比重为18.1%；65岁以上人口为1.76亿人，占总人口的12.6%。[1] 未来一段时期是我国人口快速老龄化的加速发展期，有专家预

---

[1] 数据来源：《2019年国民经济和社会发展统计公报》，http://www.stats.gov.cn/tjsj/zxfb/202002/t20200228_1728913.html。

测，2035 年 65 岁以上老年人口将达 3.26 亿，占比为 22.8%；2050 年突破 4 亿，占比达 29.3%，进入全球老龄化最严重的国家行列。高龄老人数量也将快速增长，80 岁及以上高龄老年人口将由 2035 年的 7663 万快速增至 2050 年的 1.4 亿（贺丹、刘厚莲，2019）。高龄老人具有患病率高、失能率高、精神脆弱等身心特点，意味着对养老服务的供给难度更大。

由于农村剩余劳动力转移和进城务工人口的增多，农村老龄化程度日益加深，人口老龄化呈现城乡倒置状态。根据学者的研究，农村人口老龄化程度将不断提高，60 岁及以上农村人口在 2020 年左右达到 1.23 亿，2030 年左右达到 1.49 亿，2034 年左右达到 1.54 亿的峰值（林宝，2015）。农村失能老年人数量也在日益增长，农村老年人的失能情况更加堪忧。农村老年人一旦失能，将给家庭和社会带来更大的养老和照护压力。潘金洪等（2012）依据"六普"数据对城乡失能老人的规模进行了测算，发现我国失能老人的规模为 522 万人，老年人总体失能率为 2.95%，农村地区老人失能概率大约为 3.33%，高于城镇地区近 1 个百分点。而张文娟、魏蒙（2015）的研究也表明，农村老人的失能概率明显高于城市老人。

家庭养老是农村养老的重要方式，绝大多数农村老年人由家庭提供养老服务和照护服务。与城市相比，农村经济发展和农民收入水平还相对滞后，农村家庭养老照护压力更大。特别是农村众多成年子女为了生计不得不外出务工，子女照护困难重重。如何平衡农村子女照护与生计的关系，成为人口老龄化背景下农村经济社会发展过程中的一项重要任务。

二、文献回顾

在人口老龄化快速行进的背景下，越来越多的专家学者积极关注老年保障与养老服务体系建设。一些学者对农村失能老人照护进行了有益的研究，为完善养老服务体系提供了积极参考。

失能老年人照护可以分为正式照护与非正式照护两大部分，其中正式照护主要是指社会化照护，非正式照护主要是指家庭照护。有学者的研究表明，子代（包括儿子、儿媳、女儿、女婿）仍旧是多数失能老人照护的主要提供者，其中儿子所起的照护作用最大（刘二鹏、张奇林，2018）。90% 以上的失能老人主要依靠家庭照护，社会化照护形式较少（苏群、彭斌霞、陈杰，2015）。失能老人非正式照护利用率居高不下，呈现明显的地区差异特征（谷应雯、尚越，2021）。一些学者研究了失能老人家庭照护与社会照护的关系，并得出不同的结论。有学者认为，社会照护并不能对缺位的家庭照护起到补充作用，更不会起到替代作用，两者呈现一种非此即彼的"无关系"（张娜，2018）。由于功能定位不同，非正式照护无法完全替代正式照护，尤其对重度失能老人，两类照护需求均较大（谷应雯、尚越，2021）。也有学者持不同的观点，认为正式照护利用率水平维持在低位，对非正式照护产生明显的替代效应（张瑞利、林闽钢，2018）。无论如何，学者们均强调了失能老人家庭照护的重要性。

在现实中，失能老人家庭照护存在诸多问题与困境。有学者重点关了注失能老人照护带来的压力，有些家庭照护者需要分担失能老年人的医疗和养老等直接经济费用，易产生支出型经济贫困；有些家庭照护者需辞职照护失能老人从而失去收入来源，降低了整个家庭应对经济风险的能力，形成恶性循环（闫萍，2019）。有学者认为老人的失能等级对照护者压力的影响作用最强；照护者人力资源、生计活动是影响照护者压力的重要因素；而老人其他子女资源、社区资源与家庭经济资源对缓解照护者压力的影响作用较小（熊吉峰，2014）。有学者通过调查发现，照护者的消极感受比较明显，年龄、投入时间、积极体验、照护自评、失能老人需要的照护多、经济压力大是影响消极感受的主要因素（赵怀娟、罗单凤，2015）。

在农村失能老人照护的对策方面，有学者认为，强化对失能老人家庭照护成本的分担、完善长期护理保险制度是化解失能老人照护危机的政策选择（刘二鹏、张奇林，2018）。有学者提出了失能老人"类家庭"照护模式（张明锁、杜远征，2014）。有学者提出了以家庭友好型政策支持、信息和组织平台构建支持、整合照护服务支持和法律支持为框架的失能老人家庭照护者社会支持体系（闫萍，2019；陆杰华、沙迪，2018）。有学者认为，应该为居家失能老人发放失能和护理补贴，支持家庭照护人员，为长期从事家庭照护者提供一定的照护津贴（高利平，2015）。

以上相关学者的研究都认识到家庭照护在失能老人照护中的重要作用，分析了家庭照护与社会化照护的关系，重点分析了失能老人家庭照护存在的问题与困境，提出了促进失能老人照护的对策建议，为满足失能老人的照护需求、促进失能老人照护体系的完善提供了重要参考。但是，现有研究在一些方面还存在不足：一是失能老人照护的整体性研究较多，而对农村失能老人照护研究相对较少,而农村失能老人的照护问题显得更加紧迫,值得进一步加强研究。二是对农村失能老人家庭照护需求的把握尚未完全到位,不利于农村失能老人家庭照护体系的完善。三是对失能老人家庭照护的整体分析较多,而对家庭照护中的子女照护问题的专门研究不足,或者将家庭照护等同于子女照护,影响研究的精准性。四是提出的对策建议在精准性、具体性、可操作性方面还有待进一步加强。此外,现有研究大多数缺乏理论指导,主要基于相关调查数据进行事实分析,理论依据不够充分。因此,本研究主要聚焦农村失能老人照护中的子女照护问题进行研究,探讨农村家庭子女照护与生计维持的关系,分析照护失能老人对子女生计的影响,提出促进子女照护老人与生计维持的平衡策略,在促进农村失能老人照护的同时,避免对子女生计产生过多的负面影响。

三、研究思路

（一）分析框架

关于孝的含义,《尔雅·释训》解释为"善事父母为孝"。《论语·为政》记载:"今之孝者,是谓能养。至于犬马,皆能有养;不敬,何以别乎?"养老是孝道的核心内容之一。在儒家孝文化中,"孝"由养亲、敬亲、谏亲和全体、贵生等多重内涵构成（曾振宇,2000）。孝道是一套子女以父母为对象的社会态度和社会行为的组合,包括认知、情感、意志和行为四个方面（汪凤炎、郑红,2013）。孝道主要包括敬爱双亲、顺从双亲、谏亲以理、事亲以礼等15项内容（杨国枢等,1989）。孝道的文化本质是孝道观念系统所决定的孝行规则,是主观见之于客观的思维和行为方式,是孝心、孝道意识向孝行实践、孝行结果转化的指令（王向清、杨真真,2017）。

生计是建立在能力、资产和活动基础之上的谋生方式。农村生计的来源主要包括在本地或外地务农、务工、经商等途径,其中,外出务工是农民生计的重要来源渠道。根据农民工监测调查数据,2019年农民工总量达到29077万人,比上年增加241万人。[1] 大量农村劳动力外出务工,增加了家庭的收入和生计资本,在一定程度上增强了家庭养老的经济能力。但是,大量农村劳动力外出务工对于养老照护来说却是一个较大的挑战,往往面临生计与孝道的失

---

[1] 国家统计局:《2019年农民工监测调查报告》,http://www.stats.gov.cn/tjsj/zxfb/202004/t20200430_1742724.html。

衡或冲突。

本研究通过"孝道"与"生计"的结合，分析二者的关系及其在现实中的表现，突出分析"孝道"与"生计"的矛盾与冲突，提出平衡"孝道中的生计"与"生计中的孝道"的具体策略，实现"孝道"与"生计"的兼顾。如何实现这一理想目标，需要基于现代家庭职能，充分发挥子女的养老作用，积极履行代际照护责任（孝道）。同时，政府、社会与家庭（子女）共同发力，加强对子女照护的支持与能力提升，实现家庭照护与社会照护并举与互补，共同为农村失能老人提供优质可及的照护服务，满足农村失能老年人的照护需求。

（二）数据来源

本研究的数据来源主要包括民政部"托底性民生保障政策支持系统建设"项目农村照护依赖老年人调查数据，同时参考国家统计局"中国农民工监测调查数据"、国家卫生健康委员会"中国流动人口动态监测调查数据"等其它相关数据。其中，农村照护依赖老年人调查数据包括老年人及家庭基本信息、健康与照护需求、家庭照护提供情况、主要家庭照护者情况等内容。

根据研究需要，我们对农村照护依赖老年人调查数据进行了筛选。首先，根据问卷中"前置模块：失能失智筛选"的评估数据，将"能力完好"的老人排除。其次，依据主要家庭照护者情况，选择照护者为子女的老年人样本。再次，进行逻辑性筛选验证，根据老人的居住地点，除了11人选择其他，其余样本均为居家养老，因此将此11个样本进行删除。对在世儿子与女儿的数量相加后发现，仍有10人的子女数量为0，因不符合逻辑，将这些样本进行了剔除。

第二节 农村失能老人的群体特征及家庭照护需求

一、农村失能老人的群体特征

失能老人是指由于身体、心理及精神等原因所导致的生活不能自理（包括完全不能自理和部分不能自理），社会交往功能部分或全部丧失，需要外部主体或家庭支持的60岁以上老年人。老年人能力的内容包括日常生活活动、精神状态、感知觉与沟通、社会参与等方面。农村照护依赖老年人调查数据通过对老年人精神状态、认知状态、日常生活活动、感知觉与沟通、社会参与等方面进行了失能失智筛选。

（一）样本特征

本次调查的地点集中在山东和浙江省的部分农村，经筛选后的有效样本数量为1297个，均为居家养老中由子女照护的失能和半失能的农村老年人。

（1）在样本分布方面，此次调查的样本主要集中在山东省和浙江省的相关地区，具体分布为常山135人，占10.4%；即墨259人，占20%；胶州235人，占18.1%；莱西229人，占17.7%；平度292人，占22.5%；桐庐147人，占11.3%。

（2）在性别方面，其中男性有462人，占据总数的35.6%，女性有835人，占64.4%人，女性失能老年人样本相对较多。

（3）在民族方面，只有7人为少数民族，其余99.5%的样本均为汉族。

（4）在受教育程度方面，不识字的947人，占73.0%；上过私塾或扫盲班的45人，占3.5%；小学的有239人，占18.4%；高中17人，占1.3%；大专以上的3人，仅占0.2%。可以看出，调查地区失能老年人的文化程度相对较低，小学以下占总人数的94.9%，初中以上的只有5.1%。

（5）在婚姻状况方面，59.1%的老人已经丧偶，1.2%的老人为同居，0.2%的老人从未结婚，39.6%的老人已婚有配偶。需要注意的是，从未结婚却有子女的为领养子女。

（6）在世子女或养子女数量方面，最大值为8，最小值为1，均值为3.28。10.1%的老人仅有一个子女，22.2%的老人有两个子女，有三个子女的人数最多，占29.3%，有4个子女的占18.6%，5个的占12.0%，6个以上的占7.8%。

（7）从居住状态来看，有56.0%的人和子女共同居住，25.4%处于独居状态，24.7%与配偶及伴侣居住，0.5%的老年人与父母居住，0.4%的老年人与其他关系的人居住（见表3-1）。

表 3-1 样本特征

变量	频数	比例（%）	变量	频数	比例（%）
性别			子女数量		
男	462	35.6	1	131	10.1
女	935	64.4	2	288	22.2
民族			3	380	29.3
汉族	1290	99.5	4	241	18.6
少数民族	7	0.5	5	155	12.0
受教育程度			≥6	102	7.8
不识字	947	73.0	居住状态		
私塾/扫盲班	45	3.5	独居	330	25.4
小学	239	18.4	与配偶/伴侣居住	321	24.7
初中	46	3.5	与子女居住	726	56.0
高中/中专/技校	17	1.3	与父母居住	7	0.5
大专及以上	3	0.2	与其他关系的人居住	6	0.4
居住地区			同吃同住人数		
常山	135	10.4	0	11	1.1
即墨	259	20.0	1	54	5.6
胶州	235	18.1	2	369	38.2
莱西	229	17.7	3	278	28.7
平度	292	22.5	4	150	15.5
桐庐	147	11.3	5	72	7.4
婚姻状况			6~9	33	3.4
已婚有配偶	513	39.6			
同居	15	1.2			
丧偶	766	59.1			
从未结婚	3	0.2			

注：部分项目有缺失值

(二) 收支情况

1. 收入状况

个人收入。失能老人过去一年的个人收入平均值为 4458.74 元，普遍偏低。有 24.9% 的老人全年无收入，有 32.9% 的老人年收入在 1~1000 元之间，有 19% 的老人年收入为 1001~5000 元，19% 的老人年收入为 5001~10000 元，10000 元以上的只有 3.9%。

家庭收入。过去一年家庭总收入平均值为 12630.88 元，46.8% 的家庭去年无收入。依据"全国居民五等份收入分组"划分的家庭收入等级，66.0% 的家庭都是低收入水平。从失能老人家庭收入的类型来看，有 73.6% 的家庭为普通户、10.5% 的特困户、16.7% 低保户、3.3% 的低保边缘户/低收入户和 1.2% 的建档立卡户。有 41.9% 的家庭比较困难，37.1% 的家庭大致够用，16.9% 的家庭很困难，认为很宽裕或比较宽裕的只有 0.2% 和 3.9%。

无论从个人收入，还是家庭收入，由子女照护的农村失能老年人的经济收入情况较差。

2. 支出状况

失能老人入不敷出，过去一年的个人支出均值为 9157.84 元，大约是个人年收入均值的两倍，大多数处于入不敷出的状态。从各项个人支出的费用来看，过去一年日常生活消费、医疗消费和养老相关服务支出的均值分别为 2282.45 元、7427.67 元、481.29 元。可以看出，失能老人的医疗支出最大，医疗支出中自付费用的平均值为 4310.31 元，占医疗支出的一半以上，自付比例较高；有 43.3% 的老人所有的医疗消费全部为自费，只有 11.0% 的老人无医疗自付费用。

(三) 健康状况

失能老人的健康状况较差，无论是身体健康还是心理健康，都存在不少问题，意味着较大的照护需求和照护压力。

1. 慢性病患病情况

失能半失能老人的慢性病病患较多，这也是导致医疗支出压力和照护压力的重要因素。从失能老人患慢性病的具体病种来看，有 61.2% 的老人患有高血压，59.2% 的老人患有心血管疾病，42.9% 的老人患有骨关节病，36.5% 的老人患有老年痴呆症，26.1%的老人患有糖尿病，11.8%患有慢性肺部疾病，9.8%患有胃病，7.4%患有帕金森，2.2%患有癌症/恶性肿瘤和生殖系统疾病，8.7%的老人患有其他慢性疾病（见表3-2）。其中，前三位分别为高血压、心血管疾病、骨关节病。

从患慢性病种类数量来看，1.1%的老人没有患慢性病，16.6%的老人患有1种慢性疾病，29.4的老人患有2种，29.8%老人患有3种，16.8%的老人患有4种，5.0%的老人患有5种，有0.7%的老人患有6种，0.7%的老人患有7种。失能和半失能老人患慢性疾病的数量均值为2.66种，98.9%的老人至少患有1种慢性疾病，同时患3种慢性疾病的人数最多。

表3-2 患慢性疾病的情况

疾病种类	频数	比例（%）
高血压	794	61.2
心血管疾病	768	59.2
骨关节病	557	42.9
老年痴呆	473	36.5
糖尿病	339	26.1
慢性肺部疾病	153	11.8
胃病	127	9.8
其他慢性疾病	113	8.7
帕金森	96	7.4
癌症/恶性肿瘤和生殖系统疾病	29	2.2

2. 心理健康状况

失能老人的心理健康状况不容乐观，意味着精神慰藉需求较大。根据老人的自评结果，认为心理健康状况一般的人数最多，占49.9%，1.2%的老人认为心情非常好，16.0%的老人认为心情比较好，认为比较差的占24.8%，8.1%的老人认为非常差。自评心理健康状态比较差和非常差的人数多于比较好和非常好的人数。

从积极的心理状况来看，近一周从未觉得日子过得不错的老人人数最多，占37.5%，很少觉得日子过得不错的有19.2%，30.3%的常认为过得不错，总是如此认为的占13.0%。其次,从未觉得很快乐的老人占37.7%,人数最多。20.9%的老人很少认为快乐,25.6%的老人常认为快乐,15.8%的老人总是体会到快乐。因此可以看出失能老人的积极心理感受较少,认为从未感到日子不错和快乐的人数最多,总是快乐的人数最少。

从消极的心理状况来看,有31.4%的人从未感到心情很不好,26.6%的老人很少感到心情很不好,常常如此认为的人数最多,占32.1%。总是心情很不好的有9.9%。其次,一周内从未感到很伤心的人数占37.7%,人数最多。17.9%的老人很少觉得很伤心,29.8%常觉得很伤心,14.6%总是很伤心。可以看出总是拥有消极心理的人数最少,从未感到和常常感到很消极的人数较多。

从对身边人对自己的态度感受来看,首先39.9%的老人从未认为身边人不友善,人数最多。21.2%的老人很少觉得身边人不友善,常常如此认为的有28.7%,认为不友善的有10.2%。其次,从未认为身边人不喜欢自己的人数最多,占42.6%,很少认为身边人不喜欢自己的有19.0%,26.9%的人常常认为身边人不喜欢自己,11.4%的人总是认为如此。因此可以看出,从未觉得身边对自己的态度不好的人数最多,总是如此认为的人数最少。

从做事情的能力感受方面,首先常常感到做任何事都吃力的占30.9%,人数最多。29.5%的人从未感受到做任何事情都很吃力,14.8%的人很少觉得吃力,总是认为吃力的有24.7%。其次,从未觉得提不起劲来做事的人最多,占35.1%。很少觉得提不起劲做事的有17.3%,31.2%的老人常有这种感受,总是如此认为的有16.3%。因此可以看出从未觉得和常常感觉力不从心的人数都比较多,很少如此认为的人数最少。

此外,有40.2%的人从未觉得因为没有得到陪伴而感到很寂寞,人数最多。14.9%的人很少觉得寂寞,30.3%的人常常感到寂寞,总是有此感觉的占14.6%。29.7%的人总是睡不好觉,14.4%的人很少睡不好觉,常常有此现象的占34.6%,人数最多。21.3%的人总是睡眠不好(见表3-3)。

表 3-3 失能老人过去一周的心理状况

	没有		很少 (1-2 天)		常有 (3-4 天)		总是 (5-7 天)	
	频数	比例 (%)	频数	比例 (%)	频数	比例 (%)	频数	比例 (%)
觉得日子过得不错	487	37.5	249	19.2	393	30.3	168	13.0
觉得很快乐	489	37.7	271	20.9	332	25.6	205	15.8
感到心情很不好	407	31.4	345	26.6	416	32.1	129	9.9
觉得很伤心	489	37.7	232	17.9	386	29.8	190	14.6
觉得身边的人不友善	518	39.9	275	21.2	372	28.7	132	10.2
觉得身边的人不喜欢我	553	42.6	247	19.0	349	26.9	148	11.4
觉得很寂寞（没伴）	522	40.2	193	14.9	393	30.3	189	14.6
觉得做任何事都很吃力	383	29.5	192	14.8	401	30.9	321	24.7
提不起劲来做事	455	35.1	225	17.3	405	31.2	212	16.3
睡不好觉	385	29.7	187	14.4	449	34.6	276	21.3

二、农村失能老人的家庭照护需求

从农村失能老人的需求来看，有 82% 的老人需要基本生活照护服务，76.7% 的老人需要用餐服务，81.1% 的老人需要医疗护理服务，81.3% 的老人需要精神慰藉服务。具体来看，在进食方面，40.8% 的老人认为部分需要需求的稍多，39.8% 的失能老人需要完全由他人喂食。在洗澡方面，有 31.8% 的老人洗澡时某一部位需要帮助，而需要帮助清洗两个部位以上的老人占57.8%，超过半数。在穿衣方面，有 26.4% 的老人能够找到并穿上衣服，但是不能自己穿鞋，59.7% 的老人需要他人帮助找衣或穿衣。在如厕方面，有39.9% 的老人能自己料理，但需要他人的部分帮助，49.3% 的老人卧床不起，只能由他人帮助使用便盆等。在室内活动方面，有 42.1% 的老人需要帮助，44.9% 的老人卧床不起。在大小便控制方面，有 48.5% 的老人偶尔或有时失禁，有 29.6% 的老人需要导管等协助控制或不能控制。可见，这些失能老人的照护需求项目均有 80% 以上需要不同程度的帮助，对于照护的需求较大，需求的内容比较全面（见表 3-4）。在需求持续的时间来看，六项日常生活活动情况也很相似，六项活动所需帮助的持续时长均值都在 70 个月左右，最长的为进食和大小便控制，分别为 71.33 和 71.04 月。最短的为室内活动，均值为 66.4 月。可以看出，凡是需要任何一项帮助的失能老年人，其需要帮助的持续时长已经达到了 6 年左右。

表 3-4　失能老人的照护需求

		进食	洗澡	穿衣	如厕	室内活动	大小便控制
无需帮助	频数	259	135	181	140	169	284
	比例（%）	20.0	10.4	14.0	10.8	13.0	21.9
部分需要	频数	529	412	342	517	546	629
	比例（%）	40.8	31.8	26.4	39.9	42.1	48.5
完全需要	频数	509	750	774	640	582	384
	比例（%）	39.2	57.8	59.7	49.3	44.9	29.6

注：各项需求满足人数的比例为有效百分比，基数为需要相关照料的人数

第三节　生计中的孝道：农村失能老人子女照护现状

一、农村失能老人子女照护者特征

农村失能老年人子女照护者的特征，主要体现在性别、年龄、就业、健康状况等人口学特征方面。

在性别方面，有 754 人是男性，占 58.1%，543 人是女性，占 41.9%。可见，儿子照护者比例大于女儿照护者。

在年龄方面，照护者的平均年龄为 56.7 岁，子女照护者的年龄相对偏高，从年龄段来看，21~40 岁的 64 人，占 4.9%；41~60 岁的 743 人，占 65.1%；61~80 岁的 460 人，占 27.7%；80 岁以上的 30 人，占 2.3%。

在就业方面，585 人为全职务农，占 45.1%；95 人为非农就业，占 7.3%；66 人为兼业（农和非农），占 5.1%；100 人为离/退休，占 7.7%；443 人无业，占 34.2%；8 人是其他，占 0.6%，可见，全职务农和无业状态较多，二者合计占 79.3%。

在是否因为照料老人而无法外出务工的方面，有 886 人表示"是"，占

68.3%；411 人表示否定"否"，占 31.7%，大部分人因为照护老人而放弃外出务工。可以看出，照护失能老人对子女生计的影响比较大。

在健康状况方面，40 人表示非常好，占 3.1%；446 人表示比较好，占 34.4%；632 人表示一般，占 48.7%；149 人表示不太好，占 11.5%；30 人表示非常差，占 2.3%。可以看出，大部分子女照护者身体健康一般。

二、农村失能老人子女照护状况

（一）照护意愿

在子女照护的意愿方面，有 58.7% 老人认为子女愿意提供照护，有 27.0% 的老人认为子女在提供照护时力不从心，只有 6.5% 的子女照护者表现出不情愿或者不耐烦的情绪。可以看出，绝大部分的子女照护失能老人的意愿较为强烈。

（二）照护内容

主要包括基本生活照护服务、用餐服务、医疗护理服务及精神慰藉服务。具体来看，在照护人是否提供了基本生活照护方面，有 1149 人表示提供了，占 88.6%；148 人表示否定，占 11.4%。在医疗护理照护方面，625 人表示提供了，占比 48.2%；672 人表示否定，占 51.8%。在精神慰藉照护方面，499 人表示提供了，占比 38.5%；有 798 人表示否定，占比 61.5%。可见，子女在照护过程中提供最多的是基本生活照护，对医疗护理的提供次之，而提供精神慰藉的最少。

（三）照护时长

在照护时长方面，每天用于照护被评估者的平均时间是 7.65 个小时，其中照护 6 个小时的人数最多。从每天照护时长的区间来看，5 小时以下的 552 人，占 40.2%；6－10 小时的 450 人，占 34.7%；11－15 小时的 244 人，占 18.9%；16－20 小时的 79 人，占 6%；21 小时以上的 2 人，占 0.2%。

（四）照护支出

一周内照护所支付的如人工、物品等直接费用的平均值为 1067 元，有大约 40% 左右的人的照护成本分别居中在 0－250 元和 250－500 元之间。花销在

500~750元之间的仅有2.8%的人,4.9%的老人照护成本超过750元。有87.0%的老人的照护费用都是由照护者,即子女及其配偶来承担,有9.9%的老人自己承担,有1.2%的老人由配偶承担,有0.6%的老人由国家或集体承担。

(五) 照护满意度

总体来看,由子女照护的农村失能老人在日常活动方面,有37.5%的人认为基本能满足,25.9%的人认为比较能满足,25.4%的人认为不太能满足,只有5.7%的人认为完全能满足,5.5%的人认为完全不能满足。

第四节　农村失能老人子女照护的多维冲突

虽然由于各种原因,农村孝道发生了一些变化。但是,大多数农村子女仍然具有较高的养老意愿,愿意照护失能的父母,甚至为了照护老年父母而做出一些牺牲。但是,无论如何,生计仍然是子女面临的重要任务,事关个人和家庭的幸福。孝道与生计相互影响,在现实中,由于诸多原因,面临着孝道与生计的冲突,农村失能老人的子女照护存在诸多困境,往往心有余而力不足。既不利于子女的生计与发展,也不利于满足农村失能老人的照护需求,不利于提高老年人的照护质量。从子女照护失能老人对工作或生活的影响来看,有10.3%的人认为严重影响,25%的人认为比较受影响,二者合计接近40%,认为完全没影响的只有3.4%(见表3-5)。可见,照护失能老人对子女的生计带来一些不利的影响。孝道与生计的冲突主要体现在以下几个方面:

表3-5　子女照护对工作或生活的影响

变量	频数	比例(%)
严重影响	134	10.3
比较受影响	324	25.0
一般	477	36.8
会有一点影响	223	17.2
完全没影响	44	3.4

一、照护支出增加与收入减少之间的经济冲突

子女照护失能老人，不仅仅是简单地提供照护服务，而且面临着重要的经济问题。经济问题是孝道与生计的共同要素之一。经济支持是孝道的核心内容，经济支出也是失能老人照护过程中的重要支出，照护失能老人会明显增加家庭的支出，给子女带来经济压力。照护老人不同程度地影响了子女的收入能力，减少子女的收入来源。因此，子女照护失能老人面临着支出增加与收入减少的现实矛盾。尤其是在农村经济发展水平相对落后的背景下，经济问题是子女照护失能老人不得不考虑的一个重要问题。问卷调查数据显示，有1042人表示经济负担增大，占80.3%。进一步来看，224人表示有多余的钱来照护失能老人，占17.3%，有446人表示偶尔没有多余的钱来照护失能的家人，占比34.4%，有453人表示经常没有多余的钱来照护失能老人，占34.9%，有174人表示总是没有多余的钱来照护失能老人，占13.4%。其中有时没有多余的钱来照护老人的人数最多。

二、照护老人与就业谋生之间的时间冲突

这是照护失能老人的一个重要特点，往往需要子女长时间陪伴在身边，失能程度越高对照护陪伴的时间要求越长。对于子女照护者来说，是一个重要的考验，特别是对于子女数量较少的家庭来说，照护失能老人更是一件艰难的事情。毫无疑问，持续的照护陪伴会明显甚至严重影响子女的生计。一些子女需要长时间在外谋生，甚至是加班加点工作,[1] 自己处于身心疲惫的同时，很难顾及对失能老人的照护。特别是对于一些外出务工子女和流动子女来说，由于工作较忙、距离较远、交通不便、缺乏照护休假，平时很难及时关心、看望老人，照护失能老人更是难上加难。如果是迫不得已要回乡照护失能老人，可能意味着需要辞去现有的工作，面临生计中断的尴尬。即便是一些在农村谋生或务农的子女，也很难有闲暇的时间，照护失能老人显得心有余而力不足。从前面的数据可以看出，一些子女因为要照护失能老人而不能外出工作，只能留

---

[1]《2014中国劳动力市场报告》显示，我国九成行业周工时超过40小时，过半数行业每周要加班4小时以上。对所有行业平均周工时的排名发现，住宿和餐饮业劳动者平均每周工作时间长达51.4小时，排名第一；建筑业、居民服务、修理和其他服务业分列二至四位，且以上四个行业均已超过法律规定的"特殊行业"周工时49小时界限；交通运输、仓储和邮政业以及制造业的周工时为48.8小时和48.2小时。

在当地寻找生计。问卷调查数据显示，有642人表示照护失能老人时个人工作实际被挤占，占49.5%。有437人表示在照护失能老人时偶尔使自己的时间不够，占33.7%，有509人表示经常使自己的时间不够，占39.2%，195人表示总是使自己的时间不够，占15%。甚至还有886人因为照护老人而无法外出务工，占68.3%，照护失能老人对子女生计的影响比较大。

三、失能照护复杂性与照护技能缺乏之间的技能冲突

照护失能老人是一项非常专业的复杂工作，需要有专业的技能和知识。但是，从现实来看，绝大多数子女缺乏专门的照护知识，甚至对于一些基本的照护常识都不具备，在一定程度上影响了照护质量与照护效果。在目前我国的失能照护人员数量不足、专业化程度欠缺的背景下，广大家庭（子女）缺乏专业的失能照护技能，农村子女更是如此，绝大多数的子女不懂如何照护失能老人，除了日常的陪伴和精神慰藉外，对失能老人的需求缺乏真正的了解，对失能老人的疾病护理更是不知如何下手，缺乏护理的技能与常识，严重影响照护效果。有学者的研究表明，大部分子女照护者没有经过专业的照护培训和指导，对于失能老人所需的支持性装置不熟悉，没有意识为失能老人提供专业的支持性装置（刘晓慧、杨玉岩、薛喜娟、司联晶，2019）。调查数据显示，有526人明确表示专业护理知识不足，占比40.6%。只有15人表示得到过技能培训，所占比重极小。

四、精神慰藉与生计压力之间的情绪冲突

良好的精神慰藉是孝道的重要内容，也是农村失能老人照护的重要内容。失能老年人的精神慰藉需求甚至在一定程度上超过了其它需求，期望子女常回家看看，拉拉家常，寻求精神上的安慰。但是，在现实中，子女却因为各种原因无暇照顾失能老人。子女谋生的工作时间长，竞争压力较大，工作比较繁忙，许多子女经常加班，过于劳累，身心疲惫，焦虑感比较强。再加上照护失能老人的经济压力和体力消耗，很难有喘息的机会，在照护失能老人时甚至可能产生厌倦感，嫌弃老人，与老人产生冲突。可见，老年人的精神慰藉需求与子女的生计产生冲突，这是如何平衡孝道与生计关系面临的一个重要难题。调查数据显示，有468人表示因为照护失能老人而导致精神压力增大，占36.1%。450人表示有失能老人在身边偶尔会感觉到烦恼，占34.7%，有533

人表示经常会感觉到为难，占 41.1%，有 131 人表示总是感觉到为难，占比 10.1%。有 400 人表示当失能老人在身边时偶尔会感觉到紧张，占 30.8%，有 448 人表示有时会感觉到紧张，占 34.5%，有 156 人表示总是感觉到紧张，占比 12%，可见，照护失能老人大大增加了子女的紧张感。在平衡照护失能老人和努力工作之间，有 465 人表示偶尔会感到压力，占 35,9%，有 508 人表示有时会感到压力，占 39.2%，有 112 人表示总是会感到压力，占比 8.6%。可见，子女在平衡照护与生计之间的压力比较大，照护失能老人给子女带来较大的精神压力。

五、失能照护需要与社会支持不足之间的供需冲突

基于失能照护的难度和复杂性，仅仅依靠子女的照护作用，还十分有限，需要借助外力的支持，包括经济支持、精神支持、服务支持、设施支持、政策支持等方面，涉及的主体包括政府、社会、单位、社区等。从现实来看，对家庭（子女）照护的各类支持还远远不够，主要依赖个人的条件和努力，显得力不从心。基于照护失能老人的压力，子女对外部支持的需求较大，而提供的支持却不足。体现在这些方面：缺乏适宜的居家照护设施，社区养老设施落后，社会养老服务不足，生计支持不足，能力支持不够。政府、单位、社区与家庭（子女）照护的合作不够，形成了强烈的支援需要与支援不足之间的冲突。子女照护者得到的社会支持明显较少，难以满足照护需要。具体来看，在照护技能培训方面，15 人表示得到过，占 1.2%，1282 人表示没有得到过，占 98.8%；在喘息服务方面，2 人表示得到过，占 0.2%，1295 人表示没有得到过，占 99.8%；在康复指导方面，42 人表示得到过，占 3.2%，1255 人表示没有得到过，占 96.8%；在经济补贴方面，17 人表示得到过，占 1.3%，1280 人表示没有得到过，占 98.7%；在带薪照料假方面，1 人表示享受过，占 0.1%，1296 人表示没有，占 99.9%；在养老服务信息提供方面，42 人表示得到过，占 3.2%，1255 人表示没有得到过，占 96.8%；在辅具推荐和使用帮助方面，8 人表示肯定，占比 0.6%，有 1289 人表示否定，占比 99.4%（见表 3-6）。

表3-6　子女照护者的社会支持情况

	是		否	
	频数	比例	频数	比例
照料技能培训	15	1.2%	1282	98.8%
喘息服务	2	0.2%	1295	99.8%
康复指导	42	3.2%	1255	96.8%
经济上的补贴	17	1.3%	1280	98.7%
带薪照料假	1	0.1%	1296	99.9%
提供政府的养老服务信息	42	3.2%	1255	96.8%
辅具推荐和使用	8	0.6%	1289	99.4%

第五节　农村失能老人子女照护冲突的调适策略

一、总体思路

处理好孝道与生计的关系，减缓或调适二者之间的冲突是人口老龄化、高龄化背景下农村失能照护的重要任务和难题。未来需要兼顾孝道与生计，在不过多影响子女生计的同时提高农村失能老人照护质量。平衡孝道与生计的总体思路可以概括为：孝道为基、生计并举、社会支持、福利多元。

孝道为基。就是强调家庭养老的基础地位，在任何时候都要坚持孝道，将子女和家庭照护作为农村失能老人照护的基础。子女要尽最大的努力为失能老年父母提供各类照护服务，不得以任何理由嫌弃、漠视老人，不能推卸养老照护责任。需要加强宣传引导，以多种方式对农村子女进行孝道教育，自觉履行养老责任。家庭养老在我国具有数千年的历史传承，至今依然是主要的养老方式，尤其是在广大农村。家庭养老的内容包括经济支持、生活照料、疾病护理、精神慰籍等方面。为失能老人提供照护服务是家庭养老的重要内容。子女赡养、照护老人也是其"孝道"的核心体现。

生计并举。子女生计既是家庭幸福生活的基础，也是照护失能老人的经济基础。任何时候都不能忽视子女和家庭的生计问题，特别是对于一些经济发展水平相对落后的地区，需要提升子女的生计能力，拓宽家庭生计来源，确保失能老人照护有持续的经济基础。应该尽可能减少子女照护失能老人对其生计的负面影响，政府和社会为子女生计提供适当的帮助，使其在履行照护责任的同时，保持良好的生计状态。

社会支持。就是强调社会系统对子女照护的支持，处理好正式照护（社会化照护）与非正式照护（家庭照护）的关系，在强调充分发挥家庭（子女）照护作用的同时，加强对子女的支持。既包括对子女生计的支持，也包括对子女照护失能老人过程中的其它相关支持，比如提供精神关爱和相关物资、设施支持，增强子女照护的便利，减轻照护压力和生计压力。

福利多元。这是平衡孝道与生计的重要思路，失能老人的照护既是家庭的责任，也是属于公共服务的范畴，是政府和社会应尽的职责。福利多元主义强调福利提供主体与提供方式的多元化。家庭是农村失能老人照护的重要主体，不应该忽视或削弱家庭的作用。同时，也不能完全寄希望于家庭，应该在明确不同主体职责边界的基础上，加强家庭与其它主体之间的配合与协同合作，促进农村失能老人照护质量的提升。因此，需要积极发挥家庭（子女）、政府、市场、社会、社区等不同主体的作用，实现协同作用，合作共治。未来，一方面要继续巩固家庭（子女）照护的基础地位，另一方面也要发挥其它主体的作用。尤其是要在政府的主导下，积极推进农村社会养老服务体系的发展，实现家庭照护、社区照护与机构照护协同发展，正式照护与非正式照护协调发展。

二、具体对策

在以上思路的指引下，具体可以从以下几个方面推进农村失能老人的照护，积极调适子女照护失能老人与生计之间的冲突。

（一）探索建立失能老人低收入子女照护津贴制度

经济冲突是孝道与生计冲突的直接体现。因此，需要加强对子女照护失能老人的经济支持，弥补子女照护失能老人的部分经济损失，减轻子女照护的经济压力。有必要探索建立农村失能老人低收入子女照护津贴制度，承认子女照护的贡献和价值，同时体现失能老人照护的福利多元和社会支持。主要面向低收入子女，而不是所有的子女。资金来源于财政预算中的专项资金或政府购买养老服务资金，将子女照护津贴给付纳入政府购买的范围，给付标准根据经济发展水平、财政能力、照护需要（失能程度与照护复杂性）、收入水平等因素决定，并建立动态调整机制。在乡村振兴和相对贫困治理的大背景下，很有必要加强对低收入子女的照护支持，避免导致出现照护致贫、照护返贫现象。

(二) 在乡村振兴中全面加强子女照护者的生计支持

应该将提升子女照护者的生计能力，作为应对农村人口老龄化和实施乡村振兴战略的共同任务。实施乡村振兴战略，是党的十九大作出的重大决策部署，乡村振兴战略已成为我国经济社会发展的重要战略。经济发展与民生改善是乡村振兴的重要内容，未来需要着力提升农村居民的收入水平，持续拓展农村居民的生计来源和收入来源。在乡村振兴过程中，要着力培养农村各类人才，提升农村劳动力的素质技能与发展能力。加强农村劳动力的技能培训，为其在农村发展或者外出务工创造条件，提升竞争力。加强农村各类产业发展，因地制宜，着力发展乡村优势产业和特色产业，发展乡村旅游业与绿色生态产业，为返乡照护失能老人的子女创造就业和增收机会。一方面，为子女留守乡村照护老人创造就业机会，提供增收平台；另一方面，为子女外出务工提供技能培训、职业介绍和信息支持；使得农村劳动力"留得住、出得去"，为农村劳动力就业提供选择的空间，降低子女的生计焦虑感。

(三) 完善农村社区、居家照护设施与医养服务设施

照护失能老人，不只是"人对人"的服务，还需要有相应的服务设施支撑。目前，农村养老服务设施、居家照护设施相对缺乏，不利于子女为失能老人提供居家照护。未来在提升子女生计能力、改善子女生计状况的同时，还应该努力完善农村居家照护设施，比如，生活辅助设施、护理床、康复器具、紧急呼叫器等必要的设施设备。需要大力加强农村医养服务设施建设。加强农村医疗服务体系建设，提升村卫生室的医疗服务能力。未来应该将农村居家照护设施建设与医养服务设施建设，作为推进城乡基本公共服务均等化的重要举措，补齐农村失能老人照护的短板。

(四) 加强子女照护技能培训，提升照护质量与效果

在加强子女职业技能培训、拓展子女生计来源的同时，也应该从失能照护的角度加强子女的照护技能培训。应该加强失能老人照护知识的宣传普及，帮

助子女更好地认识失能老人、了解失能老人的照护需求。可以以乡镇为单位定期开展公益性的失能照护培训班，可以由乡镇养老机构专业护理人员承担培训任务。既可以是集中的专题培训，也可以是非集中的上门指导培训，帮助子女掌握基本的照护技能与方法，改善照护质量。对子女照护技能的培训经费可纳入政府购买基本养老服务的范围，由地方养老服务财政资金支持。

（五）加强政府、社会、单位、基层组织对子女照护的支持

需要进一步明确政府、社会、单位、基层组织、家庭（子女）等不同主体的养老责任，明确不同主体之间的合作、互补与联动关系，共同促进农村失能老人照护需求的满足。政府是农村失能老年照护的重要责任主体，是对家庭（子女）照护支出的核心主体，是农村养老服务体系建设的主导力量。政府需要以具体的行动积极引导和支持子女照护。可以通过激励与约束相结合的方式，更好地促进子女弘扬孝道，履行养老照护责任。同时，要理解和支持家庭，理解子女的照护负担和生计压力，从时间、资金、设施、精神、政策等方面全面支持子女照护失能老人。特别需要强调的是，在积极应对人口老龄化的过程中，政府需要构建一揽子家庭支持政策体系，在公共政策与公共服务提供中强调家庭的因素。除去政府的支持外，还应该充分运用社会资源，发挥社会组织、志愿者和社会工作者的作用，积极关注失能失独老人及其子女照护者，提供必要的物质支持、宣传引导、技能培训等支持。各类单位组织应该为子女照护失能老人提供有力的支持，特别是要发挥单位党组织、工会组织的作用，了解职工的失能老人照护的经济压力和精神压力，对其进行慰问，为职工照护老人提供适当的支持和帮助，包括经济支持、精神支持、交通支持、时间支持等方面，特别是要为长期照护失能老人的子女提供喘息支持。农村基层党组织和村委会需要认真履行基层治理职责，充分了解当地失能老人的基本情况及其子女的生计情况，与失能老人的子女做好定期的交流与沟通，为子女照护排忧解难。此外，还应该弘扬邻里互助的风尚，形成新时代良好的邻里关系与亲属关系，在失能老人照护中相互支持、相互帮助。

（六）大力推进农村社会化养老服务体系的发展

需要处理好子女照护和社会化照护的关系，二者不是替代的关系，而是互补与互促的关系。在强调子女孝道的同时，还应该为子女照护失能老人提供各

类社会化支持,为子女照护创造条件、提供便利。要加快完善农村养老服务体系,实现居家、社区与机构照护相协调,鼓励机构照护向居家照护延伸,大力培育各类农村养老服务机构,完善县、乡、村养老服务网点,实现养老服务村村通。整合乡村治理资源与公共服务资源,完善农村养老服务设施。在发展农村养老服务的过程中,需要重点关注农村失能老人、贫困老人的养老与照护需求,积极发展农村医养结合服务。

(七)建立长期护理保险制度,支持和激励农村家庭参保

为减轻子女照护压力,为失能老人提供更好的照护服务,有必要在前期试点探索的基础上尽快建立长期护理保险制度,为农村失能老人照护提供制度保障。近几年来,我国已经在多个地方进行了长期护理保险的试点探索,取得了积极的成效和经验。未来需要进一步加快制度建设步伐,建立城乡(居民)统一的护理保险制度。资金筹集遵循低水平起步、责任共担原则,由城乡居民和各级财政共同分担。考虑到农村居民的收入水平相对较低,财政支持很关键,尤其是对中西部地区的农村而言,中央的财政支持非常重要。需要明确合理的待遇享受资格、支付范围和待遇水平,整合利用其它社会保险经办资源,完善护理保险经办服务体系,引入社会力量参与护理保险经办与管理。需要处理好城乡居民护理保险制度与医疗保险制度的关系,明确各自的功能定位,做好二者的衔接。加强基金管理与费用控制,同时平衡基金支出与护理质量的关系。加强失能护理服务的监管,完善护理服务体系。

第四章 农村养老服务经济支撑现状、问题与实现路径

作为一种公私均可提供的准公共物品，养老服务问题的本质依然是经济支撑的来源及其充足性问题。从政府提供服务的角度而言，政府财政投入的充足性是解决基本养老服务需求的关键因素；从市场提供服务的角度而言，老年人养老服务有效需求及其满足程度，取决于老年人收入水平和家庭财富的积累。尽管由于中国综合生育率的持续走低和人口预期寿命的不断延长，中国的人口红利从 2012 年开始已经逐渐消失，劳动力人口呈现出不断下降趋势。但充足的经济支撑仍然是解决养老服务需求的关键问题。农村养老服务的经济支撑，涉及两个关键问题：一是农村养老服务体系建设与养老服务提供中，养老服务经济支撑的责任认知是什么，谁是养老服务经济支撑的主要责任主体，谁是养老服务经济支撑的次要责任主体；二是养老服务经济支撑存在的主要问题是什么？这些问题，制约农村养老服务效果的提升对于农村养老服务经济支撑的责任合理分配，以及农村养老服务体系建设和养老服务递送都具有决定性意义。

本章在回顾已有相关文献的基础上，利用 CGSS（China General Social Survey）数据和 CHARLS（China Health and Retirement Longitudinal Survey）数据，分析农村老年人养老服务满足现状、主观责任认知和经济支撑，并在分析农村养老服务经济支撑存在问题的基础上，从支持农村家庭养老责任的强化、提高和优化农村老年人可支配收入、完善和加强农村社会化养老服务体系和构建多元主体协同合作供给体系四个方面，提出增强农村养老服务经济支撑的政策建议。

第一节 研究背景、文献回顾与数据来源

一、研究背景

首先,农村老龄化严重。人口老龄化是全世界面临的共同问题,我国 1999 年底开始进入老龄化社会,2030 年,我国老龄化水平将超过日本成为全世界老龄化问题最严重的国家,2040 年将进入超老龄化社会(高培勇,2013)。[1] 我国农村地区老龄化程度高于城市地区,根据中国老龄科学研究中心 2016 年的调查数据显示,我国农村老龄化程度为 18.47%,城市为 14.34%,且农村地区人口总抚养比高达 45.38%,即平均每三位成年人需赡养一位老年人,高于全国平均水平的 36.96%。在城镇化背景下,农村人口的非农就业与持续外流使得农村老年人"空巢化""独居化"问题突出(张伟国、张爱红,2019)。[2]

其次,农村家庭养老功能弱化且社会化养老功能不足。家庭养老,是指老人在家庭中度过晚年生活,由子女为其提供经济供养、生活照护和精神慰藉的一种保障模式。自改革开放以来,家庭结构的变化、市场经济的冲击等弱化了家庭养老功能,传统家庭养老模式所赖以生存的社会基础和经济基础正逐渐消失(赵胜龙,2019)。[3] 但与社会化养老相比,家庭养老却更加适合农村的实际情况(韦加庆,2015)。[4] 社会化养老,指除了子女直接赡养的家庭养老方式外,一切以社会机构、社会资源、社会服务、社会出资为途径的养老方式都属于社会养老方式,其目的是以社会制度保障老年人的经济来源、生活照料、精神慰藉等(许福子,2015)。[5] 社会化养老是我国未来养老的必然趋势,鉴

---

[1] 高培勇.十二五时期的中国财税改革 [M].北京:中国财政经济出版社,2013.
[2] 张伟国,张爱红.老龄化社会背景下我国农村公共体育服务供给困境与路径研究 [A].中国体育科学学会.第十一届全国体育科学大会论文摘要汇编 [C].中国体育科学学会:中国体育科学学会,2019:3
[3] 赵胜龙.农村养老社会化趋势下的家庭养老问题研究 [J].中国集体经济,2019,(16):160-162.
[4] 韦加庆.新时期农村家庭养老的可持续性思考 [J].江淮论坛,2015,(05):42-45+108.
[5] 许福子.中国社会化养老服务面临的困境和解决对策 [J].中国老年学杂志,2015,35(19):5675-5677.

于目前农村社会养老服务发展还面临诸多问题（向运华、李雯铮，2020）。[1] 我国应实行"家庭—社会"的双轨养老机制，即家庭养老与社会化养老相结合之路（周莹，2006）。[2]

再次，乡村振兴背景下农村养老服务发展的机遇与挑战。2018年中央农村工作领导小组办公室公布的《国家乡村振兴战略规划（2018—2022）》指出，养老问题始终是农村地区面临的最大挑战，并提出了"提升农村养老服务能力"的目标，指明了农村养老服务体系化、网络化的发展方向。乡村振兴战略为破解农村地区的养老困局、健全中国特色养老道路带来了新的历史机遇。考虑到老龄化城乡倒置的现实，农村地区养老服务资源应该做到有效整合，引入"网格化"服务和治理思路，探索建立一种低成本、高效率的农村基层养老模式（杜鹏、王永梅，2019）。[3] 乡村振兴战略在为农村养老服务体系建设提供了契机与内生动力的同时，也带来了诸多挑战，如农村地区"赋权增能"的养老服务理念缺乏，社会养老服务基础薄弱，以及服务资源碎片化等。

二、文献回顾

首先，关于农村社会化养老服务体系的研究回顾。我国社会化养老服务体系，依据老年人生活居住形式可分为：居家社区养老服务和机构养老服务；依据服务主要提供主体可分为：家庭养老服务、社区（村）养老服务和社会养老服务三种方式。社区/村的养老服务方式包括了入户照料和社区日间照料两种形式，有学者通过对"居家养老服务""社区（村）养老服务""机构养老服务"三种养老方式的比较发现，居家养老成本最低、效用最高（熊茜、李超，2014）。而理想的居家养老服务是满足老年人的个性化需求，以政府为主导，市场、社区、社会组织协同配合，为老年人提供以福利性为主、营利性为辅的居家养老服务（郑吉友，2017）。[4] 政府向营利部门、社会组织购买服务

---

[1] 向运华，李雯铮. 集体互助养老：中国农村可持续养老模式的理性选择[J]. 江淮论坛，2020（03）：145-150+159.
[2] 周莹. 中国农村养老保障制度的路径选择研究[D]. 复旦大学，2006.
[3] 杜鹏，王永梅. 乡村振兴战略背景下农村养老服务体系建设的机遇、挑战及应对[J]. 河北学刊，2019，39（04）：172-178+184.
[4] 郑吉友. 辽宁省农村居家养老服务供给研究[D]. 东北大学，2017.

已经成为政府提供居家养老服务的主要方式（丁煜、杨雅真，2015）。[1] 根据财政部等下发的《关于做好政府购买养老服务工作的通知》，政府购买居家养老服务的内容主要包括最基本的生活照料服务（助餐、起居、助浴、卫生清理、代办服务等），以及家政服务（家电维修、清洗、疏通等）、精神慰藉（精神支持服务、心理疏导服务等）、医疗卫生、康复护理、紧急救助以及法律服务等。

社区/村养老服务在农村地区多以幸福院、日间照料中心为主要形式，农村幸福院是指政府、社区/村集体为农村老人提供互助养老的公益性场所，遵循"政府支持、社区/村主办、社会参与、互助服务"原则，为农村老年人提供日间生活照料、文化娱乐、精神慰藉等服务。农村幸福院的供给主体主要包括政府、社区/村委会、社会。其中，政府是农村幸福院最主要的政策与经济支撑主体，社区/村是首要供给主体，扮演着"管理者"角色，社会组织是幸福院辅助主体，对农村幸福院提供一定的经济和服务帮扶（袁书华，2019）。[2] 农村幸福院作为一种"离家不离村"的新型互助养老模式，把居家养老与机构养老结合起来，能更切实的解决目前农村老年人家庭养老存在的困境。但是，目前我国农村幸福院面临着政府经济支撑和政策保障不足、社区/村供给不足、社会参与不足的三大困境。在相关调查中发现，政府每年提供给农村幸福院的补贴很有限，如济南市民政局每年补贴幸福院一万元，甚至有些县市政府没有补贴，幸福院正常运营没有保障（高灵芝，2015）。[3] 社区/村的供给不足主要表现在医疗卫生服务供给不足，老年人身体状况不佳者居多；我国非营利组织、企业及个人对农村幸福院的帮扶处于缺位状态（杨长敬，2020）。[4]

农村养老机构作为居家养老和社区养老的补充，在农村养老服务体系中发挥着重要作用。机构养老是指老年人居住在养老机构中，由固定场所进行专门

---

［1］丁煜，杨雅真. 福利多元主义视角的社区居家养老问题研究——以 XM 市 XG 街道为例 [J]. 公共管理与政策评论，2015，4（01）：43-53.

［2］袁书华. 供需视角下农村幸福院可持续发展对策探究——以山东省 LY 县幸福院调研为例 [J]. 山东师范大学学报（人文社会科学版），2019，64（01）：106-113.

［3］高灵芝. 农村社区养老服务设施定位和运营问题及对策 [J]. 东岳论丛，2015，36（12）：159-163.

［4］杨长敬. 农村幸福院可持续发展的对策——基于烟台市莱山区 X 街道实地调研 [J]. 管理观察，2020（19）：98-100.

养老，并且对老年人提供生活层面的照顾和精神层面满足的专业化服务（王秀花、夏昆昆，2020）。[1] 农村养老机构的供养对象主要包括农村"五保户"，一些有条件的养老院允许老年人自愿入院。农村养老机构分为普通养老机构和护理型养老机构，普通养老机构主要为老人提供生活照料、精神慰藉、娱乐设施等基本服务；护理型养老院一般是为失能老人提供专门、完善的起居、助餐、护理、医疗等服务。但目前农村养老机构的发展面临一系列的困境，其建设资金、人员配备、硬件设施等都存在很多问题，老年人的机构生活得不到有效保障（辜胜阻等，2015）[2]。主要原因在于政府扶持力度不够，农村养老机构主要是针对少数特殊群体的"残补式"保障，很多农村养老院未获得或者获得非常少的税费优惠，经济补贴有限；政府建设以基础设施为主，其他设施需要经营者自行配备，运营困难（王秀花、夏昆昆，2020）。[3] 政府的经济支撑不足以带动农村机构养老的社会化、专业化发展，并导致农村民办养老机构收费过高或者环境太差，加之农村老人购买养老服务能力有限，子女所给予的经济支撑不足，很多老人对机构养老望而却步（王三秀、杨媛媛，2017）。[4]

其次，关于农村养老服务经济支撑问题的研究回顾。依据《新华字典》解释，"经济"意指个人生活用度，"支撑"意为顶住，使不倒。经济支撑，大意是为个人或家庭的生活用度提供支持，与经济支持同义。经济支撑属于社会支持的一部分，包括支撑的来源、支撑的内容、支撑的水平、支撑的效果四个方面的内容。

从支撑来源来看，相比于城镇老年人，农村老年人处于"无休止（Ceaseless Toil）"状态的居多，中国农村老年人在一定程度上存在着劳动过度现象（吴敏，2016）[5] 李梦竹（2018）研究发现，将近半数的农村老人依然从事

---

[1] 王秀花，夏昆昆. 供给侧改革视域下农村敬老院社会化改革研究 [J]. 山西高等学校社会科学学报，2020，32（09）：38-42.
[2] 辜胜阻，方浪，曹冬梅. 发展养老服务业应对人口老龄化的战略思考 [J]. 经济纵横，2015（09）：1-7.
[3] 王秀花，夏昆昆. 供给侧改革视域下农村敬老院社会化改革研究 [J]. 山西高等学校社会科学学报，2020，32（09）：38-42.
[4] 王三秀，杨媛媛. 我国农村机构养老面临的现实困境及其对策研究——基于Z省B县的个案调查 [J]. 四川理工学院学报（社会科学版），2017，32（03）：1-15.
[5] 吴敏，农村老人劳动参与意愿的经济因素分析 [J]. 人口与发展，2016.（2）

生产活动。[1] 农村老年人主要依靠体力劳动，如通过耕耘土地获取劳动报酬。于长永（2012）研究表明，选择依靠自己劳动获得养老经济支撑的农村老年人越来越多，甚至已经超过了传统家庭养老，自我养老成为农村老年人首位的养老选择。[2] 除了自我养老外，家庭养老也发挥着重要养老功能，陈芳（2014）在对欠发达地区经济供养方式的研究中发现，有93.1%的农村老年人得到过子女的经济支持。[3] 丁华（2015）研究发现，子女和亲友是老年人最主要的经济支柱，无论是从资金额度，还是支持频率上，都远远高于政府和社会提供的经济支撑，尤其在老人真正遇到经济困难时，子女和亲友是老人最可靠的经济支撑。[4]

此外，随着农村保障制度越来越完善，农村老年人获得政府的经济支持越来越多，主要表现为养老金在个人总收入占比大幅上升，劳动收入和来自子女的经济支撑呈下降趋势（丁志宏等，2019），农村老年人的经济支撑来源结构发生了变化。养老金收入是对家庭经济支撑产生了"挤入"效应还是"挤出"效应，目前学术界的研究结论并不一致，有学者认为新农保在增进了农村老年人福利水平的同时，对家庭经济支撑产生了显著的挤出效应（杨政怡，2016）。[5] 胡宏伟等（2012）在重点分析社会保障对子女经济供养老人的影响后发现，社会保障对子女经济供养老人的水平具有挤入效应，即老年人获得社会保障后，子女对老年人的经济供养水平也会相应提升。[6]

从经济支撑的内容与水平来看，长期以来，家庭养老一直都是我国农村地区最主要的养老方式，主要提供经济支持、生活照料与精神慰藉（田北海、徐

---

[1] 李梦竹. 代际经济支持对农村老年人劳动参与的影响——基于CHARLS2013的实证研究 [J]. 调研世界，2018（04）：26-31.
[2] 于长永. 农民"养儿防老"观念的代际差异与转变趋向 [J]. 人口学刊，2012（06）：40-50.
[3] 陈芳. 从"家庭供养"到"经济自给"：经济欠发达农村老年人经济供养方式的转变 [J]. 人口与社会，2014，30（03）：76-80.
[4] 丁华. 老年人社会支持网络——基于2010年"中国家庭追踪调查"数据 [J]. 中国老年学杂志，2015，35（02）：545-547.
[5] 杨政怡. 替代或互补：群体分异视角下新农保与农村家庭养老的互动机制——来自全国五省的农村调查数据 [J]. 公共管理学报，2016，13（01）：117-127+158-159.
[6] 胡宏伟，栾文敬，杨睿，祝明银. 挤入还是挤出：社会保障对子女经济供养老人的影响——关于医疗保障与家庭经济供养行为 [J]. 人口研究，2012，36（02）：82-96.

杨，2020），其中经济支持主要是指现金与物质生活资料支持。[1]并且随着老年人年龄增大，身体健康水平下降，经济收入减少，对子女的支持能力下降，需要子女的经济支持增长（汪斌、周骥腾，2020）。丁志宏（2019）研究也发现，农村老年人自身劳动收入占比与子女提供经济支撑的占比在老人68岁时呈沙漏状分布，在老人75岁后稳定下来，主要依靠子女供养。从经济支撑的水平来看，子女和亲友对农村老年人经济供养水平比较低，殷俊、刘一伟（2017）通过城乡子女对老年人经济支撑对比中发现，农村子女平均一年给予老人经济与物资补贴折合成人民币为1790.52元，而城市子女一年给予2269.04元，城镇子女对老人的经济支撑明显高于农村。[2]李春平、葛莹玉（2017）基于2013年CHARLS数据研究也发现，农村家庭对老人的代际经济支持总额2742元/年，而城镇家庭为3298元/年，城镇老年人的子女经济支持要高于农村老年人。[3]

从经济支撑效果来看，学者们对家庭经济支撑老年人的影响并没有一致的结论。张琳琳（2019）研究发现，家庭经济支撑与农村老年人的健康自评状况、生活质量、生活满意度呈显著正相关，这表明子女对老人的经济支撑越多，老人的健康自评状况越好、生活水平越好、生活满意度越高。[4]也有学者发现，子女提供的经济支持对老人的生活满意度没有显著影响（邓蓉，John Poulin，2016）。[5]甚至有学者发现老人在接受子女提供的经济支持时，可能会感觉到没有被尊重，患抑郁风险会提高（刘晓婷、侯雨薇，2017）。[6]

无论传统的家庭养老模式，抑或现代社会化养老模式，均需要一定的经济支撑。通过对已有研究发现，学术界对农村养老以及养老服务都有了较为丰富的研究，目前我国农村养老还是主要依靠自我养老和家庭养老，同时政府的现

---

[1] 田北海，徐杨．成年子女外出弱化了农村老年人的家庭养老支持吗？——基于倾向得分匹配法的分析［J］．中国农村观察，2020（04）：50-69．
[2] 殷俊，刘一伟．子女数、居住方式与家庭代际支持——基于城乡差异的视角［J］．武汉大学学报（哲学社会科学版），2017，70（05）：66-77．
[3] 李春平，葛莹玉．代际支持对城乡老年人生活质量的影响——基于中国健康与养老追踪调查数据的实证研究［J］．调研世界，2017（12）：16-22．
[4] 张琳琳．家庭支持对老年人生活质量的影响研究［D］．江西农业大学，2019．
[5] 邓蓉，John Poulin．非正式社会支持与中国老人的心理健康［J］．贵州社会科学，2016（04）：97-101．
[6] 刘晓婷，侯雨薇．子女经济支持与失能老年人的非正式照料研究——基于CLHLS的分析［J］．浙江大学学报（人文社会科学版），2016，46（04）：144-157．

金支持对老年人经济收入越来越重要。然而，目前的研究还存在严重碎片化问题，即对农村老年人的经济支撑的研究还都是单一维度的研究，要么单纯研究主观养老责任划分，要么单纯研究某种具体的养老模式，如自我养老、互助养老、子女养老等，或者两种养老模式的对比研究，缺乏家庭养老与社会养老服务的整合性研究，无法概览农村老年人的养老服务及其经济支撑全貌。本研究从老年人的养老责任主体意愿、客观养老服务经济支撑两个层面，主要从老年人自我经济支撑、家庭经济支撑（子女与兄弟姐妹）、社会经济支撑（邻里与朋友与社会捐赠/补助等）、政府经济支撑四个维度，探讨老年人个人、家庭、社区、社会、政府等主体，在农村养老服务经济支撑中如何实现协同共治，共同推进农村养老服务发展。

本章的研究目标，具体包括以下几个方面：

（1）从主观角度，分析农村老年人养老责任主体的主观意愿；

（2）从客观角度，分析目前农村老年人的多元主体经济支撑的现状，主要包括自我经济支撑、家庭经济支撑、社会经济支撑与政府经济支撑；

（3）从理论层面探讨，农村老年人经济支撑的困境与原因，并提出完善农村养老服务经济支撑的政策建议。

三、数据来源

本章内容同时使用中国人民大学 2017 年 CGSS 数据和北京大学 2018 年的 CHARLS 数据作为分析资料，主要是因为这两项调查数据都涉及老年人养老问题，且可以彼此补充、互相印证。两项调查数据都涉及了与本章研究内容相关的变量指标，同时也均存在一些互相没有的指标，两项数据结合起来能够最大限度地阐释我国农村养老服务经济支撑的现状。同时，两项数据均是最新出版的数据，也可以对彼此重合的变量指标进行对照分析，印证研究结论的可靠性。

（一）CGSS 数据基本描述

CGSS（China General Social Survey）数据由中国人民大学中国调查与数据中心负责执行，是我国最早的全国性、综合性、连续性学术调查项目。经统计，2017 年数据样本量为 12582 个。本研究根据户籍类型将样本分为农村样本和城市样本，根据研究需要，经筛选剔除部分因数据缺失而无效的问卷之后，最终获得老年人样本 4,372 个,使用数据的基本情况见表 4-1。从表 4-1 的统计结果来看,农村老年人样本为 2249 个,占老年人总数的 51.44%,城镇老年人样本为 2123 个,占老年人总数的 48.56%。农村老年人中,女性老年人占老年总人口的 50.78%,平均年龄 68.85 岁,已婚者占 68.74.%,未上过学的老年人占 37.48%,明显高于城镇老年人的 9.09%,5.38% 的农村老年人是党员,低于城镇老年人的 26.28%,44.50% 的农村老年人不健康,高于城镇老年人的 25.24%,61.05% 的农村老年人认为家庭经济条件低于当地平均水平,远高于城镇老年人的 35.57%。

表 4-1 CGSS 数据基本情况描述

变量	农村老年人	城镇老年人	所有老年人
样本量 (n)	2249	2123	4372
性别 (%)			
0 = 女性	50.78	52.24	51.49
1 = 男性	49.22	47.76	48.51
年龄	68.85 ± 6.88	69.95 ± 7.86	69.38 ± 7.39
婚姻状况 (%)			
0 = 未婚、离婚及丧偶	31.26	27.93	29.64
1 = 已婚	68.74	72.02	70.36
受教育程度 (%)			
1 = 未上学	37.48	9.09	23.70
2 = 小学及以下	43.17	21.53	32.66
3 = 初高中	19.08	54.92	36.48
4 = 中专及以上	0.27	14.46	7.16
是否党员 (%)			
0 = 否	94.62	73.72	84.47
1 = 是	5.38	26.28	15.53
健康状况 (%)			
不健康	44.50	25.24	35.15
一般	25.72	35.42	30.43

续表

变量	农村老年人	城镇老年人	所有老年人
健康	29.77	39.34	34.42
家庭经济水平（%）			
低于当地平均水平	61.05	35.57	48.75
当地平均水平	35.02	53.26	43.82
高于当地平均水平	3.94	11.17	7.43

（二）CHARLS 数据基本描述

CHARLS（China Health and Retirement Longitudinal Survey）数据是由北京大学社会科学调查中心负责设计实施的，针对 45 岁及以上中老年人的全国性大型追踪调查，目的是为了推动中国老龄化研究。本研究使用 2018 年数据库，根据户籍类型将样本分为农村样本和城市样本，根据研究需要，经筛选剔除部分因数据缺失而无效的问卷之后，最终获得 4,617 个老年人样本，使用数据的基本情况见表 4-2。从表 4-2 的统计结果来看，农村老年人样本量为 3,563 个，占老年人总人数的 77.17%，城镇老年人样本量为 1,054 个，占老年人总人数的 22.83%。农村老年中，女性老年人占 51.25%，平均年龄为 69.79 岁，64.10% 的老年人在婚姻中，32.43% 的农村老年人识字，低于城镇老年人的 53.37%。此外，8.06% 的农村老年人是党员，低于城市的 25.92%，47.40% 的老年人不能完全自理，仅有 9.09% 的农村老年人认知无障碍，远低于城镇老年人的 29.22%[1]；农村老年人平均有子女 3.55 个。

---

[1] 老年人生活自理状况，主要使用国际上通用的基本日常生活活动能力量表（ADL）进行评估，ADL 量表包括吃饭、洗澡、穿衣、上厕所、室内走动和床椅移动这六项指标。在所有评价指标中，如果存在某一项指标活动内容有困难需要他人的帮助，即为失能老人。老年人认知障碍，主要使用简易智力状态检查量表（MMSE）量表，分为定向力、记忆力、注意力和计算力、回忆能力、语言能力五个维度，最高得分 30 分，其中，得分 27～30 分，为正常，21～26 分，为轻度失智，10～20 分，为中度失智，0～9 分，为重度失智。

表 4-2 CHARLS 数据变量基本描述

变量	农村老年人	城镇老年人	所有老年人
样本量（n）	3,563	1,054	4,617
性别（%）			
0 = 女性	51.25	47.67	50.44
1 = 男性	48.75	52.33	49.56
年龄	69.79 ± 7.48	70.12 ± 7.25	69.87 ± 7.43
婚姻状况（%）			
0 = 不在婚姻中	35.90	30.49	34.63
1 = 在婚姻中	64.10	69.51	65.37
是否识字（%）			
0 = 否	67.57	46.63	65.72
1 = 是	32.43	53.37	34.28
是否党员			
0 = 否	91.94	74.08	88.00
1 = 是	8.06	25.92	12.00
自理程度（%）			
0 = 完全自理	52.60	56.12	53.41
1 = 不能完全自理	47.40	43.88	46.59
认知障碍（%）			
1 = 完全正常	9.09	29.22	13.60
2 = 轻度障碍	31.97	45.92	35.20
3 = 重度障碍	42.77	18.25	37.12
4 = 重度障碍	16.17	6.60	14.08
子女数量（M ± SD）	3.55 ± 1.73	2.64 ± 1.54	3.34 ± 1.73

第二节　农村老年人养老服务使用、主观意愿与经济支撑

一、农村老年人的养老服务使用现状

学者们对老年人社会化养老服务体系的具体内涵还没有统一界定,社区养老从狭义理解就是在社区机构内获得的服务,广义的理解还包括居家养老服务,即上门服务（曲顺兰、王雪薇,2020）,[1] 社区居家养老服务是发达国家和地区农村养老服务的主要形式。养老服务具体内容一般是依据老年人的养老需求而确定,主要包括日常生活照料服务、医疗卫生保健服务、精神慰藉服务等（杨立雄、余舟,2019）。[2]

（一）老年人社区居家养老服务使用情况

1. 老年人是否享受过社区居家养老服务

本部分主要使用 CHARLS 数据中的"EH005_ W4 您是否享受了以下居家和社区养老服务？（可多选）"这道题,了解老年人的社区居家养老服务使用情况,统计结果见表4-3。首先,在是否享受过社区和居家养老服务方面,仅有20.56%的老年人享受过社区和居家养老服务,其中农村老年人的比例为19.66%,低于城镇老年人的比例23.63%,二者具有显著性差异（p=0.006）。已有研究也表明,我国的社区居家养老服务发展还非常不充分,并且城乡二元结构形成了对农村养服务发展的长期制约,未能有效满足农村老年人社会化养老服务需求（齐鹏,2019）。[3]

表4-3　老年人是否享受过社区居家养老服务（%）

是否享受社区居家养老服务	农村老年人	城镇老年人	所有老年人	p
是	19.66	23.63	20.56	0.006
否	80.34	76.37	79.44	

---

[1] 曲顺兰,王雪薇. 乡村振兴战略背景下农村养老服务研究新趋势 [J]. 理论经济,2020 (2)：26-35.

[2] 杨立雄,余舟. 养老服务产业：概念界定与理论构建 [J]. 湖湘论坛,2019（01）：24-38.

[3] 齐鹏. 论农村养老服务体系的完善 [J]. 西北人口,2019 (6)：114-124.

2. 老年人享受社区居家养老服务的类型

在享受过的社区居家养老服务类型方面（见表4-4），17.19%的老年人享受过定期体检服务，其中，农村老年人的比例为16.37%，低于城镇老年人的20.02%，是享受比例最高的社区居家养老服务；其次，3.39%的老年人享受过上门巡诊服务，其中，农村老年人的比例为3.67%，高于城镇老年人的2.44%；享受服务类型人次第三的是娱乐活动，农村老年人的比例是2.59%，低于城镇老年人的4.10%；再次是健康管理服务，1.68%的农村老年人享受过健康管理服务，低于城市地区的2.34%。

表4-4 享受过的社区居家养老服务类型

社区居家养老服务	农村老年人	城镇老年人	所有老年人
日间照料、老年餐桌等养老服务中心服务	16 (0.45%)	5 (0.49%)	21 (0.46%)
定期体检	576 (16.37%)	205 (20.02%)	781 (17.19%)
上门巡诊	129 (3.67%)	25 (2.44%)	154 (3.39%)
家庭病床	3 (0.09%)	3 (0.29%)	6 (0.13%)
社区护理	20 (0.57%)	6 (0.59%)	26 (0.57%)
健康管理	59 (1.68%)	24 (2.34%)	83 (1.83%)
娱乐活动	91 (2.59%)	42 (4.10%)	133 (2.93%)
其他	13 (0.37%)	4 (0.39%)	17 (0.37%)
总计	4426 (125.77)	1338 (130.66)	5746 (126.88)
n	3519	1024	

综上可以看到，无论是农村老年人，还是城镇老年人，只有很少一部分享受过社区居家养老服务，而且享受服务类型主要为预防保健类服务，即体检、

上门巡诊和健康管理，以及老年休闲娱乐活动。针对失能半失能老人的养老服务中心、社区护理及家庭病床类服务，则比例非常低，这表明：一是随着年龄的增加，老年人对医疗保健类服务的需求较多；二是我国社区居家养老服务供给存在结构性失衡，对于失能半失能老年人的社区居家照护护理服务供给还存在严重不足。

3. 老年人机构养老服务使用情况

已有研究表明，与社区居家养老相比，机构养老服务的发展更为困难，绝大多数老年人不愿选择机构养老，尤其是在农村地区（孙鹃娟，沈定，2017）。[1] 根据 CHARLS 数据分析结果（见表 4-5），在所有 4617 名老年人中，仅有 1.97% 的老年人入住养老院/医院等机构，农村老年人入住机构的比例为 2.10%，而城镇老年人也仅为 1.46%，二者并没有显著差异（p = 0.186）。可见，我国老年人入住养老机构的比例非常低，这与之前的研究结论相一致。陶涛，刘雯莉（2019）研究发现，我国老年人与子女居住仍是主流，独居比例在上升而入住养老机构的意愿最小且比例有所下降[2]。

表 4-5 农村老年人的居住类型

居住类型	农村老年人	城镇老年人	P
0 = 机构	75 （2.10%）	15 （1.46%）	0.186
1 = 家庭	3488 （97.90%）	1015 （98.54%）	

进一步分析发现（见表 4-6），1.97% 的完全自理的农村老年人居住在机构，而不能完全自理的老年人中有 2.25% 居住在机构，二者并没有显著性差异（p = 0.567）。

---

[1] 孙鹃娟，沈定. 中国老年人口的养老意愿及其城乡差异 [J]. 人口与经济，2017（2）：11-20.

[2] 陶涛，刘雯莉. 独生子女与非独生子女家庭老年人养老意愿及影响因素研究 [J]. 人口学刊，2019（4）：72-83.

表 4-6　农村老年人自理状况与居住类型

居住类型	完全自理	不能完全自理	p
0 = 机构	37 (1.97%)	38 (2.25%)	0.567
1 = 家庭	1837 (98.03%)	1651 (97.75%)	

从表 4-7 的统计结果来看，对于认知障碍的农村老年人，完全正常的老年人 2.16% 居住在机构，轻度认知障碍老年人中有 2.19% 居住在机构，中度认知障碍老年人中有 190% 居住在机构中，重度认知障碍老年人中有 2.43% 居住在机构中，并且也不存在明显差异（p = 0.611）。

表 4-7　农村老年人认知障碍状况与居住类型

居住类型	完全正常	轻度障碍	中度障碍	重度障碍	p
0 = 机构	7 (2.16%)	25 (2.19%)	29 (1.90%)	14 (2.43%)	0.885
1 = 家庭	317 (97.84%)	1114 (97.81%)	1495 (98.10%)	562 (97.57)	

这也与已有研究结论相一致，即使是失能老年人，也更倾向于与子女同住，而非选择养老机构。[1] 农村老年人不愿意机构养老，主要因素不是经济负担，而是思想观念和生活方式的问题（吕雪枫等，2018）。[2]

二、农村老年人养老责任主体的主观意愿

首先，从主观层面探讨老年人对养老责任主体的主观认知，即养老是政府的责任、子女的责任、老年人自己的责任，抑或是三者共同的责任？

---

[1] 阎志强. 城镇老年人的机构养老意愿及其影响因素——基于 2017 年广州老年人调查数据的分析 [J]. 南方人口, 2018 (6): 57-65.

[2] 吕雪峰, 于长永, 游欣蓓. 农村老年人的机构养老意愿及其影响因素分析 [J]. 中国农村观察, 2018 (04): 102-116.

(一) 政府、子女与老年人的养老责任认知

1. 有子女老年人的养老责任划分

从传统来看,我国政府对于无子女的老年人,一般纳入特困人员供养,即传统的三无、五保人员供养,对于有子女的老年人,主要由家庭进行养老。近些年,由于家庭养老功能弱化,以及社会化养老服务的兴起,我国传统养老方式正在发生变化,但传统的养老观念在农村地区依然较为流行。从数据分析结果来看(见表4-8),有子女的农村老年人中,12.30%的老年人认为养老是政府责任,低于城镇老年人的24.12%,56.47%的农村老年人认为养老是子女责任,远高于城镇老年人的27.26%,只有5.68%的农村老年人认为是老年人自身的责任,低于城镇老年人的14.91%,25.55%的农村老年人认为养老是政府、子女与老人三者共同责任,也低于城镇老年人的33.71%,农村老年人与城镇老年人在养老责任主体主观认知方面存在显著差异($p=0.000$)。因此,从养老责任主体的主观意愿上,多数农村老年人还是认为养老主要是子女的责任。

表4-8 有子女的老年人养老责任主体 (%)

有子女的老人养老责任主体	农村老年人	城镇老年人	所有老年人	p
政府负责	12.30	24.12	18.04	
子女负责	56.47	27.26	42.29	0.000
老人自己负责	5.68	14.91	10.16	
三者均摊	25.55	33.71	29.51	

2. 不同养老服务类型的养老责任划分

养老服务的内容较为广泛,既包括了日常基本生活的照料,也包括医疗卫生保健方面照料,还包括精神慰藉服务。那么,日常生活、医疗和照料等不同类型的养老服务中,老年人对养老责任主体的主观意愿是否会存在差异?数据结果表明(见表4-9),在医疗和照顾服务责任主体意愿方面,40.91%的农村老年人认为大部分或者完全是家庭责任,而城市老年人的比例只有24.68%。因此,在医疗和照顾责任的主观意愿方面,农村老年人与城镇老年人存在显著差异($p=0.000$)。

表 4-9 医疗和照护服务责任主体意愿 (%)

责任主体	农村老年人	城镇老年人	所有老年人	p
完全政府责任	3.80	7.27	5.45	
大部分政府责任	16.65	24.12	20.20	
一半政府一半个人/家庭责任	38.64	43.93	41.15	0.000
大部分个人/家庭责任	32.51	21.10	27.09	
完全个人/家庭责任	8.40	3.58	6.11	

在日常生活服务责任主体主观意愿方面，60.06%的农村老年人认为大部分或者完全是家庭责任，高于城镇老年人的47.10%，且二者具有显著差异（P=0.000）。因此，在日常生活服务方面，农村老年人更倾向于家庭作为服务责任主体。从总体上来看（见表4-10），53.91%的老年人认为日常生活服务的责任主体在于家庭，高于医疗与照顾服务的33.20%，因此，从总体上来看，大多数老年人在日常生活服务方面还是倾向于家庭提供。

表 4-10 日常生活服务责任主体意愿 (%)

责任主体	农村老年人	城镇老年人	所有老年人	p
完全政府责任	1.81	3.80	2.76	
大部分政府责任	9.65	13.42	11.44	
一半政府一半个人/家庭责任	28.48	35.68	31.89	0.000
大部分个人/家庭责任	47.26	38.05	42.89	
完全个人/家庭责任	12.80	9.05	11.02	

（二）农村家庭成员养老责任的主观认知

1. 儿子与女儿养老责任划分

除了在家庭与政府层面的责任划分外，老年人的家庭养老还包括了家庭成员内部的责任划分，即（家庭成员中）谁最应该负起照顾父母的责任。根据数据分析结果表明（见表4-11），62.44%的老年人认为所有儿女都应该承担养老责任。其中，农村老年人的比例为58.31%，低于城镇老年人的67.03%。此外，12.03%和10.78%的农村老年人认为长子和儿子应该承担养老责任，高于城镇地区的8.06%和4.62%，农村和城镇老年人在家庭养老责任主体主观意愿方面也存在显著差异（p = 0.000）。因此，从总体上来看，绝大多数老年人都认为所有子女都应该有养老责任，但农村地区仍有超过 1/5 的老年人认为责任主体在于儿子。

表 4 - 11　农村家庭成员的养老责任主体认知（%）

家庭成员的养老责任划分	农村老年人	城镇老年人	所有老年人	P
长子	12.03	8.06	10.15	
儿子	10.78	4.62	7.86	
女儿	0.93	1.85	1.36	0.000
儿子女儿都可以	16.98	15.92	16.48	
所有儿女都应该	58.31	67.03	62.44	
儿女没有责任	0.60	1.69	1.12	
其他	0.37	0.82	0.58	

2. 婚姻与养老责任划分

除了家庭成员中子女的责任划分外，结婚与否与赡养的关系也值得关注。根据数据分析结果发现（见表 4 - 12），对于未婚的成年儿子，68.47% 的农村老年人认为未婚儿子应该给予生活费，高于城镇老年人的 63.51%，二者具有显著性差异（p = 0.000）。对于未婚的成年女儿，64.84% 的农村老年人认为其应给予父母生活费，高于城镇老年人的 61.51%，且二者之间也存在显著差异（p = 0.000）。从总体来看，63.26% 的老年人认为其应该给予父母生活费，低于成年儿子的 66.11%。

表 4 - 12　农村未婚成年子女是否应当给予生活费（%）

未婚成年男性	农村老年人	城镇老年人	所有老年人	p
应当	68.47	63.51	66.11	
不应当	22.53	19.48	21.08	0.000
无所谓	8.99	17.02	12.80	
未婚成年女性	农村老年人	城镇老年人	所有老年人	p
应当	64.84	61.51	63.26	
不应当	24.44	20.25	22.45	0.000
无所谓	10.71	18.25	14.29	

对于已婚的成年子女（见表 4-13），91.02%的农村老年人认为已婚儿子应该给予生活费，远高于城镇老年人的 79.85%，二者具有显著差异（p = 0.000）；此外，85.69%的农村老年人认为已婚女性应该给予老人生活费，高于城镇老年人的 77.78%，二者也具有显著性差异（p = 0.000）。最后，无论是农村老年人还是城镇老年人，认为已婚男性应该给予父母生活费的比例都高于已婚女性，所以说，即使绝大多数老年人都认为儿女均有赡养义务，但传统的"养儿防老"观念依然影响着老年人。

表 4-13　农村已婚成年子女是否应当给予生活费（%）

已婚男性	农村老年人	城镇老年人	所有老年人	p
应当	91.02	79.85	85.71	
不应当	2.87	7.26	4.96	0.000
无所谓	6.11	12.89	9.33	
已婚女性	农村老年人	城镇老年人	所有老年人	p
应当	85.69	77.78	81.94	
不应当	5.42	8.45	6.86	0.000
无所谓	8.89	13.77	11.21	

（三）农村老年人对养老困境的支持主体选择

以上内容是老年人对养老责任主体的主观偏好，那么在实际日常生活中如果遇到养老困境，老年人客观寻求支持的支撑主体又是哪些呢？本研究从借钱、住房、生病照顾三个维度进行分析。数据分析结果发现（见表 4-14），在急需一笔钱的情况下，82.09%的老年人会寻求家人及亲密朋友的支持，其中，农村老年人的比例为 83.22%，高于城镇老年人的 80.74%；其次，7.48%的老年人会向商业机构借钱。其中，农村老年人的比例是 6.00%，低于城镇老年人的 9.22%。最后，5.92%的老年人选择政府机构，其中，农村老年人的比例是 6.18%，高于城镇老年人的 5.61%。因此，在现金支撑方面，农村老年人更倾向于家庭和政府，城市老年人更倾向于家庭和商业机构。

在寻求住房方面，77.81%的老年人寻求家人及亲密朋友的帮助，低于借钱的比例（82.09%），其中，农村老年人的比例为 81.66%，高于城镇老年人的比例 73.33%；其次，9.29%的老年人会向商业机构寻求帮助，农村老年人的比例为 5.54%，低于城镇老年人的 13.65%；最后，6.31%的老年人向政府寻求帮助,其中,农村老年人的比例为5.84%,低于城镇老年人的6.85%。因此,在寻求住房支持方面,农村老年人更倾向于家庭和政府,城市老年人更倾向于家庭和商业机构。

在寻求生病照顾方面,96.55%的老年人会选择家人及亲密朋友,远高于借钱和住房需求,其中,农村老年人的比例为97.68%,稍高于城镇老年人的95.23%;其次,1.42%的老年人向政府机构寻求帮助,农村老年人的比例为1.03%,稍低于城镇老年人的1.89%。因此,在生病照顾方面,城乡老年人都倾向于家庭和政府机构。

综上所述,在借钱、住房和生病照顾三个方面,农村与城镇老年人之间都存在显著差异,农村老年人更倾向于向家人和亲密朋友、政府寻求帮助,而城镇老年人倾向于向家人和亲密朋友、商业机构、政府寻求帮助。这可能是由于:一是城镇老年人有足够的经济条件支撑其向市场寻求服务;二是城镇老年人能够从市场中寻得服务,而农村的市场服务供给则相对匮乏。需要指出的是,无论农村老年人还是城镇老年人,向非营利组织寻求帮助的比例都非常低,这说明我国社会化养老服务还存在较大缺口。

表4-14 农村老年人养老困境的支持主体(%)

借钱	农村老年人	城镇老年人	所有老年人	p
家人及亲密朋友	83.22	80.74	82.09	
政府机构	6.18	5.61	5.92	
商业机构	6.00	9.22	7.48	0.008
非营利机构	0.18	0.11	0.15	
其他人/机构	0.45	0.43	0.44	
没有人可找	3.96	3.88	3.92	
住房	农村老年人	城镇老年人	所有老年人	p
家人及亲密朋友	81.66	73.33	77.81	
政府机构	5.84	6.85	6.31	
商业机构	5.54	13.65	9.29	0.000
非营利机构	0.19	0.51	0.34	
其他人/机构	0.88	1.81	1.31	
没有人可找	5.89	3.85	4.95	

续表

生病照顾	农村老年人	城镇老年人	所有老年人	p
家人及亲密朋友	97.68	95.23	96.55	
政府机构	1.03	1.89	1.42	
商业机构	0.22	1.78	0.94	0.000
非营利机构	0.09	0.37	0.22	
其他人/机构	0.09	0.26	0.17	
没有人可找	0.89	0.47	0.70	

三、农村老年人养老服务的经济支撑现状

本部分主要分析目前农村老年人在养老经济支撑方面的现状，经济支撑的主体包括了自我支撑、家庭支撑（子女支撑和兄弟姐妹支撑）、社会支撑，以及政府支撑四个层面。经济支撑的内容包括了现金支撑和实物支撑两种，支撑水平主要以现金数量进行衡量。

（一）农村老年人自我经济支撑

1. 农村老年人家庭财产情况分析

老年人的家庭财产情况主要包括两方面：一是家庭现金数量，二是家庭存款数量。在家庭现金持有方面（见表4-15），农村老年人平均拥有现金1561.52 元，低于城镇老年人为 2362.35 元，二者具有显著性差异（p = 0.0073）。此外，在家庭存款持有方面，农村老年人平均金额为 6671.45 元，远低于城镇老年人的 134822.20 元，二者具有显著性差异（p = 0.0179）。这表明，农村老年人的家庭财产状况较城镇老年人有较大差距。

表4-15 农村老年人家庭财产情况（元）

家庭财产情况	农村老年人	城镇老年人	所有老年人	p
现金	1561.52 ± 8621.49	2363.35 ± 7351.19	1742.33 ± 8357.86	0.0073
存款	6671.45 ± 29492.71	134822.20 ± 3187217	34977.07 ± 1495894	0.0179

2. 农村老年人的劳动情况

第一，农村老年人从事有收入工作的劳动时长。

老年人的收入主要来自于养老金、子女支持、自己劳动或工作所得三项。[1] CGSS 数据分析结果表明（见表 4-16），34.82% 的农村老年人上周从事有收入的劳动，远高于城镇老年人的 7.91%，且二者存在显著性差异（p = 0.000）。这表明，更多的农村老年人在年老后从事有收入的劳动。

表 4-16　农村老年人从事有收入的劳动情况（%）

上周从事有收入劳动	农村老年人	城镇老年人	P
是	34.82	7.91	0.000
否	65.18	92.09	

在工作时长方面（见表 4-17），农村老年人一周的平均工作时长为 23.89 小时，远高于城镇老年人的 6.01 个小时，二者具有显著性差异（p = 0.000），这与已有研究结论相一致。

表 4-17　农村老年人过去一周的工作时长

老年人类型	一周工作时长	P
农村老年人	23.89 ± 99.46	0.000
城镇老年人	6.01 ± 51.97	

第二，农村老年人的劳动类型状况。

农村老年人劳动包括了农业自雇、农业受雇和非农业工作三种，其中农业自雇的衡量指标是"过去一年，您有没有为自家干过农活、从事农业活动，并且至少 10 天以上？"，农业受雇的衡量指标是"过去一年，您有没有为其他农户或雇主干农活挣钱，并且至少 10 天以上？"非农业工作衡量指标则是"上周您有没有工作至少一个小时？这样的工作包括打工挣工资、从事个体与私营生意、或不拿工资为家庭经营帮工等。"数据分析结果发现（见表 4-18），47.91% 的农村老年人过去一年从事过农业活动，4.01% 的农村老年人从事农业受雇工作，12.88% 的农村老年人从事非农工作，因此，农村老年人主要还是从事农业工作。

---

[1] 中国人民大学中国调查与数据中心.2014 年中国老年人社会追踪调查（CLASS）报告［R］. 2014.12.

表 4-18　农村老年人的劳动类型（%）

工作类型	从事工作
农业自雇	47.91
农业受雇	4.01
非农工作	12.88

3. 农村老年人的劳动收入水平

农村老年人的劳动收入，主要包括老年人过去一年的农林产品收入、养殖收入及副产品收入、个体与经营收入、工资收入等五类，统计结果见表 4-19。农村老年人一年的平均劳动收入 11136.01 元，其中，农产品平均收入 7565.25 元，养殖平均收入 7297.70 元，养殖副产品平均收入为 6275.42 元，个体与经营平均收入为 2594.82 元，工资平均收入为 13421.85 元，由此可以看到，农村老年人工资平均收入最高，个体与经营平均收入最低。

表 4-19　农村老年人的收入情况

农业收入	M ± SD（元）
农林产品收入	7565.25 ± 14847.96
养殖收入	7297.70 ± 28249.21
养殖副产品收入	6275.42 ± 130829.10
个体与经营收入	2594.82 ± 26159.54
工资收入	13421.85 ± 16714.37
总计	11136.01 ± 72085.32

（二）农村老年人的家庭经济支撑

1. 农村老年人与家庭成员居住安排

与农村老年人居住在一起和暂时不在一起的家庭成员中，配偶、长子/女、孙子（女）外/孙子（女）、女婿和儿媳、次子/女是主要的家庭成员，根据数据显示（见表 4-20），农村老年人的子女、孙子（女）外/孙子（女）作为主要家庭成员比例均高于城镇老年人，而且二者具有显著性差异（p = 0.000）。因此，在所有老年人中，配偶都是作为主要的家庭成员，但子女在农村老年人家庭成员中的比重要高于城镇老年人，这也表明农村老年人对子女的依赖性更强。

表 4-20 农村老年人家庭的主要成员构成（%）

家庭主要成员	农村老年人	城镇老年人	所有老年人	p
配偶	63.48	72.12	67.86	
长子/女	68.18	66.22	67.17	
次子/女	41.67	27.88	34.68	
三子/女	20.45	10.32	15.32	
四子/女	9.55	3.98	6.73	
五子/女	3.33	1.62	2.47	0.000
女婿/儿媳	46.52	33.33	39.84	
孙子（女）外/孙子（女）	48.94	36.58	42.68	
孙子（女）外/孙子（女）配偶	1.67	2.65	2.17	
父母	1.97	2.80	2.39	
总计	305.76	257.52	281.32	

此外，在一起居住的主要家庭成员中（见表 4-21），46.16%的农村老年人与配偶同住，其高于城镇老年人的40.86%；20.85%的农村老年人与外/孙子女一起居住，低于城镇老年人的23.28%；12.55%的农村老年人与长子女居住在一起，低于城镇老年人的13.30%，最后还有比例较少的老年人分别与其他子女或者父母等居住在一起。这里需要指出的是，老年人之所以与孙子（女）外/孙子（女）居住在一起，一部分原因在于老年人如果和子女生活在一起，那么很大可能也会和孙子（女）外/孙子（女）居住一起，还有一部分原因在于老年人对外/孙子女的隔代抚养。

表 4-21 农村老年人一起居住的主要家庭成员（%）

一起居住的主要家庭成员	农村老年人	城镇老年人	所有老年人
配偶	46.16	40.86	44.87
孙子（女）外/孙子（女）	20.85	23.28	21.37
长子/女	12.55	13.30	12.65
其他人（其他子女/女婿/儿媳）	20.44	22.56	21.11

2. 子女对农村老年人的经济支撑

第一，与老年人联系最密切的子女及其支撑现状。

在与农村老年人联系最密切的子女中（见表4-22），47.51%的农村老年人选择长子，高于城镇老年人的43.74%；接下来，27.44%的老年人选择长女，其中，农村老年人比例为20.06%，低于城镇老年人的34.74%；再次，16.36%的老年人与其他儿子联系最密切，高于城镇老年人的9.89%。因此，从总体上来看，所有老年人更倾向于向长子女寻求帮助，尤其是长子。从城乡差别来看，农村老年人与其他儿子联系最紧密的比例高于城镇老年人，而与长女联系最密切的比例低于城镇老年人。

表4-22 与农村老年人联系最密切的子女（%）

联系最密切的子女	农村老年人	城镇老年人	所有老年人
长子	47.51	43.74	45.62
其他儿子	16.36	9.89	13.15
长女	20.06	34.74	27.44
其他女儿	10.95	7.31	9.12
其他	5.12	4.32	4.67

那么，联系最紧密的子女为农村老年人主要提供了哪些养老支持呢？本研究从现金支持、生活照料和精神慰藉三个层面来看。首先，在现金支持方面，35.17%的农村老年人经常获得联系最密切子女的现金支持，高于城镇老年人的30.30%，此外，38.43%的农村老年人有时获得联系最密切子女的现金支持，高于城镇老年人的30.30%，且农村和城镇老年人在获得联系最密切子女现金支持方面具有显著性差异（p=0.000），即更多的农村老年人获得联系最密切子女的现金支持。

在生活照料方面（见表4-23），25.54%的农村老年人经常获得联系最密切子女的生活照料，低于城镇老年人的30.34%。此外，33.43%的农村老年人有时获得联系最密切子女的生活照料，高于城镇老年人的27.28%，且二者具有显著性差异（p=0.037），二者在很少或没有获得生活照料方面的比例相近，分别为41.03%和41.88%。这表明，将近一半的老年人得不到联系最密切子女的生活照料。

在精神慰藉方面（见表4-23），23.57%的农村老年人经常获得联系最密切子女的精神慰藉，低于城镇老年人的 34.18%，而 39.43% 的农村老年人很少或没有获得过联系最密切子女的精神慰藉，高于城镇老年人的 27.23%，二者具有显著性差异（P=0.000），这从侧面反映出农村养老还主要侧重最基础的经济支撑，对于高层次的精神慰藉则较少。

综上，农村老年人更多地获得了联系最紧密子女的现金支持，更少地获得了生活照料，尤其是精神慰藉服务，这反映出多数农村老年人的养老层次还较低，仅停留在最基本的经济供养层次。

表 4-23　联系最密切子女的养老支撑

支撑类型	农村老年人	城镇老年人	p
现金			
经常	35.17	30.30	
有时	38.43	30.30	0.000
很少或没有	25.86	39.40	
生活照料	农村老年人	城镇老年人	p
经常	25.54	30.34	
有时	33.43	27.78	0.037
很少或没有	41.03	41.88	
精神慰藉	农村老年人	城镇老年人	p
经常	23.57	34.18	
有时	37.00	38.58	0.000
很少或没有	39.43	27.23	

第二，农村老年人获得子女经济支撑的水平。

在获得子女的经济支撑水平方面，主要衡量不与老年人住在一起的子女，过去一年对老年人的现金与物质方面的支撑，统计结果见表 4-24。根据数据结果发现，在现金支撑方面，全体老年人从不住在一起的子女那里去年一年平均获得 3263.66 元的现金支持，其中，农村老年人平均为 3306.66 元，高于城镇老年人的 3059.49 元；在常规现金支持方面，全体老年人从不住在一起的子女那里一年平均获得 556.68 元，总体数量偏低，其中，农村老年人为 581.12 元，高于城镇老年人 459.11 元，这和前文的研究发现相一致，即农村老年人获得子女更多的现金支撑。

在物质支持方面,老年人过去一年从不住在一起的子女那里平均获得1750.33元的经济支撑,其中,农村老年人平均获得1487.89元,低于城镇老年人的2632.42元;在常规物质支持方面,老年人过去一年获得常规物质支持为182.15元,其中,农村老年人为163.38元,低于城镇老年人的231.41元。

综上可以看到,老年人过去一年获得子女的现金支持、物质支持数量均不多,且物质支持总体少于现金支持。在城乡方面,农村老年人获得更多地现金支持,但是更少的物质支持。

表4-24 农村老年人不住在一起子女的经济支撑水平

子女经济支撑类型	支持金额（M±SD）		
	农村老年人	城镇老年人	所有老年人
现金支持	3306.66±10598.87	3059.49±9160.27	3263.66±10278.03
常规现金支持	581.12±2797.13	459.11±2575.22	556.68±2757.87
物质支持	1487.89±3724.28	2632.42±5208.98	1750.33±4164.82
常规物质支持	163.38±853.18	231.41±1535.69	182.15±1076.21

3. 兄弟姊妹对老年人的经济支撑

兄弟姊妹对老年人的经济支撑,也分为现金支持和实物支持两类,统计结果见表4-25。在现金支撑方面,过去一年,老年人平均获得兄弟姊妹现金支撑209.49元,其中农村老年人176.78元,低于城镇老年人的325元;其中常规现金支持方面,老年人过去一年平均获得15.64元,农村为11.86元,低于城镇老年人的29.08元。

在实物支持方面,老年人过去一年仅平均获得82.65元的物质支持,其中农村老年人61.38元,低于城镇老年人的158.16元;此外,老年人平均获得常规物质支持7.17元,其中农村老年人为5.76元,低于城镇老年人的12.19元。

综上可以看到,无论农村老年人,还是城镇老年人,从兄弟姊妹那里获得的经济支撑数量都非常少。从城乡来看,农村老年人获得的经济支撑少于城镇老年人。此外,老年人从兄弟姊妹那里获得的现金支撑多于物质支持。这表明,兄弟姊妹对老年人的经济支撑非常有限。

表 4-25　老年人的兄弟姊妹经济支持

兄弟姊妹支持	支持金额（M±SD）		
	农村老年人	城镇老年人	所有老年人
现金支持	176.78±1805.55	325.21±2045.05	209.49±1858.14
常规现金支持	11.86±172.48	29.08±405.55	15.64±244.28
物质支持	61.38±379.81	158.16±827.09	82.65±515.24
常规物质支持	5.76±65.84	12.19±142.18	7.17±88.65

（三）农村老年人的社会经济支撑

老年人的社会经济支撑，主要包括亲戚朋友的礼金及其他经济支持、社会其他成员的捐赠和补助两类。

1. 亲戚朋友的支撑

亲戚朋友的支撑主要以过去一年，获得非居住在一起的亲戚朋友的礼金支撑，礼金是指婚丧嫁娶、搬迁新房、新生儿、子女升学等情况下的随礼。从数据分析结果来看（见表4-26），老年人一年平均获得亲戚朋友的礼金支撑701.53元，其中农村老年人682.33元，低于城镇老年人的782.83元。老年人从亲戚朋友处主要获得的是礼金收入，但是礼金更多地属于社交工具，其从侧面能够反映出老年人的社会支持力度。

除了礼金外，老年人还会从亲戚朋友那里获得生病、生活困难情况下的经济资助（不包括借钱），老年人一年从亲戚朋友处平均获得经济资助为177.04元，其中，农村老年人为177.29元，城镇老年人为179.58元。因此，无论是农村老年人还是城镇老年人，在发生养老困境时从亲戚朋友那里获得的经济资助水平较低。

表 4-26　亲戚朋友的经济支撑

经济支撑类型	金额（M±SD）		
	农村老年人	城镇老年人	所有老年人
收受礼金	682.33±4968.89	782.83±4457.33	701.53±4846.93
困境经济救助	177.29±1437.68	179.58±1555.39	177.04±1461.05

2. 社会的捐赠或补助

社会的捐赠或补助情况见表4-27，老年人获得社会捐赠和补助的人数比例非常低，仅有0.56%，即26位老年人获得过社会捐赠或补助，其中，农村老年人19位，占农村老年被访者的0.65%，城镇老年人仅7位，占城市被访老年人的0.19%。因此，仅有极少老年人能够获得社会捐赠或补助支撑。

表4-27 社会捐赠或补助

社会捐赠或补助	农村老年人	城镇老年人	所有老年人
是	19 (0.65%)	7 (0.19%)	26 (0.56%)
否	3544 (99.35%)	1023 (99.81%)	4567 (99.44%)
共计	3563	1030	4593

从具体的支持金额来看（见表4-28），老年人过去一年平均获得社会救助或补助金额为570.87元，其中农村老年人639元，显著高于城镇老年人的75元，这也从侧面反映出农村老年人的经济状况更差。

表4-28 过去一年社会捐赠或补助金额

	农村老年人	城镇老年人	所有老年人
捐赠或补助金额（M±SD）	639±662.87	75±35.36	570.87±642.15

（四）政府的经济支撑

政府对老年人的经济支撑主要分为三部分：一是社会保险，主要是养老金/退休金，以及长期护理保险；二是政府对农业的补助、补贴或赔偿等；三是政府的社会救助，包括特困人员、低保人员、建档立卡贫困户的救助等。

1. 政府的社会保险支撑

首先，从老年人的社会保险待遇来看（见表4-29），79.53%的老年人领取了养老金，其中76.12%的农村老年人领取了养老金，低于城镇老年人的91.17%，且二者具有显著性差异。其次，从领取金额来看，老年人一年平均领取养老金10755.28元，其中，农村老年人为3002.72元，远低于城镇老年人的32697.81元，且二者具有显著性差异。根《2014年中国老年社会追踪调查报告》结果显示，82.1%的城镇老年人和14.60%的农村老年人依靠养老金生活。可以说,我国农村老年人领取养老金的比例在提高,但是无论从覆盖面还是待遇水平来说,都与城镇老年人存在较大差距。

表 4-29 政府对老年人的养老金支撑 (%)

是否领取养老金	农村老年人	城镇老年人	所有老年人	P
是	76.12	91.17	79.53	0.000
否	23.88	8.83	20.47	
领取养老金金额(元)	3002.72±6545.13	32697.81±34645.02	10755.28±22623.96	0.000

目前,我国正推行长期护理保险制度,主要是对失能失智老年人照护费用予以报销。从数据分析结果来看(见表4-30),仅有0.11%的老年人有长期护理保险,其中农村老年人的比例仅0.08%。这说明,我国长期护理保险的覆盖面还非常低,绝大多数失能失智老年人的照护费用仍然由老年人自己或家庭承担。

表 4-30 老年人长期护理保险 (%)

是否有长期护理保险	农村老年人	城镇老年人	所有老年人
是	0.08	0.19	0.11
否	99.92	99.81	99.89

2. 政府的农业补助/补偿支持

我国政府高度重视"三农"发展,每年都会给予农业的支持,补贴政策力度逐渐加大,补贴范围也越来越广。本研究从农业补助、退耕还林补贴、征地赔偿、征地养老金四项分析政府对农村老年人的经济支撑。从数据分析结果来看(见表4-31),过去一年,38.53%的农村老年人获得农业补助金,平均金额为989.85元;8.20%的农村老年人获得退耕还林补贴,平均金额为927.66元;5.48%的农村老年人获得征地补偿,平均金额为20450.18元;3.95%的农村老年人获得征地养老金,平均金额为840.93元。从总体来看,农村老年人享受政府农业补贴/补偿的比例非常低,且金额都不高。

表 4-31 政府的农业补助/补偿

政府农业补助/补偿类型	享受比例	金额（M±SD）元
农业补助	1372（38.53%）	989.85 ±6925.15
退耕还林补贴	292（8.20%）	927.66±1713.27
征地补偿	195（5.48%）	20450.18 ±137580.5
征地养老金	105（3.95%）	840.93±594.49

3. 政府对特殊老年人的社会救助支撑

政府对特殊老年人的社会救助支撑，主要包括针对低保老年人的低保金、针对特困人员的三无/五保户补助金、针对建档立卡户的贫困补助金。从数据分析结果来看（见表4-32），过去一年，9.39%的老年人领取了低保金，平均金额为2523.49元，其中，10.98%的农村老年人领取低保金，平均金额为2405.54元，3.98%的城镇老年人领取低保金，平均额度为3684.45元；7.6%的老年人为建档立卡户，平均领取建档立卡补助2244.35元，其中，9.58%的农村老年人属于建档立卡贫困户，平均领取补助2255.45元，0.78%的城镇老年人属于建档立卡贫困户，平均领取补助2073.06元；在特困人员方面，1.86%的老年人属于三无/五保人群，平均领取3450.33元补助，其中，2.25%的农村老年人属于五保人群，平均领取3162.06元补助，0.58%的城镇老年人属于三无人群，平均领取3139.00元补助。数据结果表明，农村老年人贫困的比例较城市更高，农村老年人除低保金低于城镇老年人，建档立卡补助和特困人员补助和城市贫困老年人相差不大。

表 4-32 政府社会救助支持

救助支持类型	农村老年人	城镇老年人	所有老年人
低保金	391（10.98%）	40（3.89%）	431（9.39%）
低保金额（元）	2405.54±2640.31	3684.45±3127.94	2523.49± 2710.12
建档立卡补助	341（9.58%）	8（0.78%）	349（7.6%）

续表

救助支持类型	农村老年人	城镇老年人	所有老年人
建档立卡补助金额（元）	2255.45±4654.89	2073.06±2291.44	2244.35±4543.93
特困人员补助	80 (2.25%)	6 (0.58%)	86 (1.86%)
特困人员补助金额（元）	3162.06±2798.19	3139.00±2748.44	3450.33±3656.81

第三节　农村养老服务经济支撑存在的主要问题

我国农村老龄化程度高于城市，但养老服务供给水平却远低于城市。乡村振兴战略规划为建立和完善中国农村养老服务体系提供了重要机遇，建立以居家为基础、社区为依托、机构为补充的多层次农村养老服务体系成为破解农村养老困局的重要突破口。然而，社会化养老服务体系是需要一定经济支撑的，已有研究表明，经济发展水平越高，人们更易选择社会化养老模式，老年服务分工的依据是收入和支付能力，而非需求（唐钧，2015）。[1] 本研究主要使用 CGSS 和 CHARLS 数据，从城乡比较角度，分析了老年人的养老责任主体意愿、社区居家养老服务使用，以及目前的养老经济支撑情况，得出如下结论：

一、传统养老观念制约农村老年人养老方式选择

第一，在政府、子女和自我养老责任主体层面，多半数农村老年人认为养老是子女的责任，远高于城市老年人，这与已有研究结论相一致。传统农村老年人主要依靠本人、配偶、子女等承担养老功能，农村养老始终是家庭的责任（陈其芳，曾福生，2016）。[2] 但也应该看到，家庭作为养老责任的主观意识也在逐渐淡化，还有近半数的农村老年人认为养老是政府、老年人自己及子女三者共同责任。

第二，在不同的养老服务类型责任主体方面，老年人在日常生活服务方面

---

[1] 唐钧. 中国老年服务的现状、问题与发展前景 [J]. 国家行政学院学报, 2015 (3): 75-81.

[2] 陈其芳, 曾福生. 中国农村养老模式的演变逻辑与发展趋势 [J]. 湘潭大学学报（哲学社会科学版）, 2016 (4): 82-86.

更倾向于个人/家庭责任，在医疗和照顾责任更倾向于政府与家庭共同责任，这也表明养老服务供给主体应当是多元的，且各自有所侧重。此外，城镇老年人在日常生活服务和医疗照顾服务方面都更少依赖于家庭。

第三，在家庭成员内部的养老责任划分中，绝大多数老年人都认为所有子女都应该赡养老人，农村老年人对儿子养老的依赖比城市老年人更重，无论是长子还是其他儿子。在未婚与已婚子女中，虽然绝大多数老年人都认为无论结婚与否，子女都应该给老年人生活费，但认为已婚子女应该给予老人生活费的比例都比未婚子女要高。此外，农村老年人对于未婚子女不应当给予父母生活费的比例比城市要高，而在已婚子女中则更低，表明农村老年人对已婚子女更为依赖。

第四，当老年人遇到养老困境时，无论在借钱、住房还是生病照顾方面，都倾向于向家人及亲密朋友寻求支持，其中，在生病照顾方面依赖最强，其次是借钱，最后是住房。此外，城镇老年人对商业机构的依赖高于农村老年人，这可能是因为城镇老年人有经济能力进行市场支付，以及市场能够提供其所需的养老服务。在此需要说明的是，老年人向非营利机构寻求支持的比例都非常低，从侧面反映出非营利组织在提供养老服务方面存在严重不足。

综上，可以发现：一是农村老年人对子女，尤其是已婚子女的养老依赖较城镇老年人更重，但这种"养儿防老"的观念也在淡化，政府、老年人自身等也已被认为是养老责任主体。二是农村老年人对子女，尤其是儿子的养老依赖较城镇老年人更重，这与老年人传统养老观念、自身经济能力较差等主客观因素都有关。第三，对于不同类型的养老服务，老年人对提供主体存在不同偏好，因此，多元主体要实现分工合作，满足老年人多样化、个性化的养老服务需求。第四，在多元养老服务供给主体中，老年人对于子女和亲密朋友等非正式支持网络更为依赖，社会力量，尤其是非营利组织，在养老服务供给体系中严重缺位。

二、农村养老服务供给水平低且结构性失衡

第一，与已有研究一致，无论农村老年人还是城镇老年人，入住养老机构的意愿及构成比例都比较低（王三秀、杨媛媛，2017）。[1] 其原因是多方面

---

[1] 王三秀、杨媛媛. 我国农村机构养老面临的现实困境及其对策研究 [J]. 四川理工学院学报，2017，32（3）：1-15.

的，除了传统的家庭养老文化外，农村养老机构发展也存在诸多问题，如机构数量少、服务内容单一，以及运营状况不佳、缺乏家居认同和亲情滋养、非规范化发展等（穆光宗，2012）。[1] 此外，也包括了政府职能履行不到位、养老机构收费过高，以及子女不同意、老人不够入住资格等（黄枫，2016）。[2]

第二，虽然老年人更愿意社区居家养老，但社区居家养老服务供给却又存在严重不足且结构性失衡。本研究中，仅有近1/5的老年人享受过社区居家养老服务，农村老年人较城镇老年人的比例偏低，老年人享受社区居家养老服务的类型主要是体检、上门巡诊及健康管理等预防保健类和娱乐休闲类服务，而康复护理类服务则最少，这表明社区居家养老服务供给结构的失衡。这与已有研究结论也相一致，王震（2018）通过实证研究发现，我国社区居家养老服务存在供需失衡、利用率不足的问题。[3]

学术界目前对于这一现象有不同的解释，有学者从需求角度出发，认为社区居家养老服务价格对于老年人来说偏高，老年人支付能力不足（王莉莉，2013）；[4] 也有学者从供给角度出发，认为是社区居家养老服务内容单一、专业化水平低、服务质量差，难以满足老年人的多样化、专业化、个性化需求（崔恒展、张军，2016）；还有学者从治理角度出发，认为是当前社会服务治理模式不能适应社区居家养老服务的供给特征（王震，2018）。

第三，养老服务供给水平存在城乡差异。第四次中国城乡老年人生活状况调查结果显示，15.22%的老年人认为他们需要社区居家养老服务，其中农村老年人的比例是16.38%，高于城市老年人的14.14%。[5] 而民政部《2019年民政事业发展统计公报》却显示，截至2019年底，全国共有各类社区服务机构和设施52.8万个，城市社区综合服务设施覆盖率92.9%，农村仅为59.3%，农村社区综合服务覆盖面还存在较大缺口。因此，老年人社区居家养老服务供需存在着城乡倒置现象。

---

[1] 穆光宗. 我国机构养老发展的困境与对策[J]. 华中师范大学学报（人文社会科学版），2012, 51（2）: 31-38.

[2] 黄枫. 农村失能老人现状及长期护理制度建设[J]. 中国软科学，2016（1）: 72-78.

[3] 王震. 居家社区养老服务供给的政策分析及治理模式重构[J]. 探索，2018（6）: 116-126.

[4] 崔恒展, 张军. 供需视角下的养老服务业发展研究[J]. 济南大学学报（社会科学版），2016（5）: 103-111.

[5] 王莉莉. 基于"服务链"理论的居家养老服务需求、供给与利用研究[J]. 人口学刊，2013（2）: 49-59.

三、养老服务经济支撑存在明显的城乡差异

老年人的养老服务需求能否得到满足,一是在于多元主体的供给能力,二是在于老年人的经济负担能力。已有研究表明,老年人经济负担能力对其养老意愿有显著影响,不同老年群体的收入来源及其水平,很大程度上决定了他们养老服务需求满足的差异(Zhan et al.,2006)。[1] 本研究从老年人自我经济支撑、家庭经济支撑、社会经济支撑和政府经济支撑四个层面,分析城乡老年人的养老服务经济支撑。

第一,在老年人自我经济支撑方面。农村老年人每户平均拥有现金量和家庭存款量都显著低于城镇老年人。34.82%的农村老年人仍然在从事有收入的劳动情况,远高于城镇老年人的7.91%。从工作时长来看,农村老年人一周平均工作时长23.89小时,远高于城镇老年人的6.01小时,这也与之前的研究发现相一致(李梦竹,2014)。从农村老年人的劳动收入情况来看,一年平均收入总计11136.01元,其中,年平均工资收入最多,达到13421.85元,年个体与经营平均收入最少,仅为2594.82元,其他农林产品、养殖及副产品收入平均每年六七千元。由此可以看到,农村老年人打工、工作等的工资收入要高于其从事农业等的收入。

第二,从子女经济支撑情况来看。首先,是居住安排,农村老年人以子女作为家庭成员的比例要高于城镇老年人,城镇老年人均主要与配偶居住在一起。老年人与外/孙子(女)一起居住比例较高,一是因为一般和子女居住的老年人也会和外/孙子(女)一起居住。二是隔代抚养的存在。其次,是经济支撑,与老年人联系最密切的是长子、长女,这说明长子女在赡养老人中发挥着主要功能。农村老年人获得最亲密子女现金支持的比例高于城镇老年人,获得亲密子女精神慰藉支撑的比例低于城镇老年人,经常获得生活照料的比例也低于城镇老年人,因此,农村老年人对子女的经济依赖更为强烈。在具体的支持水平方面,农村老年人获得的现金支持、常规现金支持数量均高于城镇老年人,分别为3306.66元和581.12元,常规现金支持较少。此外,农村老年人获得的物质支持和常规物质支持数量均低于城镇老年人,分别为1487.89元和

---

[1] Zhan J. H., Liu, G. Y., Guan, X. P., Bai, H. G.. Recent Developments in Institutional Elder Care in China: Changing Concepts and Attitudes. *Journal of Aging & Social Policy*, 2006, 18 (2): 85-108.

163.38 元。

第三，从兄弟姊妹的经济支撑来看。农村老年人每年平均从兄弟姐妹那里获得的现金水平、常规现金水平、物质水平、常规物质水平都低于城镇老年人；此外，老年人从兄弟姊妹那里平均每年获得的现金支持也就 209.49 元。这表明无论农村老年人还是城市老年人，从兄弟姊妹那里获得的经济支撑非常少，并且农村老年人更少。

第四，在老年人的社会经济支撑方面。从亲戚朋友那里一年获得的礼金，农村老年人为 682.33 元，低于城市老年人的 782.83 元。除礼金外，在老年人生病、生活困难情况下获得亲戚朋友的资助相差无几，其中，农村老年人为 177.29 元，城镇老年人为 179.58 元，因此，无论城镇老年人还是农村老年人，亲朋好友的经济支撑非常有限。在社会捐赠和补助方面，仅有 0.56% 的老年人获得过社会捐助和补助，救助金额也非常低，农村老年人为 639 元，城镇老年人仅为 75 元，这也从侧面反映出农村老年人的经济状况更差。

第五，在政府的经济支撑方面。在社会保险方面，76.21% 的农村老年人领取了养老金，远低于城市老年人的 91.17%；从金额来看，农村老年人每年平均领取养老金 3002.72 元，远低于城镇老年人的 32697.81 元，二者相差将近十倍；此外，老年人拥有长期护理的保险的比例比较低，老年人失能失智后的照护费用仍主要由个人或家庭承担。在政府的农业补贴或补偿方面，38.53% 的农村老年人获得农业补助，平均一年补贴 989.85 元，其他获得诸如退耕还林、征地补偿、征地养老金等政府补贴或补偿的农村老年人比例则非常少。在政府针对特殊困难老年人的社会救助方面，农村老年人领取低保金、建档立卡补助、特困人员补助的比例都高于城镇老年人，农村老年人除低保金低于城镇老年人，建档立卡补助和特困人员补助和城镇贫困老年人相差不大。这说明我国农村老年人中贫困发生率要高于城镇老年人。

综上，农村老年人主要依赖于自我劳动和子女的经济支撑，兄弟姊妹、亲朋好友等非正式支持网络的经济支撑水平都非常低，获得社会捐赠或补助的老年人的比例也非常低，而且捐赠或补助数量也不高。虽然绝大多数城乡老年人都有养老金，但城镇老年人的待遇标准远高于农村老年人，这也导致农村老年人仍从事农业劳动的比例较高，这与以往研究结论也相一致，第四次城乡老年人生活状况抽样调查数据结果就显示，2014 年，农村老年人年人均收入 7621 元，低于城镇老年人的 23930 元，城镇老年人以养老金等保障性收入为主，农村老年人的保障性收入较少,主要靠自己劳动收入和子女支持收入。虽然农村老年人年老后仍在劳动,但是贫困发生率却要高于城镇老年人口。[1]

第四节 农村养老服务经济支撑的实现路径

一、农村家庭养老责任的强化与支持

在中国,尤其是广大农村地区,家庭养老仍是老年人首选的养老方式,家庭养老在精神慰藉、养老成本方面具有独特的优势。从根本上说,老年照护服务属于一项情感劳动,服务照顾者与被照顾者之间的信任关系、连接方式等都影响着照料质量与成本,家庭提供老年人照护服务有着天然优势。[2] 然而,随着经济社会发展,家庭核心化、离散化,以及代际之间市场化程度不断提高,家庭养老功能在逐渐退化。目前我国应对老龄化的主要策略是建设社会化养老服务体系,即居家、社区和机构养老,强调由社会向老年人提供养老服务,这可能在一定程度上导致家庭责任的退化,即国家养老政策对家庭养老造成"挤出效应"。[3] 深度老龄化国家的回归家庭的养老策略,需要政府重新思考和定位家庭养老责任,承认家庭非正式照料者的劳动价值,并出台相应的扶持政策,如经济支持、心理咨询、喘息服务等,增加家庭照料者的社会资本。[4]

二、农村老年人可支配收入的提高与优化

政府除了对家庭非正式照顾者提供政策支持外,还需要增加对老年人个体的经济支持。已有研究表明,我国老年人的服务利用水平很低,而收入水平是影响老年人服务利用的一个重要因素(杜鹏,2017)。这可能是因为:老年人

---

[1] 中国人民大学中国调查与数据中心. 2014 年中国老年人社会追踪调查(CLASS)报告 [R]. 2014.12.

[2] 钟曼丽. 刘筱红. 农村家庭养老的家国责任边界 [J]. 西北农林科技大学学报(社会科学版),2018(2):86-93.

[3] 刘一伟. 挤入还是挤出?新农保对子女经济供养老人行为的实证分析 [J]. 农村经济,2014(9):77-81.

[4] 汪泳. 社会资本视域下支持家庭养老的政府行动逻辑即策略 [J]. 理论探讨,2020(4):63-68.

收入水平越高，购买力越强，或者收入水平低的老年人获得服务信息较弱，以及子女较多而无需使用家庭外的服务（孙鹃娟，2017）。政府除了从促进农业发展角度提高老年人可支配收入外，还需要增加老年人的养老金水平，因为已有研究发现，由于农村养老金水平比城镇职工养老保险水平低很多，农村老人对养老金水平的整体满意度偏低（陶鹏，2017）[1]。并且随着养老金水平的提高，农村老年人的劳动时间会降低，养老金每增加一元，老年人的劳动时间会减少0.032小时（赵晶晶，2017）[2]。因此，为了提高农村老年人的养老水平，政府要提高对农村老年人的可支配收入，尤其是养老金的待遇水平。

三、社会化养老服务体系的完善与加强

我国社会化养老服务包括为老年人提供上门服务的居家养老服务，社区互助幸福院、日间照料中心、居家养老服务中心等社区养老服务，以及机构养老服务，其中，居家养老服务主要面向自理老年人，社区养老主要面向自理和半自理老年人，机构养老主要面向失能失智老年人。社会化养老服务体系能够满足不同类型老年人多样化、个性化的养老服务需求。但目前不同养老模式的发展现状都不容乐观，各自面临着不同程度的发展困境，且不同养老模式之间缺乏链接，出现"断裂"现象（王维、刘燕丽，2020）[3]。社会化养老服务供给需要一定的经济实力和公共基础设施、完善的组织和制度保障，以及专业的服务人才作为支撑。由于地域差异、老年人个体差异等因素，政府需要因地制宜，推动家庭、居家、社区、机构等不同养老模式的有机融合，取长补短，实现三种养老服务一体化（钱学明，2019）[4]。

四、多元主体协同合作供给体系的构建与保障

养老服务的责任主体涉及老年人自己、家庭、社区、社会、政府等多元主体，目前农村地区的养老困境的重要原因之一是多元主体的责任分工不明确，存在不同主体间"越位""错位"及"缺位"现象（唐健、彭刚，2020）。多

---

[1] 陶鹏. 新农保能否提高农民的幸福感分析——基于CHARLS 2013数据的实证分析 [J]. 现代商贸工业, 2017 (09): 118-119.

[2] 赵晶晶. 养老金收入对农村老人劳动供给的影响研究 [D]. 南京农业大学, 2017.

[3] 王维, 刘燕丽. 农村养老服务体系的整合与多元建构 [J]. 华南农业大学学报（社会科学版), 2020, 19 (1): 102-116.

[4] 钱学明. 社会养老服务体系应做到两个"一体化" [J]. 小康, 2019 (10): 6.

元主体协同合作供给体系构建：第一，需要明确养老服务供给必须以"老年人需求"为中心，为老年人提供个性化、专业化、无缝连接的整合性养老服务；第二，养老还需要注重老年人自身的能动性，开发老年人人力资源，为社会发挥余热的同时也为自己的养老保障出谋划策；第三，家庭、社区、社会、市场和政府要责任明确，实现多元共治，尤其是政府部门，要在加大财政支撑力度的同时，建立健全财政转移支付的绩效评估和长效投入机制；第四，多元主体并非独立运行，而是相互合作、相互补充、相互促进的关系，促进各个主体的优势能够得到最大的发挥的同时，避免各自的不足；第五，多元主体的合作共治，还需要制度保障、组织保障、技术保障、人才保障等多重保障机制。

第五章 乡镇敬老院运行状况与政策支持研究

乡镇敬老院成立的初衷是将农村无子女依靠的老年人（"五保"户[1]）集中供养起来，为他们提供一个生活场所[2]，在他们基本生活难以自理时，由国家和集体来解决他们的养老问题。长期以来，乡镇敬老院发挥着生产救济性的功能，实现了应保尽保，体现了社会主义制度的优越性。自21世纪我国迈入人口老龄化社会以来[3]，农村老年人口迅速增长，农村老龄化程度逐步加深，加之城镇化进程中青壮年人口外出务工，农村老年人的养老需求激增。然而大部分乡镇敬老院主要以供养五保老人为主，五保老人分布相对分散，乡镇敬老院空置率高，并未得到充分利用。2019年，民政部、财政部和人力资源社会保障部颁布的《关于进一步加强特困人员供养服务设施（敬老院）管理有关工作的通知》，要求乡镇敬老院推进社会化改革，提升服务质量。乡镇敬老院面临发展转型，梳理我国乡镇敬老院的发展历程，客观分析中国乡镇敬老院运行状况，找准乡镇敬老院的服务对象，是研究乡镇敬老院如何转型的内

---

[1] 五保老人是中国农村集体经济组织或街道办事处经济组织供养的、实行"保吃、保穿、保住、保医、保葬"五保措施的老人。一般是基本丧失劳动能力的、无子女、无依靠、无生活来源的鳏、寡、孤、独老人，绝大部分生活在农村。现阶段中国农村对五保老年农民的赡养，主要有三种形式：（1）集体供养，分散赡养。凡生活尚能自理并愿意单独生活的五保老人，乡村按标准供给他们的粮食和物资，由他们自己管理日常生活。（2）划分养老田，组织村民或亲属代耕。乡村划给五保老人多于一般农民的养老田；五保老人的一切费用，都由养老田的收入支付；五保老人的养老田免征公粮、一切征购和提留。（3）由集体举办敬老院等，对五保老人实行统一照顾和安排。敬老院的资金以乡为单位统一筹集、分配和使用，对五保人的供养标准一般不应低于当地农民的实际生活水平。来源于吴忠观，《人口科学辞典》，西南财经大学出版社，1997。

[2] 中国共产党八届六次全会通过的《关于人民公社若干问题的决议》中的有关内容。

[3] 1999年，中国60周岁及以上老年人口占总人口的比重达到10%，2000年，中国65周岁及以上老年人口占总人口比重达到7%，可以认为我国在进入21世纪时迈入了老龄化社会。

在依据和前提，为乡镇敬老院如何更好地满足农村老年人的养老服务需求提供方向。

第一节 乡镇敬老院的主要发展历程与政策支持

我国乡镇敬老院的发展经历了四个阶段：第一阶段 1951 年至 1977 年，乡镇敬老院的探索成立与初步发展；第二阶段是 1978 年至 1999 年，乡镇敬老院吸纳社会力量，不断发展壮大；第三阶段是 2000 年至 2009 年，国家出台一系列政策支持乡镇敬老院发展，为乡镇敬老院提供了资金方面的保障；第四阶段是 2010 年至 2020 年，乡镇敬老院服务对象社会化与功能转型。

一、乡镇敬老院的探索成立与初步发展

乡镇敬老院的成立要追溯到 1951 年，河南省唐河县通过自愿联合、安置孤老残幼的办法建设农村敬老院，随后这一做法在全国范围内推广。1956 年，为解决农村互助合作化后，"五保"对象的照料问题，减轻集体的负担，黑龙江拜泉县兴华乡办起了敬老院，收养"五保"对象，其他地区纷纷效仿。1958 年，毛泽东同志视察河南省新乡县七里营人民公社敬老院，同年，中国共产党八届六次全会通过了《关于人民公社若干问题的决议》，明确指出："要办好敬老院，为那些无子女依靠的老年人（五保户）提供一个较好的生活场所。"当时领导人的重视及政策文件的出台极大地推动了乡镇敬老院的发展。

二、社会力量注入乡镇敬老院

改革开放以来，国家坚持"以乡镇为骨干多层次办院，实现各乡镇都有敬老院，促使五保老人就近入院"的措施，推动了乡镇敬老院的快速发展。1988 年 7 月，民政部发文《关于支持和表彰个人办敬老院的决定》，公开表彰 19 位创办敬老院的个人。由此，社会各界积极参与到乡镇敬老院的建设中，社会力量的注入，促进了乡镇敬老院的长足发展。据统计，1994 年，社会力量投入乡镇敬老院资金为 4.8 亿元，新建和扩建敬老院 3900 所。此时，乡镇敬老院已分布在全国 1131 个县（市），形成了较大规模。

1997 年，民政部颁布《农村敬老院管理暂行办法》，对乡镇敬老院的性

质、资金渠道、管理主体、供养对象、院务管理、财务管理、工作人员、生产经营、政策扶持等方面作出了明确规定，大大推动了农村敬老院的规范化发展。

三、乡镇敬老院标准确立与资金保障

21世纪以来，我国出台了一系列政策文件，支持乡镇敬老院的发展。2001年，民政部颁布的《"社区老年福利服务星光计划"实施方案》，运用福利彩票等福利金建设一批乡镇敬老院，主要为农村"五保"老人提供养老服务。2001年，国务院颁布的《中国老龄事业发展"十五"计划纲要（2001-2005年）》明确提出要重视农村老龄问题和农民的养老问题，并指出农村乡镇敬老院覆盖率要达到90%。这两个文件分别从资金方面和覆盖率方面对乡镇敬老院进行了指导。

2006年，国务院颁布了《农村五保供养工作条例》，对农村五保对象的保障范围和资金来源进行了规定，同时，明确了农村五保对象的供养形式包括集中供养和分散供养两种，五保对象可以自行选择供养形式。2006年，民政部颁布《农村"五保供养服务设施建设霞光计划"实施方案》，指出自2006至2010年，从中央到地方，各级民政部门要从本级留用的彩票公益金中，划拨一部分资金资助农村五保供养服务设施建设，同时积极争取地方政府加大投入，总投入力争达到50亿元左右。其中，部本级每年安排资金不少于1亿元。建设一批农村五保供养设施，基本满足农村五保供养对象集中供养需求，保证每户分散供养对象拥有一间达到当地一般居住条件的住房。

这一时期，相关政策确定了乡镇敬老院的资金来源、覆盖率，明确指出乡镇敬老院的服务对象为五保老人，指出五保老人可以自行选择供养方式，并确定集中供养和分散供养标准。

四、乡镇敬老院服务对象社会化与功能转型

2010年，民政部颁布《农村五保供养服务机构管理办法》，进一步对五保供养服务机构的床位数、服务标准和服务范围进行规定。指出农村五保供养服务机构的建设规模原则上不少于40张床位，农村五保供养服务机构应当为每名农村五保供养对象提供使用面积不少于6平方米的居住用房。农村五保供养服务机构在满足当地农村五保供养对象集中供养需要的基础上，可以开展社

养老服务。开展社会养老服务的农村五保供养服务机构应当与服务对象或者其赡养人签订协议，约定双方的权利和义务。农村五保供养服务机构不得因开展社会养老服务降低对农村五保供养对象的集中供养条件和服务水平。

2012年，民政部颁布《关于开展"社会养老服务体系建设推进年"活动暨启动"敬老爱老助老工程"的实施意见》，意见指出，在农村要加快发展居家和社会养老服务，到2015年，居家和社区养老服务基本覆盖50%以上的农村社区，全国基本建立起形式多样、方便适用、广泛覆盖的居家和社区养老服务网络。同年，民政部的"农村养老服务建设幸福计划"，要求在农村社区建设一批养老服务设施，为老年人提供集中养老服务，并逐步为农村老年人提供居家养老和日间照料服务。

2013年，财政部和民政部联合颁布的《中央专项彩票公益金支持农村幸福院项目管理办法》，对农村幸福院的建设提供了资金支持的具体方案，同时，指出了我国农村要建设以自养、子女赡养等居家养老为基础，幸福院等农村社区照料为依托，农村五保供养服务机构等为支撑的农村养老服务体系。同年，国务院颁布《关于加快发展养老服务业的若干意见》，指出符合标准的日间照料中心、老年人活动中心等服务设施覆盖90%以上的乡镇和60%以上的农村社区。切实加强农村养老服务，健全服务网络。要完善农村养老服务托底的措施，将所有农村"三无"老人全部纳入五保供养范围，适时提高五保供养标准，健全农村五保供养机构功能，使农村五保老人老有所养。在满足农村五保对象集中供养需求的前提下，支持乡镇五保供养机构改善设施条件并向社会开放，各级政府用于养老服务的财政性资金应重点向农村倾斜。

2014年财政部、国家发展和改革委员会、民政部、全国老龄办发布等四部委颁布的《关于做好政府购买养老服务工作的通知》明确指出，要加大对基层和农村养老服务的支持，并逐步拓展政府购买养老服务的领域和范围。2017年，国务院颁布《关于印发"十三五"国家老龄事业发展和养老体系建设规划的通知》，指出支持依托农村敬老院、行政村、较大自然村利用已有资源建设日间照料中心、养老服务互助幸福院、托老所、老年活动站等农村养老服务设施，满足农村老年人特别是空巢、留守、失能、失独、高龄老年人的养老服务需求。

2019年，民政部、财政部和人力资源社会保障部颁布的《关于进一步加强特困人员供养服务设施（敬老院）管理有关工作的通知》。这一文件针对农村乡镇敬老院，提出协调落实法人登记、加强队伍建设、加强经费保障、推进社会化改革、提高服务质量和加强安全管理六个方面要求，高度重视特困人员供养服务机构、服务设施和服务质量。其中，规定各地于 10 月底前开展一次特困人员供养服务设施（敬老院）法人登记情况摸底，推广县域"1 + N"特困人员供养服务联合体建设，暂不具备独立登记条件的机构可作为分院，由具备法人身份的供养服务机构实施统一管理；严格落实特困人员救助供养政策，合理设置属于特困人员供养服务的购买项目；进一步强化供养服务设施兜底线、保基本职能，在满足特困人员集中供养需求基础上，可向社会开放床位，按相关规定实行市场定价，确保收益主要用于支持兜底保障对象的供养服务；健全完善特困人员供养服务设施、服务质量基本规范，明确服务内容和要求，加快供养服务设施规范化发展；对特困人员供养服务机构逐项做好风险隐患排查整改。

2020 年，民政部颁布《养老机构管理办法》，指出政府投资兴办的养老机构在满足特困人员集中供养需求的前提下，优先保障经济困难的孤寡、失能、高龄、计划生育特殊家庭等老年人的服务需求。同年，国务院颁布的《养老服务体系建设中央补助激励支持实施办法》要求财政部、民政部在安排年度福利彩票公益金补助地方老年人福利类项目资金时，通过工作绩效因素（占 8% 权重），对激励省份予以资金倾斜，"农村特困人员供养服务机构法人登记率"被列为四项评价指标之一。此文件与《关于进一步加强特困人员供养服务设施（敬老院）管理有关工作的通知》都强调落实农村特困人员供养服务机构法人的登记，规范供养服务机构的管理。

这一阶段政策有以下几个特征：一是乡镇敬老院的服务对象社会化，从以往仅为五保老人提供养老服务到现在向社会开放，在不降低五保老人的供养条件和保障水平的前提下，对有需求的农村老年人开放。二是要求完善乡镇敬老院设施，提高五保供养的标准。五保供养的性质逐渐从生产救济转向社会福利。三是确定了乡镇敬老院在农村养老服务体系中的支撑地位，同时指出农村养老服务的重点对象除五保老人外，还应特别关注空巢、留守、失能、失独、高龄老年人的养老服务需求。四是推行乡镇敬老院社会化改革，规范乡镇敬老院法人登记制度，重点关注乡镇敬老院服务质量的提升。

五、乡镇敬老院的政策支持体系

为了支持与推动乡镇敬老院的规范发展，民政部、全国老龄办、国家发展和改革委员会、财政部等多个部委出台系列政策文件,见表5-1。

表5-1 我国农村养老服务相关政策(2001-2020年)

年份	制定部门	政策文件	主要内容
2001	民政部	《"社区老年福利服务星光计划"实施方案》	今后2-3年,从中央到地方,通过发行福利彩票筹集的福利金,绝大部分(约40-50亿元)用于资助城市社区的老年人福利服务设施、活动场所和农村乡镇敬老院的建设。 在农村,以乡镇敬老院为重点,新建和改扩建一批乡镇老年人福利服务设施和活动场地,逐步形成县(市)有中心、乡镇有敬老院的老年人福利服务设施网络。农村新建、改扩建的敬老院要逐步具备住养、入户服务、日间照料、文体活动等功能,并向综合性、多功能的社会福利服务中心发展
2001	国务院	《中国老龄事业发展"十五"计划纲要(2001-2005)》	重视农村老龄问题和农民的养老问题;解决好老少边穷地区老年人的生活困难问题;保障高龄老人、残疾老人、老年妇女、独居老人等特殊群体的基本生活和合法权益;把老龄工作的重心放在社区、基层。 初步建成养老设施网络。城市养老机构床位数达到每千名老人10张,农村乡镇敬老院覆盖率达到90%
2006	国务院	《农村五保供养工作条例》	在吃、穿、住、医、葬方面给予村民的生活照顾和物质帮助;农村五保供养资金,在地方人民政府财政预算中安排。 农村五保供养对象可以在当地的农村五保供养服务机构集中供养,也可以在家分散供养。供养对象可以自行选择供养形式。 集中供养的农村五保供养对象,由农村五保供养服务机构提供供养服务;分散供养的农村五保供养对象,可以由村民委员会提供照料,也可以由农村五保供养服务机构提供有关供养服务
2006	民政部	《"五保供养服务设施建设霞光计划"实施方案》	自2006-2010年,从中央到地方,各级民政部门要从本级留用的彩票公益金中,划拨一部分资金资助农村五保供养服务设施建设,同时积极争取地方政府加大投入,总投入力争达到50亿元左右。其中,部本级每年安排资金不少于1亿元。 建设一批农村五保供养设施,基本满足农村五保供养对象集中供养需求,保证每户分散供养对象拥有一间达到当地一般居住条件的住房

续表

年份	制定部门	政策文件	主要内容
2010	民政部	《农村五保供养服务机构管理办法》	农村五保供养服务机构的建设规模原则上不少于40张床位。农村五保供养服务机构应当为每名农村五保供养对象提供使用面积不少于6平方米的居住用房。农村五保供养服务机构在满足当地农村五保供养对象集中供养需要的基础上,可以开展社会养老服务。开展社会养老服务的农村五保供养服务机构应当与服务对象或者其赡养人签订协议,约定双方的权利和义务。农村五保供养服务机构不得因开展社会养老服务降低对农村五保供养对象的集中供养条件和服务水平
2012	民政部	《关于开展"社会养老服务体系建设推进年"活动暨启动"敬老爱老助老工程"的实施意见》	推动居家和社区养老服务在城市普遍展开,在农村加快发展。到2015年,居家和社区养老服务基本覆盖100%城市社区和50%以上的农村社区,全国基本建立起形式多样、方便适用、广泛覆盖的居家和社区养老服务网络
2012	民政部	"农村养老服务建设幸福计划"	要求在农村社区建设一批养老服务设施,为老年人提供集中养老服务,并逐步为农村老年人提供居家养老和日间照料服务
2013	财政部、民政部	《中央专项彩票公益金支持农村幸福院项目管理办法》	中央专项彩票公益金将连续3年,累积支持建设10万个农村幸福院,占到全国村民委员会数量的17%。每个幸福院项目中央专项彩票公益金补助3万元,主要用于对现有闲置设施的修缮和设备用品的配备。这将有力带动全社会对农村养老设施投入,为建设自养、子女赡养等居家养老为基础,幸福院等农村社区照料为依托,农村五保供养服务机构等为支撑的农村养老服务体系发挥重要促进作用

续表

年份	制定部门	政策文件	主要内容
2013	国务院	《关于加快发展养老服务业的若干意见》	符合标准的日间照料中心、老年人活动中心等服务设施覆盖所有城市社区，90%以上的乡镇和60%以上的农村社区，建立包括养老服务在内的社区综合服务设施和站点。 切实加强农村养老服务。健全服务网络。要完善农村养老服务托底的措施，将所有农村"三无"老人全部纳入五保供养范围，适时提高五保供养标准，健全农村五保供养机构功能，使农村五保老人老有所养。在满足农村五保对象集中供养需求的前提下，支持乡镇五保供养机构改善设施条件并向社会开放，提高运营效益，增强护理功能，使之成为区域性养老服务中心。依托行政村、较大自然村，充分利用农家大院等，建设日间照料中心、托老所、老年活动站等互助性养老服务设施。拓宽资金渠道。鼓励城市资金、资产和资源投向农村养老服务。各级政府用于养老服务的财政性资金应重点向农村倾斜。建立协作机制。城市公办养老机构要与农村五保供养机构等建立长期稳定的对口支援和合作机制，采取人员培训、技术指导、设备支援等方式，帮助其提高服务能力
2014	财政部、国家发改委、民政部、全国老龄办	《关于做好政府购买养老服务工作的通知》	以老年人基本养老服务需求为导向，将政府购买服务与满足老年人基本养老服务需求相结合，重点安排与老年人生活照料、康复护理等密切相关的项目，优先保障经济困难的孤寡、失能、高龄等老年人的服务需求，加大对基层和农村养老服务的支持，并逐步拓展政府购买养老服务的领域和范围
2017	国务院	《国务院关于印发"十三五"国家老龄事业发展和养老体系建设规划的通知》	加强农村养老服务。推动农村特困人员供养服务机构服务设施和服务质量达标，在保障农村特困人员集中供养需求的前提下，积极为低收入、高龄、独居、残疾、失能农村老年人提供养老服务。通过邻里互助、亲友相助、志愿服务等模式和举办农村幸福院、养老大院等方式，大力发展农村互助养老服务。发挥农村基层党组织、村委会、老年协会等作用，积极培育为老服务社会组织，依托农村社区综合服务中心（站）、综合性文化服务中心、村卫生室、农家书屋、全民健身等设施，为留守、孤寡、独居、贫困、残疾等老年人提供丰富多彩的关爱服务

续表

年份	制定部门	政策文件	主要内容
2017	民政部、财政部	《中央财政支持居家和社区养老服务改革试点补助资金管理办法》	支持老城区和已建成居住（小）区通过购置、置换、租赁等方式开辟养老服务设施，支持依托农村敬老院、行政村、较大自然村利用已有资源建设日间照料中心、养老服务互助幸福院、托老所、老年活动站等农村养老服务设施，满足城乡老年人特别是空巢、留守、失能、失独、高龄老年人的养老服务需求
2019	民政部、财政部、人力资源和社会保障部	《关于进一步加强特困人员供养服务设施（敬老院）管理有关工作的通知》	协调落实法人登记。 各地要于10月底前开展一次特困人员供养服务设施（敬老院）法人登记情况摸底，积极协调提出落实法人登记的解决办法。 推广县域"1+N"特困人员供养服务联合体建设，暂不具备独立登记条件的机构可作为分院，由具备法人身份的供养服务机构实施统一管理。 加强经费保障。 各地要严格落实特困人员救助供养政策，保障供养经费落实到位。基本生活标准应当满足特困人员基本生活所需，并根据经济社会发展和物价上涨及时予以调整。 照料护理标准根据特困人员生活自理能力和服务需求确定，主要用于保障照料服务产生的经费支出。要合理设置属于特困人员供养服务的购买项目，纳入政府购买服务指导性目录，并将所需经费列入财政预算，从各级既有的社会救助工作经费或社会救助补助资金中统筹安排，结合实际需要和财力情况，为符合条件的供养服务机构专业化照护服务提供资金支持。 鼓励通过慈善捐赠等方式增强资金保障能力。 推进社会化改革。 各地要进一步强化供养服务设施兜底线、保基本职能，确保满足当前和今后一个时期特困人员集中供养需求。 在满足特困人员集中供养需求基础上，可向社会开放床位，按相关规定实行市场定价，确保收益主要用于支持兜底保障对象的供养服务。 提高服务质量。 省级民政部门要健全完善特困人员供养服务设施服务质量基本规范，明确服务内容和要求，加快供养

续表

年份	制定部门	政策文件	主要内容
			服务设施规范化发展。引导行业组织、第三方专业机构，对特困人员供养服务机构开展服务质量评估和等级评定，健全以标准规范为核心的行业监管机制。 通过特困人员供养服务机构内设医疗机构或与周边医疗机构开展协议合作等方式提升医疗卫生服务水平。 加强安全管理。 各地要结合全国养老院服务质量建设专项行动，对特困人员供养服务机构逐项做好风险隐患排查整改
2020	民政部	《养老机构管理办法》	政府投资兴办的养老机构在满足特困人员集中供养需求的前提下，优先保障经济困难的孤寡、失能、高龄、计划生育特殊家庭等老年人的服务需求
2020	国务院	《养老服务体系建设中央补助激励支持实施办法》	财政部、民政部在安排年度福利彩票公益金补助地方老年人福利类项目资金时，通过工作绩效因素（占8%权重），对激励省份予以资金倾斜。其中将"农村特困人员供养服务机构法人登记率"列为评价指标之一

第二节 乡镇敬老院的基本运行现状分析

一、乡镇敬老院的基本情况

机构数和床位数是反映乡镇敬老院基本情况的重要指标。机构数和床位数越多，说明乡镇敬老院的规模越大，服务能力越强。统计数据表明，2000年中国65周岁及以上老年人占全国总人口比重达到7%，我国步入老龄化社会，下文我们以2000年为时间节点来分析乡镇敬老院的基本情况。

（一）乡镇敬老院整体情况

乡镇敬老院从性质上来看属于民政服务机构，在民政服务机构中，养老机构占绝大多数，且养老机构变化趋势基本与民政服务机构变化趋势保持一致（图5-1），乡镇敬老院也属于农村养老机构的一部分，全国性统计数据中并没有专门乡镇敬老院，仅有农村民政服务机构和农村特困人员供养机构两种说法，统计口径一致，因而用农村民政服务机构数来说明乡镇敬老院的发展趋势具有一定的合理性[1]。

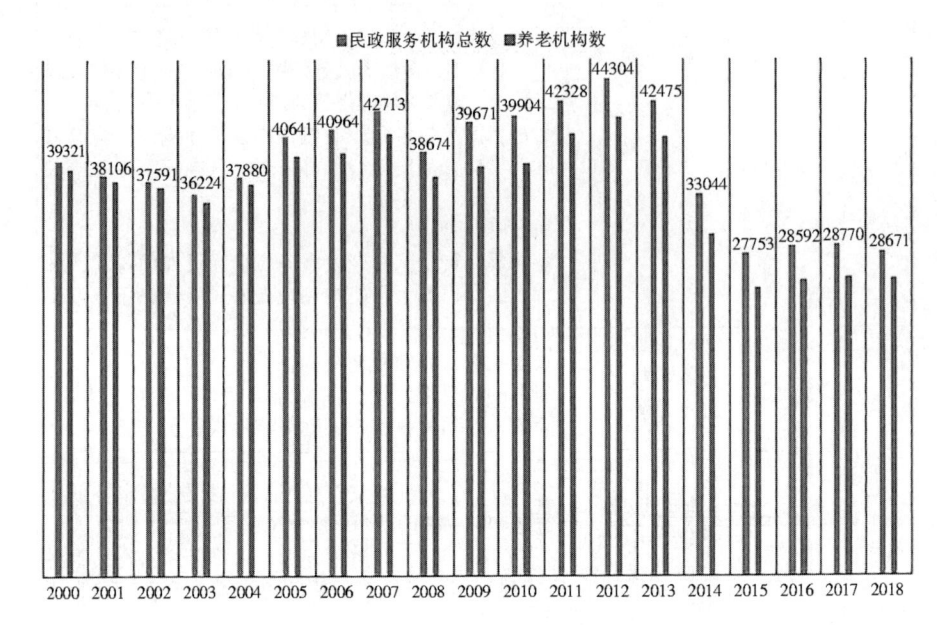

图5-1 民政服务机构数与养老机构数变化趋势

注：民政服务机构数与养老机构数来源于2019年《中国民政统计年鉴》

数据（按年份）：
- 2000：39321
- 2001：38106
- 2002：37591
- 2003：36224
- 2004：37880
- 2005：40641
- 2006：40964
- 2007：42713
- 2008：38674
- 2009：39671
- 2010：39904
- 2011：42328
- 2012：44304
- 2013：42475
- 2014：33044
- 2015：27753
- 2016：28592
- 2017：28770
- 2018：28671

乡镇敬老院的数量是反映乡镇敬老院发展最直观的指标。统计数据显示（图5-2），从2000年到2007年，乡镇敬老院数量总体上呈现出增长趋势，且在2007年达到峰值，从2000年的25576个增长到2007年的34684个，8年间增长了35.6%。从2008年至2013年，乡镇敬老院数量出现下降趋势，但规模保持在30000个以上。2014年出现大幅下降，2015年至2018年乡镇敬老院数量少于20000个，2018年仅有13885个，是2007年的40%，2000年的54.3%。乡镇敬老院经历了先增加，再减少的过程，且呈现出继续减少的趋势。根据国家民政部发布的统计公报，截至2019年底，我国注册登记的养老机构34369个，其中，乡镇敬老院共15932个，占机构总数的46%，较2018年增加了2047个。一方面，2019年乡镇敬老院数量经历了连续6年下降后，出现了较大幅度的增加。另一方面，乡镇敬老院约占全国养老机构总数的一

---

[1] 下文中乡镇敬老院等同为农村民政服务机构。

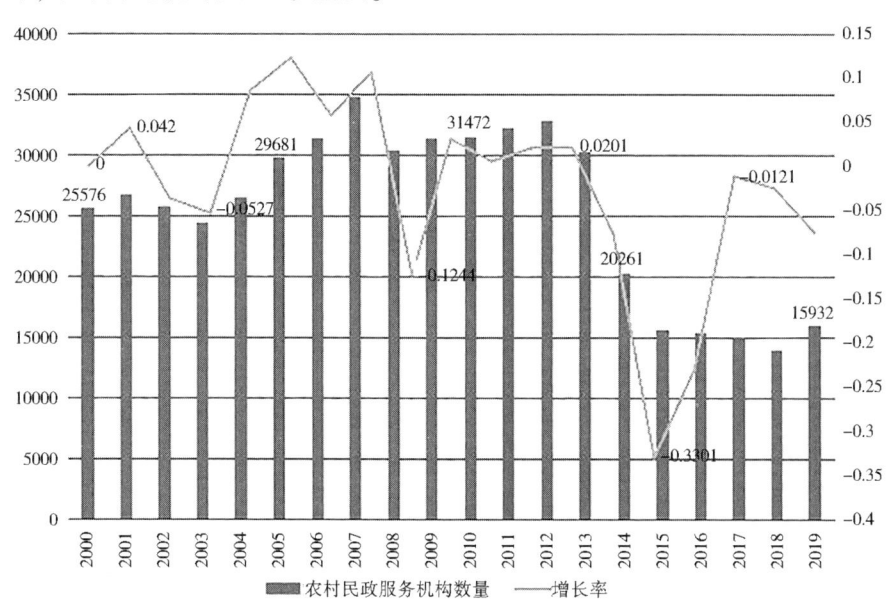

半，乡镇敬老院的发展至关重要。

图 5-2　乡镇敬老院数量变化趋势

注：乡镇敬老院数量来源于 2019 年《中国民政统计年鉴》和《2019 年民政事业发展统计公报》

乡镇敬老院床位数反映了乡镇敬老院的服务能力。统计数据显示（图 5-3），从 2000 年至 2013 年，乡镇敬老院的床位数总体上呈增长趋势，2002 年至 2007 年快速增长，2008 年至 2013 年平稳增长。2000 年，乡镇敬老院床位数仅为 55.6 万张，2013 年达到 272.8 万张。从 2013 年起乡镇敬老院的床位数呈减少趋势，到 2018 年，乡镇敬老院的床位数仅为 154.2 万张，2019 年乡镇敬老院的床位数为 164.5 万张，较 2018 年增加了 10.3 万张。2019 年全国提供住宿的养老床位数量 438.8 万张，乡镇敬老院床位数占全国总床位的 37%。从 2019 年数据来看，乡镇敬老院的数量占全国养老机构总数的 46%，而床位数占总床位数的 37%，说明与城市养老机构相比，乡镇敬老院的规模较小，床位数较少。

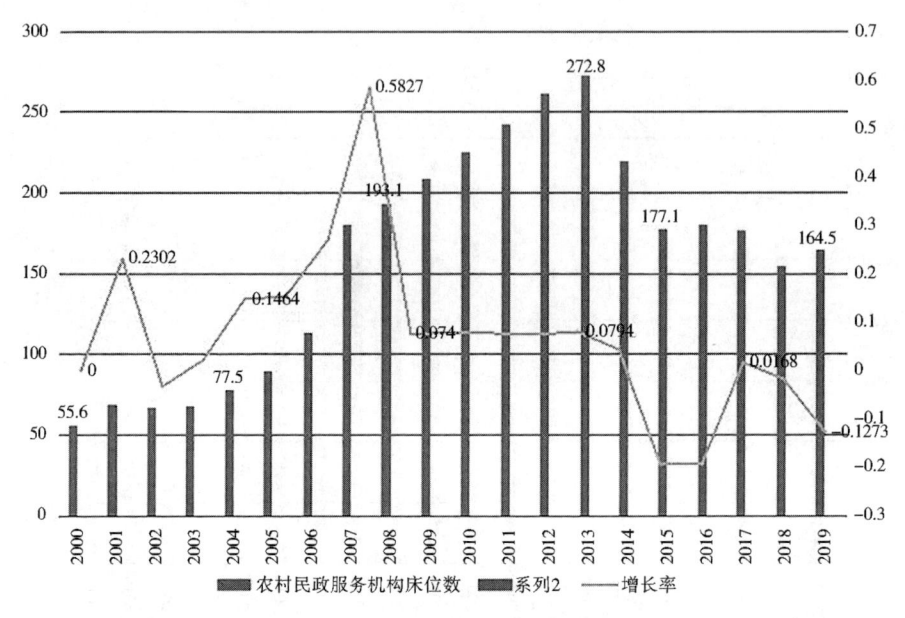

注：乡镇敬老院床位数来源于2019年《中国民政统计年鉴》和《2019年民政事业发展》

图 5-3　乡镇敬老院床位数变化趋势

（二）乡镇敬老院的地区分布差异

由于经济发展水平与文化的差异，乡镇敬老院内部也存在着较大的异质性，不同省份、不同地区乡镇敬老院的规模和服务能力差异很大。统计数据显示（图5-4），不同省份乡镇敬老院数量差距极大[1]，总体来看，西部地区养老机构数较少，中部地区特别是人口大省养老机构数相对较多。具体而言，西藏自治区、青海省、甘肃省养老机构最少，其中西藏仅有9家养老机构，青海省和甘肃省的养老机构数量也仅为两位数，说明西部经济欠发达地区乡镇敬老院发展受到限制。河南省、四川省养老机构最多，其中河南省有3050家养老机构，河南省与四川省均为我国人口大省，同时也都是人口输出大省（输出的绝大部分为中青年人，留守的多为老年人），养老需求相对较高，乡镇敬老院数量也较多。

---

[1]　由于数据限制，无法获取到不同省份的乡镇敬老院数量和床位数，乡镇敬老院属于养老机构的一部分，其数量和床位数受到总体养老机构数和床位数的影响，且变化方向基本保持一致，因此，此处用养老机构数量和床位数来说明乡镇敬老院的状况。

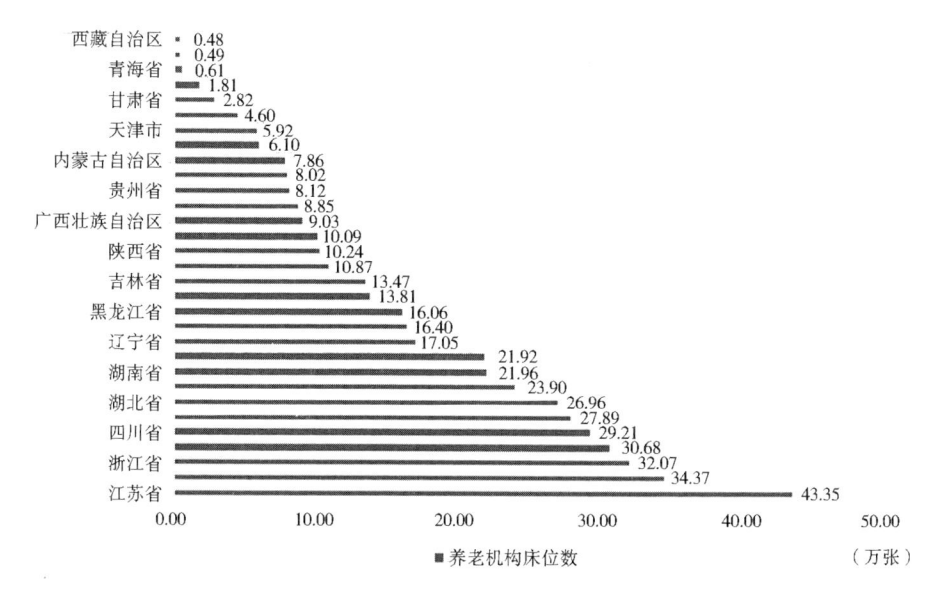

```
西藏自治区  0.48
    青海省  0.49
            0.61
    甘肃省  1.81
            2.82
    天津市  4.60
            5.92
            6.10
内蒙古自治区 7.86
            8.02
    贵州省  8.12
            8.85
广西壮族自治区 9.03
            10.09
    陕西省  10.24
            10.87
    吉林省  13.47
            13.81
   黑龙江省 16.06
            16.40
    辽宁省  17.05
            21.92
    湖南省  21.96
            23.90
    湖北省  26.96
            27.89
    四川省  29.21
            30.68
    浙江省  32.07
            34.37
    江苏省  43.35
```

注：养老机构数来源于 2020 年第 3 季度民政统计分省数据

图 5-4 不同省份养老机构数

机构拥有的床位数是衡量机构规模的重要指标，统计数据显示（图 5-5），西藏自治区、青海省、甘肃省养老机构床位数最少，与图 5-4 中这三个省区养老机构数最少保持一致。总体而言，西部地区养老机构床位数比其他地区少。床位数最多的两个省份分别为浙江省和江苏省，均处于东部经济发达地区。同时乡镇敬老院的发展受文化因素的影响，如 1913 年张謇在江苏南通创办的民间慈善机构，收容无依无靠的穷苦老人。受这种慈善文化的影响，江苏省乡镇敬老院规模比其他省份更大。

图 5-5 不同省份养老机构床位数（万张）

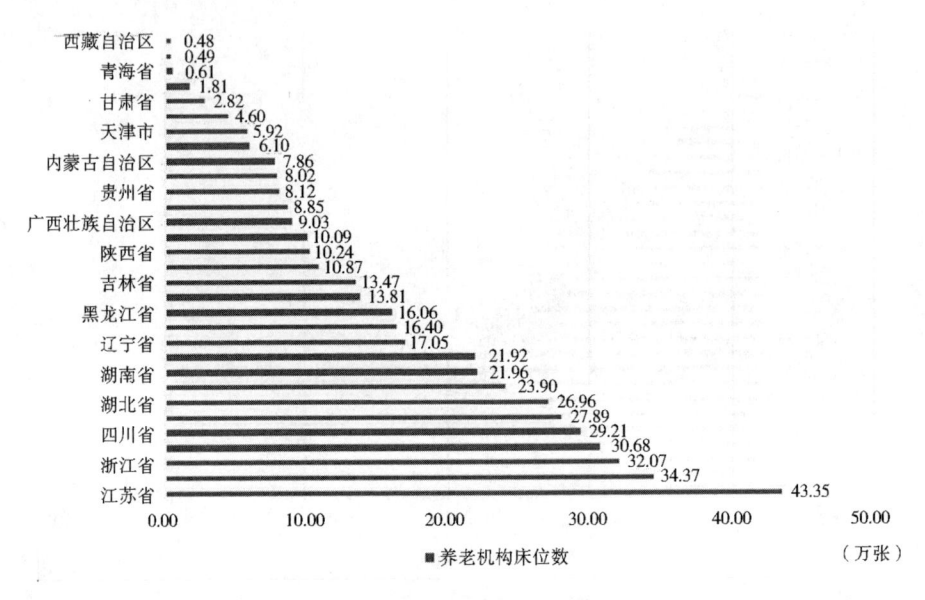

省份	床位数
西藏自治区	0.48
青海省	0.49
(省份)	0.61
甘肃省	1.81
(省份)	2.82
天津市	4.60
(省份)	5.92
内蒙古自治区	6.10
(省份)	7.86
贵州省	8.02
(省份)	8.12
(省份)	8.85
广西壮族自治区	9.03
(省份)	10.09
陕西省	10.24
(省份)	10.87
吉林省	13.47
(省份)	13.81
黑龙江省	16.06
(省份)	16.40
辽宁省	17.05
(省份)	21.92
湖南省	21.96
(省份)	23.90
湖北省	26.96
(省份)	27.89
四川省	29.21
(省份)	30.68
浙江省	32.07
(省份)	34.37
江苏省	43.35

注：养老机构数来源于2020年第3季度民政统计分省数据

图 5-5 不同省份养老机构床位数

二、乡镇敬老院的服务对象情况

乡镇敬老院是在农村乡镇设置的供养"三无"（无法定抚养义务人，或者虽有法定抚养义务人，但是抚养义务人无抚养能力的；无劳动能力的；无生活来源的）"五保"（保吃、穿、住、医、葬）老人和接待社会上的老年人安度晚年的社会服务机构，设有生活起居、文化娱乐、康复训练、医疗保健等多项服务设施。可见乡镇敬老院的服务对象主要是农村中"三无""五保"老人。他们乡镇敬老院的费用由政府全额补贴，很大程度上体现出的是政府对无依无靠老年人的兜底政策。

统计数据显示（图5-6），2000年乡镇敬老院收养人数为42.8万人，到2014年增长到206.4万人，收养人数实现了15年持续增长。2015年，乡镇敬老院收养人数出现大幅下降，收养人数为115.2万人，与2014年相比减少了近一半。从2015年至2018年，乡镇敬老院收养人数持续下降，2018年乡镇敬老院收养人数仅有87万人。

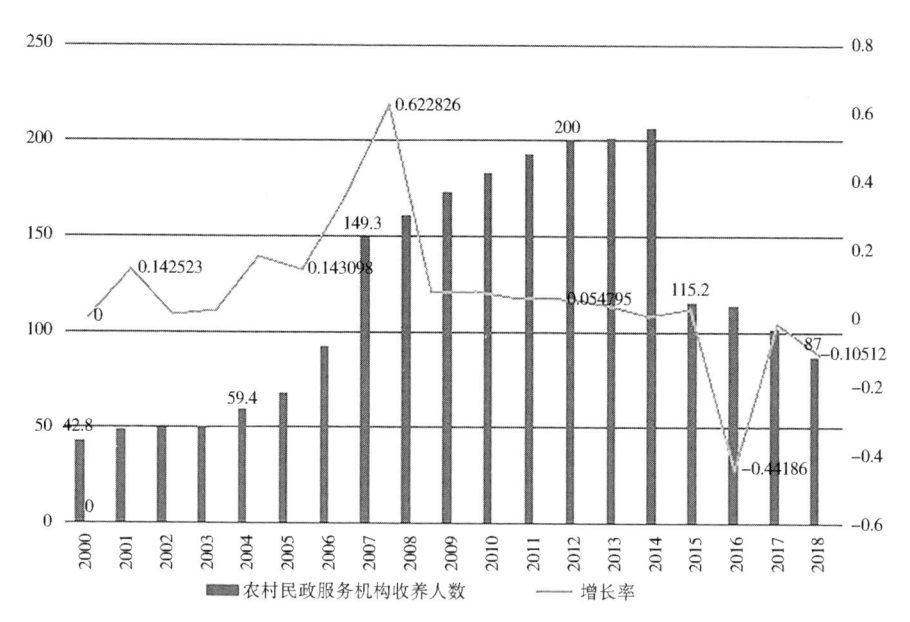

注：乡镇敬老院收养人数来源于2019年《中国民政统计年鉴》

图 5-6　乡镇敬老院收养人数变化趋势

自 2010 年民政部颁布《农村五保供养服务机构管理办法》，允许农村五保供养服务机构开展社会养老服务以来，多个地方进行了乡镇敬老院的扩建，面向农村老年人开放。如长沙县截止 2020 年已完成 15 家敬老院的新建和扩建，面向辖区内失独、低保、残疾、建档立卡等困难老年人提供低偿服务，面向社会发展寄养服务[1]。可见，乡镇敬老院的服务对象从"三无""五保"老人向有养老服务需求的社会老年人扩展。

第三节　乡镇敬老院发展中存在的问题及原因

一、乡镇敬老院发展中存在的问题

我国敬老院最初成立的目的是保障农村"三无""五保"老人吃、穿、住等基本生存需求。随着社会经济的发展和农村老龄化加剧，乡镇敬老院中基础

---

[1]《长沙县这两个敬老院即将建成，可提供300个床位！》，https://m.thepaper.cn/newsDetail_forward_10793356

设施落后、专业人员缺乏、服务水平不高等影响了敬老院中老人的生活质量。敬老院床位空置率高的同时，大批农村留守、空巢、失能、失独、高龄老人机构养老需求难以满足。近十年来，我国乡镇敬老院探索社会化改革，在这一过程中凸显出不少问题，既有发展过程中的问题，也有机制体制、社会环境方面的问题。因而，乡镇敬老院急需转型，来提升"三无""五保"老人的生活质量，同时满足农村老龄化加剧背景下农村老年人养老服务需求。

（一）乡镇敬老院的床位空置率问题

在乡镇敬老院中，床位短缺和床位空置率高的现象并存。2010至2019年期间，尽管农村特困人员人数持续减少，但需要依靠机构以外设施救助的农村特困人员占总数的百分比却呈上升趋势，由此可见农村特困人员对民政服务机构及其床位的需求逐渐扩大。但十年来乡镇敬老院床位数总体呈下降趋势，即床位供应量不增反减。

民政部公布的《2008年民政事业发展统计公报》数据显示，当年全国各类老年福利机构共有养老床位234.5万张，收养老年人189.6万人，床位利用率为80.9%；其中，农村五保供养服务机构共有床位193万张，收养老年人160.6万人，床位利用率为83.2%。根据民政部公布的《2014年社会服务发展统计公报》，2014年全国共有各类养老床位577.8万张，收留抚养老年人318.4万人，床位利用率下降为55.1%，空置率上升到44.9%。另据民政部编制的《中国民政统计年鉴2021》，2020年农村提供住宿的民政服务机构（社会办敬老院），共有床位83.4万张，收养人数为174.8万人，床位利用率仅为47.7%。

在农村民政服务机构床位缺口逐渐扩大的同时，乡镇敬老院的床位空置率却依旧居高不下，由此可见床位短缺的原因不能归咎于床位供给数量的减少，而在养老机构配置不合理造成床位资源的浪费。

在一些地方，受中国传统文化的影响，老人如果被送进了敬老院，会被认为是一件"不光彩"的事情，自己辛辛苦苦把子女抚养长大，最后子女却把自己送进敬老院；老人会出现很大的心理落差感："一方面老人会认为子女不孝顺，另一方面，他们会认为自己在乡镇里抬不起头来"。他们认为只有无后代的老人才进入敬老院养老，比如：五保户、半失能老人以及完全失能且没有人来照顾他们生活起居的老人才会入住敬老院，所以有些地方的农村敬老院床位空置率较高。即使政府花费很多财力和人力把基础设施建设好，也无人问津。但是，在沿海经济发展基础好的地方，老人观念比较开放，入住敬老院的意愿高；同时，敬老院中相应的基础设施配备齐全、配套设施完善，敬老院中也就会出现床位供不应求的现象。但乡镇敬老院设施相对落后，其入住意愿相对较低，床位空置率更高。床位空置使乡镇敬老院床位不能充分发挥应有的作用。而盲目地扩大乡镇敬老院规模，增加床位数量，只会让床位空置率伴随供给床位的增加而升高，出现床位短缺情况依旧严峻的恶性循环现象，从而导致财力资源、物力资源和人力资源的浪费。部分乡镇敬老院为降低床位空置率，尝试服务对象社会化，即面向社会上有供养需求的老人开放床位。但由于对社会老人没有收住界定要求，有的经济、身体等条件较为良好的老年人入住乡镇敬老院，占用床位，影响部分失能老年人正常入住，出现服务对象错位现象，致使乡镇敬老院作为公办养老机构的保基本、托底线的核心职能没有充分发挥。乡镇敬老院的床位问题，本质在如何将乡镇敬老院的床位"归位"，精准服务于有需求的老年人，使其功能获得真正落实。

（二）乡镇敬老院中人才短缺

乡镇敬老院在人才供给方面的问题极大地制约了其发展。人才短缺主要表现在专业管理人才缺乏、服务人员队伍数量不足、素质不高、流动性大、专业技术人才的缺乏等问题。

首先，是专业管理人才的缺乏。大多数乡镇敬老院院长是由乡镇民政助理兼任，他们中大多数人学历不高，并无相关的养老机构管理经验，也缺乏对机构发展与转型的思考。另外民政干部要负责全乡镇的低保、五保、残疾、救灾救助、婚姻、养老保险和医疗保险等全部民政工作，难以顾及农村老年人口的养老和照护问题。乡镇敬老院的其他管理人员也多是从服务人员中选拔，他们也缺乏管理经验和管理技能培训，管理水平不高。乡镇敬老院的良性发展对管理的要求较高：一方面，敬老院的服务对象特殊，老年人有其特殊的身心特征，"三无""五保"老人心理更为脆弱，需要有专业人员针对他们的需求和特征进行有效管理。另一方面，敬老院的性质特殊，不同于营利性养老机构，在发展的过程中应该更加注重公平。

其次，是服务人员数量不足、不稳定。乡镇敬老院通常难以招聘到足够数量且符合岗位要求的服务人员，其主要来源渠道有两个：一是通过低龄老人照顾高龄老人，拥有完全自理能力的老人照顾半失能、失能老人的方式来缓解敬老院中专业服务人员短缺的问题。另一个是通过乡镇政府临聘的敬老院服务人员，他们多半为闲散在家的农民，缺乏稳定性。

再次，是服务人员的整体素质有待提高。敬老院服务人员文化程度低，上岗之前基本都没有经过养老护理技能相关培训，缺乏为老人服务的意识及相应的职业道德操守。很多人缺乏在敬老院这一特殊岗位需要具备的素质、心态和能力，工作目的不明确，工作责任心不强。根据全国老龄委的调查数据，养老机构中对护工有定期培训的仅占22%，绝大部分（60%）养老机构没有针对护工的定期培训，不定期培训的则有34%。这些都在很大程度上制约了养老机构服务质量和服务水平的提高。

最后，是专业技术人才的缺乏。目前绝大多数乡镇敬老院中的服务人员主要工作是满足老人最基本的生存需要，如供应三餐饭、打扫内务等。乡镇敬老院缺乏两类专业技术人才：一类是专业老年社会工作者；另一类是医护工作者。这两类专业技术人才都是乡镇敬老院急需的，随着老龄化、高龄化趋势加剧，老年社会工作者可以从心理上给予老年人帮助，并且帮助老年人提升自己解决问题的能力。医护工作者可以实时管理老年人健康，及时处理因疾病引起的问题。但由于条件限制，乡镇敬老院中极少有这两类人才。

（三）敬老院中基础设施薄弱

乡镇敬老院的设施基本上靠政府拨款建设和修缮，财政资金不足致使乡镇敬老院软硬件基础设施陈旧简陋。比如：敬老院的医疗配备设施、老年人活动室、老年人活动器材、房间内的适老设施等。乡镇敬老院应为老年人，尤其是失能老人提供长期的专业化照护服务，重视"养""医""护"。而目前大多数乡镇敬老院缺乏基本的医疗康复设施，有的敬老院甚至存在房屋安全隐患。

软件方面，设施的建筑设计缺乏设计创新。在学习借鉴其它建筑设计中忽视本土化，存在建筑设计照搬现象。在设计落成过程中，外部注重表面形象，部分乡镇敬老院装修豪华，胜似宾馆；内部设计设施配备不合理，各功能室如健身室、电脑室、图书室和聊天室等，看似功能齐全但实际利用率较低。这些设计都忽视了老年人的主体性，没有切实符合老年人的实际需求，反而挤压占用了他们的公共日常活动空间，并且增加了物料成本、管理成本和维护成本等。

二、乡镇敬老院发展的制约因素

在乡镇敬老院发展过程中,资金紧缺、管理制度、人才供给、资料配置效率、养老观念等因素都制约了其发展。

(一) 资金问题

乡镇敬老院的资金来源主要依靠政府拨款,基层政府财政基础薄弱影响了乡镇敬老院的供养水平,资金缺口大是导致敬老院建设滞后的重要原因。由于乡镇敬老院的服务对象主要是"五保""三无"老人,覆盖面较小,且农村敬老院入住的老人也没有可靠的收入来源,大多数乡镇敬老院也并未面向社会老人开放,没有提供有偿服务,政府投资后也无任何回报性,所以乡镇政府在敬老院的资金投入上,动力和力度明显不足。

2013年,国务院颁布《关于加快发展养老服务业的若干意见》,要求各级政府用于养老服务的财政性资金应重点向农村倾斜。但与城市相比,农村地区受经济发展水平的限制,与城市中的社会福利院相比,长期累积的政府投入不足制约了乡镇敬老院的进一步发展,存在城乡敬老院发展不平衡问题。

除政府投入外,社会投资也是乡镇敬老院的来源,与城市社会福利院相比,乡镇敬老院难以吸引社会投资。发达地区和欠发达地区农村的乡镇敬老院,吸纳社会投资的能力存在很大差异,欠发达地区敬老院与发达地区的敬老院进一步拉大了差距,发展举步维艰。

资金缺乏对乡镇敬老院发展的制约主要体现在以下几个方面:一是基础设施陈旧,缺乏资金更新与修缮。二是服务人员数量少、待遇低,服务质量不高。

(二) 管理制度

管理制度对乡镇敬老院发展的制约主要体现在两个方面:一是功能不到位;二是编制稀缺。目前,大部分乡镇敬老院管理制度不健全,敬老院的主要职能大多只限于"收养"而不是"养老",基本上就是只管吃住,谈不上护理、保健和康复,更不具备长期护理的功能,难以满足人口老龄化、高龄化背景下老年人的需求。编制稀缺,管理人员与服务人员职业发展路径狭窄,制约了乡镇敬老院的良性发展。大部分管理人员和服务人员的聘用方式都是采用临聘合同制,属于国家事业编制之外,薪资待遇和福利水平低,一方面留不住优秀的服务人员，另一方面导致了具有专业技能的人员不愿意进入敬老院工作，从而敬老院不得不聘用缺乏相关经验的人员来维持运作。

（三）资源配置不合理

资源配置不合理主要表现在两个方面：一是有些地方政府在建设敬老院时，重视敬老院占地规模和装修，而忽视了住敬老院老年人的实际需求，比如，忽视增加敬老院的医疗设备、活动空间、器材等设施及提高老年人的生活品质等要求。二是乡镇敬老院负责人多为乡镇民政部门工作人员兼职，并非专业的养老机构管理人才。由于资金限制，也暂且缺乏政策支持，难以吸引乡镇敬老院最急需的老年社会工作者和医务工作者。这些专业技术人员大多流向高端的民办养老院中，专业技术人才缺乏制约乡镇敬老院发展。

（四）养老观念问题

养老观念对乡镇敬老院发展的制约主要体现在以下两个方面：一是乡镇政府认为乡镇敬老院对"五保""三无"老人主要是收养，起兜底作用，更多的投入并不能实现乡镇发展最大化。一种观点认为，老人入住敬老院只会加重政府的财政负担，会助长老人"等、靠、要"的思想，等于养了懒汉。二是随着乡镇敬老院逐步向社会开放，可以缓解资金压力，但受传统"养儿防老、多子多福"观念影响，许多入住乡镇敬老院的老人被看成是被儿女遗弃。即使子女无力抚养老人，但碍于"情面"，也不会让老人入住敬老院，老人自己入住敬老院的意愿也很低。

第四节 乡镇敬老院健康发展的政策支持

一、服务对象：供养对象准入门槛

（一）扩大供养对象服务范围

走出仅仅供养"三无"和"五保"老人的圈界，实现以乡镇敬老院向外延伸的辐射圈，实现老年服务社会化。自我国敬老院建立之初，乡镇敬老院收养的老人主要为农村"三无"老人及农村符合"五保"供养条件的老人。为更好解决农村养老需求,在现有农村敬老院的接纳服务对象的基础上可根据乡镇敬老院自身实际情况,在接纳对象方面可将过去的"三无"老人及"五保"这一准入门槛转变成可以接纳有养老需求的农村老年人。如对一些有子女供养或收入的老年居民,实行有偿收养,既扩大服务范围,又增加敬老院收益。另外,乡镇敬老院在接纳社会老年人时,应分轻重缓急,优先接收空巢、留守、失能、失独、高龄老人,然后推及到所有老年人。应出台更细致的政策文件,对不同类型老年人的收费与补贴给予指导意见。

(二)转变敬老院发展模式

随着我国人口老龄化程度加深,我国养老事业发展的压力逐渐增大,同时农村地区老龄化速度快于城市地区,作为原本养老保障体系薄弱的农村地区养老压力更是与日俱增。要明确乡镇敬老院的实质是政府运用财政资源为农村特困老人提供社会服务,乡镇敬老院也是社会养老服务体系的一个重要组成部分。因此,在政府保障农村特殊群体的养老需求的同时,也要相应的承担其他家庭或社会有意愿于乡镇敬老院服务单位进行养老的老年居民的养老责任,推动传统敬老院由封闭走向开放的社会化转型。建立健全养老机构接纳制度及程序,确定自身定位,由保基本养老转向护理养老等多元模式发展,满足农村不同类型老年人的养老需求。

(三)调整供养对象认定标准

敬老院常规认定供养对象的条件一般为对符合农村"三无"认定标准和"五保"供养条例的农村老年人。然而,因传统观念中儿子是负责老人养老的法定义务人,但是由于代际矛盾及家庭特殊原因导致部分老年人并未得到家庭的养老照料及支持。这部分人群因特殊的家庭关系等因素往往也成为需要社会提供养老服务的人员的一部分,因而农村福利事业单位,如乡村敬老院等在村集体的认定及相关条例支持下应从实际出发调整供养对象的认定标准,对此类特殊老年人提供入院养老照料。

二、服务人员:提升业务能力、专业化水平

(一)管理主体社会化

要使乡镇敬老院健康、可持续的发挥其功能,就要面向社会走向市场化。

改变单一的经营主体，拓宽服务对象和优化管理程序。推行投资主体的多元化，鼓励不同层级机关及组织参与进来，如社会、企业、个人等慈善团体举办敬老院。乡镇敬老院等农村福利事业组织应逐步面向社会开放，接纳有服务意愿的社会老年人。县级或者乡级政府应建立公开透明人员选拔机制，可推行管理人员公开聘任制和合同制。规范敬老院的各项项目的经营制度，明确层级政府、敬老院、被供养者与服务人员之间的权利、义务及责任，建立相应的检查监督机制，保障老年人享受应有的养老权益。充分利用现有的医疗卫生机构，为老年人提供基本的医疗保健服务，由政府牵头及在当地个人、非盈利组织等社会团体捐助的支持下，为乡镇敬老院的保障对象提供基本的医疗卫生保健服务。

(二) 加强业务技能培训

提升专业化服务能力及拥有专业技术型人才，是实现乡镇敬老院转型的必要条件之一。而不仅是资金问题，养老服务技术型人才空缺同样是制约着我国敬老院发展的重要因素。尤其是乡镇敬老院目前普遍面临现有从业人员普遍年龄较大，职业素养较低等问题，导致我国乡镇敬老院"巧妇难为无米之炊"，难以为老年人提供更专业的服务。同时在农村地区也很难招聘到具有相关专业技能的人员。于此，应出台相应政策为敬老院人员提供合法编制或正规化合同，保障敬老院工作人员的合法权益。同时也应加大对现有人员的技能培训，提高业务水平。适当放宽护理人员的准入门槛，加强岗前培训，鼓励社会人员投入农村福利事业中，更好的填补人员空缺。

(三) 保障从业人员的合法权益

政府应出台相关政策，规范乡镇敬老院等农村福利事业组织从业人员的劳动合同管理，保障从业人员在养老、医疗和失业保险等方面的合法权益，适当提高工资待遇，消除他们的后顾之忧。

(四) 建立激励办法，充实人才储备

当地政府可根据经济发展条件，成立专门的养老服务培训单位点，面向社会人员招生或招聘，吸纳广大人员加入到农村养老福利事业的建设中来。同时对于开设了养老护理等专业的高职或者中职学校给予一定的财政补贴，鼓励其加大养老服务专业招生数量，为在校学生提供一定的实习岗位及实习津贴，让其提前熟悉并提升相关业务能力，消除岗前畏难心理。对于社会失业人员或者因文化水平低及其他原因导致的无业人员给予积极的引导，提供专业的养老护理技能培训，填充养老服务事业人员空缺，做好人员储备。

三、经费来源：增加资金来源

（一）老人自有资源再利用

以家庭为中心逐渐实现"家庭—社会"和"公办—民营"的养老格局，在原有农村资源基础上，积极探索农村地区"以地养老""以房养老"等新模式。鼓励村集体及社会优先流转农村贫困老人尤其是农村五保老年人等的承包地，将其产权下资源通过租赁或转让等方式快速流转获得效益，将其所得部分收益用于老人自用或作为养老项目等开支。同时，乡镇敬老院也可以依托现有资源及经济条件，发展自办经济，结合当地实际情况积极调动老人积极性参与诸如为老年人实现自身价值打造平台。如组织有劳动能力的老年人开展手工艺制作、农产品养殖及其他可增加经济收入的活动，在拓宽乡镇敬老院资金来源的同时，也发挥了老年人的潜能，丰富了老年人的生活，满足其自尊心理需要。

（二）变更经营模式

公建民营、公资民建等乡镇敬老院混合供给相比较政府供给有一个巨大的优势，可以适当减少过度消费和损失公共利益的行为，节约政府公共资源。前提是需建立完善的激励机制，对于实施公建民营等经营模式的敬老院要给予建设补贴或运转资金支持，在提高管理质量和服务水平及满足老年人日益增长的多样化养老需求上具有较好的效果。另外，可根据区域特征和实际情况对"多而小"的乡镇敬老院进行整合，对人口数量较少且规模较小的敬老院，视情况进行合并。在扩大乡镇敬老院建设规模的同时，有利于提升养老服务水平，更好的实现规模效应。推进机构养老与社区养老的结合，还可以依托周边资源，吸纳更大范围的老年人入住，提高政策普惠性。

（三）鼓励社会力量共同参与

养老不仅是一个家庭问题，同时也是一个社会问题，仅仅依靠政府的力量远远不够。社会、企业和其他公共组织、慈善机构等社会团体的共同参与，在丰富敬老院资源、提升敬老院的服务水平、增加养老服务项目等方面起着重要的作用。鼓励社会力量共同参与对于建立以敬老院为中心的多元化养老服务体系有重要的补充作用，同时也可对政府在敬老院管理上实施监督。第一，通过引入市场机制及合理发挥非营利组织的作用，政府应对参与的企业及其他社会组织提供相应的奖励支持，比如适当降低相关企业的税费或给予其他程序上的便利。第二，增强对社会非营利组织的扶持，可通过改进现有的社会组织管理条例，为其提供相应的制度保障。第三，应鼓励和壮大我国的志愿服务队伍，完善相关法律法规，有效将志愿服务和乡镇敬老院养老服务相对接，积极发挥志愿者在我国社会及敬老院工作之间所起的桥梁及纽带作用。

（四）积极尝试及拓宽社会筹资渠道

我国福利彩票筹集的资金主要用于福利组织等机构日常经费，在对特殊群体的保障中发挥了重要的作用。我国农村福利事业如社会救助、低保及乡镇敬老院等在资金上面临缺口，而通过福利彩票等社会募捐形式获得资金恰好可以在一定程度上弥补资金上的空缺。政府及相关组织应加大这方面的宣传力度及给予必要的支持，所得资金也应根据乡镇敬老院等机构的实际情况有所侧重地调整投入比例。

四、服务内容：丰富化——物质转向精神

（一）探索"医养结合"服务模式

随着我国人口老龄化程度加剧，传统的敬老院养老模式及其养老服务体系难以满足现有的养老需求。因此，乡镇敬老院在发挥其保生存保基本的功用时，应考虑老年人对于医护和保健的双重需求，满足老人在养老过程中发生的疾病医治和失能照料及养生保健等需求。在改善乡镇、村敬老院基础设施的同时，积极推广"医养结合"等模式，以医疗促养老，更好的实现健康养老，构建多层次、多方式的农村医养结合养老服务体系。

（二）明确敬老院功能定位

依据身体状况和自理程度为标准，将老人分为不同照顾类型，如高度照顾型、中度照顾型、低度照顾型。应对不同类型的老人提供不同层次的生活照料，提高老人的健康水平。根据服务内容进行分类，可分为生活照料型、医疗养护型、文化娱乐型、精神慰藉型等。如以精神慰藉为主医疗护理为辅的生活照料，配备的服务人员和提供的服务中主要注重对老人心理上及情感上的慰藉，疏导老人的情绪。现有乡镇敬老院可根据其功能及服务供给情况进行合理的功能定位，根据不同农村老年人的特点和需求进行分类照料，在一定程度上提高资源利用率及有针对性的对有不同需求的老年人提供照料，更加体现以人为本的服务宗旨。更为重要的是依据功能定位可促进专业化养老服务队伍的形成，依托敬老院资源及自身特征合理地配备专业的服务人员。

（三）提升服务水准，丰富养老形式

以现有农村敬老院的运转情况而言，应注重提高敬老院的服务水准而不是盲目增加敬老院入住数量。老年人的供养问题仅仅依靠乡镇敬老院自身的力量远远不够，应结合当地实际引入民营资本或者通过政府购买服务等路径为老人提供更优质的养老服务，如整合社区或家庭等力量给予敬老院更多的支持。也可在原有的乡镇敬老院基础项目的建设中，增加老年人文化建设的相关内容，使乡镇敬老院日常养老形式更加丰富。

（四）倡导社会关爱老年人

传统敬老院是依据国家相关制度为农村特殊老年人供给社会养老服务，这种仅仅注重保基本的模式难以满足各方面尤其是情感方面较为脆弱的老年人的需求，如专业的保健护理、精神慰藉等个性化较强的需求。因此，政府部门在加强敬老院项目建设、提高服务水准时也应联络老年人熟悉的社区或志愿性较强的慈善组织等社会团体，给老年人多方位的服务。政府在明确乡镇敬老院管辖责任的同时，也应积极开展敬老、爱老、照顾年老人的社会宣传活动，培养社会关爱老人的集体意识，吸引更多的社会人士关注老年人这一特殊群体。

第六章　农村互助养老发展现状与政策支持研究

自我国进入老龄化社会以来，老年人口规模发展速度惊人，伴之以快速城镇化进程中农村向现代社会的转型，农村地区的老龄化水平甚至高于城市，呈现出明显的城乡倒置状态，农村养老现已成为最迫切需要解决的问题。农村地区当前大批劳动力人口外流、家庭结构急剧变迁，空心化问题十分严重，致使家庭养老功能逐渐弱化。与此同时，我国农村地区养老服务体系尚未健全，养老服务供给能力仍处于较低水平，农村老年人对机构养老等养老方式的接受程度依然不高，社会难以承接家庭尚未缓解的养老压力，致使农村地区养老服务供需矛盾尤为突出。在此背景下，农村互助养老的社会化养老模式为缓解农村老年人养老困境提供了新思路。农村互助养老是指我国农村地区自发产生的在充分挖掘农村老人及其他资源的基础上建立起一种准社会化的养老模式，是在互惠互利和社会交换的基础上产生的同代或代际之间的养老资源、服务的交换，简言之即由低龄、身体较为健康的老年人来照顾高龄、身体较弱的老年人。农村互助养老作为农村地区原有养老服务体系的有效补充，在满足农村老年人不离开土地和家乡的养老意愿的同时，还可有效解决农村养老资源短缺问题，对于提升农村养老服务质量、缓解农村养老压力具有重要的现实意义。

为推进我国农村互助养老模式发展，党中央、国务院出台了一系列政策措施予以指导和支持。2011年，《国务院办公厅关于印发社会养老服务体系建设规划（2011—2015年）》中就提出农村地区应以建制村和较大自然村为基点，依托村民自治和集体经济，积极探索农村互助养老新模式。此后，《国务院关于加快发展养老服务业的若干意见》《国务院办公厅关于全面放开养老服务市场提升养老服务质量的若干意见》《关于加强农村留守老年人关爱服务工作的意见》均指出要开发老年人力资源，鼓励低龄健康老年人为高龄、失能留守老年人提供力所能及的志愿服务，探索建立志愿服务互助循环机制。2019年，

《国务院办公厅关于推进养老服务发展的意见》强调要大力发展农村幸福院等互助养老设施。2020年《中共中央关于制定国民经济和社会发展第十四个五年规划和二〇三五年远景目标的建议》也提到"健全基本养老服务体系,发展普惠型养老服务和互助性养老"。在国家科学合理的政策指引下,农村互助养老模式在我国农村地区逐步试点和推广,现已探索出多种行之有效的运行模式,涌现出一批典型案例,在一定程度上缓解了农村地区养老服务供需矛盾,但该模式仍在政策支持、资金保障、参与意愿等方面存在一些不足。有鉴于此,本研究在对农村互助养老的现实需求进行分析的基础上,梳理农村互助养老的发展现状,探讨分析当前农村互助养老的发展优势和存在的问题,指出农村互助养老未来可能的发展方向和发展目标,并提出切实可行的政策建议,以期为农村互助养老的有效推进提供一定的理论和实践参考。

第一节　农村互助养老的现实需求

农村老年人的养老问题,不仅关乎到农村老年人自身的健康和幸福,也关乎到整个社会的稳定和发展,长期以来一直备受社会各界的广泛关注。相较于城市来说,农村空巢老年人数量更为庞大,对养老服务的需求量更大,但由于农村地区经济发展水平及生产要素和各方面资源的限制,养老服务供给一直处于较低的水平。农村互助养老是近年来新兴的一种养老服务模式,它不仅高度适应了农村地区人口的实际特点,而且也符合长期以来农村地区老年人形成的依靠土地、家庭和邻里养老的习惯,同时能够在一定程度上弥补现有养老服务模式的不足,具备在农村地区实施的必要性和可行性。

一、农村老年人空巢特征明显

中国自20世纪末步入老龄化社会后,老年人口数及所占比重均呈较快幅度的增长,2019年全国65岁及以上人口数已达17603万人,占总人口的比重为12.6%,老年抚养比为17.8%[3],年轻劳动力赡养老人的负担日益加重,老龄化问题成为我国经济社会发展面临的突出问题,而相较于城市来说,农村地区的老龄化形势更为严峻。1982年实行的计划生育被确定为我国的基本国策,至今已有40年的历史,它对缓解当时我国的人口和发展问题起到了一定的积极作用，但随之产生的是我国家庭结构急剧向核心化和小型化转变，在家庭结构不断缩小的同时，农村家庭中的年轻人也有自己的下一代需要照顾，因此对老年人的照料十分有限，这种情况导致农村老年人不再居于代际关系的核心地位，对于家庭来说，养老负担变得愈发沉重，"养儿防老"的传统观念受到冲击，农村单一的家庭养老模式也难以为继。

此外，在我国城乡分割的二元结构下，各种资源和生产要素更多地流向城市，大批农村劳动力人口为谋求更加广阔的发展天地而选择进入城市务工。据《中华人民共和国2020年国民经济和社会发展统计公报》的数据显示，2020年我国的农民工总量已经达到28560万人，加之子女数量的减少，导致农村地区有相当庞大数量的老人成为空巢老人。根据全国人口普查数据和流动人口监测数据显示，我国农村留守老人数约为1600万，农村空巢老人家庭在全国空巢老人家庭中所占比重高达94.27%。虽然我国经济发展水平不断提高，2020年我国国内生产总值已超过100万亿元，但农村地区经济发展水平普遍较为低下，农村空巢老人的物质生活条件并不乐观，对于很多农村老年人来说，他们唯一的收入来源便是国家的低保，经济生活的拮据造成了农村老年人生活质量的普遍低下，这也使老人的身体素质下降，增加了他们因此患病的风险。同时，由于农村地区公共文化服务供给不足和个人文化程度低，农村空巢老人在精神上极度孤独和脆弱，那些失去配偶的农村空巢老人情绪状况更为糟糕，存在着很大的心理疾病隐患，近些年甚至不乏一些农村空巢老年人因为抑郁而自杀的事件，不禁令人痛心。加之老年人本就属于疾病高发人群，一旦发生疾病或突发事件，难以得到及时和有效的救治，因此，农村地区空巢老人的养老问题日益成为我国经济社会发展中不可回避的严峻挑战和社会关注的焦点。

二、农村养老服务供给水平低

相较于城市老年人来说，农村老年人在养老服务上有着更为迫切的需求，但农村养老服务水平与城市相比差距较大。首先，对老年人的生活照料服务项目上仅仅局限于满足老年人吃、穿两方面需要上，而忽视了老年人其他方面的日常生活需要。其次，老年人属于疾病高发人群，一旦疾病发生便面临着"疾病突发无人知晓、慢性疾病无人照料和医疗费用过高无法承担"的三重困境。以湖北省农村空巢老人为对象的一项调查显示，面对疾病，选择非正规治疗方式的老年人占比高达78.2%。疾病救治的滞后严重损害了农村老年人的身体健康，甚至产生了危及生命的影响。在城市地区养老服务水平逐步提升的同时，农村地区的养老服务体系建设却并不尽如人意，基础设施落后和资金不足使得农村的养老服务供给一直处于较低的水平。

"看病难、看病贵"一直是我国医疗卫生事业发展中的痼疾，在城乡资源分配不均衡的情况下，这一问题在农村地区更为严重。此外，虽然我国绝大部分地区设立了村级医疗卫生服务机构，但这些机构所提供的医疗服务水平大多都较为落后，医疗条件十分有限，难以适应老年人医疗保健服务的实际需要，加之农村老年人收入具有很大的不确定性，且收入水平普遍偏低，因担心额外的医疗费用支出，又不愿意增加子女的负担，有些农村老年人在患病后大多都抱着一种"能拖就拖"的心理，在生病以后，既不能得到身边家人的悉心照料，又缺乏及时高效的医疗服务，因此一旦生病，便有危及生命的可能。

从性质上来看，农村养老服务从某种意义上来说具有公共产品的性质，往往存在投入较高但收益较低的问题，在追求自身利益最大化的理性经济人假设下，除政府外的其他主体缺少对农村地区养老服务进行投资建设的内在动力和积极性，农村养老服务供给主体的匮乏在一定程度上也造成了农村地区养老服务供给不足的困境。

此外，由于缺少子女的陪伴，农村老年人的精神生活缺少慰藉和倾诉的对象，与城市丰富多样的老年文化活动相比，农村地区的老年文化活动十分单调匮乏，日复一日的单调生活使农村老年人更易滋生消极情绪。某项调查表明，我国农村超半数的老人都会感到寂寞，农村老人在精神文化活动上存在巨大的需求，但政府对农村地区的公共文化娱乐设施投入却较少。农村地区的老年人对养老服务存在着巨大的需求，但政府对养老服务的供给不仅总量不足，而且还存在结构失衡的问题，以及农村地区的养老服务缺乏政策保障。以上问题造成了农村地区养老服务供需的极度不匹配，农村地区养老服务供给从数量和质量上都与现实需求存在较大差距，影响了农村老年人的自身权益。

三、农村社区养老模式存在不足

2017年，民政部曾在委员提案答复中明确提出，要加强农村幸福院和敬老院的建设，《乡村振兴战略规划（2018—2022年）》中明确提出，要在农村建立多层次的养老服务体系，在国家实施乡村振兴战略的大背景下，农村社区养老迎来了崭新的发展阶段。然而，农村社区养老服务在迎来新发展机遇的同时也面临着一系列问题：首先，虽然得到了政府财政的支持，但由于很多村或社区基础设施薄弱，根本不具备经营所需要的运行资金和人力资源，致使农村社区养老机构闲置，成为"空壳"，一项针对山东省农村幸福院的调查显示，农村幸福院的功能定位重点在生活居住上，存在偏离重点的问题，同时也存在机构设施闲置、责任主体模糊的运营困难问题。这不仅导致农村老年人难以享受到应有的养老服务待遇，而且造成了严重的资源浪费。其次，农村社区养老机构缺乏专业护理人员，由于农村地区工作环境较差、收入水平较低，难以吸引专业人员到农村养老机构工作，目前我国农村社区养老机构中的专业护理人员普遍存在年龄较大、文化程度较低、专业能力较弱的问题。以执业医师为例，根据2019年民政部关于《农村养老服务机构管理的建议的答复》显示，我国农村卫生室执业医师占比仅为23.4%。现代养老服务范围涵盖疾病治疗与预防、营养与养生、护理与康复、心理健康等多方面，专业护理人员的缺乏使得养老服务的涵盖范围变得相对狭窄，导致农村老年人享受不到高质量的养老服务。第三，农村地区养老机构服务体系建设步伐缓慢，与城市相比也存在着较大差距，从农村养老机构提供的服务内容看，仅涉及最基本的吃穿等生存需要，健康体检等服务项目并未在社区养老机构中得到广泛开展，农村地区养老服务内容不完善、不健全成为农村社区养老中的突出问题。第四，居家养老在农村养老体系中仍然占据主导地位，机构养老占比很低。在传统文化的长期影响下，农村老年人依靠家庭养老的观念根深蒂固，甚至在有些老年人眼中，选择机构养老就是被家庭遗弃的代表，碍于面子，部分农村老年人宁可将就过日子也不愿意选择机构养老。根据上海财经大学发布的《2020年中国农村养老现状国情调研报告》显示，选择在原居住地居家养老的老人占比为98.5%，选择"进养老院、福利院养老"等机构养老方式的老年人比重仅为1.3%，由此不难看出居家养老仍是目前我国农村老年人最愿意接受的养老方式。

第二节　农村互助养老制度发展现状

2008年起，河北省肥乡县以"村级赞助，互助服务，群众参与和政府支持"为准则开始对农村互助养老方式进行探索，之后全国各地兴起了各式各样的"互助养老"模式，形成了一些典型经验。

一、农村互助养老制度的运行模式

(一) 以政府牵头,统一部署管理的农村互助养老模式

各级政府特别是乡镇政府是建立新型农村互助养老的基石,现阶段多地政府不断扩大政策的支持力度,财政部门提供资金支持、文化部门进行文化及宣传活动、体育部门保障活动器材设施、卫生部门为老年人建立老年档案和健康档案、城建和林业部门进行规划建设和美化工程等。充分地统筹调度社会各界力量,完善资金储备及政策依托、服务管理,力求更快更好地建设农村互助养老制度。在政府强有力的推动下,通过村委会及合作社来进行统筹建设、服务管理养老院、幸福院和老年服务中心等养老机构。就目前我国农村各地而言,互助养老机构多为农村合作社及农村幸福院[4]。

农村合作社在农村范围内寻找固定的场所,由村民之间相互倡导将零散的社会、家庭资源集中起来,配置设施器材来进行互帮互助、互惠互利,形成规模化的农村公共管理组织。农村幸福院采取"集体筹措、个人捐赠、政府及社会捐助"的运行模式,由村委会牵头将各类闲置设施资源整合,改造利用,按照共建共享的原则建设,降低成本的同时提高实用性。与现行的乡镇敬老院和五保村相比,农村幸福院则立足于日常性的、休闲性的、综合性的生活常态化照料,是一个让农村老龄群体老有所养、老有所乐的人生后花园。

(二) 以家庭单位、邻里关系为主导的农村互助养老模式

当今社会,农村养老多数采取以家庭为单位的自主养老模式,村民自主下邻里亲缘主导的养老模式依旧起着首要作用。其中主要包括三种模式:家庭式互助、姻亲式互助和邻里式互助。

家庭式互助为主的农村互助养老以家庭或家族本身为纽带,依靠亲子血缘关系为支撑向老人提供养老帮助,包括饮食、健康、护理,一直到丧葬,使老年人能够安享晚年。在传统农村社会下,没有子女照护的老人则通过其他途径实现养老送终,比如在家族中过继或认干亲,或在本族内有生育儿子的家庭中认个儿子作为过继或干亲,被过继者可以继承老人遗产,同时要承担起养老送终的责任。

姻亲式互助为主的农村互助养老大多以婚姻为基础通过招赘、过继、婚嫁等方式对婚姻内双方父母进行养老帮扶。跟家庭式不同,姻亲式互助主要体现

为独女户出嫁之后所生的子女为外公外婆养老送终，以及招赘之后，女婿需要扮演"儿子"的角色，承担双方父母的养老义务，不仅需要承担起亲生父母的养老义务，还要负责岳父岳母的养老送终。这种姻亲式将没有血缘关系的家庭连结在一起，从而实现了不同家庭之间的养老互助。

邻里式互助是最近兴起的街坊邻居之间以轻助老、老老互助的帮扶形式。特别是在向城镇化进程中的年轻人口大量外流的环境下，老年人之间"结对互助"现象普遍，邻里邻居的老人们聚在一起拉家常，聊聊各自家庭发生的事或乡里村里的一些事，如果有老人上集市也能相互捎带生活用品，互相帮助修理一些家用品。年龄相对较轻的老年人帮助年事已高的老年人，或者对独自居住以及生活不便的空巢的老年人进行一对一或多对一的生活帮扶。这种邻里式的互助模式其实是超越血缘关系，以乡土地缘为纽带和依托互惠互助互利而进行的养老方式。

(三) 依靠社区主导，聚集本地社会资源的农村互助养老模式

聚集本地社会资源的农村互助养老模式通过积极号召社会力量参与，由社会各界慈善组织和敬老社团等机构组织对农村互助养老提供补充性支撑，让社会组织、社会团体积极地参与农村互助养老。

目前，在我国很多农村乡村互助基金会应运而生，这些乡村互助基金会由乡镇政府发动组织，以村为单位，激发村内比较富裕的村民或发展仕途较好的成功人士首先进行捐赠，使这些较为成功的本村人士能够关注家乡的发展和家乡人民的生活，可以起到振兴乡村及自身口碑宣传的作用，也能够实际解决本村老人的养老困难及养老压力，进而推动村民自发性捐赠，集中的款项或物资针对性地对本村内养老困难群体进行帮助。社会各界慈善组织和敬老社团可以为农村互助养老培育输送义工和志愿者，这些社会工作者可以为养老困难群体提供广泛的帮助和服务，在日常生活中帮助解决老人行动不便的难题，如打扫、照护、代购等。同时不仅限于经济层面的物质帮助，还有精神层面的沟通疏导等，通过发挥社会工作者的作用提高老人的生活质量。社会工作者不仅可以弘扬敬老爱老的正能量，为整个社会树立典范，还能使得农村老年人切切实实感受到社会对他们的关怀。

这些社会工作者深入参与到社区建设和工作中，为农村老人营造一种舒适和谐的农村社区养老环境。随着社会各界组织广泛参与到农村互助养老之中

来，会引领农村互助养老之风盛行，正所谓"老吾老以及人之老"，最终，整个社会将会形成一个互助养老的关系网络和良性循环。

二、农村互助养老制度的典型案例

（一）河北省邯郸市肥乡县互助幸福院

2008年8月，为解决村里独居老人的照护难题，河北省肥乡县前屯村村委在党支部书记蔡清洋的带领下自主将两间废弃教室改建为"互助幸福院"，规定村内年满60岁、生活基本能自理且无传染病的老人可免费入住幸福院。随后几年里，此举在肥乡县的全部乡镇中得以推广，截至2012年4月，肥乡县共建成农村互助幸福院240家，基本实现265个行政村全覆盖。同年3月，河北省将肥乡县的互助养老模式确定为农村养老"幸福工程"，在省级层面进一步推广。

在运行机制上，肥乡县互助幸福院坚持"村级主办、互助服务、群众参与、政府支持"的基本原则，其参与主体呈多元化格局，由村委会负责整合各类资源，对幸福院进行开发、筹建及运营管理等工作；政府则通过财政补贴、部门帮扶等多途径给予指导和支持；此外还有部分企业单位、村内能人等社会力量的加入，给幸福院提供资金或实物方面的支持。在服务提供方面，幸福院内的各项基础设施由村委会统一购置，配套齐全，基本可以满足老人的日常生活需要。院内没有专业的服务人员，老人基于地缘或亲缘关系进行互助服务，彼此之间相互照料，互助养老。前屯村党支部书记蔡清洋认为"互助幸福院的突出特点是互助服务。年轻点的照顾年长点的，身体好点的照顾身体弱点的，解除了老人们急病无人管的最大隐忧。"在幸福院中居住的老人通过与同龄人相处、共同参与社会活动，不仅缓解了独居老人精神孤寂问题，同时在一定程度上也避免了老人与子女共居因代际关系紧张而引发的摩擦与矛盾。

2011年，民政部、国家发展改革委等有关部门前往河北省邯郸市肥乡县调研观摩时，高度肯定了肥乡县的互助养老模式，认为肥乡县互助幸福院"符合群众的需要，符合农村发展的实际，代表着发展的方向"。在实践应用层面，肥乡县互助幸福院作为典型性的农村互助养老模式，在很大范围内得到了推广。但在其发展过程中，仍面临着一些问题，如资金来源渠道单一，主要依靠地方政府财力支持，缺乏长期专项资金；医疗设施和专业养老护理人员缺失，养老服务水平不高；在推广过程中思维僵化，未根据具体情况因地制宜等等。

（二）福建省罗源县慈善助老安居楼

2011年，为了解决福州市罗源县飞竹镇安后村的3户五保户灾后的住房安置问题，福州市慈善总会牵头，整合各方资源，并联动下辖的各个县市，将以慈善捐助的方式所筹得的善款用于将废弃校舍改造为慈善助老安居楼。

慈善助老安居楼主要用于安置包括五保老人在内的村内经济困难、居无定所或住房条件差的老人，楼内包括卧室、卫生院、厨房、老年人活动中心等能满足养老需求的基本设施，此外在安居楼外还开垦出部分荒地供老年人劳作，实现老年人的就地安置、互助服务和劳养结合。一方面，安居楼中的老人通过邻里间的帮扶互助能满足其照料护理需求，另一方面与村内熟识的人交往，能极大减少老人的孤独感，满足其精神慰藉需求，此外在安居楼外老人可以从事基本的劳作，更满足了部分老人渴望劳动的深层次需求。在运作机制上，慈善助老安居楼改造建设的核心引领者是县慈善总会，由慈善总会负责住户资格认定、选址、资金筹措、招投标和建设、预决算等一系列工作，在安居楼的建设和运营过程中发挥着关键性作用。在管理模式上，罗源县慈善安居楼采取党政帮扶模式，要求村两委成员与安居楼居住的老人结成"一对一"或"一对多"帮扶，并将其设为老人的"第二监护人"，督促村两委成员实时关注老人，帮助老人解决生活中的困难，增进村委干部与老人的感情。在资金来源上，罗源县慈善安居楼实施多渠道筹资，实现"四个一点"，即"市、县慈善总会筹一点，县、乡政府拨一点，村集体出一点，各有关部门帮一点"，另外通过安居楼外的特色农作物种植，形成长效造血机制，为慈善安居楼的可持续发展提供充足的资金保障。

从2012年开始，罗源县慈善总会将农村慈善助老安居楼项目积极推广到乡、镇政府，不断提高慈善安居楼的覆盖面。截至2017年，罗源县已建成16座慈善安居楼和101座农村幸福院，覆盖了全县一半以上的行政村。而如何进一步扩大慈善安居楼的覆盖面，实现此种农村互助养老模式的纵深推进，成为罗源县亟待解决的问题。

（三）上海市奉贤区农村宅基睦邻"四堂间"

2014年，上海市奉贤区的四团镇、青村镇等部分村镇为解决高龄独居老人的养老难题，开始自主探索农村互助养老新模式。其中，青村镇李窑村创建的老年助餐点、四团镇三团港村创办的"夕阳暖屋"以及庄行镇吕桥村建造的"百草堂"能高效便利地满足当地老年人的养老需求,受到了当地居民和政府的高度肯定。2015 年,上海市奉贤区出台了《奉贤区创建农村宅基睦邻"四堂间"指导意见》,正式启动了农村宅基睦邻"四堂间"的试点工作,在试点地区取得成效后,2016 年在奉贤区多个村镇全面推行农村宅基睦邻"四堂间"的建设。截至 2019 年底,奉贤区共完成 424 家"四堂间"的建设,服务奉贤区内七千余名老人,并计划在 2020 年建成 500 家农村宅基睦邻"四堂间",覆盖奉贤区内所有农村。

宅基睦邻"四堂间"在利用村内闲置的宅基房屋的基础上,依靠政府的指导支持和村委会的推动,进行基础设施的建设改造,建立起老人们"吃饭的饭堂、聊天的客堂、学习的学堂、议事的厅堂"。可见,"四堂间"提供的服务内容主要是四方面:一是配置厨房、餐室、饮水机等设施,给老人们提供便民饭堂,老人行动不便时还可选择送餐服务;二是给老人们提供休闲聊天的场所,让老人们通过与同龄人间的交流打趣纾解内心的压力与孤寂;三是针对老人的个人需求,创建特色化的学习课堂,丰富老年生活;四是给村内老人提供可以谈论其所关心的村内大小事务的议事堂,提高老人们对村内各项决策的参与热情,发挥主人翁精神。在运作机制上,奉贤区的农村宅基睦邻"四堂间"实行"政府指导、村级运营、社会参与、老人自愿"的基本模式。区、镇政府负责引导、支持与监管工作,自 2015 年起,奉贤区政府颁发了《奉贤区创建农村宅基睦邻"四堂间"指导意见》《奉贤区扶持农村宅基睦邻"四堂间"发展实施方案》和《奉贤区农村宅基睦邻"四堂间"创建和运营评估办法》等多项规定,对"四堂间"的创建运营标准、补贴标准和评估办法进行了详尽的规定,积极推动"四堂间"互助养老模式的标准化建设。村委会承担大部分奉贤区"四堂间"的创建和运营工作,此外还引进社会组织或志愿者等多方社会力量的参与,着力提升"四堂间"服务提供的专业化和多样化。村内老人基于自愿原则加入"四堂间",在"四堂间"内老人们进行自我管理,通过"自助"和"他助"的方式享受"四堂间"内提供的所有服务。

上海市奉贤区的宅基睦邻"四堂间"作为一种多元共助型的农村互助养老模式,能使老人在较小的经济负担下解决就餐、护理等问题,还能通过社会交往、学习活动等给老人提供精神慰藉,在当地取得了较好的运行效果。但在运行过程中仍存在运行经费短缺、服务的专业性有待提高等现实问题,有待进一步解决。

第三节 农村互助养老的发展优势与面临的问题

农村互助养老制度作为对居家养老、社区养老、机构养老等传统养老模式的补充和衔接,不仅能够满足农村老人落叶归根、不出远门在家乡养老的特殊需求,而且其运营成本相对较低、运作效率较高的模式特点也可以有效缓解目前农村地区养老资源短缺短板。农村互助养老模式促使农村老人由赡养到善养转变,其发展有着诸多优势,但各地的实践也反映出了一些问题。

一、农村互助养老的发展优势

(一)农村老年人力资源充裕

需要注意到的是,随着时间的推移中国农村劳动力具有明显的转移特点,从长期来看会有一部分农村劳动力在达到一定年龄后选择返乡生活,退出城市。在农村存在许多低龄老年人现状下,他们身体健康、用工成本较低、闲暇时间较多,并且其与高年龄段老年群体关系熟络,具有良好地缘关系。因此,在政府牵头、村党支部、村委会积极推动的氛围下,村庄通过组建一支由低龄老人、党员、志愿者形成的互助队伍,通过自由组队原则与年龄大、身体状况差、独居老人结成对子,根据老人的需求进行精准养老帮助。这一方式不仅提高了老年人的养老质量,消除了老年人晚年的孤独感,而且还在某种程度上实现了低龄老年人的自我价值。在此环境下,充裕的老年人力资源可以充分满足不同老人特殊的养老需求,在个体互动行为中,通过物物交换、生活照料、情感交流的方式,互助的参与者获取了感激、尊敬、依赖、社会赞同等报酬。同时,政府或者社会组织可以高效率促进低龄老年群体形成照顾高龄老年人良好氛围,以市场较低成本购买劳动服务,支付报酬。在良好的互助效应形成后可以带动更多老年群体加入到互助养老的队伍中来,从而使农村互助养老进一步组织化、制度化。

城市及农村地区传统机构养老的开展形式相对单一,特别是满足老年物质需求的同时如何满足精神需求是一大难题。而农村互助养老制度则在不断探索如何按照老年人自愿性的原则开展活动,如何激发老年人自身意志参与到互助养老的模式中来。通过发动农村老年人在熟人、熟地的环境中建立一种互助式的养老氛围，可以很好的迎合农村老人的家乡情怀及落叶归根的养老需求。因此，各地区积极探索出了适应当地实际情况的互助养老模式。如合作社、幸福院、周转房、新型幸福院等方式的探索，有能力覆盖多类型老年群体，提高农村互助养老制度的生命力。

（二）农村地区基础资源丰富

在基础设施建设方面，无论是幸福院互助模式、还是周转房互助模式，农村互助养老服务制度落实离不开互助服务场所的建设。而中国地域辽阔，广大的农村地区拥有大量的农村宅基地面，随着年轻群体大量外出务工，存在大量闲置房屋，土地使用成本较为低廉。这些与生俱来的基础资源优势为农村地区建立集中居住型的互助养老中心提供了便利条件，能够有效减少互助养老服务经营成本，提高互助养老模式的探索效率。与此同时在粮食供给方面，农村自给自足的小农自然经济，能够有效保障食物供给。集中居住型互助养老中心无需再花费较大成本采购生活物资，降低了经营风险。在自然环境方面，相较于城市，有的地区的村庄自然环境良好，居住环境怡人，适合人养老居住，并且农村老人具有自己宅基地与农耕地，能够获得一定收入与实现自身价值，这都为互助养老制度提供了较好的实施基础。

（三）互助养老设施配套完善

通过前文农村互助养老的典型案例，可以发现由政府主导的农村互助养老模式中，集中居住区对于统筹规划和配套服务的质量有一定的要求。特别是统一建设的互助养老服务中心均会配备多个功能室提供各式各样的养老服务。在很多地区政府将互助养老中心与村五保供养服务中心相邻而建，让农村养老资源的共享成为可能。而在居住区内，服务供应方会统筹电、气、水等生活物资，力求基础配套设施与卫生条件合格。在共同活动区会配套建设活动广场，定期组织农村老年人参加各种各样的团体活动，丰富农村老年人的精神生活。通过不断的探索，全国大量的农村互助养老中心共同居住区的环境、绿化在朝着"宜居乡村"与"美丽乡村"发展。国家在不断完善养老服务购买机制规范的同时，对于农村养老的覆盖面积也提出了相应的要求。部分农村地区互助养老机构能够将本地60岁以上老年人口统筹规划进来，而配套设施保证了服务所需的场地，服务中心的专职、兼职管理人员与志愿者队伍能够引导居住区活动安全、有序进行，实现社区资源的高效利用，提高服务质量。而在环境配套方面，随着经济社会的不断发展，国家开始逐步重视推进农村的环境治理工作。传统农村的杂草、杂物、垃圾处理问题一直是环境治理领域的一大挑战。在农村集中居住型的互助养老模式探索中，政府和社区单位会统一规划生活垃圾治理方案，提升相应地区的硬件设施，推进塑造田园风光与田园建筑，从而扭转了传统农村杂乱的环境卫生局面。"村容整洁"是社会主义新农村的建设过程中的重要课题，而在农村互助养老模式中的专业保洁队伍保证了垃圾的及时收集和转运，河道疏浚、污水整治逐步改善了乡村的自然环境，为农村老年人提供了更好的养老环境。

（四）社会资本整合效率较高

村庄社会网络是在血缘、亲缘和地缘关系上建立产生和发展，血缘、亲缘与地缘所形成乡邻情感与熟人社会为农村互助养老制度建立提供良好基础。农村老年人作为个体在其生命历程中与村庄其他个体相互联系便形成了社会资本，而农村社会资本具有整合度较高、效率较快等特征。随着政府的政策支持力度与资金拨付数量的增加，大量的社会组织开展养老服务可以享受到相应的支持政策，因此，志愿者团队和社工团队的人数规模也能得到相应的扩展，由此建立的社会关系网络得到了进一步的放大，将社区、机构主导的农村互助养老服务的质量不断提高，各类活动的举办更加常态化、项目化。随着农村老年群体可获得的资源不断增加，越来越多老人加入到互助养老体系中来，进一步提高了服务的覆盖面积。从长期的视角来看，在人际关系结构中，社会资本较好的老年人能够为其养老生活带来不错收益。农村老年人社会资本可以为农村互助养老制度建设夯实基础，并且为互助养老制度设计、实施与调整提供健康有序的发展路径，可以在一定程度上形成较好的互助养老规范，从而渗透到社会资本规范当中去，达到交互调节的作用。农村存在较高社会资本的个体，其可利用声誉、人缘等优势为互助养老制度推广与落实起到重要作用。

二、农村互助养老制度面临的主要问题

当前农村老龄人口不断增加，农村青壮年劳动力入城务工使得空巢老人的情况成为常态，老人缺乏物质照顾和精神慰藉，在此背景下，互助养老无疑是为农村养老事业找到了一条新的实现路径。自河北省肥乡县成立互助幸福院以来，各地对于互助养老都进行了探索，其中暴露出诸多问题与困境。

（一）政策支持的缺位问题明显

互助养老的定位仍然处于一个较为尴尬的状态，它是介乎于传统家庭养老和机构养老之间的一种新模式。党的十八大以来国家发布多个支持发展互助养老的文件，但是在法律制度上，互助养老的定位仍然不明确，这也使得在互助养老过程中遇到的问题与矛盾变得棘手，老年人的养老权利难以得到充分保障。互助养老的资金供应、对养老服务提供的监管和评价等方面仍未形成相应的制度。以首创互助幸福院的肥乡县为例，由于缺乏证照和资格，互助幸福院没有办法以正式身份参与社会活动、接受社会捐赠、享受政府相应的政策扶持。定位的模糊，权责不清晰也导致互助养老现如今仍面临着无序发展的状况，责任主体缺乏动力，使得农村互助养老处于一种无序发展的状态。

（二）老年人参与意愿不强

部分老年人的思想比较传统仍然秉持"养儿防老"、家庭养老的观点。根据学者调查研究发现，相当数量的老年人认为互助养老相比于家庭养老缺乏安全感，这种观念限制了老年人对于互助模式的接受程度。而且，无论是老年人还是其子女都会在一定程度上对参与互助养老产生顾虑，部分老年人会认为参与互助养老是不信任子女，会使其和子女之间产生隔阂，而子女也不希望自己被他人指为"不孝"。此外，村支部和村委会对于互助养老的认识不足也会导致长远规划的缺失，"村两委"在村民认识中的权威作用值得注意，其领导和组织能力未在互助养老上体现也会打消村民参与其中的意愿，使互助养老缺乏相应基础。

按照现有的观点，互助养老的主力军是低龄和健康老年人，对于他们为其他老年人提供的服务是否应该予以报偿。当前主要的报偿形式是低偿服务和时间银行等。前者是通过给提供养老服务的老年人一定的费用，后者则是让现在提供服务的老年人凭借服务时长在将来为自己提供享用养老服务的机会。如果是低偿服务，则费用由谁提供？如果是享受服务的老人提供，其一，这些服务接受方是否有承担费用的能力；其二，这种关系是否会在老人之间因为金钱而产生一些隔阂与摩擦。如果是时间银行，则提供的"时间货币"如何在未来进行兑现，并且不同类型不同强度的服务能否以统一的标准进行计量从而做到公平，这些问题的模糊也阻碍了老年人的参与积极性。

(三) 资金保障问题亟待解决

现如今农村互助养老的费用实际上还是要依靠省以下政府的财政支撑，以及村集体经济的支持和其他社会团体的捐助。

在政府投资方面，一是，传统养老投资的比率达到了90%，对于其他养老模式则明显不足，其中也包括互助养老。政府对于互助养老基础设施的投入不足，已投入的互助养老设施不够多样化，做不到精准满足老年人的需求，难以盈利且需要持续补贴。二是，地方政府财政能力有限，无法做到面面俱到，从而难以对互助养老进行可持续的财政支撑。

在村集体经济方面，各地农村的集体产业情况参差不齐，集体经济羸弱的地区收入来源单一，在提供互助养老上显得捉襟见肘。根据农业部2015年公布的数据，在全国58.4万多个村庄中，没有当年经营收入和有经营收入且数额在5万元以下的村庄分别占到了55.3%和21.7%。要维持幸福院等互助养老场所的运营，每位老人要有2000元的投入（水电气花费），这对于那些没有经济收入的村并不轻松。

在社会力量扶持方面，乡村往往会在互助养老建设的初期大量地引入社会资本参与，但是由于缺乏长远规划，并且对于互助养老的理解不够深入和全面，对于项目不够重视，从而使得参与的社会组织的积极性受挫，难以对互助养老进行持续性的投入，造成"虎头蛇尾"的局面。所以，提高政府、企业、社会各界对农村互助养老的重视程度，形成稳定与可持续的资金供应渠道，仍然是一个亟待解决的问题。

(四) 互助养老服务水平不高

当前，各县（市）区政府根据互助养老机构的实际情况配备相应的服务人员，但这些服务人员当中大部分缺乏专业的服务技能，不能以高质量的服务满足老年人的需求，而作为核心环节的老人之间的互助也需要专业人员进行指导，但是老年人在这一方面缺乏相应的知识和技术，难以应对各种情况。此外，互助养老的优势之一就是为老年人起到精神慰藉的作用，弥补子女进城务工陪伴不足所带来的遗憾，但是老年人在精神慰藉方面能做的还是以相互交谈为主，形式单调，而目前民政部门为互助幸福院提供的文娱场所仍然难以和老年人的特殊需求相适应。在医疗方面，农村的医疗资源相当匮乏，在常见病症以外的突发状况往往会使互助养老的应对能力显得不足。在运营方面缺乏管理人才。

互助养老的核心是"互助"，是让农村的老年人口以互助的形式提升老年生活的质量，实现老年人的自我价值，为农村治理贡献力量。在这一方面，如何调动老年人尤其是低龄老年人和健康老年人投身互助养老的热情和积极性，是比相关硬件设备的配备更为重要的问题。

第四节 农村互助养老的未来发展方向

针对当前我国农村老龄化程度较高、农村养老服务供给水平较低以及农村机构养老发展滞缓的现实困境，农村互助养老将是未来一段时间内适应农村养老服务实际需求，提升农村养老服务水平的一项重要举措。从近期来看，农村互助养老模式作为一种养老模式的补充，有助于构建多层次的农村养老服务体系；从长远来看，农村互助养老则有利于增进农民福祉，推动改善农村生产生活条件，健全乡村社会治理格局，是实现美丽中国建设和国家治理能力和治理体系现代化的重要基石。因此在"十四五"期间，应加强农村互助养老的制度设计，明确农村互助养老发展原则，厘清政府等各类主体的责任，合理规划发展目标。

一、明确农村互助养老发展原则

（一）党建引领、政府主导

要发挥党建在基层治理中的重要引领作用，全面加强村级党组织建设，落实基层党建工作各项细节要求，在发展农村互助养老过程中切实发挥农村基层党组织的战斗堡垒作用；强化党员队伍能力建设，不断提升农村党员队伍整体素质，走实走好新时代群众路线，增强基层群众对党组织的认同感和党建的凝聚力，确保党组织在农村互助养老服务体系建设中始终总揽全局、协调各方。同时要加强政府主导，在构建多层次农村养老服务体系中政府主导是关键，各级政府要准确把握农村互助养老在实现乡村振兴中的地位、作用与价值，合理谋划布局，出台相关政策，采取多种措施，推动农村互助养老服务建设落到实处，引导农村居民积极参与互助养老。

（二）因地制宜、科学规划

在解决农村互助养老问题上要坚持因地制宜、因势利导，要结合当地自然条件、基础设施、财政实力、养老服务需求等实际情况来确定农村互助养老发展模式，一方面要适应当地实际经济情况，另一方面要符合当地文化传统和生活习俗。做好科学规划，正确认识和把握乡村发展的差异性和多元化特征，科学分析和论证农村互助养老服务体系建设的现实条件、独特优势和未来发展方向，在互助养老模式选择上要结合当地优势突出重点，体现养老特色；在服务内容设计上要结合实际需求不断丰富完善，与时俱进。

（三）自愿参与、互助共济

在农村互助养老服务参与上要坚持村民自主原则，积极做好宣传工作，让村民正确认识农村互助养老的功能和作用，严格落实村民自愿参与互助养老、自主选择服务内容等要求，不得强迫村民参与。要遵循互助共济的原则，积极倡导互助理念，合理配置资源，在实施互助养老服务过程中推行同代或代际之间的养老服务，整合农村老年人力资源开展邻里式互助，探索建立老年人参与志愿服务的登记制度和工作机制，推动互助服务的规范化、制度化运行。

（四）统筹保障、多元参与

要完善农村互助养老服务体系的政策支持和制度保障，加强在人才队伍搭建、服务设施建设以及财政资金投入等人力、物力和财力方面的支持力度，细化减税、降费以及财政补贴等保障措施；要秉持社会多元主体参与原则，积极鼓励引导社会力量参与，推动资金来源多元化、服务提供多元化，充分利用社会主体在丰富服务内容、提升服务质量、组织社会动员等方面的优势，支持农村互助养老服务健康发展。

二、厘清农村互助养老主体责任

（一）明晰各级政府的责任

农村互助养老服务的良好运行需要从上到下多个层级的政府及政府内部不同部门的分工合作及互相配合。要界定清楚各级政府的责任内容及责任边界，国务院及相关部委需要研究制定出台有关农村互助养老服务的规章制度、政策文件，明确农村互助养老主体定位，详细规划农村互助养老的制度管理、组织管理、服务运行、资金来源、监管评估及保障措施等方面，做到有法可依，有据可循，同时应加大财政转移支付力度，为农村互助养老发展提供资金支持。省级政府及相关部门要严格遵循中央政策要求，结合本省农村养老实际情况出台相应规章制度和指导意见，指导地方政府开展农村互助养老服务，并加强监督管理。基层政府及相关部门要深入落实相关政策要求，结合当地实际合理规划农村互助养老发展模式，并采取措施推动农村互助养老服务的建设。

（二）明确各参与主体的责任

农村互助养老服务实际运行过程中涉及到多个主体参与，只有明确各个主体的责任才有助于互助养老服务的顺畅、高效运行。一是要明确农村互助养老组织的法人地位和管理主体地位。农村互助养老组织由村民自愿组建，实行自主管理，主要负责收集村民意见，参与协商制定互助养老内容，并对互助养老日常事务进行管理。二是要明确村委会的组织管理和监督责任，要根据党委政府要求，组织引导村民参与开展互助养老，监督服务运行，落实村级保障措施。三是要明确社会组织、社会志愿者队伍等社会主体的服务责任，严格遵循行业规范和服务协议要求，根据服务协议为农村老年人开展基本生活服务、文化娱乐服务及康复保健服务等，并自觉接受相关责任主体的监督和评估。

三、制定农村互助养老的发展目标

（一）规范化：推进互助养老标准化建设

当前我国农村互助养老发展短板明显，突出表现为各项规章制度不完善，软硬件设施跟不上等问题，因此，一是合理谋划农村互助养老结构布局，各级政府、基层自治组织要根据当地养老实际情况出台法律法规和制定相应指导方案，设计和完善农村互助养老的规章制度、组织框架、监督机制、考核标准以及保障措施等，促进互助养老服务的规范化运作。二是加强农村互助养老资金保障机制建设，建立和完善多渠道投入机制。建立政府、集体、个人三位一体的农村互助养老资金保障机制，政府应在互助养老中心机构和设施建设、机构运行和老年人生活补贴上提供财政支持；村集体要为兴建农村互助养老中心积极协调、提供场所，在老年人保障金方面提供帮助；老年人个人和子女要为享受互助养老服务支付必要的资金。三是推进环境设施的标准化建设，完善农村互助养老的配套设施，在选址布局上要选择服务设施较为完善，交通条件比较便利，自然环境适宜居住的地区建立互助养老服务设施；在场所建设方面根据养老人数、闲置土地面积、资金投入、服务功能等改造建设养老场所；在功能配置方面结合老年人需求设置生活服务、文化娱乐、户外活动等服务板块，满足老年人生理和心理方面的需要。四是建立职责清晰的管理运营制度，在人员配备上合理设置管理人员、医护人员、志愿者队伍以及后勤人员等人员的数量和工作职责；在服务对象管理上要加强老年人信息档案建设，档案涵盖老年人基本信息、健康信息和缴费记录等内容，并由专人负责；在资金管理上按照标准收费、按时财务公开、严格把关资金支出，落实公开透明。

（二）本土化：积极融入当地环境

我国各地农村自然条件、人文环境有较大差异，需要因地制宜打造当地特色的农村互助养老产业。一是积极推动民主协商，调动村民参与积极性，发挥村民主观能动性，结合当地文化传统，选择适合当地文化习俗和老年人生活习惯的互助养老模式，共同协商制定养老服务内容，增强村民的责任意识和归属感。二是积极吸纳社会资本参与农村互助养老服务体系建设，通过市场化竞争的方式激发社会力量参与活力，弥补农村养老服务资源不足，借鉴先进互助养老发展理念和经验，推动农村互助养老服务内容多元化和特色化发展。三是注重互助养老文化的形成和传承，以互助文化补充孝道文化、社会支持补充家庭支持，发挥基层党组织的党建引领作用和党员先锋模范带头作用，积极宣传互助养老的内容、作用和优势，增强村民参与意识，营造农村互助养老文化氛围，带动更多村民参与到互助养老服务之中。

（三）全面化：丰富互助养老服务内容

我国农村互助养老服务内容不应局限于基本的生活服务，要关注老年人生理和心理两个层面的需求。因此，一是合理设计服务项目，除开日常照料中的助餐服务和医疗服务之外还应做好实时监控预警、防止意外伤害、食品卫生等安全管理工作；图书阅览、技艺学习、文艺演出下乡等文化娱乐服务；法律讲座、社会保障、维权咨询等老年权益服务以及户外活动、体育锻炼等运动健身服务，定期组织集体活动，配齐辅助设施，满足老年人多样化的服务需求，营造良好的互助养老生活氛围。二是促进服务的精细化和个性化发展，应大力推进政府购买社会公共服务，组建专业社工人才服务队伍，结合现有条件制定详细的服务方案，在丰富老年人日常生活、进行心理干预治疗等方面提供高质量专业化的服务；同时要实现服务内容的差别化，在满足老年人的普遍性、基础性服务需求之外，还应针对不同年龄、性别以及身体机能等老年人群体提供差别化的互助养老服务，满足老年人的个性化需求。三是探索实行老年人自我管理，组织村民组建互助养老协会，注重从老党员、老干部中选用文化水平较高、群众基础好的老年人参与协会管理工作。协会组织自主开展各项活动，发动社会捐赠，及时协调纠纷，鼓励农村老年人亲身参与日常生活管理，促进老年人自主管理、自主教育和自主服务。

（四）社会化：统筹整合社会资源

当前要推动农村互助养老向好发展必须积极链接和整合社会资源，打造农村互助养老的社会支持网络。一是动员引导社会组织参与农村互助养老服务的建设，在社会组织参与上要积极深化"放管服"改革，适当放宽社会组织准入条件并给予政策倾斜；在社会组织培育上依托社会组织孵化平台，结合当地实际情况培育和引导社会组织下沉到农村地区开展养老服务；在社会组织的政策支持上各地要通过政府购买、税收优惠、费用减免、场所提供等措施来激励社会组织参与。二是协同配合医疗机构建立农村医养结合服务体系，各地要协同村卫生室、乡镇医院和互助养老点建立集医疗、养老、预防和保健为一体的农村医养结合服务点，组建由医生、护士、护工等人员组成的医养服务团队，探索建设智慧医疗服务平台，推行远程会诊，为农村老年人提供在检查诊断、康复疗养、保健教育、临终关怀等方面全天候优质的医疗保障服务。三是发展壮大农村互助养老志愿者队伍，一方面要吸纳专业志愿者队伍，尤其是社会工作人才队伍参与，突出社会工作者在老年人增能上的专业优势，增加服务供给数量和提升服务质量；另一方面要开发当地农村志愿者潜力，引导低龄老人、灵活就业人员、待业人员从事养老服务，同时建立完善志愿者服务管理制度和培训机制，通过能力培训提高志愿者队伍的职业化和专业化水平，提升服务能力。

第五节　促进农村互助养老发展的政策建议

"十四五"期间，大力推行农村互助养老的发展，需要重点突破互助服务水平有限、老年人参与意愿不高、资金来源渠道单一等瓶颈，做好与家庭养老、机构养老、社区养老的衔接工作，发挥其在农村地区的养老功能。

一、创新农村互助养老服务形式

（一）发展医养结合服务

有些农村位置偏远，交通不畅，医疗设施不完善，医疗服务水平不高，当地老年人的医疗负担能力较城市老年人低。农村地区老年人医养结合服务的落实是我国实现农村现代化社会治理的重点内容之一。解决农村老年人医养结合服务难题的切入点在于强力有效的政策支持和财政支持。从政策支持上，地方政府应每年为农村地区的医疗服务中心制定医养结合目标并依照上一年的完成情况进行第三方评估，从而确定农村当地医养结合服务的效果。依照服务效果及时给予奖惩，以此激励农村医疗服务中心不断进行自我发展与完善。并针对培养农村医养结合服务人才的培训机构实行税收优惠政策，增强农村医疗卫生室建设与乡村医生的培养，面对乡村全体老年人开展家庭医生签约服务、医疗保健咨询服务、疗养康复服务、健康管理服务与临终关怀服务等新型养老服务模式，并不断提高农村医养结合服务的专业性与普惠性。从财政支持上，政府应根据农村地区目前医疗资源的匮乏情况，因地制宜地给予医疗资源援助，全面提升农村地区基层医疗服务保健水平。同时动员当地企业和社会组织参与到医养结合服务投资中去，对做出突出贡献的企业和社会组织进行税收减免和荣誉嘉奖，以此提高其它企业的参与积极性。对农村医养结合服务中所需的医药物资和医疗器械进行免费提供或提高医保报销比例，减轻农村老年人和医疗服务点的经济负担。

（二）探索智慧养老服务

随着现代科学信息技术的不断发展，农村地区老年人的养老模式也应当随着信息时代的脚步而跨上新的台阶。而目前农村老年人对信息技术相关的养老服务产业不够了解，农村地区的养老设施陈旧，缺乏专业性智慧养老服务人才。为了给予农村地区的老年人智能、高效与快捷的养老服务，政府应该联合第三方机构利用大数据互联技术等现代科技，以村为单位进行区域划分，收集农村老年人的健康医疗信息，搭建起农村老年人养老信息智慧服务平台，形成老年人健康数据信息服务网络，从而更好的依照农村老年人的个体特征来提供人性化的智慧养老服务。同时通过村委会开展讲座、乡村电台广播和发送手机短信等宣传形式，帮助农村老年人熟练掌握手机和电脑软件等电子信息工具的使用方法，使他们更好的体验到智慧养老服务带给他们生活上的便捷之处。此外，地方政府应当对提供智慧养老服务人才培训的第三方提供经济与政策支援，根据其培养的服务型人才质量给予一定的税收优惠。并提高从事农村智慧养老服务的工作人员的工资标准和福利待遇，以此鼓励更多的劳动者参与到农村智慧养老服务业中去，不断扩大发展规模。

（三）嵌入"时间银行"模式

农村地区的"时间银行"养老模式是鼓励农村老年人及其家庭成员参与老年志愿服务，并根据其参与志愿服务的时长给予"时间货币"，相应数额的"时间货币"可以兑换物资或服务。在这种养老模式下，农村地区的老年人邻里关系和谐，父母与子女之间的关系亲密，更容易建立起互帮互助、合作共赢的养老模式新格局。但目前农村地区的大部分老年人对"时间银行"的概念与内容缺乏了解，对"时间货币"的兑换规则也模糊不清。当地政府应针对"时间银行"的养老服务内容和优势在农村老年人群体中进行广泛宣传，使老年人对其有一定客观理性的认知，并针对老年人群提出的问题进行解答，消除老年群体的顾虑。鼓励其他村民加入到志愿服务中去，对积极主动的带头者和突出贡献者给予物质奖励和名誉嘉奖，以此带动更多的村民主动参与。同时，政府应对"时间银行"进行规范，在农村地区建立统一的劳动时间兑换标准，方便不同地区的老年人进行跨地区兑换。同时保障"时间货币"的转让和继承，提升互助养老的弹性和效能。对农村地区老年人日常所需的生活用品、医药用品与家庭电器类产品，可开展"时间货币"兑换机制，不仅能鼓励农村老年人积极参与到互助养老实践中去，也有助于解决农村老年人日常生活中的物质需求问题。

二、激发农村老年人"互助"的动能

（一）提高老年人对互助养老的认知度

通过移动互联网等各种现代信息媒体，加强农村老年人对互助养老服务模式的认知度。目前我国的大部分农村老年人对互助养老模式知之甚少，也对这种模式的优点了解不足，可能会对这一新型养老模式产生抵触心理。所以当地政府可以安排熟练掌握互联网应用软件的专业人员对农村老年群体进行互联网养老服务教育，老年人熟悉网络运用之后，再通过视频网站、手机软件、每日新闻和广播等，用通俗易懂的语言针对互助型养老模式的内容形式、特点及优点进行广泛宣传，使老年人群体逐渐认识、了解、接受和加入到农村互助型养老中去。并在村内文化活动室定期安排互助养老知识讲座，用网络视频或PPT宣讲互助养老的"样板村"案例，让老年人身临其境地感受到互助养老的多种优点。除此之外，还应针对老年人的子女进行互助养老模式网络宣传与知识普及，引导子女对老年人进行互助养老知识解读，从而进一步提升农村老年人对互助养老模式的认知度。

（二）发挥农村老年人协会的作用

在农村成立老年人协会，由"乡贤"带动其它农村老人参与互助养老。当前大部分农村还未成立农村老年人协会，老年群体的凝聚力不强。农村老年人协会作为老年人政治活动和精神文化活动的主要承办者，有助于促进老年群体参入到互助养老中去。当地政府可以采用村选举会议形式，选择由当地农户推荐或者自荐的政治思想觉悟高、有文化、有担当与责任心的村民来担任老年人协会成员。并由这些"乡贤"集思广益，为老年人的日常生活中出现的方方面面的问题筹划解决方案，并根据当地老年群体的兴趣爱好组织策划文娱活动，以此来丰富老年人的精神生活，增强老年人之间的互助意识与互助认同感。同时，在乡村广泛宣传弘扬互助精神，并对老年人协会和互助养老做出突出贡献的"乡贤"进行表彰，激励更多有能力的人才投身农村互助养老服务事业。

三、拓宽农村互助养老融资渠道

（一）落实财政补贴计划

首先，国家财政应当加大对互助养老的财政转移支付力度，有以下地方政府应将互助养老补贴资金纳入财政预算安排,及时足额拨付。要细化到不同村落中的不同互助幸福院的具体补贴数额和物质支持,同时也应该根据每个受资助的互助幸福院的反馈及时进行资金和物质资源调整,并对农村互助幸福院运营中所面临的其它问题进行及时援助。其次,对在农村幸福院工作的从业人员适当给予物质福利补贴,并通过专业培训提升从业人员的服务水平。最后,可以委托第三方进行互助养老的管理运营与监督反馈,实现农村养老互助资金的保值增值,这样不仅有助于农村互助幸福院的长久发展,也可以保障财政资金专款专用,杜绝无效滥用。

(二) 发展村集体经济

动员村内有经济实力的"乡贤",依照村子的自然特征助力发展各项产业,依靠乡村特色产业的发展提升村子的集体经济水平,让村民的"钱袋子"越变越鼓,生活越来越滋润。这样不仅能促使村民们实现集体富裕,并且能够提升其对互助养老服务进行资助的意愿和经济能力。除此之外,还可以组织有劳动能力的农村老年人参与到农村特色产业生产中去,促进农村老年人再就业,丰富农村老年人的晚年生活,提升农村老年人的自我满足感与生活幸福感。对为农村互助养老服务事业提供大额资助或做出突出贡献的"乡贤"进行名誉嘉奖与媒体宣传,以此鼓励更多的有经济实力的乡民加入到资助行列中去。

(三) 鼓励社会力量捐助

慈善捐助是农村互助养老资金来源的重要一环,企业、社会组织和非盈利组织的多方参与是稳固农村互助养老长久发展的必要条件。政府应对给予农村老年人互助养老资助的企业实行财税优惠政策,减轻企业的负担,用"以资代税"的形式吸引多方企业对互助养老进行资助。于此同时,各大企业的加入也可以对当地农村的产业发展起到促进作用。社会组织和非盈利组织也应在当地政府的引导下,积极主动地加入农村互助养老事业,给予农村互助养老提供稳定的资金支持链,并对农村老年人提供公益慈善性服务,例如在生病时期和法定节假日进行探望慰问、在敬老日进行文艺演出等。可将农村老年人的互助养老事业以公益性纪录片的方式进行收录,通过慈善媒体渠道播出,宣传慈善互助精神,以真实感人的农村互助养老案例吸引更多的社会公益慈善组织参与到互助养老中去,真正实现"老有所养,老有所依"的梦想。

第七章　农村养老服务的城乡差异与政策支持研究

经过 70 多年探索实践，我国农村建立起以家庭为主体、五保制度为基础、村民互助为特色、集体经济为支撑的养老服务体系。与城市相比，农村发展阶段滞后、收入水平偏低、人口老龄化与经济发展水平关系不协调。因此，农村养老服务在需求、供给及政策效应上都不同于城市。基于城乡差异性，发展农村养老服务必须以完善养老保障为先决条件，以建立基本养老服务制度为基础工程，以重点发展互助型养老服务、特别是发挥返乡养老群体积极作用为政策导向。

第一节　我国农村养老服务的政策沿革

经过 70 多年的建设与发展，我国农村养老服务制度不断建立健全，政策方向逐渐清晰。目前已经形成了以家庭为主体、以五保制度为基础、以村民互助为特色、以集体经济为支撑的农村养老服务体系，与城市养老制度相比有着明显的差异。

一、新中国成立至改革开放前

新中国成立之初，我国农村整体上处于赤贫状态，人均纯收入还不到 50 元（国务院新闻办公室，2000）。在此条件下，农村几乎不存在社会化养老服务的需求，养儿防老、家庭养老是农村养老的主要模式。从政策上看，农村养老服务似乎属于补缺型社会福利的范畴。绝大部分农村老年人必须依靠自身或家庭来养老，一小部分没有劳动能力、没有家庭成员作为依靠的老年人则需要集体经济基础上的"五保"制度来养老。

当初的"五保"即保吃、保穿、保烧、保教、保葬的统称。1956年,第一届全国人大三次会议审议通过了《高级农业生产合作社示范章程》。该章程明确规定:农业生产合作社对于缺乏劳动力或者完全丧失劳动力、生活没有依靠的老、弱、孤、寡、残疾的社员,在生产上和生活上给以适当的安排和照顾,保证他们的吃、穿和柴火的供应,保证年幼的受到教育和年老的死后安葬,使他们生养死葬都有依靠。由此,农村"五保"老年人正式成为农村养老政策的对象。

不过,在五保制度刚刚建立的时候,国家财政并不提供直接的支持。供养农村五保老年人的责任被赋予给合作社,经费来源则是合作社的公益金。《高级农业生产合作社示范章程》提出:社员的土地转为合作社集体所有、取消土地报酬以后,对于不能担负主要劳动的社员,合作社应该适当地安排适合于他们的劳动,如果他们在生活上有困难,合作社应该给以适当的照顾;对于完全丧失劳动力、历来靠土地收入维持生活的社员,应该用公益金维持他们的生活,在必要的时候,也可以暂时给以适当的土地报酬。这样,具备劳动能力的农村老年人依然要参与合作社的生产,部分丧失劳动能力的老年人也会被安排进行适当的劳动,完全丧失劳动能力的老年人则由公益金保障基本生活。

公益金是合作社发展文化事业和福利事业的专门资金,计提比例不超过合作社全年收入的2%,基数还要扣除国家税收和生产费(战建华,2010)。建国初期,我国农业生产条件极为落后,生产力水平低下。因而合作社收入较为有限,能够积累用于养老的资金更是捉襟见肘。原本发展缓慢的农村养老事业,却在人民公社运动兴起后出现了超越发展阶段的跃进式发展。1958年,《关于人民公社若干问题的决议》明确提出:要办好敬老院,为那些无子女依靠的老年人(五保户)提供一个较好的生活场所。自此,敬老院开始成为农村供养五保老人的主要载体。截至1958年底,全国农村五保户总量达到413万户,总人数为519万人;全国兴办农村敬老院共有15万家,收养的老年人超过300万人(姚远,2018)。

由于受到随后发生的严重自然灾害冲击,农村集体经济发展面临巨大困难,人民公社的深层次问题暴露出来,大规模的农村敬老院变得难以为继。到1962年,全国农村敬老院仅仅还有大约3万家,在院收养的老年人数量减少到55万人左右。与1958年高峰时期相比,农村敬老院和收养老年人数量双双减少八成以上。自20世纪60年代中期以后,农村养老服务遇到了更大的负面冲击，作为社会福利和社会救济主管部门的内务部甚至都被撤销了。到 1978 年时，全国农村敬老院还剩下 7000 多家，在院的老年人只有 10 万多人。与前述 1962 年的两个指标相比，又双双减少八成以上（姚远，2018）。

简要回顾从新中国成立之初到改革开放前的农村养老服务政策，不难发现，那个时期的政策表面上看具有补缺型社会福利或兜底保障的性质，可深究起来是完全依赖于农村集体经济的、属于合作社内部互助性质的安排。这既不同于建立在单位制基础上的城市职工养老福利制度，又不同于部分建立在公共财政基础上的城市生产教养院养老。在制度设计和政策实践上，农村养老服务从一开始就与城市有着巨大的差异。

二、改革开放至党的十八大前

1978 年，第五届全国人大一次会议决定，设立中华人民共和国民政部。民政部正式成立后，与之前的内务部相比，城市老年福利工作和农村五保救助工作得到了加强。一方面，城市社会福利事业快速恢复，城市养老开始市场化的探索。另一方面，农村五保制度也开始恢复，农村五保老人供养的经济基础随着农业农村发展而逐步强化。

1982 年 1 月 1 日，中共中央批转《全国农村工作会议纪要》，明确包干到户是集体经济，要接受国家计划指导，并且还要有公共提留用于统一安排烈军属、五保户、困难户的生活。这对推行家庭联产承包责任制之初忽视农村五保老年人的问题进行了纠偏。1984 年，中央 1 号文件进一步提出：要保证农村合理的公共事业经费，各地可根据农民的经济状况，由乡人民代表大会定项限额提出预算，报县人民政府批准，由基层统筹使用。这对五保老年人供养的经费保障做出了制度安排。在中央政策引领下，民政部门组织了从 1982 年底到 1984 年初的全国五保普查，通过普查推动五保制度的恢复和发展。此间，全国有近 30 万农村居民落实了五保待遇，新建农村敬老院超过 3000 多所，收养人员增加了 3 万多人（赵富才、宋士云，2009）。

此后，农村五保制度开始酝酿法制化的方向。1985 年，中共中央、国务院发出《关于制止向农民乱派款、乱收费的通知》，明确提出乡和村兴办的供养五保户等事业费用，原则上应当以税收或其他法定的收费办法来解决。1991 年，《农民承担费用和劳务管理条例》颁布，对农村五保供养的经费提出了法定要求：在村提留中，公益金用于五保户供养；乡统筹费也可以用于五保户供养,但乡统筹和村提留不重复列支。1994 年,《农村五保供养工作条例》正式出台,创立了近 40 年的农村五保制度终于获得了专门法规的保障,将"五保"的内容明确为在吃、穿、住、医、葬方面给予生活照顾和物质帮助。特别是,该条例明确了乡、民族乡、镇人民政府负责组织实施的职责以及乡镇政府兴办敬老院的主体地位,为农村五保老年人供养实质性迈向补缺型福利和兜底保障奠定了法制基础。1996 年,《中华人民共和国老年人权益保障法》颁布实施,对五保制度进行了更高位阶的法律规定:农村的老年人,无劳动能力、无生活来源、无赡养人和扶养人的,或者其赡养人和扶养人确无赡养能力或者扶养能力的,由农村集体经济组织负担保吃、保穿、保住、保医、保葬的五保供养,乡、民族乡、镇人民政府负责组织实施。

1997 年,《农村敬老院管理暂行办法》进一步放宽了农村敬老院的兴办主体。除乡镇政府以外,五保对象较多的村也可以兴办敬老院,企事业单位、社会团体、个人兴办和资助敬老院也是政策所提倡的。不过,由于农村养老服务社会化需求不足,政府以外举办敬老院的比例很低。《农村五保供养工作条例》颁布后,我国在农村地区形成了乡镇政府主办敬老院为主的农村养老服务格局。这与城市社会福利社会化特别是养老机构市场化的快速发展,形成了鲜明的对比。

表 7-1 中国城乡老年人口状况一次性抽样调查 (2000 年) 数据

指标	城市	农村
老年人年平均收入 (元/人)	8496	2232
老年人月平均支出 (元/人)	727	190
老年人享有退休金的比例 (%)	72.2	5.5
老年人继续从事工作或生产劳动的比例 (%)	0.8	48.8
老年人得到政府或集体救助的比例 (%)	4.8	10.4
老年人获得子女经济支持的比例 (%)	38	64.3
家庭成员支持量占老年人收入比重 (%)	17.9	30.9
老年人认为自己经济没有保障的比例 (%)	26.3	45.3

资料来源:全国老龄工作委员会办公室、中国老龄协会"中国城乡老年人口一次性抽样调查"课题组 (2003)。

2000 年前后,我国整体进入老龄化社会。当时城乡老年人的收入都很低,农村更甚。根据2000年中国城乡老年人口状况一次性抽样调查，我国农村老年人年平均收入为2232元。这样的收入水平，是难以负担市场化养老服务的。从2000年中共中央、国务院印发的《关于加强老龄工作的决定》看，农村养老是以家庭为主体的，社会化养老以"五保"制度为基础，"互助"是其重要特征。因此，从整体上看，农村养老问题的解决，要紧紧依靠家庭这个主体，以村民互助为主要特色，以集体经济作为重要支撑。这与城市老年福利制度和养老服务体系有一定的差别。

而且，农村老年人享有退休金的比例远远低于城市老年人，而农村老年人继续从事工作或生产劳动的比例远远高于城市老年人，这也凸显了城乡养老服务在需求基础上的差异。为加快补上未备先老的短板，养老保险制度建设提速。

早在20世纪90年代，国务院就先后印发了《国务院关于城镇企业职工养老保险制度改革的决定》《关于深化企业职工养老保险制度改革的通知》《关于建立统一的企业职工基本养老保险制度的决定》等重要文件。社会统筹与个人账户相结合，国家、企业、个人三方共同负担的城镇职工养老保险制度先于农村建立起来。2000年，参加基本养老保险的职工首次超过1亿人。2010年，《中华人民共和国社会保险法》颁布实施。到2011年，参加基本养老保险的职工突破2亿人（顾严，2017）。

与城镇职工养老保险制度相比，农村养老保险制度建设明显滞后，并且还一度出现曲折。1999年，全国参加农村养老保险的居民约8000万人。2000年—2004年，农村养老保险参保人数连续五年下降。2005年小幅微弱增长，2006年—2007年又连续两年下降。到2007年，参保人数只有5100多万人。2009年，国务院印发《关于开展新型农村社会养老保险试点的指导意见》，明确将年满16周岁（不含在校学生）、未参加城镇职工基本养老保险的农村居民，纳入"新农保"。从筹资上看，新农保采取个人缴费、集体补助、政府补贴相结合的制度。随着财政投入不断增加，新农保从2009年在全国10%的县级行政单元、参保近8700万人，到2011年覆盖全国2/3的县级行政单元、参保超过3.2亿人。至此，中国农民数千年来只能依靠家庭和土地养老的状况，发生了重大变化。

然而，不论从覆盖面还是保障水平看，农村居民养老保险还是明显落后于城镇职工养老保险。2010年，农村老年人享有退休金或养老金的比例已经达到 34.6%，比十年前提高 30 多个百分点，然而依然远远落后于城镇 84.7% 的水平（吴玉韶等，2014）。这对农村养老服务的有效需求构成了根本制约。

三、进入新时代以来

2012 年，党的十八大胜利召开，中国特色社会主义开启了新时代。党的十八大报告提出：积极应对人口老龄化，大力发展老龄服务事业和产业。这标志着积极应对人口老龄化开始逐步上升为国家战略。2013 年，《国务院关于加快发展养老服务业的若干意见》印发。在该文件六项主要任务中，专门单列了"切实加强农村养老服务"这一项。从相关部署来看，社会化的农村养老服务制度设计和政策安排有以下三个特点。

一是以五保制度为基础。让农村五保老人老有所养，是健全农村养老服务网络的底线要求。完善农村养老服务托底措施，是农村养老政策的优先考量。五保供养制度是农村养老服务具有基础性和优先性的制度安排，应涵盖所有农村"三无"老人，并适时提高供养标准，不断健全功能。在满足五保对象集中供养需求的前提下，乡镇五保供养机构还可以向社会开放，按照建设区域性养老服务中心的方向，来改善设施条件、提高运营效益、增强护理功能。

二是以村民互助为特色。除了乡镇敬老院以外，农村最重要的养老设施是互助性养老服务设施，包括日间照料中心、托老所、老年活动站等。通常，这些互助性养老设施依托行政村或者较大的自然村建设，载体是农家大院等综合性的农村社区服务设施。此外，农村的党建活动室、卫生室、农家书屋、学校等设施，也可以承担为老服务的功能，组织老年人参与精神文化活动，提供医疗卫生等服务。由于这些设施一般建在村里，所以分布比乡镇敬老院要更加广泛。受村集体经济条件影响，不同村的互助型养老设施差距较大。以硬件设施为平台，村民自治组织、农村基层老年协会等组织开展邻里互助和志愿服务，并督促家庭成员承担赡养责任，以帮助农村老年人解决实际生活困难。

三是以集体经济为支撑。根据 1994 年《农村五保供养工作条例》，农村五保供养所需的经费和实物，由农村集体经济组织负责提供，从村提留或者乡统筹费中列支，有集体经营项目的地方还可以从集体经营收入、集体企业上缴的利润中列支。2006 年该条例修订后，农村五保供养资金明确在地方人民政府财政预算中安排。不过，由于农村集体经营等收入可用于补助和改善农村五保供养对象的生活，农村五保供养的实际水平仍然受到集体经济的重要影响。此外，《中华人民共和国老年人权益保障法》规定，有条件的农村可以将未承包的集体所有的部分土地、山林、水面、滩涂等作为养老基地，收益供老年人养老。因此，集体经济依然是农村五保老年人养老、互助性养老设施建设和服务提供的重要支撑。

2016 年，国务院办公厅印发《关于全面放开养老服务市场 提升养老服务质量的若干意见》，对提升农村养老服务能力和水平做出了进一步安排，也体现出以五保制度为基础、以村民互助为特色、以集体经济为支撑。当然，这些特点在内涵上有所丰富。从五保制度看，农村敬老院在满足农村特困人员集中供养需求的基础上，可以通过建设和改造，为农村低收入老年人和失能、半失能老年人提供养老服务。从村民互助看，农村幸福院等自助式、互助式的模式得到肯定，成为政策鼓励推广的方式，农村基层党组织、自治组织、社会组织的作用也得到了进一步强调。从集体经济看，农村土地流转等收益分配也被纳入养老的考虑，可用于解决本村老年人的养老问题。

2019 年，中共中央、国务院印发《国家积极应对人口老龄化中长期规划》。2020 年，党的十九届五中全会明确提出：实施积极应对人口老龄化国家战略。在中央纲领性文件的指引下，农村养老服务发展迎来了新的机遇。

第二节 城乡养老的基础差异性分析

长期以来，我国城镇和农村地区在经济发展水平上存在较大差距，老龄化程度也有着明显的差异。而且，人口老龄化与经济发展水平的关系也不尽相同。这意味着城乡养老服务的基础条件明显不同，不论是需求侧还是供给侧都有差别，进而要求在政策支持上也应差异化。

一、城镇已跨过高收入门槛，农村仍处于中等收入阶段

从经济发展水平的差距看，城镇人均 GDP 远高于农村人均 GDP。对于农村 GDP 的估计，目前还没有公认的、权威的统计核算方法。文献中引用率较高的，有的从生产的角度，用农林牧渔业增加值、乡村两级企业增加值、乡镇企业增加值等进行估算（熊启泉，1999）；有的从收入的角度，用农村人口总收入、纯收入及农业税等来进行估算（牛靖楠等，2004）。前一种方法将乡镇企业的增加值

全部计入农村 GDP，存在高估的问题——乡镇企业越来越多地向城镇地区的工业园区等集聚，已经不再为农村直接创造 GDP。后一种方法在很大程度上漏统了农村地区第二产业和第三产业的增加值，因而存在低估。我们将前一种方法称为高方案，将后一种方法称为低方案，取二者的平均值称为中方案。

图 7-1　不同口径的农村 GDP 占比估算（单位：%）

资料来源：熊启泉（1999）、牛靖楠等（2004）及笔者推算

根据高方案，2019 年我国农村 GDP 占比仍然高达 37.5%。同一年，我国城镇化率已经突破 60%。如果 37.5% 的农村 GDP 占比成立，由于农村常住人口的占比（39.6%）与之接近，则城镇与农村的劳动生产率是大体相当的，这与常识相违背，与实际情况也不符合。可见，高方案存在明显的高估。而根据低方案，农村 GDP 占比仅有 6.5%。这个比例低于农业增加值占 GDP 的比重 7.1%，显然存在低估。根据中方案，农村 GDP 占比为 22% 左右。这一水平不论与高方案还是低方案相比，都更加合乎常识和实际。

按照中方案推算，2019 年我国农村人均 GDP 为 3.93 万元，相当于全国人均 GDP 的 55.8%；城镇人均 GDP 为 9.07 万元，相当于全国人均 GDP 的 128.7%。城镇人均 GDP 是农村人均 GDP 的 2.3 倍。按照 2019 年平均汇率 1 美元折合 6.8985 人民币计算，城镇人均 GDP 约为 13149 美元，农村人均 GDP

约为 5701 美元。

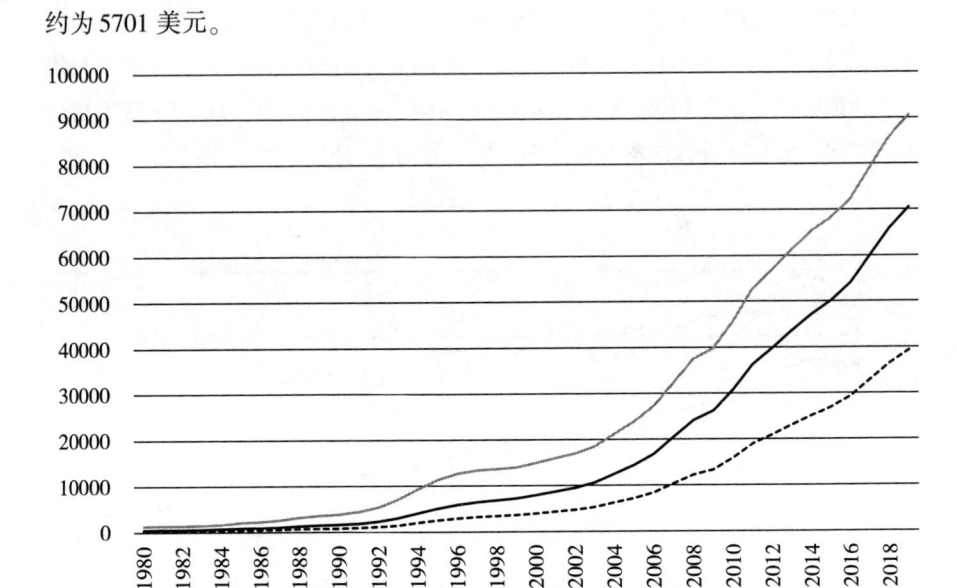

资料来源：熊启泉（1999）、牛靖楠等（2004）、国家统计局及笔者推算

图 7-2　全国及分城乡人均 GDP（单位：元/人）

世界银行划分高、中、低收入经济体的指标，是人均国民净收入（人均GNI）。2019 年，我国人均 GNI 为 10410 美元，比人均 GDP 大约高出 1.9%。按照这个比例关系匡算，2019 年，我国城镇人均 GNI 已经达到 1.34 万美元，超过了这一年世界银行的高收入经济体门槛水平；同年，我国农村人均 GNI 为 5810 美元，仍处于中等收入经济体的水平。

表 7-2　世界银行收入等级划分（人均 GNI，现价美元）

组别	2020—2021 年标准	2019—2020 年标准
低收入	<1036	<1026
中低收入	1036—4045	1026—3995
中高收入	4046—12535	3996—12375
高收入	>12535	>12375

资料来源：世界银行（World Bank，2020）

二、城镇处于轻度老龄化阶段的中期，农村已经进入中度老龄化阶段

我国人口老龄化存在城乡"倒置"现象，农村地区老龄化程度高于城镇地区（林宝，2018）。按65岁及以上年龄人口占常住人口比例的口径计算老龄化率，1982年第三次人口普查时，城镇老龄化率为4.5%，农村老龄化率为5%，后者比前者高出约0.5个百分点；2000年第五次人口普查时，城镇老龄化率升至6.4%，农村老龄化率升至7.5%，后者比前者高出1个百分点以上；到2010年第六次人口普查时，城镇老龄化率升至7.8%，农村老龄化率升至10.1%，后者比前者高出2个百分点以上；2015年1%人口抽样调查时，城镇和农村老龄化率分别超过9.2%和12%，农村比城镇老龄化率已经高出近3个百分点（许昕等，2020）。

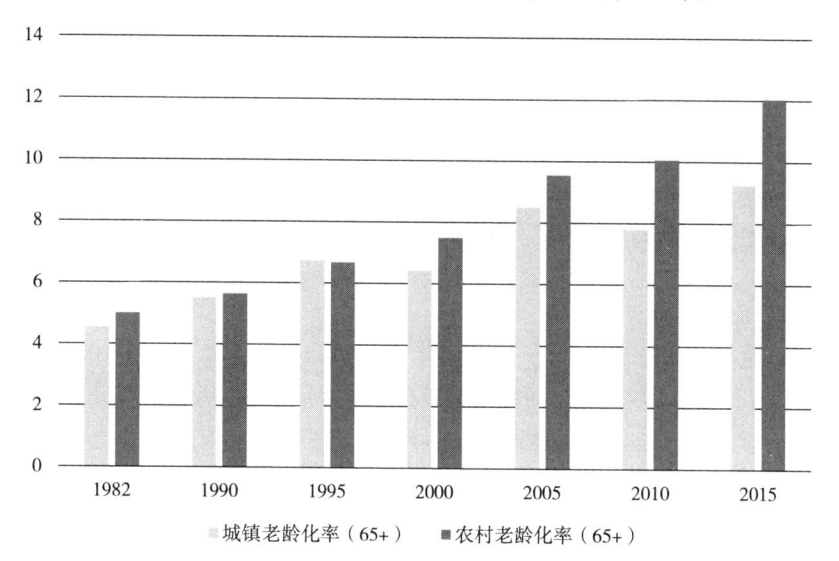

资料来源：熊启泉（1999）、牛靖楠等（2004）、国家统计局及笔者推算

图7-3 分城乡人口老龄化率（单位：%）

根据联合国的划分，一个国家或地区的老龄化率低于4%，属于年轻型人口；老龄化率在4%—7%之间，属于成年型人口；老龄化率超过7%，属于老年型人口（United Nations，1956）。以这个划分为基础，人们通常把老龄化率达到7%的国家或地区，称为老龄化社会。在联合国提出这个划分时，即20世纪50年代中期，全世界只有40多个经济体进入了老龄化社会，人口结构属于年轻型、成年型、老年型的经济体分别占53%、27%、20%左右，老年型是少数状况。并且，人口年龄结构最老化的经济体，老龄化率还不到13%

(United Nations, 2019)。随着全球范围内老龄化的深度发展，联合国经社理事会人口司的最新数据显示，到 2020 年年中，属于年轻型、成年型、老年型人口的经济体分别占 29%、21%、50%，世界平均的老龄化率已经超过 9.3%，最老的日本老龄化率超过 28%（United Nations, 2019）。用老龄化社会这一个词来描述老龄化率从 7%～28% 以上的情形，显得过于笼统。

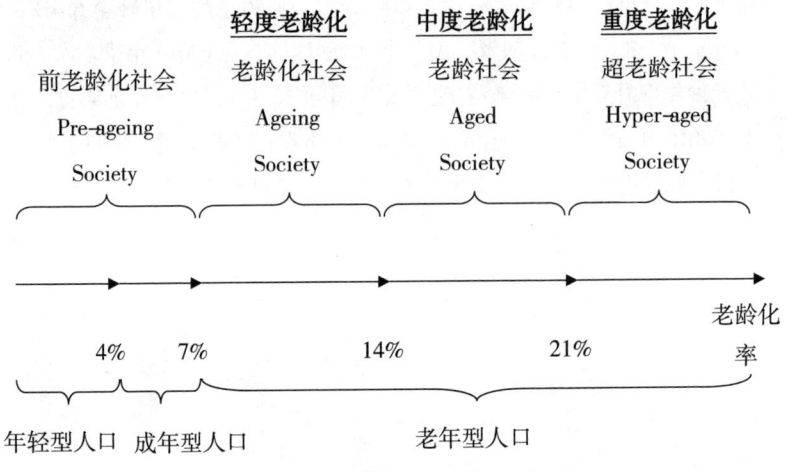

资料来源：United Nations（1956）；Coulmas（2007）；顾严（2019）

图 7-4　人口老龄化的阶段划分

有专门研究日本老龄化问题的学者将联合国定义的老年型人口进一步划分为三个子类型（Coulmas, 2007）。老龄化率在 7%～14% 的称为老龄化社会（Ageing society），14%～21% 的称为老龄社会、老年社会、老化社会（Aged society），21% 以上的称为高龄社会或超老龄社会（Hyper-aged society）。笔者将老龄化社会、老龄社会、超老龄社会转为更加符合中文习惯、更加直观的表述，即轻度、中度、重度老龄化社会（顾严，2019）。

根据 1982—2015 年的趋势外推，并根据全国统算的老龄化率调整，推算 2019 年城镇老龄化率为 11.1%，农村老龄化率为 14.8%，后者比前者高出 3 个百分点以上。参照上述关于轻度、中度、重度老龄化社会的阶段划分，我国整体处于轻度老龄化的后期，其中，城镇地区处于轻度老龄化阶段的中期，农村地区则已经进入到中度老龄化阶段。

三、城镇处于"边富边老"的协调状态,农村处于"未富先老"的不协调状态

如果将人口老龄化与经济发展水平放在同一个框架下审视,则可以进一步看清城乡应对老龄化所面临的不同局面。笔者曾经构建过一个分析人口老龄化与经济发展水平关系的分析框架,这里延用此框架进行分析。界定"人口老龄化与经济发展协调指数"AECI = 100 × Di ÷ (∑ | Di | /n),其中 | Di | 为 Di 的绝对值,∑ 为全部样本求和,n 为样本数量。简言之,AECI 就是某个样本点(横坐标为自然对数人均 GNI,纵坐标为老龄化率)到趋势线(线性回归估计得到)的距离与全部样本点到趋势线平均距离之比。AECI > 0 表示样本点在趋势线上方,AECI < 0 表示样本点在趋势线下方。根据拟合优度构造置信区间,以 1960—2020 年的历史经验值为参考、作为置信区间覆盖的样本概率,按照正态分布推算置信区间为 ± 0.4 倍标准差,大致相当于 0.55 倍的平均距离。为计算方便,稍微收窄置信区间至 ± 0.5 倍的平均距离。这样,只要 AECI 在 ± 50 的范围内,就可以看作是人口老龄化与经济水平总体协调的状态。一个经济体的 AECI > 50,表示与所处的经济发展水平相比,该经济体的人口结构明显偏老化;AECI < − 50 则表示明显偏年轻。

将 AECI 与人均 GNI、老龄化率统筹考虑,可以将"老"—"富"关系划分为七种典型模式。

表 7 – 3　"老"—"富"关系的七种典型模式

模式	人均 GNI (2019 年美元)	人均 GNI (取自然对数)	老龄化率 (%,65 +)	AECI	主要特征
未富先老	<12535	<9.436	≥7	>50	未成为高收入经济体; 已进入老龄化社会; 与经济发展水平相比, 年龄结构明显偏老化。
富而过老	≥12535	≥9.436	≥7	>50	已成为高收入经济体; 已进入老龄化社会; 与经济发展水平相比, 年龄结构明显偏老化。

续表

模式	人均 GNI（2019 年美元）	人均 GNI（取自然对数）	老龄化率（%，65+）	AECI	主要特征
未富偏老	<12535	<9.436	<7	>50	未成为高收入经济体；未进入老龄化社会；与经济发展水平相比，年龄结构明显偏老化。
边富边老	—	—	—	−50~50	"老"—"富"关系处于总体协调的状态
未富不老	<12535	<9.436	<7	<−50	未成为高收入经济体；未进入老龄化社会；与经济发展水平相比，年龄结构明显偏年轻。
富而轻老	≥12535	≥9.436	≥7	<−50	已成为高收入经济体；已进入老龄化社会；与经济发展水平相比，年龄结构明显偏年轻。
富而不老	≥12535	≥9.436	<7	<−50	已成为高收入经济体；未进入老龄化社会；与经济发展水平相比，年龄结构明显偏年轻。

资料来源：笔者整理

在典型模式中，"老"—"富"关系最不利的是"未富先老"——经济发展水平还不高，就已经进入老龄化社会，而且与人均 GNI 相比，年龄结构明显偏老化。排在第二位的不利状态是"富而过老"——尽管已经成为高收入经济体，但是老龄化率不仅超过 7%，而且明显超过与经济发展水平相适应的程度，因而也背负上了过度沉重的应对老龄化的负担。排在第三位的不利状态是"未富偏老"——尽管没有进入老龄化社会，但与其不高的人均 GNI 水平相比，人口年龄结构明显偏老化，应对老龄化的经济基础相对薄弱。

"边富边老"是"老"—"富"关系总体协调的状态——与所处的经济发展水平相比，老龄化率既不明显偏高，也不明显偏低。这些经济体处于以 OLS 估计得到的线性趋势线为中心、上下各移动 0.5 倍全部样本平均距离的区间范围内。

最有利的状态是"富而不老"——经济发展水平已经很高了，却还没有进入老龄化社会，而且与人均 GNI 相比，人口年龄结构明显偏年轻。第二有利的是"富而轻老"——已成为高收入经济体并进入老龄化社会,但与其所处的经济发展水平相比,人口年龄结构明显偏年轻。第三有利的是"未富不老"——人均 GNI 不高,也没有进入老龄化社会,但与经济发展水平相比,人口年龄结构也明显偏年轻。

在这个分析框架下,我国在 2000 年前后刚刚进入老龄化时,处于典型的"未富先老"状态,在经济发展水平排在全球后三分之一位置的同时,老龄化程度已经排进了世界前三分之一,老龄化与经济发展的关系高度不协调。不过,随着经济持续快速发展,不利状态已经转为"边富边老"状态(顾严,2017)。也就是说,人口老龄化与经济发展水平的关系已经从非常不协调变成了总体协调。

2019 年,我国 AECI 为 25,仍然处于总体协调的区间。在人均 GNI 处于 1 万美元的经济体中,既有老龄化率仅为 3.6% 的情况,也有高达 21.5% 的情形;AECI 有超过 300 的极不协调状态,也有 -200 以下的状态。直观上看,这一年我国人均 GNI 超过 1 万美元,老龄化率在 12% 左右。与经济发展相似阶段的经济体相比,老龄化率已经不属于畸高的水平。

表 7-4　中国与相似经济发展水平经济体的人口老龄化状况比较(2019 年)

经济体	人均 GNI(当年价美元)	老龄化率(%,65 岁及以上)	AECI
哥斯达黎加	11700	10.3	-37
俄罗斯	11260	15.5	122
阿根廷	11200	11.4	1
马来西亚	11200	7.2	-122
圣卢西亚	11020	10.3	-29
中国	10410	12.0	25
格林纳达	9980	9.8	-34
马尔代夫	9650	3.6	-213
土耳其	9610	9.0	-54
墨西哥	9430	7.6	-93
保加利亚	9410	21.5	315

资料来源:世界银行(World Bank, 2020)、联合国(United Nations, 2019)及笔者计算

换个角度来看,在老龄化率 12% 上下的经济体,人均 GNI 有的低于 4000 美元,有的高于 7 万美元;AECI 的区间从 -170 以下到 130 以上。与人口老龄

化处于相似阶段的经济体相比,我国的人均 GNI 也处于中等水平,并不存在明显偏低或偏高的问题。

表 7-5 中国与相似人口老龄化状况经济体的经济发展水平比较（2019 年）

经济体	人均 GNI（当年价美元）	老龄化率（%，65 岁及以上）	AECI
毛里求斯	12740	12.5	22
摩尔多瓦	3930	12.5	138
以色列	43290	12.4	-103
智利	15010	12.2	-3
中国澳门	78640	12.0	-175
中国	10410	12.0	25
亚美尼亚	4680	11.8	100
特立尼达和多巴哥	16890	11.5	-36
阿根廷	11200	11.4	1
斯里兰卡	4020	11.2	98
圣卢西亚	11020	10.3	-29

资料来源：世界银行（World Bank, 2020）、联合国（United Nations, 2019）及笔者计算

当我们将城镇与农村的情况拆分开来,就会发现非常明显的差异。2019年,我国城镇地区人均 GNI 超过 1.34 万美元,人口老龄化率仅为 10% 左右。与处于类似经济发展阶段的经济体相比,我国城镇地区的人口老龄化水平明显偏低。

表 7-6 中国城镇地区与相似经济发展水平经济体的
人口老龄化状况比较（2019 年）

经济体	人均 GNI（当年价美元）	老龄化率（%，65 岁及以上）	AECI
阿曼	15330	2.5	-291
波兰	15200	18.7	187
智利	15010	12.2	-3
巴拿马	14950	8.5	-111

续表

克罗地亚	14910	21.3	263
中国城镇地区	13401	10.1	-53
毛里求斯	12740	12.5	22
罗马尼亚	12630	19.2	220
哥斯达黎加	11700	10.3	-37
俄罗斯	11260	15.5	122
阿根廷	11200	11.4	1

资料来源：世界银行（World Bank，2020）、联合国（United Nations，2019）及笔者计算

同年，我国城镇地区与老龄化率水平类似的经济体相比，人均GDP的水平明显处于偏高水平。综合AECI的数值看，我国城镇地区的人口老龄化与经济发展水平关系属于"富而轻老"的模式。也就是说，与相对较高的经济发展水平相比，城镇地区的老龄化程度一点儿也不严重。

表7-7 中国城镇地区与相似人口老龄化状况经济体的
经济发展水平比较（2019年）

经济体	人均GNI（当年价美元）	老龄化率（%，65岁及以上）	AECI
特立尼达和多巴哥	16890	11.5	-36
阿根廷	11200	11.4	1
斯里兰卡	4020	11.2	98
圣卢西亚	11020	10.3	-29
哥斯达黎加	11700	10.3	-37
中国城镇地区	13401	10.1	-53
圣文森特和格林纳丁斯	7460	9.9	-2
格林纳达	9980	9.8	-34
巴西	9130	9.6	-31
韩国	33720	9.3	-168
安提瓜和巴布达	16660	9.3	-99

资料来源：世界银行（World Bank，2020）、联合国（United Nations，2019）及笔者计算

农村地区的"老"—"富"关系就没有城镇地区那么协调了。2019年，我国农村地区人均 GNI 还不到6000美元，与斐济、伊拉克相近。但农村人口老龄化率与相近发展阶段经济体相比明显偏高，AECI 更是超过120的水平，属于典型的"未富先老"模式，而且程度比较严重。

表7-8 中国农村地区与相似经济发展水平经济体的人口老龄化状况比较（2019年）

经济体	人均GNI（当年价美元）	老龄化率（%，65岁及以上）	AECI
厄瓜多尔	6080	7.6	-50
南非	6040	5.5	-110
北马其顿	5910	14.5	155
斐济	5860	5.8	-98
中国农村地区	5810	13.4	127
伊拉克	5740	3.4	-166
苏里南	5540	7.1	-54
巴拉圭	5510	6.8	-63
伊朗	5420	6.6	-69
牙买加	5250	9.1	8
阿尔巴尼亚	5240	14.7	174

资料来源：世界银行（World Bank, 2020）、联合国（United Nations, 2019）及笔者计算

在老龄化率14%左右的经济体中，超过半数是发达经济体，人均 GNI 最高的超过6万美元。我国农村地区的人口老龄化水平远远超越经济发展阶段，或者说，与人口老化的程度相比，我国农村地区的经济发展水平非常滞后。

表7-9 中国农村地区与相似人口老龄化状况经济体的经济发展水平比较（2019年）

经济体	人均GNI（当年价美元）	老龄化率（%，65岁及以上）	AECI
阿鲁巴	26810	14.6	9
爱尔兰	62210	14.6	-75
北马其顿	5910	14.5	155
塞浦路斯	27710	14.4	0
卢森堡	73910	14.4	-98

续表

经济体	人均 GNI（当年价美元）	老龄化率（%，65岁及以上）	AECI
中国农村地区	5810	13.4	127
新加坡	59590	13.4	-107
泰国	7260	13.0	90
毛里求斯	12740	12.5	22
摩尔多瓦	3930	12.5	138
以色列	43290	12.4	-103

资料来源：世界银行（World Bank，2020）、联合国（United Nations，2019）及笔者计算

如果将全国、城镇地区、农村地区的"老"—"富"关系在一张图中展示，上述分析结论将更为直观。全国属于"边富边老"的模式，人口老龄化与经济发展水平处于总体协调的区间。城镇地区已经迈进了高收入经济体行列，但人口老龄化的程度偏低，处于"富而轻老"模式。农村地区明显处在中等收入阶段，然而老龄化程度畸高，"老"—"富"关系属于比较紧张的"未富先老"模式。城乡在经济发展阶段、老龄化水平、"老"—"富"关系模式上的明显差异，意味着养老服务体系建设的方向重点、政策支持的方式侧重都应有所差异。

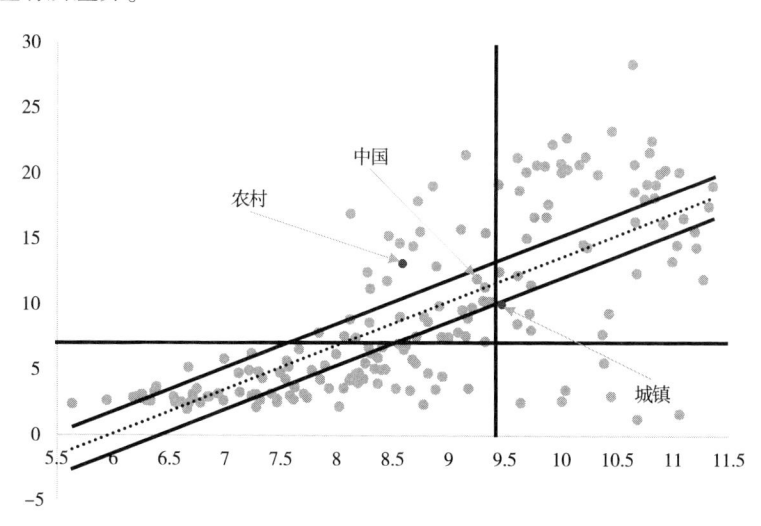

资料来源：世界银行（World Bank，2020）、联合国（United Nations，2019）及笔者计算

图7-5 全国及分城乡的"老"—"富"关系（横轴：自然对数人均GNI；纵轴：老龄化率）

第三节　促进农村养老服务发展的对策思路

综上所述，农村养老服务的政策取向与城市有所不同，农村在经济发展阶段、老龄化程度以及二者关系上也与城市有着较大差异。因此，下一步继续促进农村养老服务发展，也要立足城乡差异化特征，形成特色化的路径。

一、正确认识城乡养老服务的需求差异

从需求侧看，由于我国农村地区所处的经济发展阶段明显落后于城镇，农村居民人均收入低于城镇居民，农村老年人收入的绝对和相对水平都更低。第四次中国城乡老年人生活状况调查显示，城市老年人年平均收入超过 2.39 万元，农村老年人年平均收入只有 7621 元；城乡老年人平均收入之比高达 3.14 倍，明显高于同期城乡居民人均可支配收入之比（2.75 倍）。城市老年人平均年收入相当于城镇居民人均可支配收入的 83%，而农村这一比例仅为 73%。这意味着，农村养老服务的购买力和有效需求水平远远低于城市。在城市已经实现普惠化的养老服务及相关产品，在农村仍是"不可承受之重"。

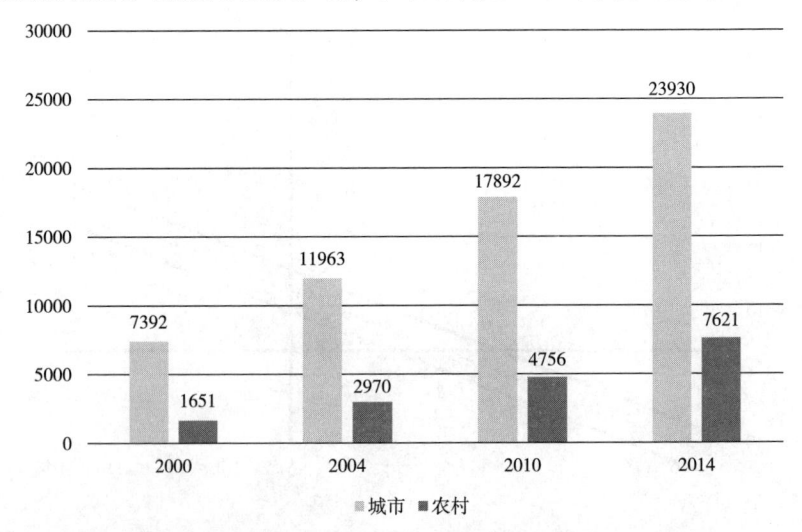

资料来源：2006 年和 2010 年中国城乡老年人口状况追踪调查、第四次中国城乡老年人生活状况调查（郭平，2009；吴玉韶等，2014；党俊武，2018）

图 7-6　城乡老年人平均年收入（单位：元/人）

农村老年人仍在从事生产劳动的比例也明显高于城市。前述第四次城乡老年人生活状况调查显示，全国 60 岁以上老年人在业比例为 26.8%，其中城市仅为 7.2%，而农村这一比例高达 39.2%；60—64 岁低龄老年人中，有 42.8% 仍然在业，城市这一比例仅为 13.2%，农村高达 61.6%。近四成农村老年人仍在"自己养活自己"，购买养老服务的意愿明显低于城市。在城市，低龄老年人呈现出较强的文化旅游消费需求，但农村这方面的需求要明显滞后。

不论从意愿还是能力，不论从广义需求还是有效需求来看，农村的养老服务需求都远远滞后于城市。

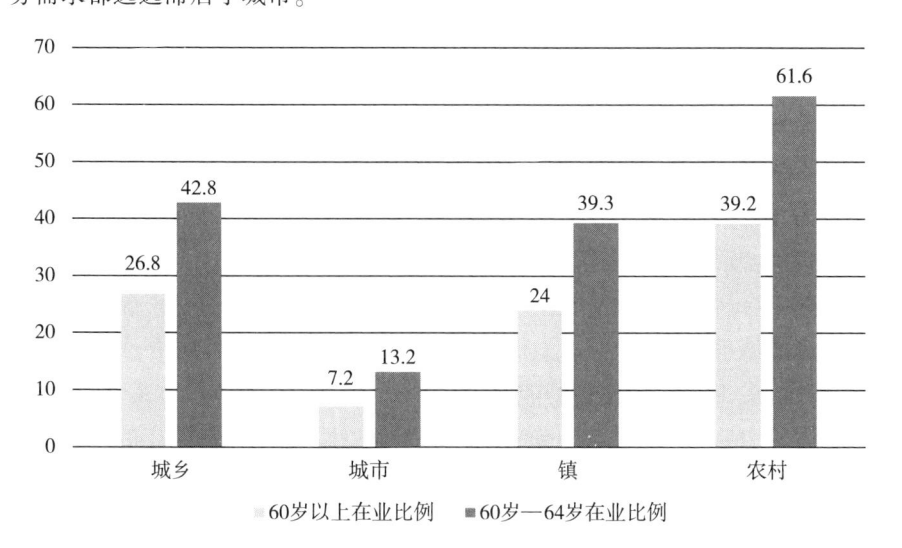

资料来源：第四次中国城乡老年人生活状况调查（党俊武，2018）

图 7-7 城乡老年人在业比例（单位：%）

与城市相比，农村的养老状况更加令人堪忧。老龄化程度高、老年人消费意愿和购买力不足，老龄化与经济发展水平的关系高度不协调。需求上的差异意味着当前在城镇地区广泛提供的养老服务内容和方式可能在农村地区并不适宜，城镇所需的养老服务支持政策也可能在农村"水土不服"。

二、准确把握城乡养老服务的供给差异

从养老服务供给看，居家社区机构相协调，医养康养相结合的中国特色养老服务体系，在城乡呈现出不同的特点。

社会化的居家养老服务在城乡都处于总体不足的状态，但在农村尤为稀缺。由于农村居住相对分散、交通条件不便、消费意愿不强且支付能力较弱，企业和社会组织为农村老年人提供上门服务较为困难、成本高收益低。特别是对于非本地的养老服务提供者，农村养老市场存在明显的进入障碍。

社区养老服务的开展，通常需要依托或者借助设立在社区的综合设施。2019年，我国城市社区综合服务实施覆盖率为92.9%，而农村仅有59.3%，农村社区养老服务的基础条件在很大程度上落后于城市。同年，全国城市建有3万个社区养老照料机构和设施，农村建有3.4万个（民政部，2020）。尽管农村社区养老设施在总量上多一些，但考虑到我国街道总量8500多个、乡镇总量3万多个的基数，农村社区养老照料机构和设施的覆盖率与城市的差距，比综合服务设施还要大很多。

农村养老机构以乡镇敬老院为典型，主要服务特困老年人。作为"五保"制度下产生的、原先主要用于集中供养农村"五保"老年人的机构，乡镇敬老院通常设施简陋、功能单一、配套缺失，与城市的社会福利院、老年公寓有较大差距，与通常选址在城市建设的高端养老机构更是具有天壤之别。

医养融合所依赖的医疗卫生、康复康养等资源，除一些自然资源以外，农村也远逊于城市。农村基层卫生机构缺医少药的问题不同程度存在，医疗卫生服务水平落后于城市。康复机构和专业力量更加捉襟见肘，预防医学、保健、健康管理等服务也不及城市。乡镇敬老院等机构很少能够举办医疗机构，大部分农村医疗机构也无力开展养老服务。农村养老的所谓医养融合，主要是在乡镇卫生院等基层卫生机构开辟老年人绿色通道这种模式。

与城市相比，农村养老服务供给最大的优势体现在互助养老方面。2019年，全国城市社区互助型养老设施仅有1.1万个，而农村多达9万个（民政部，2020）。与城市社会相比，农村社会在血缘、亲缘上更为相近。与城市社区居民相比，同一村庄的农村居民在思想观念、收入水平、消费意愿、生活方式等方面也更为类似。特别是有很大一部分农村老年人依然在从事生产劳动，具备参与互助养老的身心条件。

可以推知，农村养老服务在市场化、产业化、商业化方面还不具备充分条件。但适度福利化和互助型的社会化养老服务，在农村具有良好的基础。这就决定了，对于农村养老服务，不能简单机械地套用、照搬在城市采取的政策。

三、注重实施城乡养老服务的差异化政策

考虑到农村养老服务在需求和供给上都有明显不同于城市的特点,那么对城市养老服务起到促进作用的很多政策,在农村的适用性也会有所不同。这里以近年来出台的几项关注度较高的政策为例,进行简要分析。

我国城乡之间在土地性质上有较大差异,一些在城市有效的土地政策在农村的实施效果并不明显。例如,《国务院关于加快发展养老服务业的若干意见》提出:"各地在制定城市总体规划、控制性详细规划时,必须按照人均用地不少于0.1平方米的标准,分区分级规划设置养老服务设施",并且要求"凡新建城区和新建居住(小)区,要按标准要求配套建设养老服务设施,并与住宅同步规划、同步建设、同步验收、同步交付使用"。这条政策有力推动城市社区养老服务设施建设取得了长足进步,但对于农村来说就难以落实。类似地,《自然资源部关于加强规划和用地保障支持养老服务发展的指导意见》提出:"市、县自然资源主管部门应结合养老服务设施用地规划布局和建设用地供应计划统筹安排,充分保障非营利性养老服务机构划拨用地需求。"根据这一政策,非营利性养老机构可以节省一大笔用地成本,但由于农村存在前述需求和供给上的问题,社会组织难以进入农村开展服务,因此实际上无法在农村享受这项优惠政策。而且,因为农村土地的性质与城市有巨大差别,要划拨供地难度巨大。

又如,开展老年人住房反向抵押养老保险试点,在城市可行,但在农村不可行。包括农村老年人在内的农村居民住房通常建设在宅基地上。按照《中华人民共和国土地管理法》规定,宅基地"属于农民集体所有",并且"农民集体所有的土地依法属于村农民集体所有的,由村集体经济组织或者村民委员会经营、管理"。这样一来,农村居民并不像城市居民那样可以根据自身意愿转让所住房产的土地使用权。土地管理法还规定"农村村民一户只能拥有一处宅基地""农村村民住宅用地,由乡(镇)人民政府审核批准""农村村民出卖、出租、赠与住宅后,再申请宅基地的,不予批准"。这些条款进一步限制了宅基地使用权的交易,使在农村开展住房反向抵押养老保险试点,基本上丧失了可能性。

再如,财政部等部门曾经出台《关于做好政府购买养老服务工作的通知》,提出"凡适合市场化方式提供、社会力量能够承担的,应按照转变政府

职能要求,通过政府购买服务方式提供方便可及、价格合理的养老服务。"由于农村广大地区并不适合以市场化方式提供养老服务,这项政策的受益者主要是在城市提供养老服务的社会力量以及享有这些服务的城市老年人。农村由于缺乏提供养老服务的企业和社会组织,相对较少地享受到政府购买服务政策的支持。

此外,一些税费优惠政策在农村也很难落地。农村很多养老设施并不具备单独的法人资格,要想申请税收、收费等优惠政策,连基本的资格都没有。有的乡镇敬老院建设年代比较久远,当时没有办齐相应的土地手续,导致无法利用土地进行融资和再融资,这方面也比不上城市。

四、促进农村养老服务发展的几点建议

综上所述,在农村地区发展养老服务,要充分认识到农村在需求、供给以及政策效应上与城市的不同。实践证明,以家庭为主体、以"五保"制度为基础、以村民互助为特色、以集体经济为支撑的农村养老服务体系,是现阶段符合国情和农村实际的。要进一步发展完善这个体系,要准确把握农村仍处于中等收入的发展阶段,正确认识农村"未富先老"的不协调"老"—"富"关系,要清醒看到市场化、产业化、商业化的养老服务路径在农村难以走通。必须以养老保障的完善为先决条件,以基本养老服务制度为基础工程,以互助型养老服务作为当前及今后一个时期政策支持的重点方向,因地制宜发展农村养老服务。

加快健全社会保障体系特别是养老保障,是农村社会化养老服务发展的先决条件。农村养老服务需求的培育,从根本上要靠农村经济的发展。在农村整体的发展阶段跃升后,与城市的收入差距缩小到一定程度以后,才有可能出现与城市类似的养老服务有效需求。这需要一个过程,不可能一蹴而就。但从制度建设的角度看,农村社会保障制度建设明显滞后于城市,养老保障与城市差距过大,是不正常的。作为基本公共服务性质、具有兜底保障性质的社会保障和养老保障,理应加快缩小城乡差距、率先实现城乡之间的均等化。至少要在短期内将农村老年人享有养老金收入的比例提高到与城市接近的水平,将养老金水平的增长基本拉到与城市同步的幅度。

加快建立基本养老服务制度,是农村养老服务体系建设的基础工程。2020年10月,党的十九届五中全会将积极应对人口老龄化上升为国家战略。2021

年 3 月,《中华人民共和国国民经济和社会发展第十四个五年规划和 2035 年远景目标纲要》(以下简称"纲要")安排专章对这一国家战略进行了部署。五中全会和"十四五"规划《纲要》实际上把养老服务划分为三个层次:一是基本养老服务,二是普惠型和互助性养老服务,三是高品质多样化养老服务。其中,基本养老服务是最基本的层次,应由政府履行兜底保障的责任。普惠型和互助性养老服务是中间的层次,主要面向城乡普通家庭、工薪阶层、中等收入、"夹心层"的老年人,政府可以提供引导性的政策支持。高品质多样化养老服务是较高的层次,完全由市场主体和社会力量来提供,满足中高端、个性化、定制式的养老需求,政府对其实施科学有效监管。

基本养老服务制度是积极应对人口老龄化最基础性的制度安排,决定着整个社会养老服务体系的构架。对于农村来说,基本养老服务的确立和发展,是重中之重。经国务院批复、2021 年 3 月颁布实施的《国家基本公共服务标准(2021 年版)》中,老有所养领域包括的基本服务项目有 4 个,分别为老年人健康管理、老年人福利补贴、职工基本养老保险、城乡居民基本养老保险。2023 年 5 月,中共中央办公厅、国务院办公厅印发《关于推进基本养老服务体系建设的意见》,发布了"国家基本养老服务清单"。首次确定了推进基本养老服务体系的内涵和主要任务,明确了基本养老服务涵盖物质帮助、照护服务、关爱服务等主要内容。此外,病有所医、弱有所扶、优军服务保障中也有一些基本服务项目与老年人密切相关。根据国家标准,大部分基本养老服务项目的支出责任在地方;小部分由中央和地方财政共担的项目,其资金投入的大部分也是由地方实际承担的。因此,地方基本养老服务的实践决定着该制度的运行情况。然而,到目前为止,各地在提供基本养老服务中,还存在一些突出的问题。

有的地方,主要从经济指标考量,仅将特困老年人、低保老年人作为基本养老服务的对象。然而,很多低收入甚至中等收入家庭,一旦有老人失能,实际生活就变得比特困、低保家庭更加困难,即"一人失能、全家失衡"。我国即将进入中度老龄化社会,在此阶段,失能化风险集中凸显。基本养老服务应当更加注重老年人健康指标的评估,而不仅仅考察老年人及其家庭的收入、财产等经济指标。

有的地方,提供基本养老服务的方式以发放补贴为主。基本养老服务补贴、护理补贴、高龄津贴等,直接发放到老年人的账户,而有相当一部分老年人并不自己使用这些津补贴，有的存下来，有的变成了给孙辈的零用钱。本来用于养老服务的补贴资金大量沉淀，没有用在刀刃上，也没有形成对养老服务供给的有效带动。在公共财政收入增长放缓的背景下，基本养老服务的资金利用效率亟待提升。

有的地方，对养老服务的政策支持主要集中在机构。从建设补贴，到运营补贴，再到开发性贷款等金融支持，都是针对养老机构在施策，入住机构的老年人间接享受到公共政策的支持。然而，大多数老年人、大多数失能老年人、大多数低保和特困老年人都不是住在机构中的，更广大的、居家社区养老的老年人难以享有政策支持。不论是家庭照料，还是社区支援性的养老服务，成本都远低于机构，而且受益面更广，老年人体验也更优，应当得到更加有力的政策支持。

由于养老服务在服务对象、服务内容、服务标准、经费保障机制等方面的界定并不清晰，客观上存在政策缺位、越位、错位等现象，不仅影响政府兜底对象的养老服务保障，而且影响到中间层次和较高层次的养老服务供求。例如，保基本、兜底线层次的服务发展严重滞后、质量提升较慢，而一些高端项目屡屡得到政策支持，"盆景式"的政绩工程导致养老市场的公平性受损、价格形成机制出现扭曲。又如，收入较高的自理老年人更有条件、也更容易入住机构，通过在机构养老获得间接的政策补贴；而收入较低的失能老年人住不起机构、或者找不到能够接受他们的机构，只能选择居家养老却无法纳入基本养老服务的保障范围——公共资源的配置明显不合理。

鉴于此，按照党的十九届五中全会和"十四五"规划《纲要》所提出的健全基本养老服务体系的要求，笔者认为，应当推动基本养老服务实现三个转变：一是保障对象从经济困难老年人向失能失智老年人转变，二是支持方式从补贴老年人向补贴供给方转变，三是政策重点从支持机构养老向支持居家社区养老转变。

对应上述三个转变，在基本养老服务的内涵上，需要从三个维度进行调整和扩展。

第一，在服务对象的维度上，根据各地发展实际和公共财力状况，确定基本养老服务保障的优先级。考虑到政策的连续性和稳定性，目前已经纳入保障范围的特困老年人、低保老年人，可以作为"第一梯队"来享有基本养老服务。同时，低收入的重度失能老年人应在全国范围纳入"第一梯队"予以保障。从全国来看,高龄老年人、失独老年人、低收入的中度失能老年人、中等收入的重度失能老年人可纳入"第二梯队";有条件的地方将其整体或部分作为"第一梯队"。农村留守老年人、城市空巢老年人和独居老年人等,可以作为"第三梯队"。

第二,在支持方式的维度上,以供给侧结构性改革为主线,重点制定实施有利于养老服务扩量提质的政策。老年人能力综合评估是确定基本养老服务对象的起点,评估服务理应得到政府支持,并且作为基本养老服务中最基础的项目予以兜底保障。根据评估结果,优先对健康管理、失能照护、康复训练、适老化改造等服务的提供者给予补贴、补助、奖励等支持。按照基本养老服务对象所属的"梯队"即优先级,针对"梯队"越靠前、优先级别越高老年人提供的服务,奖补的标准和比例也应更高。有余力的地方可以对老年人探访、关爱、优待等服务提供政策支持。

第三,在资金投入的维度上,投向要更加注重居家社区养老服务,导向要更加注重效率的提高和效益的增进。一方面要优化公共资金投入结构,让基本养老服务走出机构、走进社区、走进家庭。支持社区嵌入式养老设施及配套服务发展,支持家庭养老床位、家庭病床的设立,支持对长期照料失能老年人的家庭成员提供补贴和喘息服务。另一方面要改善资金使用效果,对于财政预算内的福利补贴、固定资产投资、购买服务资金以及福利彩票公益金、长期护理保险等社会保险资金、其他财政性奖补资金的使用情况,都要进行跟踪评估,倒逼资金投入和使用机制变革,带动养老服务发展,提升老年人的获得感。

对于农村来说,应将上述三个转变进一步本地化,因地制宜设计支持政策,使之符合农村实际,符合具体地方的农村实际。

加快发展互助型养老服务,是农村养老政策优先支持的重点方向。对于政府兜底保障对象和高端市场服务对象以外的"夹心层"养老问题,在城市可以通过普惠养老为主的方式来解决,在农村则要通过互助养老的方式来解决。关于农村互助养老的文献比较丰富,这里提供一个较新的视角——充分发挥转移人口返乡养老的优势。

国家统计局农民工监测调查报告数据显示,2013—2017 年,我国 50 岁以上农民工持续较快增加,从 4080 多万人左右增至 6100 万人左右,占农民工的比重也从 15.2% 提高到 21.3%(国家统计局,2018)。而在同一时期,31~40岁、41~50 岁农民工的占比比较稳定。笔者假定 2017 年 50 岁以上的农民工从

51~60岁按年龄平均分布（41~50岁同理），可以推算，2021—2025年期间，有大约5500万农民工陆续达到60周岁。再加上此前已经达到退休年龄的农民工（按照2013年的农民工分年龄数据做最保守的估算），1950—1965年出生的第一代农民工到"十四五"末将累计有近9000万人超过60周岁，即现行的男性职工法定退休年龄。

如果将2017年进城农民工户拥有汽车（生活和经营用车）的比例21.3%作为能够留在城市养老的比例匡算（预计实际留城的比例只会更低），那么会有大约7000万第一代农民工返乡养老。

返乡养老既面临严峻的挑战，又有可能转化为农村互助养老的新机遇。一方面，考虑到农民工社会保险参保率比较低、乡镇敬老院设施落后、农村社区服务平台覆盖率偏低、农村居家养老服务严重缺失、新生代农民工返乡意愿低等现实状况，集中返乡的第一代农民工养老面临老无所养、老无所依的窘境，有可能埋下一系列严重的经济和社会风险隐患，甚至会不时发生突破底线的不幸事件。另一方面，返乡养老的群体积累了一定的储蓄和财富，消费意愿受到城市影响，有可能形成农村养老强有力的有效需求群体。而且，在返乡时，他们尚具备一定的劳动能力，也可以作为互助养老服务的提供者。

针对第一代农民工集中返乡养老的新形势，建议加强农村社区居家养老服务平台建设，按照各地适宜方式发展农村基层互助养老，通过购买服务、以奖代补、设施代建等方式鼓励返乡人员创建养老服务组织、开展互助养老服务。既让返乡老年人群也能够享有家门口的养老服务，又让其中有能力提供服务、带动农村养老服务发展的群体发挥出积极作用。

第八章 农村养老服务的精准化供给与政策支持研究

贫困问题与养老服务问题，虽然是两类截然不同的社会问题。但二者有共同之处，即贫困问题和养老服务问题是一个异质性非常明显的问题。不同地区、不同人群、不同时代的贫困问题差异明显，不同地区、不同人群、不同时代的养老服务需求差异也非常明显。精准扶贫是新时期中国解决贫困问题的制胜法宝，有效解决了中国分散的、差异化的贫困问题。那么，针对差异化的养老服务需求，精准扶贫的经验是可以借鉴到养老服务提供中的，实施养老服务的精准化提供，不仅能够节约有限的养老服务资源，还能够更好的满足农村老年人的养老服务需求，提高养老服务提供的效率。

本部分内容首先回顾了改革开放以来我国扶贫策略的发展，将其历程分为由起步（救济式扶贫）、到探索（开发式扶贫），最后进入21世纪的冲刺阶段（精准扶贫）。随后从汲取精准扶贫策略经验的角度检视我国农村养老服务，发现其在服务对象识别、服务供给、服务监管、政策制定与资金投入等方面的精准性有待提升。最后，就农村养老服务的未来发展提出如下建议：一是完善评估制度，实现精准识别；二是创新服务方式，实现精准递送；三是创制精细政策，实现精准扶持；四是推行智慧平台，实现精准监测；五是明晰责任清单，实现精准落实；六是优化资金使用，实现精准投入；七是发掘乡土资源，实现精准互助；八是健全方法机制，实现精准考核。

第一节 农村养老服务精准化发展：精准扶贫的启示

农村老年人的生活条件与农村整体生活条件的改善密不可分。自改革开放以来，我国在农村地区致力于开展扶贫工作，有效减少了农村贫困人口数量，改善了包括老年人在内的农村人口生活境况。实际上，我国扶贫策略经历了由起步（救济式扶贫）到探索（开发式扶贫），最后进入 21 世纪的冲刺阶段（精准扶贫），通过分析精准扶贫策略的发展过程及其经验，可以为制定农村养老服务发展政策提供借鉴和参考。

一、我国扶贫策略的演变轨迹

我国扶贫策略自改革开放以来经历了三个发展阶段：救济式扶贫阶段、开发式扶贫阶段与精准扶贫阶段，每一阶段均针对了不同的贫困问题形势以及社会财富与文化环境。[1]

（一）救济式扶贫时期（1978—1985 年）

救济式扶贫是我国扶贫工作的起步阶段。它发生在改革开放初期，此时农村贫困问题较为普遍，贫困人口占农村总人口的 90% 以上。此时的农村发展策略是整体性提高农村人口劳动收益，扶贫策略则是针对性的输血扶助，故被称作救济式扶贫。具体而言，当时一方面通过改变人民公社时期的集体经营模式，推行家庭联产承包责任制、放开农产品价格、鼓励开办乡镇企业等多种经营模式，提高农民的劳动热情，拓宽增收途径。另一方面，国家自 1984 年起划定集中连片贫困区，对其直接转移资金，力求以贫困人口集中地区作为扶贫工作的突破口。从 1978 年到 1985 年，救济式扶贫策略发挥了一定的作用，但也面临新的问题，即输血式扶贫难以起到帮助贫困人口自力更生的效果，而且随着社会贫富差距的扩大，农民对扶贫的需求开始增多，扶贫工作的难度随之剧增，这种针对贫困人口集中地区的救济式扶贫越来越难以应对实际需求。

（二）开发式扶贫时期（1986—2010 年）

所谓开发式扶贫，是指"在以政府为主导的脱贫方式的大环境下，通过贫困地区自身的努力增强他们自身的积累与发展的能力"。[2] 也就是说，与前一阶段的输血救济式扶贫有所不同，开发式扶贫的重点在于将"输血"与"造血"相结合。1986 年，面对新的扶贫形势，我国开始设立扶贫机构（即原

---

[1] 李白静. 改革开放以来我国扶贫经验研究 [J]. 山西农经，2019（6）：75 – 76.
[2] 党艳丽. 改革开放以来中国扶贫经验及价值研究 [D]. 兰州理工大学硕士学位论文，2019：11.

国务院贫困地区经济开发领导小组,后更名为国务院扶贫开发领导小组)、划拨专项扶贫资金,并探索加大对农村地区的扶贫力度。随后,国务院制定了我国第一个扶贫行动纲领——《国家八七扶贫攻坚计划(1994-2000)》,提出到 2000 年底基本解决农村 8000 万贫困人口温饱问题这一目标。经过投入大量人力、物力、财力并动员社会各界力量以后,该目标基本在 2000 年实现。进入 21 世纪以后,党中央颁布了新的扶贫行动纲领——《中国农村扶贫开发纲要(2001-2010)》,提出"尽快解决少数贫困人口温饱问题"这一目标,采取贫困瞄准、整村推进、劳动力转移培训、产业化扶贫、建立全国农村最低生活保障制度等措施。

开发式扶贫是我国扶贫工作的探索阶段,一方面基本完成了两个扶贫行动纲领预定的目标,另一方面又面临新的贫困问题形势。随着开发式扶贫战略进入中后期,农村贫困人口开始呈现连片分布趋势,且多处于我国中西部的山区。这些连片贫困地区具有自然资源与社会资源的双重劣势,而因多年累积下的老龄化、空心化、因病致贫、因学致贫等现象,使得其贫困问题更为突出也更趋复杂。因此,统筹性的"输血+造血"开发扶贫已难以解决这一复杂贫困问题。

(三)精准扶贫时期(2011 年至今)

党的十八大提出要在 2020 年实现贫困人口全面脱贫,贫困地区及贫困人口要同全国人民一道进入小康社会。2011 年,国务院制定《中国农村扶贫开发纲要(2011-2020 年)》,确定了精准识别扶贫对象、创新完善扶贫方法等一系列精准扶贫政策措施。精准扶贫的基础是通过科学的调查研究来筛选真正的帮扶对象及其真实的帮扶需求,进而实现分类施策、分类救助。正如习近平同志所强调的,"没有调查,就没有发言权,更没有决策权"。精准帮扶战略的落实是历史因素与现实因素相互促进的结果,它既离不开前两个扶贫阶段的工作成果与经验,也离不开当下我国扶贫工作体制机制、大数据与信息技术、社会参与等各方力量的共同努力。

二、精准扶贫策略的基本内涵

(一)扶持谁

精准扶贫的首要任务是把握好扶贫对象,明确哪些人是需要扶持的人。在针对贫困人口进行建档立卡的基础上，政府部门进一步对贫困家庭按照其所需要的帮扶类型进行分类，主要包括：（1）对有劳动能力的贫困家庭，支持其发展特色产业和转移就业；（2）对"一方水土养不起一方人"的贫困家庭，实施扶贫搬迁；（3）对生态特别重要和脆弱地区的贫困家庭，实行生态保护扶贫；（4）对丧失劳动能力的贫困家庭，实施兜底性保障政策；（5）对因病致贫的贫困家庭，提供医疗救助保障。

（二）谁来扶

精准扶贫工作覆盖的贫困人口众多、牵涉的部门与工作人员广泛，为了明确职责，我国已建立一个中央统筹、省（自治区、直辖市）负总责、市（地）县抓落实的扶贫开发工作机制，致力于实现分工明确、责任清晰、任务到人、考核到位。习近平总书记在2015年召开的中央扶贫工作会议上，就工作机制问题提出如下几点要求：（1）要层层签订脱贫攻坚责任书、立下军令状；（2）要建立年度脱贫攻坚报告和督察制度，加强督察问责；（3）要把脱贫攻坚实绩作为选拔任用干部的重要依据，在脱贫攻坚第一线考察识别干部，激励各级干部到脱贫攻坚战场上大显身手；（4）要把夯实农村基层党组织同脱贫攻坚有机结合起来，选好一把手、配强领导班子。

（三）扶什么

精准扶贫的一项重要内涵便是因人施策，因此其帮扶内容要按照贫困地区和贫困人口的具体情况有针对性地制定。总体而言，精准扶贫的内容被概括为"五个一批"工程：（1）发展生产脱贫一批，即引导和支持所有有劳动能力的人依靠自己的双手开创美好明天，立足当地资源，实现就地脱贫；（2）易地搬迁脱贫一批，即贫困人口很难实现就地脱贫的要实施易地搬迁，按规划、分年度、有计划组织实施，确保搬得出、稳得住、能致富；（3）生态补偿脱贫一批，即加大贫困地区生态保护修复力度，增加重点生态功能区转移支付，扩大政策实施范围，让有劳动能力的贫困人口就地转成护林员等生态保护人员；（4）发展教育脱贫一批，即治贫先治愚，扶贫先扶智，国家教育经费要继续向贫困地区倾斜、向基础教育倾斜、向职业教育倾斜，帮助贫困地区改善办学条件，对农村贫困家庭幼儿特别是留守儿童给予特殊关爱；（5）社会保障兜底一批，即对贫困人口中完全或部分丧失劳动能力的人，由社会保障来兜底，统筹协调农村扶贫标准和农村低保标准，加大其他形式的社会救助力度，同时要加强医疗保险和医疗救助，新型农村合作医疗和大病保险政策要对贫困人口倾斜，并且高度重视革命老区脱贫攻坚工作。

（四）钱谁出

精准扶贫的资金来源主要来自两个渠道：政策性资金与商业性资金。在政策性资金方面，通过中央财政一般性转移支付、各类涉及民生的专项转移支付，各级财政加大对扶贫工作资金的投入与保障力度等方式，为打赢脱贫攻坚战提供了坚固的资金保障。此外，有关部门也通过发挥银行、证券、保险等各类金融机构的优势，依托这些金融机构设立扶贫再贷款、易地搬迁扶贫专项金融债等，为贫困地区增加了可用的金融资源和金融产品，促使金融性资金成为政策性资金的有力补充。除此之外，来自社会的慈善公益资金也作为精准扶贫的一个重要补充性资金来源。

（五）怎么管

首先是精准识别贫困对象并对其进行建档立卡。政府部门要对贫困对象的基本情况、贫困状况及其原因等进行信息采集。经过多年实践检验，我国已初步建立起精准识别贫困对象并进行动态调整的办法，为农村精准扶贫工作提供了关键的信息基础。

其次是完善对精准扶贫工作的监督管理。自2014年起，我国修改了中央对地方、贫困县的考核标准，一改过去那种以地区生产总值为标准的考核，开始采取以扶贫绩效为标准的考核，同时建立起省级党委和政府扶贫绩效考核制度、贫困县考核制度、扶贫对象脱贫考核制度等，使得对精准扶贫工作的监督管理更具科学性与有效性，提升了精准扶贫治理能力。

三、精准扶贫策略对发展农村养老服务的启示

根据全国老龄办组织的"国家应对人口老龄化战略研究"重大课题成果预测，我国老年人口将在2021年首次超过少儿人口并持续拉大差距，从2022年到2053年我国人口老龄化进入急速发展时期，老年人口数量将从2.7亿增至4.87亿的峰值，其中80岁以上高龄人口增加到1.17亿，人口老龄化水平升至34.8%，老年抚养比超过70，总抚养比达到最大值102。农村由于空心化等现象，其老龄化问题更为突出，也就更需要借鉴精准帮扶策略来提升农村养老服务的精准性。

（一）服务谁：农村养老服务重点聚焦哪些老年人

就我国社会经济发展水平而言，目前农村养老服务的重点对象以困难老年人为主。困难老年人是指60周岁及以上的留守、独居、孤寡、高龄、重病、残疾/失能、经济特困等老年人，他们属于老年人中的风险群体，需要给予特殊关心关爱。(1) 留守老年人，即那些因子女（全部子女）长期（通常半年以上）离开户籍地进入城镇务工或经商或从事其他生产经营活动而在家留守的父母；(2) 独居老年人，即与子女不在同一社区（村）居住的年老体弱的安全无保障的单身老年人；(3) 孤寡老年人，即在民政登记注册的无亲属、无子女、年老体弱的、安全无保障的单身居住的老年人；(4) 高龄老年人，即年龄在80周岁及以上（含80周岁），虽无经济之忧，但体弱多病者；(5) 重病老年人，即民政社会救助认定的大病或久病卧床的老年人；(6) 残疾/失能老年人，即经过残联部门或民政部门评估，取得残疾人证或失能等级评定结果的老年人；(7) 经济特困老年人，即家庭月人均收入水平低于本地区最低生活保障或低收入家庭的老年人。当老年人符合上述两种或两种以上情况时，他们所面临的风险更大，需给予重点关注。

（二）谁来服务：立足农村乡土特色的养老服务队伍建设

农村空心化现象是一个较为突出的问题，农村青壮年劳动力的流失尤其冲击着养老服务业这样一个劳动密集型行业。针对这一现象，农村养老服务可以借鉴精准帮扶经验，与乡村振兴、新农村建设等策略联动，通过开展尊老敬老宣传教育、开展养老服务技能培训、加强养老服务队伍薪酬保障等措施来吸引更多人投身到养老服务当中。

此外，"造血式"扶贫是精准扶贫的一个重要经验。对农村养老服务而言，除了吸引非老年人口加入到为老服务队伍以外，还可以发挥老年人家庭、老年人自身的能量，通过政策引导、文化宣传、技能传授、物质支持等措施，促进老年人及其家庭自助养老与互助养老。

（三）谁来支付：资金的整合投入

农村养老服务的资金同样需要从多方面筹集。如同精准扶贫工作的资金筹集方式那样,农村养老服务资金筹集也可以从政策性资金、商业性资金与慈善性资金的三方整合入手。其中,政策性资金主要是各级政府的财政拨款,可以为农村养老服务提供可靠的资金保障;商业性资金包括银行、证券、保险等各类金融机构设立的养老金融产品,如商业养老保险、照护险等,可以为农村老年人的养老资金提供更多金融投资备选方案;慈善性资金则可以作为前两者的补充,通过筹集社会公益慈善资金,帮助那些需要额外帮助的老年人。

(四)服务什么:以需求为导向的项目设计和实施

分类施策是精准扶贫中取得的重要经验之一,它通过对有不同需求的贫困家庭提供不同类型的帮扶,有效提高了扶贫政策的有效性,取得了较好的扶贫效果。这一经验对农村养老服务的启发是,养老服务也要基于对实际需求的评估,以需求评估结果为导向来进行服务项目的设计和实施。这里的需求评估,既包括对老年人自身情况的评估,也包括对地区情况的评估。由于各个地区的老年人分布、养老服务资源分布不一,因此在设计服务内容时要权衡老年人需求与地区需求,以提高服务的可行性,保证服务使用效率。

(五)如何运转:提高农村养老服务治理能力

要加强对农村养老服务的有效治理,关键在于如何将农村养老服务的治理环节下沉到地方、到基层。由于农村老年人口分布较为分散,这就为服务的运行及其监督管理带来难度。农村养老服务可以借鉴精准扶贫工作经验,根据地区老年人口数量及其分布情况,结合地区社会经济发展水平,匹配相应的服务资金、人力(包括服务人员与监管人员)、物力等资源,并建立一个覆盖各级政府部门的、有助于引发重视的考核机制,以提升农村养老服务的治理水平。

第二节 精准视角下我国农村养老服务存在的突出问题

据有关机构预测,我国老年人口增长曲线在 2030 年以前呈相对平稳趋势,此后随着第一代独生子女父母陆续迈进中高龄阶段,将出现一次老年人照顾服务冲击波。在此背景下,我们对农村养老服务的讨论既是试图挖掘与回应当前存在的问题,同时也是为积极应对未来的人口老龄化趋势做准备,以便充分利用好这一宝贵的窗口机遇期。从前一部分对我国精准扶贫政策的分析可以看到,精准扶贫政策为我国农村养老服务破局提供了一个很好的模板与借鉴。当我们进一步从精准施策、精准服务的角度检视我国农村养老服务,会发现其中存在一定的问题,主要体现在服务对象识别、服务供给、服务监管、政策制定与资金投入等方面的精准性有待提升。

一、服务对象精准识别存在的问题

农村养老服务的对象以特困供养、留守、经济贫困、失能、患病、残疾等特殊困难老年人为主。截至2019年底,我国共有农村特困供养机构(敬老院)2万家,特困对象469万人,全部实现应养尽养,其中以集中供养形式获得照顾的有86万人,以分散供养形式获得照顾的有383万人。此外,全国享受各类福利补贴的老年人共计3384万人。在分类识别服务对象方面取得成绩的同时,农村养老服务对象的精准识别也存在如下问题。

(一)评估标准未成体系

根据有关机构预测,我们可以对困难老年人的规模进行一个大致的估计:(1)生病/失能老年人,我国老年人平均每人有8.3年的带病生存期、3年的完全失能期;(2)空巢老年人(包括老年夫妻户和独居老人户),这个群体的占比超过老年人总体的51%;(3)经济困难老年人,根据2018年中国民生调查显示,57.4%的农村老年人现金收入低于200元/月/人,他们在经济方面依赖家庭等他人提供的经济支持。

也就是说,目前针对老年人的分类评估是散布在各个相关部门的,例如由残联对老年人的残疾情况进行评估,由民政部社会救助司对老年人经济困难情况进行评估,由民政部养老服务司对老年人失能情况进行评估,等等。现有评估标准也比较碎片化,如《老年人能力评估》(MZ2009 - T - 034 - 2009)、《老年人营养不良风险评估》(WS/T 552—2017)等行业标准,仅针对老年人的某一类风险进行评估。总体而言,现有的农村养老服务评估标准存在下列问题:一是现有标准未覆盖所有老年人类型,例如缺少对留守老人、患病老人的相关评估;二是现有标准彼此之间存在重叠或空白,例如在不同评估表格中对老年人基本信息的重复采集。总之,碎片化的评估标准不利于对农村老年人进行精准的分类,也容易造成评估资源的浪费,从而干预到服务需求识别工作的精准性。

(二) 评估流程有待规范

在已有的全国性和地方性评估标准中，对老年人评估流程做了一定的规定。例如《老年人能力评估》(MZ2009-T-034-2009) 中规定：1. 评估环境，应安静、宽敞、光线明亮，至少有一把椅子和 4~5 个台阶，以供评估使用；2. 评估时间，在申请人提出申请的 30 日内完成评估。对评估结果有疑问者，在提出复评申请的 7 日内进行再次评定；3. 评估提供方，a) 评估机构应获得民政部门的资格认证或委托，负责委派或指定评估员对老年人进行评估；b) 评估员应为经过专门培训并获得资格认证的专业人员，受评估机构的委派，对老年人进行评估；4. 评估方法，a) 评估员应佩戴资格证，在指定地点对老年人进行评估，每次评估应由两名评估员同时进行；b) 评估员通过询问被评估者或主要照顾者，按照《老年人能力评估表》进行逐项评估，并填写每个二级指标的评分；c) 评估员根据各个一级指标的分级标准，确定各一级指标的分级，填写在《老年人能力评估表》中；d) 评估员根据 4 个一级指标的分级，使用《老年人能力等级结果判定卡》，最终确定老年人能力等级，填写在《老年人能力评估表》的"A.6 老年人能力评估报告"中，进行确认并签名；e) 评估双方对评估结果有疑问时，提交评估机构进行裁定。

由此可见，现有评估标准中对评估流程已做较为详尽的规定，但它仍然存在一定的问题：一是不同评估流程的整合问题，即当一名老年人存在两种或两种以上困境时，如何减少评估流程的重复；二是评估流程中所需的人力、物品等资源是否能够在农村地区落实，其关键在于如何让评估流程中的各个环节更加适用于农村地区，更加适用于农村养老服务的从业人员。

(三) 评估队伍弱

如前所述，评估工作具有一定的专业性，需要由经过专业培训并获得相应资格认证的专业人员来实施，方能保证评估结果的准确性。然而，我国从整体上缺少专业的养老需求评估人员，仅有的评估员也多聚集在城市地区。因此，如何在农村地区培育一支适宜且专业的评估员队伍，既要掌握专业评估知识、学会使用养老评估工具，又要了解当地语言习俗、懂得与农村老年人及其家庭沟通，成为精准识别服务对象的一个关键点。

二、服务精准供给存在的问题

我国养老服务的供给方主要有两类主体。一类是养老机构,即依法办理登记的,为老年人提供全日集中住宿和照料护理服务,且床位数在 10 张以上的机构。它既包括营利性养老机构,也包括非营利性养老机构。据统计,2019 年全国在主管部门注册登记的养老机构有 3.4 万个。[1] 第二类服务主体是社区养老设施,即社区中为居家与社区老年人提供以照料护理为主要服务内容的一类服务设施。与养老机构相比,社区养老设施更立足于社区,开放性高于养老机构,而床位数则少于养老机构。据统计,2019 年我国共有社区型养老照料机构和设施 6.4 万个,另外有社区互助型养老设施 10.1 万个。[2] 从城乡分布的角度看,社区互助型养老设施较多分布在农村地区(见表 8-1)。

表 8-1 社区养老设施的城乡分布情况[3]

	城市(万个)	农村(万个)
社区养老照料机构和设施	3.0	3.4
社区互助型养老设施	1.1	9.0
合计	4.1	12.4

尽管农村地区养老服务供给主体的发展取得了一定进展,但从精准服务的角度看,农村养老服务的精准供给仍存在如下问题与挑战。

(一)服务主体发育不足

当前我国养老服务主体普遍存在设施布局不全、服务功能有限、床位利用率偏低等问题,在农村地区则更为严重。从机构数量上看,当前农村的养老服务主体主要是特困人员供养机构和互助型养老服务设施,但他们还远远不能满足农村养老服务需求。从机构运行上看,许多服务主体难以实现收支平衡,如

---

[1] 民政部,《2019 年民政事业发展统计公报》,http://images3.mca.gov.cn/www2017/file/202009/1601261242921.pdf,2020。

[2] 民政部,《2019 年民政事业发展统计公报》,http://images3.mca.gov.cn/www2017/file/202009/1601261242921.pdf,2020。

[3] 民政部,《2019 年民政事业发展统计公报》,http://images3.mca.gov.cn/www2017/file/202009/1601261242921.pdf,2020。

何可持续发展成为一道难题。根据 2019 年的一项调查显示,全国民办养老机构中 44.1% 自述亏损、46% 自述收支平衡,自述盈利的仅占 9.9%,从中可以窥探社会投资者的困境。

服务人才的专业化问题也是限制农村养老服务供给的一个重要方面。自 2017 年取消了养老护理员的国家职业资格认定后,照护人员的专业认定和专业培训就没有了依据,利用人力资源社会保障部门培训补贴开展的专业人才培训就此中止。恰恰此后几年随着农村人口老龄化进程,农村地区对于养老服务人才培训的需求开始增加。

(二) 服务项目单一

农村地区的养老服务大体以生活照料为主,互助幸福院项目便是其中一个比较典型的服务项目。农村互助幸福院是在农村"空心化"治理、美丽乡村建设等背景下成为农村老年社会服务项目一个典型代表的。它是由村民委员会进行管理,为农村老年人提供休息、餐饮、文化娱乐等照料服务的公益性活动场所。它既有利于满足农村老年人的社会照料需求,又可以开发农村的老年人力资源,以弥补农村"空心化"的弊端。因此,河北、陕西等地均已出台相关政策推动农村互助幸福院建设,以此作为加强农村地区养老服务设施建设的一个抓手。

然而,总体而言农村养老服务机构的服务能力较弱,由于缺少设施设备和专业服务人员,多数农村养老服务机构只具有集中居住和基本生活照料的功能,缺少其他老年人所需的服务项目。例如缺乏医养结合相关服务,养老照料服务与医疗卫生服务尚未形成有机结合。又如缺乏老有所学相关服务,未能通过让农村老年人持续接受继续教育、丰富文化生活,帮助他们共同享受社会文明进步的成果。

(三) 供需对接不畅

服务使用者对其自身需求的及时反馈,是实现服务动态调整的基础,从而有助于促进服务资源的有效配置。农村老年人由于其身体衰弱、社交范围减小、对智能手机等新产品掌握得偏少,导致其反馈需求的渠道有限,主要依靠家人与服务人员这两个传统渠道来做反馈,容易出现需求被忽视、反馈意见难以传递的情况。因此,有必要畅通供需对接的通道,采取定期复查、第三方跟踪评估、智能化信息采集等形式，尽可能掌握老年人真实的动态数据，协助老年人通过多样化渠道来表达自身需求，以作为动态调整服务的基础。

（四）基本养老服务界定不明

养老服务既包括基本公共服务中的基本养老服务内容，也包括养老产业中的市场化养老服务内容。在养老服务实践中，很多人容易将这两个概念混淆，一些人认为养老服务都是基本公共服务，需要政府大包大揽；另一些人则认为养老服务都是市场化经营，只有付费的人才能享受到服务，把那些经济困难的老年人排除在养老服务对象之外。显然这两种观点都是错误的，这些误读容易导致人们难以在庞杂的养老服务内容中，区分出哪些属于政府应该提供的基本公共服务项目，加上政府缺乏明确的责任宣示，农村老年人也就难以形成稳定且清晰的预期。因此，我们有必要对基本养老服务进行明确的界定。养老服务中有一部分是政府责任，需要由政府来兜底，这一部分便是基本养老服务的范畴；另一些则非基本公共服务范畴，可交给市场来运作，政府部门只需要引导市场良性竞争并做好相应的监督管理。

三、精准监管存在的问题

老年社会服务的开展离不开政策制定、财政资源以及监督管理等事务，这些事务需要由相应的行政主管部门来履行职责。在中央层面，国家发展和改革委员会内设社会发展司，负责研究社会服务等重大问题，统筹推进基本公共服务体系建设。具体到老年社会服务领域，主要涉及两个中央部委，一是国家卫生健康委员会，其内设的老龄健康司负责组织拟订并协调落实应对老龄化的、医养结合的政策措施，建立和完善老年健康服务体系。另一个重要的老年社会服务行政主管部门是民政部，其内设的养老服务司承担老年人福利工作，主要负责拟订老年人福利补贴制度和养老服务体系建设规划、政策、标准等。2019年8月，国务院同意设立由民政部牵头的养老服务部际联席会议制度。该联席会议的组成部门包括国家发展改革委等21个涉及养老服务的行政管理部门，便于统筹协调养老服务行政管理，形成工作合力。在这样的行政管理架构之下，农村养老服务在精准监管方面主要存在如下挑战。

（一）监管存盲区

农村养老服务应当监管哪些内容？或者说，监管的内容需要随形势的要求和监管能力的变化而改变，它需要从粗放式监管转向一种覆盖各个必要细节的精细化监管。依据现行法规，农村存在大量历史遗留的"黑养老院"与尚未纳入养老机构的社区居家养老服务组织，作为机构监管主体的民政部门无法发证并进行有效监管，这便构成了监管的盲区。此外，由于养老服务业发展迅猛，基层组织中进行养老服务监管的行政人员数量并未得到成比例的增长，在一定程度上也促成了监管盲区的产生。

（二）事中事后监管弱

事中事后监管是加快养老服务"放管服"的重要手段之一。它是指按照"谁审批、谁监管"和"管行业必须管安全"的原则，健全多部门分工协作、行业组织充分发挥作用的养老服务综合监管体制。实际上，自从我国于2018年"放管服"改革取消了养老机构设立许可，也就是废止了旧的监管制度以后，新的事中事后监管机制尚未在广大农村地区建立完善，导致对养老机构运营的日常管理以及对违法违规经营养老机构的事中事后监管相对较弱，缺乏行之有效的手段和措施。

（三）综合监管不完善

养老服务的监管涉及多个政府职能部门，各自为政、分散监管居多，第三方监督、行业自律、媒体监督、群众监督和老年人监督的作用没有得到充分发挥。2020年12月，国务院办公厅印发《关于建立健全养老服务综合监管制度促进养老服务高质量发展的意见》，该意见出台的背景正是为了建立高效规范、公平竞争的养老服务统一市场。具体而言，当前农村养老服务综合监管有如下挑战：一是监管重点不明确；二是监督责任未明确到单位、到责任人；三是需要创新性的监管方式，例如加强信用监督、利用大数据分析等。

（四）监管手段欠缺

在监管手段方面，一是缺少标准化的服务质量监管工具。当前农村养老服务标准体系尚未形成，科技标准少，技术规范少，监管缺乏科学尺度，随意性大，难以为农村养老服务质量监督管理工作提供科学有效的工具。二是缺乏养老服务机构信用评价体系。由于当前缺少一个以养老机构等级评定为基础、涵盖养老机构行业法人、从业人员和服务对象的养老服务信用评价体系，导致行政主管部门无法将等级评定结果和信用信息作为制定各项支持政策的重要衡量因素，无法对评定等级高、诚实守信者给予支持激励，也无法对失信者进行联合惩戒，实现"一处失信、处处受限"。

四、政策精准扶持存在的问题

在养老服务领域，最基础的法律依据是《老年人权益保障法》，该法律先后经过全国人大常委会三次修改，规定了家庭支持、社会救助、社会福利、社会优待、宜居环境、社会支持等内容。党中央、国务院印发《国家积极应对人口老龄化中长期规划》，明确了2050年以前我国养老服务发展的分阶段目标任务。国务院或国务院办公厅先后下发了《关于全面放开养老服务市场提升养老服务质量的若干意见》《关于制定和实施老年人照顾服务项目的意见》《关于推进养老服务发展的意见》《关于建立健全养老服务综合监管制度促进养老服务高质量发展的意见》、《国务院办公厅关于促进养老托育服务健康发展的意见》等多份有关养老服务的专门性政策文件。经过多年努力，我国养老服务业已初步形成了以法律规划为纲要、以国务院政策文件为基础、以部门专项政策和标准为支撑的制度框架。然而，从精准性的角度看，农村养老服务政策仍然存在一定的挑战。

（一）政策不够灵活

现有涉及农村养老服务的国家扶持政策过于原则，财政没有设立专项扶持资金和项目，税收减免没有相应的目录，地方在制定具体扶持政策时没有参照，地方对财政经费的使用又要求有依据、有标准，往往需要地方政府反复研究并由主要领导对结果负责才能出台，这就导致农村养老服务政策初衷往往难落地，各项扶持政策变成一纸空文。例如，在2018年《中共中央国务院关于实施乡村振兴战略的意见》以及《国家乡村振兴战略规划（2018—2022年）》中，提出要建构多层次、多元化的农村养老服务体系，要提升整合农村社会养老服务资源的效率，发挥各主体在农村养老服务中的积极作用。这项目标涉及多个有待可操作化的问题，例如家庭养老的具体职责应当是什么、相应的支持措施与惩罚措施如何配套？如何让老年人自我养老、子女赡养、夫妻扶养这三方面有效衔接，共同促进家庭养老功能发挥？家庭养老功能与社会养老功能之间的各种衔接如何得到保障？这些问题的进一步可操作化将影响到家庭、政府、市场与社会在养老服务体系中如何有机衔接、各司其职。

(二) 政策不够协调

农村养老服务所涉及的政策覆盖多个业务部门与多个行业领域,诸如积极应对人口老龄化、健康中国、基本公共服务体系建设、乡村振兴等重大战略,以及老年人家庭赡养和扶养、社会救助、社会福利、社会优待、宜居环境、社会参与等多项社会政策,还涉及消防安全、防灾减灾、食品卫生等相关行政管理政策,政策相互之间的协调性和系统性需要优化增强。

(三) 政策缺乏配套

现有政策中的许多措施由于缺乏实施细则或配套政策,导致在实践当中难以把握或实现其原有目标。例如,居家上门类服务缺乏具体的操作规范、服务标准和收费指南,老年人不放心,服务人员不安心,出现纠纷难调处,很多机构不敢、也不愿意上门服务。而地方政府在购买服务、项目补贴上也缺乏标准依据。又如早在2011年《社会养老服务体系建设规划(2011-2015年)》中便提出"积极探索农村互助养老新模式",以互助幸福院为代表的农村互助养老模式随即在全国范围内获得推广。但有研究指出,互助幸福院的资金来源主要是政府、村集体收入、社会捐赠等,由于缺乏固定的、长期的资金支持和完善的配套基础设施,它有可能因基础设施建设无法达到标准而难以长期维继。[1]

(四) 政策有所缺位

从当前农村养老服务政策现状看,现有政策尚未满足农村老年人的实际养老需求,诸如老年人状况统计调查和发布制度、相关保险和福利以及救助相衔接的长期照护保障制度、老年人监护制度、养老机构分类管理制度、家庭养老支持政策、农村留守老年人关爱服务政策、为老慈善组织以及为老慈善行为的扶持政策、为老服务人才激励政策等均处于缺位状态,有待进一步出台相关政策。

(五) 政策受益面窄

当前农村养老服务政策的受众群体覆盖面较窄。农村地区提供养老照护服

---

[1] 郑鹏. 河北省农村互助养老模式优化研究[D], 河北科技大学硕士学位论文, 2017。

务的机构以农村特困人员供养机构为主,即县级人民政府民政部门或者乡、民族乡、镇人民政府（以下简称主办机关）举办的,为农村特困供养对象提供供养服务的公益性机构其服务对象主要是生活不能自理的农村特困供养对象,受益群体十分有限。而农村互助养老中的典型模式——互助幸福院,一般只针对身体健康或无重大疾病、能够自理的老年人,这就将那些生活不能自理的老年人排除在互助养老服务之外。[1] 事实上,这些生活不能自理的老年人对养老服务的需求更为迫切。

五、资金精准投入存在的问题

随着养老服务"放管服"改革的逐渐深化,养老服务资金投入渠道得到扩宽,管理更趋高效。自2018年12月29日起,养老机构设立许可被取消,养老服务市场得到全面放开,支持养老服务的财税金融、规划用地等扶持政策也相继出台。时至今日,农村养老服务资金投入在精准性上依然存在如下挑战。

（一）投入分散

与城市养老保障体系相比,我国农村养老保障制度具有一些不同特征。农村养老保障主要由家庭养老保障、土地保障和社会养老保障构成,其中土地保障是城市家庭通常不具备的。发展至今,农村老年人的家庭保障因子女流动、家庭结构变迁而逐渐式微,土地保障也逐渐弱化。农村社会保障制度正是在这一背景下确立起来的,但是与城市社会保障制度相比,农村社会保障制度建立的时间相对较晚,农村社会保障资源乃至养老服务资源的投入较为分散与碎片化。

（二）投入不足

我国农村的老年人口数量以及老龄化程度要高于城市地区。第六次人口普查结果显示,2010年我国农村60岁以上人口有9930.33万人,占我国老年人口总量的55.92%。[2] 我国农村地区的老龄化水平是18.47%,高于全国平均

---

〔1〕 刘妮娜. 互助与合作：中国农村互助型社会养老模式研究 [J]. 人口研究, 2017 (4)：72-81.

〔2〕 吴玉韶. 中国老龄事业发展报告 [M]. 北京：社会科学文献出版社, 2013.

老龄化水平 16.70%。[1] 与旺盛的养老服务需求相比，农村养老服务的投入存在一定的落差。

由于农村老年人收入水平相对较低、购买养老服务意愿不足，服务市场尚未形成。有研究发现，身处经济欠发达地区的农民参保投保能力与积极性有限，较难提升抗击老年期经济风险的能力。[2] 鉴于农村地区和农民自身的经济劣势地位，这就需要政府部门加大对农村社会保障的投入倾斜。然而，政府对农村社会保障制度的财政转移力度尚有不足。以农村养老保险为例，由于该养老金的金额较小，对老年人生活所能起到的扶持作用杯水车薪，难以发挥生活保障作用。

（三）投入倒挂

当前养老服务支出中存在较为严重的城乡"倒挂"现象，即财政支出方向偏向城市养老机构，对农村的养老院、互助养老院等设施的投入很不够，难以满足农村老年人的养老需求。

（四）投入失衡

由于受到地方经济社会发展水平影响，使得农村养老服务在城乡分布上与地域老年人密度不成比例，越是经济发展滞后的地区，养老服务设施和服务供给越少，而这些地区的老年人口通常较为密集。这种投入与实际需求的比例失衡，已成为农村养老服务体系建设的最大短板。

第三节　推进我国农村养老服务精准化发展的政策建议

一、完善评估制度，实现精准识别

一是要明确评估的目标与原则。农村老年人养老服务需求评估的目标是为老年人匹配恰当的服务资源，同时也是为了实现养老服务资源的有效配置。在此目标背景下，农村老年人养老服务需求评估应当坚持综合考量、群众认可、

---

[1] 民政部. 中国民政统计年鉴-2017 [M], 2017。
[2] 孙鹃娟. 城镇化、农村家庭变迁与养老 [M], 北京：知识产权出版社, 2018。

实事求是的原则，既要综合考虑老年人的健康情况、经济情况以及地区因素，也要坚持群众路线、尊重群众意愿，还要尊重评估的科学性、杜绝优亲厚友等现象。

二是建立全国统一的农村老年人养老服务需求评估标准与评估流程。这个评估标准的内容应包括老年人的经济状况、身体状况、社会状况以及地方情况等。评估内容可以采取模块式设计，针对经济困难、留守、失能、残疾等不同困境分别设计成模块，以同时满足身处单一困境或多重困境的老年人使用。评估流程应尽量简洁，所涉及的评估设备和道具应当便于农村地区的评估员使用。农村老年人养老服务需求评估标准与评估流程都应遵循科学研究规律，借鉴国内外有关老年人评估的研究成果，并进行充分的调研、论证与试点，以提高评估的准确性与可行性。

三是建立动态评估机制并加强对评估结果的使用。由于老年人养老需求是随时间、随环境动态变化的，因此农村老年人养老需求评估也应当是动态的。同时还要畅通老年人与养老服务主体之间的供需双方沟通渠道，重视对动态评估结果的使用，最终让养老服务得以实现动态调整。

二、创新服务方式，实现精准递送

针对不同处境的农村老年人，应当创新性地提供不同服务方式。就当前农村老年人养老服务的类型看，可以分为如下类别。

一是加强农村特困人员供养服务机构服务设施建设，提升服务质量，使其在保障农村特困人员集中供养需求的前提下，覆盖农村地区的低收入、高龄、独居、残疾、失能等困难老年人，扩大服务对象范围。

二是通过邻里互助、亲友相助、志愿服务等模式和举办农村幸福院、养老大院等方式，大力发展农村互助养老服务。

三是发挥农村基层党组织、村委会、老年协会等组织的作用，积极培育为老服务社会组织，依托农村社区综合服务中心（站）、综合性文化服务中心、村卫生室、农家书屋、全民健身等设施，为留守、孤寡、独居、贫困、残疾等老年人提供丰富多彩的综合性服务。

四是加强农村留守、困难、鳏寡、独居老年人关爱保护工作，通过政府购买服务等方式开展心理疏导和咨询等服务。推动建立农村留守老年人联络人登记制度，完善应急处置和评估帮扶机制，关注农村老年人心理、安全等问题。

组织开展邻里互助、亲友相助、志愿服务，帮助解决农村老年人实际困难。

三、创制精细政策，实现精准扶持

在政策创制方面，首先要将农村养老服务细分为基本养老服务和非基本养老服务两大类，再明确各自的责任主体。农村基本养老服务主要面向中、低收入家庭中的老年人，它属于政府基本公共服务范畴，由政府部门主导推进。农村非基本养老服务主要面向高收入家庭中的老年人，由市场运作，政府部门负责引导市场积极参与并对其进行相应的监管。

农村养老服务的精准化有赖于因人施策、因地施策，以提高措施的针对性。具体而言：

一要健全特困供养、最低生活保障等农村老年人社会救助制度，向经济困难老年人提供兜底保障。

二要推动建立更为普惠的农村老年人福利补贴制度，包括经济困难老年人养老服务补贴、高龄津贴、老年人护理补贴等制度，逐步实现基本养老服务的均等化。

三要推动长期护理保险覆盖到农村老年人口，通过在农村地区开展政策性长期护理保险试点、推广长期护理商业保险产品等措施，在总结试点检验的基础上建立农村老年人长期照护服务标准和质量评价等行业规范，探索建立符合农村地区实际情况和老年人实际需求的长期照护服务体系。

四、推行智慧平台，实现精准监测

智能化、信息化技术有助于提升农村养老服务检测的精准性。具体而言：

一是搭建农村养老服务信息共享平台。支持养老服务机构、社会组织和企业利用物联网、云计算、移动互联网、智能终端等新一代信息技术，建设农村养老信息服务网络、支援平台与智慧养老公共服务平台，提供紧急呼叫、家政预约、健康咨询、物品代购、餐饮递送、服务缴费、康复辅具配租等老年需求服务项目。

二是搭建农村养老服务管理信息平台。建设全国农村养老机构与养老设施业务管理系统。实时监控养老机构与养老设施的服务质量动态，加强养老机构与养老设施运营管理及服务质量大数据的管理。

三是搭建农村养老智能化服务平台。通过使用涵盖 RFID、ZigBee 等物联网技术设备，在农村养老机构的危险防患、紧急求援、自动监测实时监护、医疗服务、亲情沟通、生活便利服务等环节对入住老年人开展智能化服务。此外，可以在农村养老智能化服务平台上开展医养结合服务，重点推进老年人健康管理、服务预约等服务，开发更加多元、精准的私人定制服务，创新发展慢性病管理、居家健康养老、个性化健康管理、互联网健康咨询、生活照护等健康养老服务模式。

四是搭建面向农村老年人的老年产品电商平台。通过发展以老年产品用品为特色的电商服务，有效解决研发、生产、销售、使用脱节问题，既可以帮助农村老年人购买到适合其使用的、有助于增进其福祉的老年用品，也能够带动农村老年消费品市场的发展和繁荣。与此同时，还需要辅以老年金融、老年教育、法律援助等其他信息服务产品，以利于保障老年人的合法权益，有效挖掘老年人信息消费潜力。

五、明晰责任清单，实现精准落实

农村养老服务所涉及的行政主管部门众多，因此只有明确各部门的职责分工，方能为农村养老服务的精准实施保驾护航。具体而言：

一是要围绕国家针对农村养老服务的总体规划目标制定详尽的实施办法，明确细化的、有层次的农村养老服务指标，以及中央与地方政府、各行政部门的职责，建立起层层负责的农村养老服务监管责任体系。

二是在中央层面，要继续发挥养老服务部际联席会议的统筹协调作用，推动相关部门形成合力。

三是在地方层面，要强化基层政府在农村养老服务体系建设中的主体责任，确保基层有人干事、有资源干事。

六、优化资金使用，实现精准投入

农村养老服务资金的精准投入，要按照兜底线、织密网、建机制的要求，根据权责清晰、保障适度、可持续的原则进行优化。农村养老服务资金应整合老年人及其家庭自费、社会救助、福利补贴、社会保险等多方面的渠道。

一是在老年人及其家庭自费方面，要落实家庭赡养扶养义务，增强老年人自我养老能力。

二是在社会救助方面，要完善老年人救助制度，健全特困老年人供养制度和相关临时救助制度，兜住养老服务的底线。

三是在社会福利方面，要推进经济困难老年人高龄补贴、服务补贴和护理补贴制度实现全覆盖和提标扩面，发挥老年人福利补贴在养老服务方面的适度普惠功能。

四是在社会保险方面，继续深化长期护理保险试点，加快形成全国统一、保基本、可持续的长期护理保险体系，发挥社会保险在养老服务方面适度普惠的作用，加快形成社会保险、社会福利、社会救助、慈善帮扶相互衔接的长期照护保障制度，制度性解决老有所养、养能支付问题。

七、发掘乡土资源，实现精准互助

在互助养老方面，需要针对老年人的实际需求来采取相应的激励措施，以便更为精准地调动其参与热情。具体而言：

一是积极动员老年人互助，通过文化宣传、政策奖励、时间银行等多样化方式，鼓励老年人主动投入到农村互助养老事业中来。

二是充分利用社会资源，发挥乡镇企业、行业协会、个体经济、知名人士的作用，引导社会力量通过公益慈善捐赠、有偿服务等形式参与到农村互助养老事业中来。

三是丰富互助内涵。农村的互助养老内涵有很大的拓展空间，从互助主体看，可以由老年人之间的"老老互助"扩宽到老年人与其他年龄人口之间的"代际互助"；从互助内容看，可以从基本生活照料拓展到文化娱乐活动、邻里纠纷调解、社会治安维护、结对帮扶等内容，全方位地发挥农村人力资源优势。

八、健全方法机制，实现精准考核

加强对农村养老服务的关键在于有一个精准考核体系。具体而言：

一是健全工作机制。加强党对农村养老服务工作的领导，推进习近平总书记关于养老服务重要论述精神的贯彻落实，推进农村养老服务纳入各级党委政府政绩考核指标体系。

二是发挥行业自律。扶持成立农村养老服务行业组织，根据信用评价体系建立养老服务行业黑名单制度和市场退出机制，以实现行业的自我学习、自我发展与自我管理。

三是加强事中事后监管。通过实施"双随机、一公开"、综合评价、合格评定、服务认证等事中事后监管措施,确保农村养老服务得到全流程、多渠道的监督管理。

四是创新考核方式。农村养老服务行政主管部门可以通过整合相关部门人员、调整有关部门或机构职能、购买社会第三方力量开展监督等方式,提升基层部门的监管能力。

第九章　县域农村养老服务统筹发展与政策支持研究

中国是一个农业大国，也是一个农民大国。2021年公布的全国第七次普查数据显示，截至2020年年底，全国的城镇化率已经达到63.89%，但是按照户籍口径统计的城镇化率只有45%左右[1]。这也即是说，农业户籍的人口总数仍然占总人口的一半以上。而且农村人口居住比较分散，政府很难把差异化、个性化的养老服务递送到各个社区和村镇，以县域为养老服务提供的载体和平台，是解决农村养老服务需求的重要途径。因此，以县域为平台，站在统筹发展的角度，构建多层次的县域养老服务体系，是养老服务政策应当重点考虑的方向。

第一节　县域农村养老服务供给现状及问题

一、县域农村养老服务政策缺乏分层分类

县域农村养老服务政策要强调县、乡、村三级的不同职能，每一层级的管理单位都有其工作重点；要对不同老年人群体分类施策，避免养老服务的泛化。部分市县已进行县域养老资源的统筹和安排，强调了各级单位在农村养老服务中的责任，对不同老年人群体制定了具体的养老服务实施办法。例如，重庆市奉节县大力实施"老有所养行动计划"，对农村失能老人的养老服务率先进行改革，探索建立农村贫困家庭和"五保"失能人员的集中供养模式，打

---

[1]　国家统计局：《城镇化率已达63.89%　流动人口达3.76亿》，https：//www.360kuai.com/pc/9548877d1fb9e620f? cota=4&kuai_so=1&tj_url=so_rec&sign=360_57c3bbd1&refer_scene=so_1

造县、乡、村三级服务平台,在县一级建立集中供养机构,乡镇一级建立农村敬老院和养老服务中心,村社站点建设养老服务站和互助养老点[1]。山西省平陆县针对农村留守老人养老问题突出现状,出台《平陆县加强农村留守老年人关爱服务工作实施方案》,落实属地管理责任,在县、乡、村三级建立详细的信息台账和农村留守老年人档案,积极探索以日间照料中心为平台,盘活农村养老支持和照料服务资源,动员社会参与,强调家庭责任,走出了关爱农村留守老人新道路[2]。

虽然部分地区对县域农村养老服务政策做出了积极有益探索,但是整体上呈现出层次职能不明晰、分类政策不具体、资源统筹不聚焦、任务安排不明确等问题。县、乡、村三级在农村养老服务中的具体职能尚未规定清楚,特别是乡镇政府和村级单位在养老工作中没有明确的职能要求,大大降低了养老工作的效率。农村"三无"老人、低保老人、残疾老人、留守老人等面临的养老难题有所不同,部分地方实行"一刀切"政策,没有出台有针对性的政策,未能满足特殊老年人的实际需求,造成了养老资源浪费。县级主管单位尚未对生活照料、医疗保健、精神慰藉等服务资源进行有效统筹,只是在政策上笼统地对养老资源进行汇总,县域养老资源实现了"合"却未能达到"通";没有对各部门、各层次单位的任务安排做出具体分工,导致农村养老服务在场地协调、手续办理、服务保障等方面存在相互推诿、多方制约等问题。

二、县域农村养老服务功能尚不完备

党的十八大以来,党中央国务院高度重视农村养老服务业发展,各地加大农村养老服务的财政投入力度,加强农村养老服务设施建设,越来越多的农村老人可以获得生活照料、医疗保健、休闲娱乐等养老服务。总体来看,农村养老服务已不再停留于满足老年人日常温饱等单一层次的需求上,养老服务功能逐渐从生活照料向全方位的服务功能转变。例如,河北威县通过拓宽思路、创新模式的办法,放大和提升了养老服务功能,通过公办民营、民办公助的方式发展居家养老服务,依托乡镇养老机构,成立居家养老关爱服务中心,无偿或

---

[1] 中华人民共和国发展和改革委员会网站.重庆奉节:集中供养失能人员 助贫困家庭走出困境.https://www.ndrc.gov.cn/xwdt/ztzl/qgncggfwdxal/202101/t20210119_1265219_ext.html,2021-01-19.

[2] 澎湃网.脱贫攻坚看民政:山西平陆——编密织牢农村留守老年人关爱服务网.https://m.thepaper.cn/baijiahao4797998,2019-10-28.

低偿为贫困户、低保户、留守老人提供助餐、助医、助洁、助浴、助乐、助急的"六助"服务,让农村老人在养老服务供给中获益[1]。江苏省如皋市在农村地区以各居家养老服务站点为依托,创新开设日常照料、家政服务、医疗保健、文化休闲、体育健身以及志愿服务等多项养老服务内容,在"六助"的基础上,结合本地实际增加"助学、助安、助游"三项服务,切实履行养老服务"一个都不能少"的工作承诺,满足了当地老年人多样化养老服务需求[2]。

全国各地的养老服务项目已经增加不少,但是县域农村养老服务功能尚不完备。部分地区在供给养老服务中投入了大量的人力、物力和财力,但是将工作重心聚焦于基础设施建设,轻视养老服务内容。县级养老服务中心在医疗保健、精神慰藉等养老功能上表现不佳;乡镇养老院、敬老院主要为农村老人提供生活起居照料,其他养老服务供给乏力;一些村级单位尚未建设老年人活动场地,农村老人未能享受基本的锻炼休闲服务。这主要是因为主管单位没有充分了解农村老人的养老需求,简单按照自上而下的行政命令开展工作,从而导致养老服务功能匮乏,服务质量不高。由表9-1数据可知,上门体检、康复保健和体力活这三项养老服务的供给率位居前列,但是供给率也未超过30%。农村老人的日间照料、心理咨询、助洁、陪伴就医这四项养老服务的供给率均低于10%,难以满足农村老人的需求。表9-1中九项养老服务的需求差均为负值,表明当前农村养老功能尚不充足,特别是在日间照料、上门体检、陪伴聊天、陪伴就医等服务功能上需要加大供给力度。

表9-1 农村养老服务项目的供给需求状况表

养老服务项目	供给率(%)	需求率(%)	需求差(供给-需求)(%)
日间照料	7.29	63.64	-56.05
上门体检	27.47	77.12	-49.65
陪伴聊天	13.59	43.25	-29.66

---

[1] 中华人民共和国民政部网站. 贯彻积极应对人口老龄化国家战略 奋力开创农村养老服务发展新局面. http://www.mca.gov.cn/article/xw/mtbd/202011/20201100030522.shtml, 2020-11-18.
[2] 南通市人民政府网站. 如皋"六化模式"打通农村社区居家养老"最后一公里". http://fgj.nantong.gov.cn/ntsrmzf/sxcz/content/300c39f5-f7a8-46c6-a41c-f5fcdde71f21.html, 2018-04-18.

续表

养老服务项目	供给率（%）	需求率（%）	需求差（供给-需求）（%）
体力活	21.97	46.38	-24.41
心理咨询	4.08	11.97	-7.89
娱乐活动	15.57	53.47	-37.9
康复保健	23.69	47.17	-23.48
助洁	9.19	29.61	-20.42
陪伴就医	5.62	45.74	-40.12

数据来源：根据 2018 年 CLHLS 数据整理获得。

三、县域农村养老服务主体衔接不畅

我国在养老服务方面颁布了一系列政策法规规定各方主体职责，但是县域层面农村养老服务主体尚未有效衔接。2012 年新修订的《中华人民共和国老年人权益保障法》，明确提出国家建立和完善以居家为基础、社区为依托、机构为支撑的社会养老服务体系，强调了家庭、政府、社区和社会在养老服务中的多元主体责任。国务院印发了《关于加快发展养老服务业的若干意见》，进一步明确了大力发展居家养老服务的任务要求。财政部会同有关部门印发了《关于做好政府购买养老服务工作的通知》，指出在养老服务领域大力推广政府购买服务方式，提供基本养老服务，强调了政府在养老服务中的责任。为了鼓励社会力量参与到养老服务发展中来，民政部先后推动出台了《关于鼓励民间资本参与养老服务业发展的实施意见》《关于金融支持养老服务业加快发展的指导意见》等文件，为社会力量参与养老服务在用地、投融资等方面提供支持和便利。这一系列政策文件表明从中央到部委都强调了养老服务中各方主体的责任，但是县域养老服务中家庭和政府责任过重，政府、企业和社会组织的职责没有较好的衔接与匹配。

纵向来看，在县级政府出台本地政策后，有些乡镇政府没有充分讨论和制定本乡镇养老工作实施方案，导致县级层面养老政策在乡镇一级存在偏差，出现部门之间相互推诿现象；有些村级单位未能将本村老人养老需求向上表达，轻视本村养老服务工作开展，养老服务政策落实与政策期望相差甚远。横向来看，政府是养老服务的政策制定者和服务引导者，企业组织是养老服务的生产者和提供者，但是有些政府却成为农村养老服务的直接提供者和市场垄断者，

加大了政府的工作负担，拔高了相关企业进入农村养老服务市场的门槛，挫伤了企业进入农村养老服务市场的积极性，导致政府和企业组织的衔接不畅。社会组织是养老服务中的有效补充，其公益性和灵活性能降低养老服务成本，但是县域社会组织发展薄弱，未能和当地政府部门、养老机构有效沟通，志愿者参与到农村养老服务中的频率和比重都偏低。面对农村老人养老需求呼声日涨的情况，如何降低市场准入门槛、扶持农村养老机构发展、鼓励社会组织参与到农村养老服务中来，是解决当前农村养老服务主体衔接不畅的主要任务。

四、县域农村养老服务网络尚未形成

县域养老服务网络的形成需要县、乡、村各级主管单位各司其职、通力合作，需要多方主体优势互补、资源整合。部分县市对于如何构建县域农村养老服务网络做出了有效探索，例如，江西省新余市发布《新余市养老服务体系建设发展三年行动计划》（2019—2021 年）》《关于在全市农村推行"党建+颐养之家"工作的指导意见》，构建县乡村三级养老体系，满足农村多元化服务需求，探索出农村养老服务的"新余方案"[1]。新余市在养老服务供给上强调了县、乡、村三级的主体责任，为养老服务搭建了县级集中照护、乡镇集中供养、农村互助养老三级平台，强调不同层级的养老服务内容和责任，有效统筹了各级服务资源，能够满足农村老人生活照料、精神慰藉、医疗保健等不同需求。江西省以"新余模式"为样板，以"党建+农村养老服务"为抓手，探索形成了县、乡、村三级联动农村养老服务网络，全省已建成"党建+颐养之家"等农村互助养老服务设施 10225 个，覆盖 60.4% 的建制村[2]。

虽然部分地区对构建县域农村养老服务网络做出了有益探索，但是全国范围内县域农村养老服务体系尚未形成，存在明显的体系"断裂"问题。在县级层面，本区域内养老服务中心建设有待加强，很多地区没有建立县级养老服务中心，没有对县级养老服务的主要对象、核心内容和辐射边界做出明确规定。在乡镇层面，有关部门强调乡镇敬老院要发展壮大成区域性养老服务中心，有序承接周边农村地区的老年人入住，但是对于乡镇敬老院如何升级，如何放开入住权限，承接哪些农村群体等方面并没有做出具体安排。村级层面在打造村级日间照料中心过程中，村委会空置房屋只是简单改造成老年人娱乐中

---

[1] 黄瑶. "老"老乡，奔小康. 中国社会报，2020 - 11 - 13.
[2] 包颖. 党建引领江西农村养老服务开新局. 中国社会报，2020 - 11 - 18.

心,没有对农村互助养老做出明确指导,农村老人在日常生活中主要是凭借邻里亲友的地缘、亲缘纽带在互帮互助,村级日间照料平台还亟需建设。县、乡、村三级的养老服务工作并没有层次分明、有序推进,而是表现出层次断裂、职能缺位的现象。

第二节 县域农村养老服务统筹的内容与方式

一、统筹内容:服务供给模式的统筹

我国社会养老服务体系建设的重心是以居家为基础、社区为依托、机构为补充,同时不断探索多种类型的养老服务模式。当前农村养老服务模式主要有家庭养老、社区居家养老、机构养老、互助养老等模式,它们在养老服务上各有优势和侧重,对其进行统筹有利于优势互补、资源整合,满足农村老人多样化的养老服务需求。

重视农村家庭养老的基础。家庭养老目前仍是农村最主要的养老模式,这种模式可以使老年人生活在熟悉的环境中,具有方便快捷、实惠高效的特点。随着社会经济发展、家庭结构变化,一些农村青壮年劳动力进城务工,家庭养老功能有所弱化。但是任何其他主体都不能替代家庭养老在养老服务中特别是情感支持上的重要作用,在统筹养老模式的过程中必须重视家庭养老的独特优势和不可替代性。第一,提高家庭养老的宣传力度。通过举办孝老爱亲评选活动,宣传农村中孝顺老人的典型,提高大家对家庭养老的重视程度。利用政府网络、村级广播、宣传栏等传播媒介积极开展家庭养老文化教育。第二,关注农村老人的精神慰藉。作为子女即使工作再忙,也要常回家看看,在外务工的子女要经常和老人电话沟通,经常询问老人健康状况。农村养老志愿服务组织要经常和老人进行交流,关注其精神状态。有条件的地方可建立空巢留守老人巡防队伍,及时关注农村留守老人的生活状态。第三,强调农村子女的赡养责任和义务。赡养老人是子女的法定责任,对于农村老人子女不履行赡养义务的行为要及时劝阻,村委会负责人要和老人的子女及时沟通,子女行为恶劣者应移交司法部门处置。

大力支持社区居家养老。社区居家养老服务可以缓解家庭养老服务的压力,是农村养老服务的主要模式之一。一是依托社区完善日间照料中心的建

设。县级政府应加强资金补助和政策引导，鼓励以社区为基础的日托设施和老年护理设施建设，扩大社区日托设施的养老服务覆盖面和受众范围，提升社区日间照料中心在"六助"方面的服务水平。二是赋予社区居家养老更多管理权限。社区养老服务提供者多依托当地乡镇政府，自主的财权和事权有限，农村社区的养老服务工作自主权很小。面对农村老年人养老需求日渐多元，相关部门要建立农村社区养老专项基金，定期为农村社区养老工作开展安排专项财政支出预算，积极争取上级财政支持，让农村社区的养老工作开展有一定的政策支持和资金保障。三是强化社区与政府部门的养老资源共享。在推动社区居家养老服务发展过程中，要及时了解农村老人及其家庭的基本状况和服务需求，实时对接政府相关养老服务信息，及时宣传各项养老服务政策，让农村社区负责人在思想上和行动上与上级要求保持一致。

充分发挥机构养老的补充作用。机构养老有助于拓展农村养老阵地，激发养老活力，完善农村多元养老服务体系。一是发展壮大农村养老机构规模和设施。政府要鼓励县域养老产业发展，对本县养老服务机构给予税收优惠和财政支持，因势利导促进社会资金进入养老产业，提升社会化养老产业发展潜力。二是提高现有养老院、敬老院和其他养老机构养老服务水平。对县域内的养老院进行全面摸查，了解其运行现状和面临的难题，有针对性地提出整改措施。对县域范围内闲置的办公场地、校舍、民房等进行排查和登记，通过财政补贴的形式对于农村空闲房屋加以利用，改建成养老服务机构，降低建院和入住成本。三是要提高养老从业人员的专业技能水平。有关部门可以根据农村的实际情况，统筹县域内的招聘和培训资源，鼓励农村留守妇女或大龄劳动者参与到养老服务工作队伍中来，由政府集中组织职业技能培训。县域层面可以集中招聘社会工作专业人才，定期委派社会工作者前往乡镇、行政村进行老年社工服务，指导农村养老服务人员的业务工作。

积极推广农村互助养老。农村互助养老模式是指居住较为集中的农村老人在日常生活中互相帮助，它以老人之间的情感联系为纽带，强调邻里乡亲之间的互相帮扶。生活在同一村庄的老人相互熟悉，地缘因素使得老人之间有着深厚的情感联系，在生活中互相照顾，情感上互诉衷肠。第一，推动农村互助养老服务站的建设。很多农村老人的互助行为都是依赖邻里熟人之间的信任关系进行，没有统一的服务地点和互助规则，农村互助养老服务站可以让老人集中起来提出诉求并交换服务。第二，强调农村互助养老组织的基本服务功能。部分地区农村互助养老站成为农村居民休闲娱乐场所，许多身体健康的中老年人聚集到一起打牌聊天，有助衣、助药、助餐等服务需求的老年人却没有获得服务，农村互助养老站在实际运转中失去了基本服务功能。第三，对于农村互助养老组织提供一定的资助。村集体经济可以划拨一部分经费用于本村老人互助养老，还可以发动本村爱心人士进行捐款，支持农村互助养老服务建设。

二、统筹内容：服务供给主体的统筹

县域农村养老服务供给中各方主体承担的责任有所不同，家庭是农村养老服务的主要支撑者，政府是农村养老服务的引导者和监管者，社区是农村养老服务的依托者，养老机构和社会组织是养老服务的重要补充者，只有有效统筹和充分整合这几大供给主体的资源，才能构建多层次县域农村养老服务网络体系。

统筹政府在养老服务中的引导和监管职能。第一，政府在养老服务政策制定过程中必须充分征求各方意见，特别是多倾听农村老人的意见，努力做到科学决策。在实际的决策过程中，农村养老公共服务政策多由"自上而下"决策体制来进行，这种决策流程尽管具有很强的行政效率，但是忽视了农村老人的真正需求，容易造成农村养老服务有效供给不足和服务资源过剩并存的现象。第二，政府要对社区、居家、机构养老服务供给提供一定的政策指导，重点支持农村家庭养老和社区居家养老，合理引导社会力量参与农村养老产业，不能刻意拔高企业参与农村养老市场的准入门槛。政府不应该是农村养老服务的直接提供者，更不能取代企业和社会组织在养老服务市场中的作用，可以通过购买方式来提供养老服务。第三，政府要对养老服务市场进行有效监管。制定统一的养老服务市场监管标准，及时惩治违法乱纪行为，切实保障老年人的合法权益。

统筹家庭和社区在养老服务中的资源优势。第一，在农村社区广泛宣传孝道，强调家庭成员赡养老人的责任和义务。我国农村依然保留传统熟人社会的内核基因，邻里之间来往密切，可以在社区范围内积极宣传子女赡养老人的法定责任和义务，农村舆论氛围可以起到软约束作用，有效发挥家庭在养老服务中供给的长期性和充足性优势。第二，社区医疗资源与农村家庭进行有效对接。社区卫生所与农村家庭开展乡村医生签约合作，乡村医生定期为农村老人进行体检、宣传保健知识，提高农村老人疾病预防能力。上级部门委派专业护

理人员到各个农村卫生所开展家庭照料培训,为农村家庭讲解基本的护理知识和技能,将社区在养老服务中的资源集聚作用充分发挥。第三,鼓励有一定技能的老人参与到社区养老服务工作中来。农村社区养老服务离不开农村家庭居民的参与,身体健康的老人、有一定技能(如做饭、修理、看病等)的老人可以继续发光发热。社区可以为这些老人提供一定的报酬或好人好事的宣传,让老人以参与社区活动、彰显自身价值为荣。

统筹养老机构和志愿组织在养老服务中的支持作用。第一,统筹县域内城乡养老机构资源,采取优惠政策鼓励民营机构发展。在市场准入方面,要建立健全有利于农村养老服务市场发展的机制,认真落实好养老机构登记造册服务,营造更加宽松的农村养老服务市场环境。对农村养老服务市场采取全方位扶持政策,在土地、税费、金融等方面给予全力支持,吸引社会资本落地农村。统筹城乡养老机构人员培训资源,让农村民营养老机构的护理人员也能接受系统的学习,具备专业的护理技能。第二,深化县域公办养老机构改革。养老服务的生产,完全可以通过外包、补助、特许经营等形式由私营部门或社会机构来完成。提供托底保障服务的公办养老机构可以继续保留,其余的公办养老机构可以通过托管经营、股份合作等方式转由社会企业经营,扩大接收对象范围,参与到市场化竞争中去。第三,统筹和发挥志愿服务的作用,弥补农村养老服务供给的不足。通过学校、共青团组织等,壮大农村养老服务志愿者队伍,鼓励志愿者与老人建立结对志愿帮扶关系,长期进行志愿服务。县级有关部门要定期对养老志愿服务组织进行表彰,形成良好的社会氛围,鼓励更多的人员参与到农村志愿服务工作中。

三、统筹内容:服务供给资源的统筹

统筹县域养老服务的财政支出。第一,加大对县域农村养老服务的财政资金投入量,推动城乡之间的养老服务公平。充分发挥财政资金的再分配作用,有针对性地加大财政投入力度,切实促进农村养老服务软硬件质量不断提升。在每年的财政预算中,稳步提高农村养老服务业专项资金的规模。第二,提升县域农村养老服务资金的使用质量。在农村养老服务财政资金的使用分配上,要坚持补短板、强基础,向农村老人真正需要的领域投入,提升财政资金投入的有效性。养老服务的财政投入必须精准化,要依据本地农村发展现状,有针对性进行资金划拨,让每一分钱都花得有实效。第三,优化县域农村养老资金

财权分配。县乡作为农村养老服务的主要落实者,工作责任大,但是财力薄弱。可采取以责任定财权的养老服务资金使用模式,着重将资金使用权、分配权下沉到县区和乡镇,上级部门加强对资金使用情况的检查考核。对于养老服务的成本核算、服务效果等下级部门可能更为清楚,在确保资金使用透明公开的基础上应该赋予基层政府更多的养老服务资金支配权。

统筹县域养老服务的人才队伍建设。一是提高县域农村养老服务人员的福利待遇,切实维护其合法权益。就业部门要规范劳动力市场准则,促进养老服务人员城乡就业水平和保障待遇的公平。通过开发公益岗位、养老护理岗位补贴、社会保险补贴等措施,确保农村养老服务人员获得合理收入。农村养老服务机构也要发挥自身作用,对养老服务人员进行考核激励,采取一定的物质奖励,调动服务人员的积极性。监管部门要敦促有关养老企业改善服务人员的工作环境,降低从业风险感,促进其安心在服务岗位工作;对于随意克扣农村养老服务人员薪资的行为要坚决打击,保证其合法权益不受侵犯。二是壮大县域农村养老服务人才队伍。可以将农村妇女、中老年群体、灵活就业人员等组织起来,进行养老服务培训,鼓励其加入到养老服务工作中来。在县市职业教育学校,设置养老服务相关专业,吸引农村青年报考学习,为毕业后到乡村提供养老服务的学生提供政策优惠和就业补贴。三是健全县域农村养老服务人才培训机制。县级民政部门、人社部门应定期开展养老服务培训,向农村养老服务人员培训营养配餐、身体康复、日常护理等方面知识和技能。动员社会力量参与到农村养老服务人才的培养和培训中来,调动养老服务机构、高等院校、职业学校、行业协会、第三方组织以及广大志愿者参与农村养老服务培训的积极性。

统筹县域农村养老设施建设。为解决农村养老设施服务对象覆盖面窄,布局分散且不合理,规模偏小设施偏旧,服务层次偏低等方面问题,县域层面要进一步整合养老服务资源,全力推进农村养老服务设施建设和运营。加强对养老设施的规划,结合乡村振兴改造工程,本着因地制宜、方便实用的原则,积极规划农村养老服务设施建设。加强对乡镇综合养老服务中心、乡镇敬老院的规划,保证农村养老服务设施切实满足当地老人需求。对农村养老设施运营,一要降低建设成本。要减免相关税费,鼓励公建民营的发展方式,降低社会投资者的建设成本,提高其养老服务运营能力。二要降低运营成本。县、乡镇和村三级落实发展养老服务业专项资金,按照"县里拨一点、镇里拿一点、村里出一点、社会捐一点"的原则,县级财政主要负责整合各项资金,确定养老服务资金的专款专用,村级单位可以发动本村居民和企业家进行募捐,村集体可以让集体经济支持一部分,鼓励社会志愿者组织参与到养老服务中来。通过这些途径降低运营成本,确保农村养老设施长效化运转。

统筹县域医疗与养老资源融合发展。推动医疗卫生服务向农村家庭、社区不断延伸,促使医疗服务与养老服务的融合发展。第一,建立农村老人健康档案,推动医养融合的信息化建设。推动乡村医生与家庭成员签定合约,鼓励每个村庄的卫生服务中心都为老年人建立健康信息台账,制定乡村医生定期对农村老人健康走访制度,及时掌握农村老人的健康信息与需求。农村养老机构也可以结合老人的健康档案制定不同程度的护理内容,将专业护理融入到日常的生活照料过程中,推行医养融合的服务模式以满足农村老年人的日常医养需求。第二,引导医养融合的机构建立规范有效的运营体系。医养融合对于医疗器械、养老设施等都有一定的要求,如何让养老和医疗资源有效衔接是首要问题。县域层面可以探索在一些医院开办养老服务中心,也可以探索建立配备医疗机构的养老院。第三,对面向农村老年人提供健康照料服务的相关机构给予政策扶持。切实缓解农村家庭照料压力,整合农村医养结合型养老服务资源,适时将乡镇医院、村卫生室、农村互助幸福院等整合为农村医养结合型一体化服务平台,将农村医疗资源和养老资源有效集中起来。为提供健康照料服务的农村养老机构提供一定的资金、场地支持和税收减免,促进其发展壮大。

四、统筹内容:养老服务监管的统筹

监管是养老服务政策实施落地的有效检验,更是农村养老服务顺利实施的必要条件。应对农村养老服务体系的建设过程进行监督,对农村养老服务开展的效果如何、是否满足广大农村老年人的需求进行评价,切实保障各项养老政策落到实处。必须在养老服务监管上进行县域统筹,集中对养老服务机构、养老服务人员和养老服务效果进行监管,建立起统一的监管模式和制度。

一是对农村养老服务机构的监管。相较于居家养老和社区养老,农村养老机构为老年人提供集中式服务,在资源配置和服务质量上占有一定优势,也体现出对其监管的必要性和重要性。养老机构是否符合准入标准、对政府扶持资金是否进行有效使用、是否存在不合理收费现象、是否为养老服务人员提供了合理的薪资待遇、为入住老人提供的餐饮是否符合规定标准等问题,不仅关系

到养老机构的自身建设与发展，还关系到老年人的健康生活，必须给予有效监管。养老服务监督部门应落实监管责任，在制定行业规范、惩罚措施等方面发挥主导作用；应明确各职能部门的监管范围、对象和职责，避免不必要的行政干扰；应加大监管的信息公开水平，发挥社会监督的作用。

二是对农村养老服务人员的监管。养老服务人员是实际服务工作中的提供者，很大程度决定了养老服务的质量和评估效果。应严格把控农村养老服务人员的入职资格，特别是对其健康状况和服务质量进行审查，切实监督养老服务人员的培训状况。监督农村养老服务人员是否养成良好的职业操守（如是否尊老爱老、自觉遵守规章要求）有利于提高其服务效果。对于养老服务人员中对待老人态度恶劣、侵犯老人合法权益等不良行为要及时制止并促使其警醒，情节严重者要采取惩治措施。农村养老服务人员的监管工作不应只体现在准入资格和工作绩效考核中，还要落实到日常生活中，应采取定期检查和不定期抽查相结合的监管方式，加大对不合规行为的监督和处罚力度，及时敦促其整改。

三是对养老服务实施效果的监管。农村养老服务的顺利实施不能脱离实际，只有及时接受本地老年人的反馈，考评养老服务的工作效果，改正工作中的错误做法，补齐养老服务的短板，才能为农村老年人提供切实有效的养老服务。应定期对农村老人进行调查走访，了解老年人的养老服务需求；根据老人反应的实际情况，及时对有关责任主体进行核实，督促其改进养老服务工作。建立养老服务信息公开平台，要求养老服务机构定期在公布栏上公开服务项目、管理规范、收费标准等基本信息，使公众了解养老机构的具体运营情况。畅通投诉举报与群众沟通渠道，在双向互动中引导老年人和家属进行主动式反馈，确保农村居民能合理反馈自身的养老诉求。

五、统筹方式：县域养老服务的纵向统筹

农村县域养老服务的纵向统筹，指的是纵向的县、乡、村行政层级及业务部门的服务资源统筹。养老服务的统筹需县、乡、村三级层层联动、相互配合，做到纵向养老服务体系的有效供给。这不仅要求各级单位明确自身主体责任，将养老服务工作落到实处，还规定各级单位能够相互合作、提高工作效率、提升养老服务质量。例如，江西省三级联动的农村养老服务体系根据老人的特点和需求，对每一层级的功能定位都做出了明确规定，县、乡、村三级单

位在具体的养老服务中各有侧重、相互配合,取得了良好的政策实施效果。三级联动体系中,从村居到县市,养老服务供给的资源和力度不一样,养老保障的能力也有所差异。县市集中力量保障最困难特困老人和失能老人,以专业性为追求,主要起兜底保障作用;乡镇聚焦本区域内面临生活困境的老人,提供养老综合服务,专业性水平较县级层面更低;村居服务为分散供养老人和留守老人服务,并将一般性养老服务辐射全村老人,提供最基础的养老服务[1]。每个层级调动资源的能力不一样,面临的养老任务也不相同,当村居层面的老人难以为特困、失能、"三无"老人服务时,将会向乡镇和县级单位进行转移;乡镇和县级单位遇到不同类型的老人也可以分类处理,三级各有分工又可联动,层层向下辐射资源和服务,层层向上转介困境老人,在养老服务资源上实现了统一调配。

县、乡、村三级要准确定位自我角色,明确自身所应履行的职责。第一,县级应该是养老政策的主导者、社会资源的调配者和服务工作的监督者。在学习和领会上级养老政策精神的基础上,结合本地实际制定农村养老服务的配套措施和执行方案,是县级落实好养老服务主导责任的重要举措。我国还没有针对农村养老服务出台强制性的法律规范,县级党委、政府应根据有关政策文件制定出本县域的配套措施,提升政策执行力。第二,乡镇应该是养老政策的执行者、有效信息的传达者和服务工作的践行者。乡镇更加了解农村养老的实际情况,但在推行养老服务工作的过程中,有些乡镇存在落实不力、欺上瞒下、只报喜不报忧等情况。要高度重视县级的养老服务工作安排,积极对接县级层面的养老服务配套措施,及时推行本地区养老服务的各项工程,关心农村养老方面的难题并积极向上级汇报。第三,村级应该做好养老服务"最后一站"工作,把养老服务做实做细。村级对养老服务的落实直接决定农村老人能否享受到各项养老服务,行政村的两委班子要对上级养老服务的工作安排切实执行。村两委干部最了解农村老人的实际需求,把养老服务做实做细才能让农村老人受益。

六、统筹方式:县域养老服务的横向统筹

县域养老服务的横向统筹,是指政府、市场、社会和家庭的多元主体整合

---

[1] 方闻达. 科学布局,精准施策:江西建立三级联动农村养老服务体系. 中国民政. (2020: (24), 50-52.

与优势匹配。县域养老服务工作的开展具有一定的层次性和复杂性，不能依靠单方面的力量来解决。政府、市场、社会和家庭在养老服务中所提供的资源有所不同，需要加以整合才能优势匹配，实现最佳的养老服务效果。

政府在养老服务工作中要发挥主导性作用。第一，县级和乡镇政府应该在充分了解国家、省市级养老政策和指导意见的基础上，制定本区域内的养老服务规划，提出具体的技术路径和操作方案。第二，有关部门要建立农村老人基本信息数据库，了解老人的养老需求后再做出工作安排。特别是对于农村养老服务设施的资金投入和人员配置方面，要基于农村信息数据库，在充分调研和科学测算的基础上再进行方案实施，提升养老服务工作的合理性和有效性。第三，积极协调市场和社会组织参与农村养老服务。当前农村养老服务市场尚未完全开发，具有巨大的市场潜力，要合理引导养老企业参与农村市场，鼓励社会组织到农村开展养老志愿服务。

鼓励企业进入农村养老服务行业。第一，开发多种类型的农村养老服务。市场在资源配置中具有决定性作用，企业是养老服务市场中的主体，应立足于农村老人的需求，特别是特殊老年人群体的照料需求，提供多层次、全方位的养老服务，打开农村养老服务的市场。第二，给予养老服务企业一定的政策优惠。养老服务行业是新兴行业，企业在市场化运作中离不开政策的引导和支持，政府可以给予养老企业税收优惠和财政支持。第三，养老企业要加强自身建设，提高市场竞争力。很多养老企业没有建立自己的品牌、尚未塑造一支专业化的服务队伍，这是农村老人对养老企业认同度和接受度较低的主要原因。养老企业在努力争取政府政策支持的同时也要注重提升专业服务水平，以服务质量赢得市场地位。

提高社会组织在农村养老服务中的参与度。第一，推动社会组织对农村老人提供长效化服务。社会组织具有服务灵活、高效的特点，但是很多社会组织发展缓慢，为农村老人提供的养老服务没有连续性和长期性。可以通过政府奖补、购买服务等方式鼓励社会组织深入农村、与农村老人建立长期服务关系。第二，统筹城乡养老服务队伍建设。城市社会组织发展要远远高于农村，要鼓励城市养老服务组织多到农村进行交流和服务，共享组织管理和养老服务经验。第三，发展壮大农村老年人志愿者队伍。农村老年人中有许多具有奉献精神和生活热情的老人，这一庞大的志愿者群体有待开发和引导。要充分重视这部分力量，巧妙引导，可以对参与志愿队伍的老人予以奖励和表彰，积极彰显老人的社会价值,营造互帮互助的良好氛围。

发挥家庭和社区在养老服务中的重要支撑作用。第一,充分重视家庭养老在农村的基础性地位。家庭对于养老服务的重要作用不容忽视,在强调子女赡养责任的同时,要在农村社区积极营造孝老敬老的良好氛围。第二,加强社区居家养老和社区互助养老服务建设。单靠家庭来承担养老服务将会给农村居民造成巨大压力,也不利于农村多元养老供给体系建设。政府加大对社区居家养老和互助养老的政策支持和财政拨款,发挥农村社区在养老资源配置上的独特优势,可以让农村老人"不离村"就能充分享有养老服务。第三,推动农村社区和家庭在养老服务中的良好互动。社区相比于县市和乡镇政府,距离农村老人家庭近,村干部对老人生活情况了解更为详细,社区和家庭的信息交流是养老服务工作顺利开展的重要基础。有关部门要关心村干部的日常工作,及时了解村委会养老工作进展,保障养老政策信息的公开化,合理推动社区和家庭的良好互动与有效沟通。

第三节 县域统筹下农村多层次养老服务体系建构

一、县域多层次养老服务体系的概念内涵

在过去长期的城乡二元体制下,我国农村地区的经济和社会保障处于较低水平,养老资源集聚能力相对较差,农村老年人享受的养老服务存在诸多短板,无法满足农村地区老年人日益增长的养老需求。当前面对人口众多、情况复杂、层次化特征明显的农村老人,应确立"覆盖多数、保障基本、兼顾高层次养老服务需求"的发展目标[1],统筹多方资源,采取合理的供给方式,构建层次清晰、内容完备的养老服务体系,满足大多数农村老人的健康保障与养老需求。

农村养老服务需求具有多元、多层、动态的性质,养老服务供给主体具有资源有限、优势差异的特征,基于这一现实,我们提出应积极建构县域农村多层次养老服务体系。县域农村多层次养老服务体系,即在县域范围内,整合养老医疗资源,构建统一的养老服务政策体系,以县、乡、村三级养老服务网络

---

[1] 齐鹏. 完善农村多层次机构养老服务体系. 中国人口报, 2020-10-30.

为基本架构，通过分层分类的方式来识别服务需求的多元和层次、供给主体的能力和优势，将需求与供给进行分层匹配，并赋予梯度和优先顺序。

二、县域多层次养老服务体系的层级定位

鉴于老年人的身体状况、经济条件、文化水平和家庭供养能力千差万别，其养老需求也呈现多元化的特点，因此有必要分析老年人养老需求的差异，从而更好的实施分层养老。老年人的健康状况与经济能力决定了其养老需求，这也是养老服务分层、分类的基本依据。对于失能失智、半失能半失智老年人，应以农村机构养老为主；对于生活能自理和基本能自理的老年人，应以社区养老、居家养老为主；对于特殊困难群体、重点优抚对象，则应由政府承担主要责任，提供集中托底供养。构建县域多层次养老服务体系，应明确以县、乡、村三级体系为基本组织框架，使之与机构、社区、居家养老服务相协调，逐步构建起"县级区域性服务中心（开放辐射性）—乡镇敬老院（兜底保障性）—村级互助服务网点（公益自愿性）—居家空巢留守巡防（普惠福利性）"的发展模式。

一是打造县级区域性服务中心，辐射带动养老服务产业的专业化发展。将一部分地域优势明显、基础设施较完善的养老机构打造成区域性服务中心，发挥其区域指导和服务辐射功能，对周边村庄的老人提供完善的医疗、康复和临终关怀等服务，从而带动周边社区的养老设施和服务的高水平发展。第一，推动敬老院向农村区域性养老服务中心转变，规范管理服务体系，建立财务收支和经费管理公开制度，定期对工作人员进行培训，建立健全公共设施使用制度。第二，拓展服务范围，在辐射周边村镇养老服务的前提下，重点关注特殊困难群体的养老需求，增强其生活的幸福感。第三，完善供养机构服务设施，对部分老旧养老机构存在的安全隐患进行集中排查和整改，加强对机构工作人员和供养老人的安全教育，根据供养老人的需求情况，利用公共财政补贴资金，为供养机构增添健身器材和娱乐设施。第四，创新服务方式，无偿基本生活服务与有偿服务相结合，通过政府购买的方式为部分特殊群体提供日常生活照料和居家巡视等基本生活服务；针对部分具有良好经济基础但缺乏子女陪伴的老年人，可以适度发展中高端的医养结合与机构养老服务，给这部分老年人带来良好的服务体验，提高其晚年生活的满意度。

二是以乡镇敬老院为基础，提供以日常照料、长期护理为主的机构养老服务。乡镇养老院在农村养老服务体系建设中有着重要的支撑作用,作为"困中之困,难中之难"的失能、半失能供养对象,是国家兜底保障的重要对象。通过满足失能特困人员的长期照护需求,基本形成县乡供养服务相衔接、布局科学、配置均衡、服务完善的农村养老服务兜底保障网络。深化乡镇敬老院改革,必须改善当前敬老院设施短缺、内部管理滞后和服务质量不高的问题;应加快推进软硬件等基础设施建设,从而促进其转型升级、提质增效;加强针对照护人员的专业培训,吸引更多具有专业技能的年轻人参与到管理工作中,提升敬老院的服务质量。针对特殊困难家庭老人,应明确社会养老机构的托底保障作用,采取减免部分费用、政府补贴、彩票公益金和社区资助等形式入院养老。同时,进一步扩大农村托底保障型养老服务的覆盖范围,服务内容涵盖基本生活保障、精神慰藉和日常照料等服务内容,并根据老人实际需求提供相应服务,提高农村贫困线边缘家庭老人对基本养老服务的可及性、可负担性。

三是以农村社区为依托,开展以互助服务、精神慰藉为主的社区互助养老。解决农村养老问题需要激发农村养老活力,不能只靠政府,更应该激发乡村社会的内生动力,通过村民、村委会的支持,发展互助式的社区居家养老。农村地区主要依靠亲缘、血缘和地缘关系建立社会交际网,人们往往对于邻里、亲友等熟人具有较高的社会信任水平,对于社会生活中的陌生人信任程度较低。农村地区作为典型的熟人社会,和谐的人际关系能够给老年人带来心理慰藉和精神陪伴[1]。

四是建立居家空巢留守巡防制度,提升农村留守老人的生存保障和生活质量。继续推动农村留守、空巢老年人居家养老巡防关爱服务工作实施,巡护员定期入户走访,及时掌握和摸清空巢老人的生活状况和日常需求。第一,加快推动信息系统建设,部署全国统一的农村留守老年人信息管理系统,运用大数据技术科学分析农村留守老年人的需求,通过定期巡防独居、空巢、留守老年人,及时发现他们的日常需求和可能面临的意外风险[2]。第二,进一步将经济资源、文化服务等向农村空巢、留守老年人倾斜,丰富其老年休闲生活,更好地保障农村空巢、留守老年群体的生活质量。第三,加强传统孝道文化宣传

---

[1] 贺雪峰. 互助养老:中国农村养老的出路. 南京农业大学学报(社会科学版),2020,20(05):1-8.
[2] 民政部. 民政部对"关于提高农村空巢老人生存保障与生活质量的建议"的答复. http://www.mca.gov.cn/article/gk/jytabljggk/rddbjy/201909/20190900019588.shtml. 2019-09-11.

与传播，夯实家庭养老的文化基础。"敬亲奉老"是我国的文化传统，巩固家庭养老功能，就要充分发挥传统孝道文化的积极作用，强调子女赡养义务的归位。在农村加强传统文化、特别是孝道文化的宣传教育，通过道德习俗、文化传统等强化家庭养老的重要性，建立和睦的家庭关系，满足老人日常照料和精神慰藉等养老需求，从而夯实农村家庭养老的文化基础[1]。用道德与法律手段规范子女的赡养义务。发挥农村熟人社会中的舆论监督作用，对拒绝赡养老人的家庭施以舆论压力，利用村规民约对子女的赡养义务进行规范，辅之以法律条文来进行约束。

三、不同层级服务体系的衔接机制

尽管我国在农村养老保障体系建设方面已经取得了一定成就，但在养老保障服务、资源配置、政策引导等方面依旧存在诸多问题。当前，我国养老与医疗的管理体制基本上是依据行政区划设立，这就导致了纵向的县、乡、村三级政府以及横向各行政部门之间缺少联动，养老服务与医疗卫生政策也存在衔接不畅、缺少信息沟通平台等问题[2]。实现县域农村多层次养老服务体系的建构还需要统筹多方资源，健全衔接机制。

一是构建农村老人养老需求精准识别与动态评估机制。科学准确的评估结果是实施分层分类的前提条件。评估工具可以主要参考国际通用的 ADL 量表（日常生活能力评定量表）和 MMSE（简易精神状态检查量表），并根据农村老年群体的实际情况，在评估对象、评估人员、评估方案、评估内容和评估时间等方面建立适宜的标准。评估对象应包括农村所有的老年群体，评估内容包括日常生活自理能力、子女供养能力、老人身体健康状况、个人经济水平、养老需求等，重点考虑大批留守和空巢老人的精神诉求。评估方案设计应由专业的评估人员完成，且事先须听取并考虑老年人、家属、社区居家服务中心的意见，当涉及服务内容与老人需求不一致时应及时调整。评估时间应兼具灵活性和原则性，既可根据实际变化及时组织评估，也必须规划好评估周期，定期开展评估并记录动态变化[3]。

---

[1] 赵宁. 社会资本视角下农村多元化养老模式研究. 社会保障研究，2018：（2），30 – 35.
[2] 郑吉友，娄成武. 我国农村医养结合型养老服务体系构建研究. 改革与战略，2021，（2）：35 – 42.
[3] 杜智民，康芳. 农村社区居家养老服务供给精准化的实践困境与优化路径. 重庆社会科学，2020，（9）：130 – 140.

二是加强农村老年养老保障政策之间的统筹衔接。农村基本公共服务在养老保障服务标准、服务反馈机制等方面统筹不力且衔接不畅,弱化了多层次养老保障制度的协同联动效应,亟待增强相关制度之间的统筹与衔接。各级政府虽然制定了一系列养老政策,例如从临时救助、生活救助、灾害救助、紧急救助到长期护理保险在内的保障政策等,但并未构建起养老保障制度的信息共享与有效衔接机制。第一,应搭建信息平台,应用大数据手段准确识别农村老人的养老需求,并加强信息沟通与共享。第二,应扩大养老保障对象并提高城乡居民基本养老保险保障标准,逐步健全基本医疗保险制度和大病保险制度,提高对孤寡、留守老人和高龄老人等特殊群体的补贴力度,健全农村老人养老供给体系。第三,应推动建立针对经济困难的高龄、失能等老年人补贴制度,针对不同照护类型完善对农村老年群体的医疗救助服务,加大大病医疗保险的筹资力度,拓宽筹资渠道,完善疾病预防控制体系与健康评估体系,进而对农村老年人养老服务供给体系进行优化,增强医疗卫生与养老服务对农村老年人的可及性,为农村老年人织密养老保障网。

三是健全社会组织参与农村养老服务的运行机制。我国各级政府虽确定了社会组织参与养老服务的主体性,且陆续出台了相关的法律政策,但是各项政策缺乏具体的落实细则,如社会组织的监督制度、养老服务的标准、服务人员的培训录用等方面有待制定更加完善的操作细则。第一,应该根据从事养老服务的社会组织的发展情况,不断完善相关的法律制度,加强对社会组织的监督,从而引导社会组织朝着更加规范的方向发展。第二,应逐步建立起从事农村养老服务的社会组织的税收优惠政策和财政补偿机制,减轻社会组织的经济压力,鼓励社会机构承担更多的养老社会责任,推动社会组织养老服务的规范化、高效化[1]。第三,应完善筹资机制,拓宽筹资渠道。推动农村养老服务的发展进步,不仅要强化政府的主导地位,也会充分激发多元主体参与的积极性,通过发挥公益组织的资金筹集和志愿服务能力,为农村养老服务提供长期稳定的资金和人才供给。第四,应健全社会组织参与农村养老服务的监督评估机制。树立以政府监管为核心,社会组织自我监管为重点,社会监督为补充的协同监管意识。积极建立第三方评估制度对社会组织的服务质量进行评价,并

---

[1] 中央党校民生与社会建设班课题组. 探索社会组织参与养老服务的新路径. http://theory.people.com.cn/n1/2017/0726/c40531-29428463.html, 2016-07-26.

依据评估结果给予相应的奖惩[1]。

四是加快完善农村医养结合养老服务体系。为了推动农村医养结合的不断发展，必须解决当前农村医养结合主管部门业务交叉、责任边界混乱的问题，充分整合医疗卫生与养老服务资源，进一步健全农村多层次养老服务的联动机制，推动医疗卫生与养老服务无缝衔接。完善农村地区的社会医疗保险和救助体系，将医疗机构的护理功能进一步向家庭、社区拓展，通过完善医疗救助和临时救助，给予农村老年人医疗护理、生活照料、紧急救援等多层次、全方位的健康服务保障，使农村医养结合型养老服务体系能够兼顾社会效益和经济效益，真正实现农村老人"老有所养"的问题，不断增进农村老年人的晚年福利。

五是强化农村地区养老服务的人才保障。针对农村养老服务人才数量不足、专业水平不高的问题，应该着力开展养老服务人才队伍建设。第一，充分发掘农村养老资源。老年群体中部分身体状况良好且自理能力强的农村老年人也是养老服务的重要参与群体[2]，对于这部分老人而言，他们身体相对健康，不仅可以独立生活，还可以为其他老年人提供基本的日常照料。此外，农村妇女、自由职业者和待业人员也是养老服务的潜在人才，通过培训其专业化能力，提高其业务素养，使其成为养老服务的重要人才支柱。第二，提高养老服务队伍专业素质。通过优化农村职业教育培训供需方案来优化养老服务人才的培养机制，在充分了解当前养老服务人才需求的基础上，在高等院校和地方职业院校设置相关专业，并制定合理的培养方案，培养出符合社会需求的专业人才。第三，积极维护养老从业人员合法权益。将养老护理员等养老从业人员岗位纳入公益岗位管理体系，不断提高其收入水平和福利待遇，给予其更加稳定的职业发展空间。同时，也应该在全社会树立起良好的职业观念，维护养老从业人员的切身利益并提高其社会地位，增强养老从业人员的工作获得感和满足感。

四、县域养老服务体系发展的政策支持

(一) 推进养老服务体系建设城乡同步发展

一是提高农村基础养老金缴费政府补助标准。2014 年的城乡居民养老保

---

[1] 李翌萱，蒋美华. 农村互助养老服务支持体系的多元整合与优化——基于关中农村 9 所互助院的调研. 中州学刊，2020，(06)：83 - 87.

[2] 民政部. 农村养老难在哪里路在何方——专家学者把脉中国农村养老服务问题. http：// smzt. gd. gov. cn/mzzx/llyj/content/post_ 3131099. html，2020 - 11 - 20.

险至今已经实现了地区全覆盖，参保率达到100%，制度的保障面目标已经实现。在"扩面"基础上，进一步提高保障深度成为完善城乡养老保险政策的努力方向。根据养老基金结余情况、老年人消费水平，适当提高农村老年人养老金标准是可行的，也是急需的。

二是加强农村养老服务基础设施建设。重点支持依托农村敬老院、行政村和较大自然村利用已有资源建设日间照料中心、养老服务互助幸福院、托老所、老年活动站等农村养老服务设施，满足农村老年人特别是贫困、失能、空巢、留守、高龄老年人的养老服务需求。当前农村养老机构在政策上主要针对"三无"老人、"五保"老人等需国家特殊照顾的老人，这已不能满足农村养老的实际需要，要支持建设以医疗养老为主的养老机构，适当扩大机构养老的覆盖范围。

三是在加大农村医疗保健政策扶持力度。加大对病床等医疗卫生设施方面的资金支持，根据农村人口数量和医疗卫生需求等因素合理购置相应数量的床位，既不盲目求多导致过剩，也要保证农村医院床位可以满足基本医疗卫生服务的供给需要。加强推进和落实分级诊疗制度，保证农村医院能治疗的疾病尽量在农村治疗，提高农村居民就医的及时性和农村医院病床的使用效率。可以通过定向培养、减免学费等鼓励政策，引导应届、往届护士毕业生到基层和农村乡镇卫生院工作。

四是发挥政策兜底和撬动作用。兜住底线，即指政府对农村贫困老人、失能老人等特殊老人直接承担保障责任，通过集中供养等方式为其提供养老服务；撬动政策，即指政府通过出台税收、补贴、土地、水电等方面的优惠政策，鼓励社会力量参与农村养老服务。基于此，政府要整合行政资源责任，推进民政、老龄、卫健、发改、人社、教育、国资等相关部门协同配合，优化农村养老服务的政策执行环境。

(二) 增强养老服务供给能力

加强财政资金对农村养老事业的支持，为农村养老服务发展提供坚实的物质基础。一是做好财政预算支出的结构性增减。将养老事业专项经费列入财政预算，明确各级政府财权的分配责任，形成责任倒逼机制，给予农村养老服务建设足额的财政投入。加大对农村养老保险、养老基础设施、医疗服务、护理人才培养等项目的补贴力度，保证用于农村养老服务发展的资金足额按时发放,为完善农村养老服务的基础提供资金保障。二是建立基本养老服务财政转移支付机制。加大中央财政对中西部地区建设农村养老机构、老人活动室、社区服务中心(站)等场所的转移支付力度。探索将政府购买养老服务制度延伸至农村地区,统筹推进政府购买养老服务在城乡地区的全覆盖。三是构建农村养老财政投入长效机制。每年设置一定的专项预算资金来引导支持农村养老服务发展,并伴随财政收入的持续增长来相应加大财政投入。福利彩票公益金留存部分不少于50%用于养老事业,充分发挥公共财政对老龄事业投入的主导作用,逐步增加对老年服务设施、老年文化教育、养老服务队伍等方面的建设。四是运用PPP机制撬动民间资本和社会力量。落实土地、融资、税费优惠、财政补贴、人才培养等政策,发展各类"政府扶得起、村里办得起、农民用得上、能持续发展"的养老服务模式,扩大农村养老服务供给总量。五是统筹城市和农村的养老服务资源。建立城乡对口支援和合作机制,缩小城乡差距,促进基本养老服务均衡发展。

(三) 增强农村老年人的消费能力

一方面,提高农村老人的社会保障水平。扩大养老保障对象并提高城乡居民基本养老保险保障标准,逐步健全基本医疗保险制度和大病保险制度,健全农民医疗保障制度衔接机制和特困人员救助供养制度,提高对高龄老人、"五保"户等特殊困难群体的补贴力度。另一方面,推动农村经济振兴与特色产业发展。通过培育农村特色产业、加快发展现代服务业、推进劳务输出等措施拓宽转移就业渠道,提高农民创收能力。通过多种手段支持农村经济发展,鼓励发展多种经济形式,推动就业,帮助广大农村地区扩大收入,改善生活水平,实现家庭可支配收入的积极增长,使得老年人拥有更好的养老条件。

(四) 积极鼓励社会组织参与农村养老服务建设

一是强化政策制度建设,健全制度保障机制。我国各级政府虽确定了社会组织参与养老服务的主体性,且陆续出台了相关的法律政策,但是各项政策缺乏具体的落实细则,如社会组织的监督制度、养老服务的标准、服务人员的培训录用等方面有待制定更加完善的操作细则。应积极完善社会组织参与农村养老的政策法规和管理制度,对社会组织从事养老服务提供完善的法律依据,进行清晰的界定。引导社会组织的发展,加强对社会组织的监管,为社会组织发展提供精确的制度规范。鼓励社会组织完善治理结构,提高社会组织的专业治理能力和公共服务能力,提高规范化程度。引导社会组织在农村养老产业大格局中明确自身定位,构建与其他养老服务主体的多元协作关系,汲取更多的外部资源,更好地参与农村养老服务。

二是加强合作,落实社会组织参与农村养老服务的补偿机制与优惠政策。加强政府与社会组织的协同合作,加大对社会组织的财政支持,对从事养老服务的社会组织给予适当的税收优惠政策,减轻社会组织的负担,优先考虑将政府的房产低价租予参加农村养老服务的社会组织,为其提供办公场所,努力夯实社会组织可持续发展的社会基础和社会空间。

三是拓宽筹资渠道,完善多元筹资机制。通过社会公益组织的志愿服务资源动员和链接能力,充分挖掘和发挥慈善组织的社会捐助潜能,进而形成长效、稳定的注资链条。亦可号召更多城市卫生医疗资源向互助院倾斜,这不仅能够有效补充农村医护资源的不足,也能为城市卫生医疗系统提供更广泛的社会责任履行和展示平台。

四是健全社会组织参与农村养老服务的监督评估机制。树立以政府监管为核心,社会组织自我监管为重点,社会监督为补充的协同监管意识。积极建立第三方评估制度对社会组织的服务质量进行客观评价,并以评估结果为依据给予相应的奖惩。

(五)强调子女赡养义务的归位

一是加强传统伦理文化教育与宣传,夯实家庭养老的文化基础。敬亲奉老一直以来是我国的文化传统,巩固家庭养老功能,就要充分发挥传统孝道文化的积极作用,强调子女赡养义务的归位。在农村加强传统文化、特别是孝道文化的宣传教育,通过道德习俗、文化传统等强化家庭养老的重要性,建立和睦的家庭关系满足老人日常照料和精神慰藉等养老需求,从而夯实农村家庭养老的文化基础。

二是用道德与法律手段规范子女的赡养义务。发挥农村熟人社会中的舆论监督作用,对拒绝赡养老人的家庭施以舆论压力,利用村规民约对子女的赡养义务进行规范,辅之以法律条文来进行约束。

三是注重将精神慰藉与物质支持相结合。特别是关注老年人的精神需求,大部分农村老人属于留守老人,容易因思念子女而陷入抑郁等负面情绪中,应加强对其心理干预与精神慰藉。

(六) 构建邻里互助养老新模式

解决农村养老问题需要将农村自身的活力充分激发，不能只靠政府，而应该激发内生动力，通过村民、村委会的支持，发展互助式的居家养老。农村社区是典型的熟人社会，人和人之间有着世世代代比邻而居的地缘和血缘关系，有着更大程度上的相互信任。所以，在发展成熟的社区养老中，老年人不仅可以获得日常生活方面的照料，还能在熟悉的人文环境中得到心理和精神方面的支持。

近年来，各种新型农村社区养老服务模式、社区照料中心等在全国各地相继出现。

一是河北大桥村的"妇老乡亲"模式。由政府部门指导，基金会提供资金与专业支持，专业机构负责具体孵化执行，农村妇女组织、老人组织具体实施，整合农村资源，服务农村老人。

二是山西平陆县的"老年灶"日间照料中心农村养老模式。"老年灶"的场所由村里闲置房屋、旧学校等改建，70岁以上老人只需每天2~4元的费用，就可在"老年灶"享受就餐、日间休息、生活照顾、休闲娱乐等养老服务。

三是吉林省的农村居家养老服务大院新模式。对于身体健康的农村老人鼓励其更多的融入人群，享受日间照料、就餐、文化娱乐、健康保健等服务。对于有需要的高龄失能或者是半失能的居家老人开展上门服务，比如洗衣做饭、打扫卫生、照料日常生活等等。借鉴以上模式，各地可以结合自身实际探索构建邻里互助养老新模式。

四是河南兰考县的"饺子宴"模式。通过举行每半月举行一次的"饺子宴"，为全村（社区）60岁以上老人包一顿饺子，各村的义工和热心村民还为老人们义务理发、义诊，村里的舞蹈队为老人们献上节目。当前，通过"饺子宴"来实现老年人慰藉与基本照料，已在兰考县所有行政村（社区）实现全覆盖，包饺子由各村义工、留守妇女与村干部负责，饺子成本费用主要来自于村里村集体资金、财政拨款与乡贤捐助。

(七) 加强养老服务人才队伍建设

针对农村养老服务人才数量不足、专业水平不高的问题，应该着力开展养老服务人才队伍建设。

一是鼓励农村低龄老人参与养老服务。在农村，只要身体健康、具有劳动能力的老年人就不是负担而是资源。农村老年人群体中真正面临养老困难的是一些失能、失智老人，需要他人的照料来维持日常生活。但对于绝大多数低龄老人，他们身体相对健康，不仅可以独立生活，还可以为其他老年人提供基本的日常照料。通过"时间银行"、志愿服务等模式，打造一支本土本乡的农村养老服务人才队伍，挖掘和动员农村妇女、低龄老人、灵活就业人员、待业人员从事养老服务，通过专业化的能力培训、提高其业务素养，不断提高其职业化、专业化和标准化程度。

二是提高养老服务队伍专业素质。通过优化农村职业教育培训供需方案来加大养老服务专业人才的培育开发力度。在有行业特色的高等院校、职业学校和养老机构、社区养老服务站中建立一批养老服务专业的培训基地，开展养老护理人员岗前培训、在岗轮训，承担失能、半失能老人家庭中的护理人员照护技能培训，以及志愿服务人员短期培训，特别是依托护士专科院校培养养老服务专科护士，提升养老机构专业护理服务水平。

三是积极维护养老从业人员合法权益。将养老护理员纳入公益岗位管理体系，提高其收入水平，也能够给予其更加稳定的职业发展空间。维护养老从业人员的切身利益并提高其社会福利，提高养老从业人员的工作获得感。

参考文献

英文文献

Coulmas F., Population Decline and Ageing in Japan – the Social Consequences, Routledge, 2007

United Nations, Department of Economic and Social Affairs, Population Division. WorldPopulation Prospects 2019, Online Edition, 2019 – 08 – 28 updated, https：//population. un. org/wpp

World Bank, New World Bank Country Classifications by Income Level：2020 – 2021, https：//blogs. worldbank. org/opendata/new – world – bank – country – classifications – income – level – 2020 – 2021, July 1st, 2020

Anderson G F, Hussey P S. Population Aging：A Comprison among Industrialized Countries, Health Affairs, 2000, 19（3）：191 – 203.

Shrestha L B. Population Aging in Developing Countries, Health Affairs, 2000, 19（3）：204 – 212.

UnitedNation, The Aging of Population and Its Economic and Social Implications, Sales No. 1956. XIII. 6.

Zhan J. H., Liu, G. Y., Guan, X. P., Bai, H. G.. Recent Developments in Institutional Elder Care in China：Changing Concepts and Attitudes. Journal of Aging& Social Policy, 2006, 18（2）：85 – 108.

中文文献

包颖. 党建引领江西农村养老服务开新局. 中国社会报, 2020 – 11 – 18.

陈芳. 从"家庭供养"到"经济自给"：经济欠发达农村老年人经济供养方式的转变［J］. 人口与社会, 2014, 30（03）：76 – 80.

陈明华, 郝国彩. 中国人口老龄化地区差异分解及影响因素研究［J］. 中国人口·资源与环境, 2014（4）：136 – 141.

陈其芳, 曾福生. 中国农村养老模式的演变逻辑与发展趋势［J］. 湘潭大学学报

（哲学社会科学版），2016（4）：82 - 86.

陈伟涛. 河南农村互助养老模式的发展现状及其困境研究［J］. 经济界，2021，151（1）：75 - 82.

崔恒展，张军. 供需视角下的养老服务业发展研究［J］. 济南大学学报（社会科学版），2016（5）：103 - 111.

崔红威. 低龄老年人口特征及其人力资源开发潜力研究［J］. 河北大学学报》（哲学社会科学版，2011（2）：76 - 81.

代宝珍，周绿林，余悦. 基于农村医疗保障制度的老年居民慢性病管理理论框架构建［J］. 西北人口. 2013，（4）：83 - 89.

党俊武：《中国城乡老年人生活状况调查报告. 2018》，北京：社会科学文献出版社，2018年4月。

党艳丽. 改革开放以来中国扶贫经验及价值研究［D］，兰州理工大学硕士学位论文，2019：11。

邓蓉，John Poulin. 非正式社会支持与中国老人的心理健康［J］. 贵州社会科学，2016（04）：97 - 101.

丁华. 老年人社会支持网络——基于2010年"中国家庭追踪调查"数据［J］. 中国老年学杂志，2015，35（02）：545 - 547.

丁煜，杨雅真. 福利多元主义视角的社区居家养老问题研究——以XM市XG街道为例［J］. 公共管理与政策评论，2015，4（01）：43 - 53.

杜鹏，王永梅. 乡村振兴战略背景下农村养老服务体系建设的机遇、挑战及应对［J］. 河北学刊，2019，39（04）：172 - 178 + 184.

杜鹏. 中国人口老龄化主要影响因素的量化分析［J］. 中国人口科学，1992（6）：18 - 24.

杜智民，康芳.（2020）. 农村社区居家养老服务供给精准化的实践困境与优化路径. 重庆社会科学，（9），130 - 140.

方闻达.（2020）. 科学布局，精准施策：江西建立三级联动农村养老服务体系. 中国民政.（24），50 - 52.

高利平. 农村失能老人照护方式及社会支持研究［J］. 人口与发展，2015（4）：92 - 103.

高灵芝. 农村社区养老服务设施定位和运营问题及对策［J］. 东岳论丛，2015，36（12）：159 - 163.

高培勇. 十二五时期的中国财税改革［M］. 北京：中国财政经济出版社，2013.

辜胜阻，方浪，曹冬梅. 发展养老服务业应对人口老龄化的战略思考［J］. 经济纵横，2015（09）：1-7。

谷应雯，尚越．中国失能老人照护模式选择及其影响因素分析——基于非正式照护与正式照护的关系［J］．卫生经济研究》2021年第1期，54-57页。

顾严．《"十四五"中度老龄化社会的挑战与对策》，《中国国情国力》，2019年第2期，第4-7页。

顾严．《且富且老：中国养老困局与治理出路》，北京：中国财政经济出版社，2017年10月。

郭平．《2006年中国城乡老年人口状况追踪调查数据分析》，北京：中国社会出版社，2009年2月。

国务院新闻办公室：《中国人权发展50年》，《人民日报》，2000年2月18日，第3版。

韩振秋．浅析农村养老新模式——"互助养老"的特点［J］．理论导刊，2013（11）：80-82。

贺丹，刘厚莲．中国人口老龄化发展态势、影响及应对策略［J］．中共中央党校（国家行政学院）学报，2019（4）：84-90。

贺雪峰．（2020）．互助养老：中国农村养老的出路．南京农业大学学报（社会科学版），20（05），1-8。

胡宏伟，栾文敬，杨睿，祝明银．挤入还是挤出：社会保障对子女经济供养老人的影响——关于医疗保障与家庭经济供养行为［J］．人口研究，2012，36（02）：82-96。

黄枫．农村失能老人现状及长期护理制度建设［J］．中国软科学，2016（1）：72-78。

黄瑶．"老"老乡，奔小康．中国社会报，2020-11-13。

李白静．《改革开放以来我国扶贫经验研究》［J］，《山西农经》，2019（6）：75-76。

李本公主编．《中国人口老龄化发展趋势百年预测》，华龄出版社，2007年版。

李春平，葛莹玉．代际支持对城乡老年人生活质量的影响——基于中国健康与养老追踪调查数据的实证研究［J］．调研世界，2017（12）：16-22。

李梦竹．代际经济支持对农村老年人劳动参与的影响——基于CHARLS2013的实证研究［J］．调研世界，2018（04）：26-31。

李俏，刘亚琪．农村互助养老的历史演进、实践模式与发展走向［J］．西北农林科技大学学报（社会科学版），2018，18（05）：72-78。

翌萱，蒋美华．（2020）农村互助养老服务支持体系的多元整合与优化——基于关中农村9所互助院的调研．中州学刊，(06)，83－87.

林宝．中国农村人口老龄化的趋势、影响与应对［J］．西部论坛，2015（2）：73－81.

林其森．农村互助养老模式的创新途径探析——以福州市罗源县慈善安居楼养老模式为例［J］．厦门广播电视大学学报，2019，22（02）：15－20.

刘二鹏，张奇林．《失能老人子女照料的变动趋势与照料效果分析》，《经济学动态》2018年第6期，92－105页。

刘妮娜．互助与合作：中国农村互助型社会养老模式研究［J］，人口研究，2017（4）：72－81。

刘妮娜．农村互助型社会养老：中国特色与发展路径［J］．华南农业大学学报（社会科学版），2019，18（01）：121－131.

刘晓慧，杨玉岩，薛喜娟，司联晶．失能老人家庭照护质量与照顾者负担的相关性［J］．中国老年学杂志，2019（8）：4081－4084.

刘晓婷，侯雨薇．子女经济支持与失能老年人的非正式照料研究——基于CLHLS的分析［J］．浙江大学学报（人文社会科学版），2016，46（04）：144－157.

刘一伟．挤入还是挤出？新农保对子女经济供养老人行为的实证分析［J］．农村经济，2014（9）：77－81.

陆杰华，沙迪．老龄化背景下失能老人照护政策的探索实践与改革方略［J］．中国特色社会主义研究，2018（2）：52－58.

罗淳．高龄化：老龄化的延续与演变［J］．中国人口科学，2002（3）：33－40.

吕雪峰，于长永，游欣蓓．农村老年人的机构养老意愿及其影响因素分析［J］．中国农村观察，2018（04）：102－116.

穆光宗．我国机构养老发展的困境与对策［J］．华中师范大学学报（人文社会科学版），2012，51（2）：31－38.

潘金洪，帅友良，孙唐水等．中国老年人口失能率及失能规模分析——基于第六次全国人口普查数据［J］．南京人口管理干部学院学报，2012（10）：3－7.

齐鹏．论农村养老服务体系的完善［J］．西北人口，2019（6）：114－124.

祁玲，王娟，刘国莲，杨夏丽．西北农村老年人互助养老设施需求调查及策略探究［J］．卫生职业教育，2021，39（04）：123－125.

钱学明．社会养老服务体系应做到两个"一体化"［J］．小康，2019（10）：6.

曲顺兰，王雪薇．乡村振兴战略背景下农村养老服务研究新趋势［J］．理论经济，2020（2）：26－35.

苏群，彭斌霞，陈杰：《我国失能老人长期照料现状及影响因素——基于城乡差异的视角》,《人口与经济》2015 年第 4 期,69 - 76 页。

孙鹃娟,沈定. 中国老年人口的养老意愿及其城乡差异 [J]. 人口与经济,2017 (2):11 - 20.

唐钧. 中国老年服务的现状、问题与发展前景 [J]. 国家行政学院学报,2015 (3):75 - 81.

陶鹏. 新农保能否提高农民的幸福感分析——基于 CHARLS 2013 数据的实证分析 [J]. 现代商贸工业,2017 (09):118 - 119.

陶涛,刘雯莉. 独生子女与非独生子女家庭老年人养老意愿及其影响因素研究 [J]. 人口学刊,2019 (4):72 - 83.

田北海,徐杨. 成年子女外出弱化了农村老年人的家庭养老支持吗?——基于倾向得分匹配法的分析 [J]. 中国农村观察,2020 (04):50 - 69.

汪泳. 社会资本视域下支持家庭养老的政府行动逻辑即策略 [J]. 理论探讨, 2020 (4):63 - 68.

王辉,杨卿栩. 新中国 70 年人口变迁与老龄化挑战:文献与政策研究综述 [J]. 宏观质量研究,2019 (6):30 - 54.

王静,马晓东. 新时代农村互助养老模式路径优化研究——以河北省邯郸市肥乡区幸福院为例 [J]. 山东行政学院学报,2020 (05):78 - 83.

王莉莉. 基于"服务链"理论的居家养老服务需求、供给与利用研究 [J]. 人口学刊,2013 (2):49 - 59.

王琳. 中国老年人口高龄化趋势及原因的国际比较分析 [J]. 人口与经济,2004 (1):6 - 11.

王名. 完全放开生育限制或只是时间问题 [J]. 凤凰周刊,2016 (36):23 - 26.

王三秀,杨媛媛. 我国农村机构养老面临的现实困境及其对策研究——基于 Z 省 B 县的个案调查 [J]. 四川理工学院学报 (社会科学版),2017,32 (03):1 - 15.

王铄. 积极老龄化视角下农村互助养老模式探析 [J]. 农业经济,2019 (12):60 - 61.

王维,刘燕丽. 农村养老服务体系的整合与多元建构 [J]. 华南农业大学学报 (社会科学版),2020,19 (1):102 - 116.

王向清,杨真真.《我国农村地区孝道状况分析及其振兴对策》,《北京大学学报 (哲学社会科学版)》2017 年第 2 期,84 - 92 页。

王秀花,夏昆昆. 供给侧改革视域下农村敬老院社会化改革研究 [J]. 山西高等学校社会科学学报,2020,32 (09):38 - 42.

王震. 居家社区养老服务供给的政策分析及治理模式重构 [J]. 探索,2018 (6):

116 - 126.

韦加庆. 新时期农村家庭养老的可持续性思考 [J]. 江淮论坛, 2015, (05): 42 - 45 + 108.

文丰安. 农村互助养老：历史演变、实践困境和发展路径 [J]. 西北农林科技大学学报 (社会科学版), 2021, 21 (01): 105 - 113.

吴敏. 农村老人劳动参与意愿的经济因素分析 [J]. 人口与发展, 2016. (2)

吴玉韶, 郭平, 苗文胜.《2010 年中国城乡老年人口状况追踪调查数据分析》, 北京：中国社会出版社, 2014 年 5 月。

向运华, 李雯铮. 集体互助养老：中国农村可持续养老模式的理性选择 [J]. 江淮论坛, 2020 (03): 145 - 150 + 159.

熊吉峰. 资源、生计与农村失能老人的家庭照护 [J]. 农村经济, 2014 (4): 116 - 119.

熊启泉.《中国农村国内生产总值 (GDP) 的估计：理论、方法及实证测算》,《统计研究》, 1999 年第 1 期, 第 29 - 34 页。

许福子. 中国社会化养老服务面临的困境和解决对策 [J]. 中国老年学杂志, 2015, 35 (19): 5675 - 5677.

许昕, 赵媛, 夏四友, 武荣伟, 张新林.《中国分县城乡人口老龄化时空差异与机理》,《经济地理》, 2020 年第 4 期, 第 164 - 174 页。

姚远.《对我国养老服务历史经验的研究与借鉴》, 北京：华龄出版社, 2018 年 11 月。

闫萍. 失能老人家庭照护者的社会支持研究——基于北京市的分析 [J]. 北京行政学院学报, 2019 (3): 73 - 81.

阎志强. 城镇老年人的机构养老意愿及其影响因素——基于 2017 年广州老年人调查数据的分析 [J]. 南方人口, 2018 (6): 57 - 65.

杨国枢, 叶光辉, 黄丽莉.《孝道的社会态度与行为：理论与测量》,"中央研究院" 民族学研究所集刊 (台北), 1989 年, 171 - 227 页。

杨立雄, 余舟. 养老服务产业：概念界定与理论构建 [J]. 湖湘论坛, 2019 (01): 24 - 38.

杨萍, 赵曼. 现代健康观对我国医改的启示 [J]. 湖北经济学院学报, 2013 (4): 76 - 79.

杨长敬. 农村幸福院可持续发展的对策——基于烟台市莱山区 X 街道实地调研 [J]. 管理观察, 2020 (19): 98 - 100.

杨政怡. 替代或互补：群体分异视角下新农保与农村家庭养老的互动机制——来

自全国五省的农村调查数据［J］．公共管理学报，2016，13（01）：117－127＋158－159．

殷俊，刘一伟．子女数、居住方式与家庭代际支持——基于城乡差异的视角［J］．武汉大学学报（哲学社会科学版），2017，70（05）：66－77．

于长永．农民"养儿防老"观念的代际差异及转变趋向［J］．人口学刊，2012（06）：40－50．

袁书华．供需视角下农村幸福院可持续发展对策探究——以山东省LY县幸福院调研为例［J］．山东师范大学学报（人文社会科学版），2019，64（01）：106－113．

战建华：《农村五保供养制度的历史演变》，《经济与社会发展》，2010（05）：86－89．

张敏，李肖．农村失能老人家庭照顾者的角色冲突研究［J］．云南农业大学学报（社会科学），2020（4）：46－53．

张明锁，杜远征．失能老人"类家庭"照护模式构想［J］．东岳论丛，2014（8）：26－29．

张娜．农村老年人日常生活家庭照料与社会照料关系研究——基于多层回归模型的分析［J］．中国农业大学学报（社会科学版），2018（6）：115－122．

张瑞利，林闽钢．《中国失能老人非正式照顾和正式照顾关系研究——基于CLHLS数据的分析》，《社会保障研究》2018年第6期，3－13页．

张文娟，魏蒙．中国老年人的失能水平到底有多高？——多个数据来源的比较［J］．人口研究，2015（3）：34－47．

赵富才，宋士云．《改革开放以来农村五保供养制度模式变迁探析》，《齐鲁学刊》，2009年第5期，第83－87页．

赵怀娟，罗单凤．失能老人家庭照护者的照护感受及影响因素［J］．中国老年学杂志，2015年第1期，449－451．

赵宁．（2018）．社会资本视角下农村多元化养老模式研究．社会保障研究，(2)，30－35．

赵秋成，林雪，杨秀凌．农村失能老人长期照护困境与破解——基于山东省聊城市农村的调查［J］．东北财经大学学报，2020（1）：80－88．

赵胜龙．农村养老社会化趋势下的家庭养老问题研究［J］．中国集体经济，2019，(16)：160－162．

赵志强，杨青．制度嵌入性视角下的农村互助养老模式［J］．农村经济，2013（01）：89－93．

赵志强．农村互助养老模式的发展困境与策略［J］．河北大学学报（哲学社会科学版），2015，40（01）：72 – 75.

郑功成. 实施积极应对人口老龄化的国家战略［J］. 人民论坛·学术前沿，2020（12）：19 – 28.

郑吉友，娄成武.（2021）. 我国农村医养结合型养老服务体系构建研究. 改革与战略，（2），35 – 42.

中国人民大学中国调查与数据中心. 2014年中国老年人社会追踪调查（CLASS）报告［R］. 2014. 12.

钟曼丽，刘筱红. 农村家庭养老的家国责任边界［J］. 西北农林科技大学学报（社会科学版），2018（2）：86 – 93.

钟仁耀，王建云，张继元. 我国农村互助养老的制度化演进及完善［J］. 四川大学学报（哲学社会科学版），2020（01）：22 – 31.

齐鹏. 完善农村多层次机构养老服务体系. 中国人口报，2020 – 10 – 30（003）.

孙鹃娟.《城镇化、农村家庭变迁与养老》［M］，北京：知识产权出版社，2018，1 – 18.

吴玉韶.《中国老龄事业发展报告》［M］，北京：社会科学文献出版社，2013。

张琳琳. 家庭支持对老年人生活质量的影响研究［D］. 江西农业大学，2019.

张伟国，张爱红. 老龄化社会背景下我国农村公共体育服务供给困境与路径研究［A］. 中国体育科学学会. 第十一届全国体育科学大会论文摘要汇编［C］. 中国体育科学学会：中国体育科学学会，2019：3

赵晶晶. 养老金收入对农村老人劳动供给的影响研究［D］. 南京农业大学，2017.

郑吉友. 辽宁省农村居家养老服务供给研究［D］. 东北大学，2017.

郑鹏.《河北省农村互助养老模式优化研究》［D］，河北科技大学硕士学位论文，2017。

汪凤炎，郑红. 中国文化心理学（增订本）》，暨南大学出版社，2013年，255 – 256页。

中国人民大学中国调查与数据中心. 2014年中国老年人社会追踪调查（CLASS）报告［R］. 2014. 12.

中华人民共和国农业部.《中国农业统计资料2014》，中国农业出版社，2015年.

周莹. 中国农村养老保障制度的路径选择研究［D］. 导师：梁鸿. 复旦大学，2006.

网络文献

国家统计局.《2018年国民经济和社会发展统计公报》,http://www.stats.gov.cn/tjsj/zxfb/201902/t20190228_1651265.html。

国家统计局.《2019年农民工监测调查报告》,http://www.stats.gov.cn/tjsj/zxfb/202004/t20200430_1742724.html。

国家统计局.《城镇化率已达63.89% 流动人口达3.76亿》,https://www.360kuai.com/pc/9548877d1fb9e620f?cota=4&kuai_so=1&tj_url=so_rec&sign=360_57c3bbd1&refer_scene=so_1。

河北新闻网.破解养老难题,请看河北"妇老乡亲"模式.http://comment.hebnews.cn/2020-11/02/content_8187107.htm.2020-11-02。

李岸.吉林省在全国首创农村居家养老服务大院新模式.http://china.cnr.cn/ygxw/201410/t20141002_516542067.shtml.2014-10-02。

李雪峰.《第四次中国城乡老年人生活状况抽样调查——全国老年人口中城镇老年人口占52%》,人民网:http://world.people.com.cn/n1/2016/1010/c57506-28765327.html。

民政部.民政部对"关于提高农村空巢老人生存保障与生活质量的建议"的答复.http://www.mca.gov.cn/article/gk/jytabljggk/rddbjy/201909/20190900019588.shtml.2019-09-11。

民政部.农村养老难在哪里路在何方——专家学者把脉中国农村养老服务问题.http://smzt.gd.gov.cn/mzzx/llyj/content/post_3131099.html,2020-11-20。

民政部.《2019年民政事业发展统计公报》,http://images3.mca.gov.cn/www2017/file/202009/1601261242921.pdf,2020。

南通市人民政府网站.如皋"六化模式"打通农村社区居家养老"最后一公里".http://fgj.nantong.gov.cn/ntsrmzf/sxcz/content/300c39f5-f7a8-46c6-a41c-f5fcdde71f21.html,2018-04-18。

澎湃网.脱贫攻坚看民政:山西平陆——编密织牢农村留守老年人关爱服务网.https://m.thepaper.cn/baijiahao4797998,2019-10-28。

央广网.吉林省在全国首创农村居家养老服务大院新模式.http://china.cnr.cn/ygxw/201410/t20141002_516542067.shtml.2014-10-02。

中共中央 国务院.《国家积极应对人口老龄化中长期规划》,中国人民政府官网:http://www.gov.cn/zhengce/2019-11/21/content_5454347.htm

中华人民共和国发展和改革委员会网站.重庆奉节:集中供养失能人员 助贫困家庭走出困境.https://www.ndrc.gov.cn/xwdt/ztzl/qgncggfwdxal/202101/t20210119_1265219_ext.html,2021-01-19。

中华人民共和国民政部网站. 贯彻积极应对人口老龄化国家战略 奋力开创农村养老服务发展新局面. http://www.mca.gov.cn/article/xw/mtbd/202011/20201100030522.shtml, 2020-11-18。

中央党校民生与社会建设班课题组. 探索社会组织参与养老服务的新路径. http://theory.people.com.cn/n1/2017/0726/c40531-29428463.html, 2016-07-26。

中央政府门户网站. 山西平陆"老年灶"让农村老人安享晚年. http://www.gov.cn/xinwen/2015-03/19/content_2836173.htm. 2015-03-19。